Ross Nichols

# Das magische Wissen der Druiden

*Tradition und Geschichte der*
*keltischen Geheimlehre*

Herausgegeben von John Matthews
und Philip Carr-Gomm

Aus dem Englischen übersetzt
von Bernd Seligmann

WILHELM HEYNE VERLAG
MÜNCHEN

SPHINX BEI HEYNE
Herausgegeben von Michael Görden
13/3035

Besuchen Sie uns im Internet:
http://www.heyne.de

*Umwelthinweis:*
Dieses Buch wurde auf
chlor- und säurefreiem Papier gedruckt.

2. Auflage

Copyright © 1975 by Ross Nichols
The author asserts the moral right to be identified as the author of this work.
Copyright des Vorworts © 1990 by Philip Carr-Gomm
Die Originalausgabe erschien 1990 unter dem Titel
THE BOOK OF DRUIDRY
im Verlag Thorsons, an imprint of HarperCollinsPublishers Ltd., London, UK
Copyright © der deutschsprachigen Ausgabe 1998 by
Wilhelm Heyne Verlag GmbH & Co. KG, München
Printed in Germany 1999
Lektorat: Renate Schilling
Umschlaggestaltung: Atelier Bachmann & Seidel, Reischach
Umschlagabbildung: Agentur Holl, Aachen
Technische Betreuung: Sibylle Hartl
Satz: Pinkuin Satz- und Datentechnik, Berlin
Druck und Bindung: Elsnerdruck, Berlin

ISBN 3-453-14118-0

# Inhalt

## Das Druidentum im Untergrund

## Die druidische Begriffswelt

## Bedeutende Stätten in Großbritannien

# Vorwort

Nicht nur um ihre Wurzeln und ihr Erbe wiederzuentdecken, sondern auch auf der Suche nach einer lebendigen Spiritualität, die sie aus der psychologischen Öde der Industriegesellschaft führen kann, wenden sich heute viele Menschen den ursprünglichen Traditionen verschiedener Kulturen zu.

Während sich die Aufmerksamkeit überwiegend auf die Traditionen der amerikanischen Ureinwohner und die schamanischen Bräuche so unterschiedlicher Kulturen wie der sibirischen, tibetischen und australischen Ureinwohner richtet, hat man sich bisher weniger um eine Überlieferung gekümmert, die dem Erbe der meisten Europäer und damit auch vieler heutiger Amerikaner wesentlich näher ist: die Tradition der Kelten, verkörpert im Weg des Druiden.

Die Ursache dieser Mißachtung war sicher die Meinung, das Wissen der Druiden sei für immer verloren. In Wirklichkeit ist das Druidentum als Tradition jedoch nie gestorben, sondern nur für einige Zeit aus den Augen der Geschichte und der Öffentlichkeit verschwunden gewesen. Oft ist das, was wir für verloren halten, nur zeitweilig vor uns verborgen, um im richtigen Augenblick entdeckt oder wiederentdeckt zu werden.

So schien auch nach Ross Nichols' Tod das Manuskript für *The Book of Druidry* verloren zu sein, bis im Jahre 1984 eine eigenartige Reihe von Zufällen dazu führte, daß es gefunden und für die Veröffentlichung vorbereitet werden konnte.

Die letzten beiden Jahre seines Lebens arbeitete Ross Nichols, das gewählte Oberhaupt des *Order of Bards, Ovates and Druids* (Orden der Barden, Ovaten und Druiden), an einem Buch, das, wie er hoffte, den größten Teil seines Wissens über das Druidentum denen vermitteln würde, die nicht in die inneren Zusammenhänge druidischen Wissens initiiert waren. Kurz nach der Niederschrift der letzten Seiten im Jahre 1975 verstarb er ganz unerwartet.

Bald ruhte der Orden, den er so fähig und mit so viel Begeisterung geführt hatte, denn sein Nachfolger schloß ihn. In der Verwirrung nach seinem Tod, da es kein klares Vermächtnis gab und seine Wohnung und sein Arbeitszimmer lange Zeit unverschlossen waren, gerieten das Manuskript, die Lehren des Ordens und andere Papiere in verschiedene Hände, doch nicht in die seines Nachfolgers. Erst neun Jahre später kamen die verstreuten Dokumente wieder zusammen, der Orden wurde in seiner heutigen Form wiederbelebt und *The Book of Druidry* zur Veröffentlichung gebracht.

Eine Schlüsselfigur in der Wiedergeburt des Ordens, die anonym bleiben möchte, wenn sie auch durch enge Bande mit dem Druidentum sowohl in Wales als auch in England verbunden ist, befand sich einige Tage nach Ross' Tod in einer Gastwirtschaft, zufälligerweise ganz in der Nähe des *Apple Tree Tavern* in Covent Garden, dem alten Gasthaus, wo im Jahre 1717 schon einmal der Orden wiederaufgelebt war. Dort traf er ein Mitglied des Ordens, und sie sprachen über Ross' Zeit als Führer. An einem bestimmten Punkt fühlte er sich dazu bewegt, den anderen zu warnen, daß die Unterlagen des Ordens gerettet werden sollten.

»Dafür werden schon die Anwälte sorgen«, antwortete das Ordensmitglied.

»Sie könnten durchaus eine Überraschung erleben«, beharrte unsere Quelle. »Die wertvollsten Dokumente könnten von ebendiesen Anwälten in Müllsäcke gepackt und auf die Straße geworfen werden.«

Das Ordensmitglied blieb skeptisch, doch erinnerte sich an die Worte des Fremden, und eines Tages fand man tatsächlich schwarze Plastiksäcke mit Dokumenten vor dem Haus des verstorbenen Führers in Barons' Court.

Nur dank dieser visionären Warnung landeten die Müllsäcke nicht auf der Kippe. Ihr Inhalt wurde neun Jahre lang sorgfältig aufbewahrt, ebenso wie das Manuskript des *Book of Druidry,* das Ross' Haus auf anderem Wege verlassen hatte.

Zur Erläuterung, wie die Ordenspapiere und das Manuskript nach fast einem Jahrzehnt wieder zum Vorschein kamen, muß ich eine persönliche Geschichte erzählen. Das erste Mal begegnete ich dem Oberhaupt des *Order of Bards, Ovates and Druids*, als ich elf oder zwölf Jahre alt war, anläßlich eines Interviews mit ihm für eine Zeitschrift, die ich gegründet hatte. Das einzige, woran ich mich noch erinnern kann, ist mein Eindruck damals, daß ich einen warmherzigen und zugleich gebieterischen Menschen vor mir hatte. Drei Jahre danach – inzwischen hatte ich meine eigene Dunkelkammer – stellte mich mein Vater ihm nochmals vor, und er lud mich ein, Zeremonien zu fotografieren. In den folgenden Monaten nahm ich dann die komplexen öffentlichen Rituale auf dem Parliament Hill auf, zu denen auch Bürgermeister und Bürgermeisterinnen, Buddhisten, Hexen und Tänzer kamen, und geriet immer mehr in den Bann dieser eigenartigen Riten, in denen sich mystische Augenblicke der Vereinigung mit der Natur mit dem Absurden verbanden – zum Beispiel, wenn streunende Hunde oder Kinder in den magischen Kreis gezogen wurden, wenn plötzliche Windstöße den Leuten die Kopfbedeckungen von den Köpfen wehten oder wenn ein Regenguß den Ritualen jeden Anschein von Würde raubte.

Danach fing ich an, Ross ein- oder zweimal die Woche nach der Schule zu besuchen, zunächst natürlich, um ihm die Fotos zu zeigen, die ich gemacht hatte, doch dann entwickelte sich eine Beziehung zwischen uns, in der er der Lehrer war und ich ein Schüler druidischer Weisheit. Einige Zeit später bat ich dann um meine Initiation, und am 1. Mai 1969, auf dem Glastonbury Tor, trat ich offiziell in den Orden ein.

Während der nächsten sechs Jahre besuchte ich noch oft meinen Lehrer und kam in den Genuß scheinbar planloser Lektionen. Zunächst machte er mir gewöhnlich eine Tasse Tee oder etwas zu essen, und dann sprach er über den einen oder anderen Aspekt der Ordenslehre. Die Skizzen von Stonehenge, die er dabei zeichnete, habe ich heute noch, ebenso seine auf Notizblätter gekritzelten Erläuterungen zu dem, was er mir gerade beizubringen versuchte, und die mit Schreibmaschine geschriebenen oder kopierten Bögen mit seinen Essays und Diskursen. Erst Jahre später stellte ich fest, daß all dies, was seinerzeit so zusammenhanglos erschienen war, ein kohärentes, praktisches Ganzes bildete, eine uralte

Überlieferung, die über die vergangenen zwei Jahrtausende fragmentiert und vergessen worden war.

1975 starb Ross plötzlich im Haus eines Freundes, wenige Tage, bevor wir zu Bealteinne nach Glastonbury reisen wollten.

Nach seinem Tod ging ich davon aus, daß das Manuskript, dem er den Titel *Book of Druidry* gegeben hatte, zusammen mit den anderen Schriften des Ordens sorgfältig aufbewahrt und bald als Buch veröffentlicht würde. Auch nahm ich an, daß der Orden von den älteren Mitgliedern, die mit Ross zusammengewirkt hatten, fortgeführt würde. Doch dann sollte alles ganz anders kommen. Der Orden wurde geschlossen, und wegen anderer Verpflichtungen dachte ich fast ein Jahrzehnt lang kaum noch an das Manuskript, den Orden und dessen Lehren. Den meisten anderen, die Ross um sich geschart hatte, schien es ähnlich zu ergehen.

1984, neun Jahre nach Ross' Tod, spürte ich während einer Morgenmeditation plötzlich seine Gegenwart. »Schau dir unsere Lehren an«, mahnte er mich. »Dann wirst du feststellen, daß sie für die Probleme der heutigen Zeit von immenser Bedeutung sind.« Nach dieser Erfahrung wußte ich, daß ich alles Material zusammensuchen und mich wieder mit den anderen treffen mußte, um mit den Lehren zu arbeiten.

Dieser unerwarteten Begegnung folgte eine erstaunliche Reihe synchronistischer Ereignisse, die nach vier Jahren, am Valentinstag des Jahres 1988, zur Neugründung des *Order of Bards, Ovates and Druids* führte.

Noch am Tag der Meditation fertigte ich eine Liste der Dokumente an, die meiner Ansicht nach zusammenzutragen waren. Ich begann mit den drei Büchern, die mir in meiner Sammlung von Ross' veröffentlichten Werken noch fehlten. Am Nachmittag ging ich zum nächsten Antiquariat und fragte, ob sie irgendwelche seiner Bücher hätten, und obwohl alle nur in kleinen Auflagen während des Zweiten Weltkriegs erschienen waren, fand der Verkäufer zu seiner eigenen Überraschung einen Band in seinem Lager – zusammengeschnürt mit Briefen und Skizzen des Autors. So unwahrscheinlich dies erscheinen mag, stieß ich dann in einem zweiten Buchladen nur wenige hundert Meter entfernt auf die zwei Bände über Magie, die Ross 1952 herausgegeben hatte – komplett im Schuber! Ich rief meinen Freund Colin Murray an, der dem *Golden Section Order* (Orden des Goldenen Schnitts) vorstand, einem Bund, der sich ebenfalls mit druidischen und keltischen Themen befaßte, und fragte, ob wir uns treffen könnten. Ich erzählte ihm, was geschehen war, und sagte zum Schluß: »Mir fehlt nur noch ein Buch – *Sassenach Stray*.«

»Davon habe ich zwei Exemplare«, erwiderte Colin. »Wenn du willst, kannst du eines haben.«

Als nächstes mußte ich das verschollene Manuskript finden, und Colin schlug vor, ich sollte doch Vera Chapman fragen. Vera war eines der Oberhäupter des Ordens, der die Tolkien-Gesellschaft gegründet hatte, und sie ist die Autorin vieler Kinderbücher und anderer Werke, in denen sie große Erzählkunst mit esoterischer Doktrin vereint. Ich besuchte sie noch in derselben Woche und fand, daß sie tatsächlich im Besitz des Manuskripts war, das zuvor von einer von Ross' Freundinnen gehütet worden war, die es dann einer anderen Freundin gegeben hatte, die es jahrelang unter ihrem Bett aufbewahrte, bevor es schließlich an Vera überging. Daß Vera es nun hatte, war ein großes Glück, denn die erste Dame war inzwischen gestorben und die zweite spurlos verschwunden. Vera gab mir das Manuskript in Verwahrung und bat mich, es der *British Library* zu vermachen, falls ich keinen Verleger finden sollte.

So hatte ich in erstaunlich kurzer Zeit alle veröffentlichten wie auch unveröffentlichten Schriften von Ross Nichols gesammelt. Die nächste Aufgabe war nun, eine kleine Gruppe von Ordensmitgliedern und Freunden zu finden, die bereit waren, sich zu treffen, mit den Zeremonien zu experimentieren und zu prüfen, ob sie für die achtziger Jahre des zwanzigsten Jahrhunderts noch geeignet waren. Dazu wandte ich mich an alle früheren Ordensmitglieder, die ich nach neun Jahren noch erreichen konnte. Zu meiner Verblüffung stellte sich heraus, daß praktisch jeder der alten Freunde seine Ordenspapiere und Lehren sorgfältig aufbewahrt hatte. Vieles war doppelt, doch jeder hatte auch Dokumente beizusteuern, die es nur einmal gab. Mit dem Material, das ich noch aus meinen Lehrjahren bei Ross besaß, erstellte ich daraus eine vollständige Sammlung – einschließlich der inneren Rituale, der Ordensverfassung und der Briefe und Schriftstücke, die damit zusammenhingen, Ross' persönlicher Korrespondenz und sogar seiner fliegenden Blätter mit den Notizen, die er sich über jeden Aspekt der Ordensarbeit gemacht hatte. Erst mehrere Jahre später sollte ich von der ›beiläufigen Bemerkung‹ in dem Wirtshaus in Covent Garden erfahren, die sich als Anstoß für die Rettung eines großen Teils – wenn auch nicht aller – Ordensunterlagen erwiesen hatte.

Die Experimentiergruppe brauchte nur ein Jahr, um festzustellen, daß die Zeremonien und Arbeitsweisen des Ordens auch für die heutige Welt ihre Gültigkeit und Bedeutung haben. Die nächsten drei Jahre verbrachte ich dann damit, die Masse des Materials in eine Reihe von Lehren und Praktiken umzusetzen, die studiert und betrieben werden konnten – nicht nur in Gruppen, sondern auch allein, wo immer der Schüler gerade lebte. Bis dahin hatte das Druidentum einen Weg dargestellt, dem nur jemand folgen konnte, der persönlich einen Lehrer besuchte, so wie ich es getan hatte – was der Verbreitung Schranken setzte. Der Anstoß und die Inspiration in Ross' Botschaft von 1984 machten aber klar, daß das Druidentum nun allen zugänglich sein sollte, die dessen Lehren und Einsichten suchten.

Bis 1988 war ich mit den Vorbereitungen für die Einzellehrgänge eines Fernkurses fast fertig, doch noch zögerte ich, den Orden wiederzubeleben. Und dann erschien wie aus heiterem Himmel wieder der anonyme Freund, der 1975 die Rettung der Dokumente eingeleitet hatte, im Leben des Ordens. Ich hatte ihn seit Jahren nicht gesprochen oder gesehen, doch eine Woche vor dem Valentinstag des Jahres 1988 rief er mich an und bat um ein Treffen am selben Tag, bei dem auch einige andere Freunde anwesend sein sollten. Obwohl er nichts über den Zweck seines Ersuchens verriet, spürte ich bis ins Knochenmark, daß etwas Bedeutendes geschehen würde.

Nach einigem Bitten und Überreden der anderen wurde ich bei diesem Treffen schließlich zum Oberhaupt des neugegründeten Ordens ernannt. Wir machten uns daran, den Kurs zu drucken, und innerhalb einiger Monate entstand nach einem Strom von Anfragen eine wachsende, begeisterte Studentenschaft. Wir hielten unsere erste Sonnwendfeier in Glastonbury ab, und je weiter das Jahr voranschritt, desto deutlicher wurde uns, daß das Druidentum eine Antwort auf ein ganz und gar reales Bedürfnis der Menschen war – nicht nur in Großbritannien, sondern auch in Amerika, Holland, Frankreich, Belgien und Australien – ein Bedürfnis, wieder mit unseren spirituellen Wurzeln und unserem Erbe in Berührung zu kommen, um einen Weg aus der psychologischen Einöde unseres Zeitalters zu finden.

An diesem beängstigenden Punkt unserer Evolution, an dem jedes Jahr mehr und mehr Arten ausgelöscht werden, wenden wir uns mit unseren Fragen nicht an den Geschäftsmann oder den Politiker, den Wissenschaftler oder den Arzt, sondern an den Druiden oder Schamanen. Während wir durch die Trümmer des petrochemischen Zeitalters wanken, suchen wir nach einer Erneuerung unserer Verbindung zur Natur, dieser unvergänglichen, sicheren Quelle. Um diese Verbindung herzustellen – die die konventionellen Religionen nicht erbracht oder gar erschwert haben –, wenden sich viele Menschen den ›Naturreligionen‹ oder alten spirituellen Lehren zu.

Dieses tiefe Bedürfnis nach einer Rückverbindung mit ursprünglichen Traditionen an diesem Punkt unserer Geschichte stammt zweifellos aus der Entfremdung, welche die Bewohner der ›zivilisierten‹ Welt empfinden. Karl Marx sah diese Entfremdung in ihren vielen Masken als das Grundproblem des kapitalistischen Systems und versuchte eine Welt zu erschaffen, in der der Mensch sie überwinden könnte. Zweiundsiebzig Jahre nach der russischen Revolution, in der man den Versuch unternahm, eine solche Welt Wirklichkeit werden zu lassen, können wir heute definitiv sagen, daß auch der Kommunismus eine Gesellschaft hervorgebracht hat, in der sich die Mehrheit zutiefst entfremdet fühlt. So haben Ost und West den Kontakt zur natürlichen Welt verloren – mit den verheerenden Auswirkungen, denen wir heute gegenüberstehen. Vor diesem Hintergrund können wir das wiedererstandene Interesse an den ›Erdreligionen‹ verstehen, das auf das wachsende Bewußtsein hindeutet, daß Spiritualität und Ehrfurcht vor unserem Planeten zusammengehören.

Die weltweite Renaissance der Naturreligionen ist unbestreitbar, und zum Teil spiegelt sich darin das kollektive, unbewußte Bedürfnis, das Gleichgewicht wiederherzustellen, das durch die Dominanz der patriarchalischen Religionen der jüdisch-christlichen und islamischen Welt gestört worden ist. Dieses Ungleichgewicht hat zu einem gestörten Verhältnis zur Erde selbst geführt. Das neue, starke Interesse an Erdreligionen demonstriert daher nicht einen Rückfall ins Primitive, sondern ganz im Gegenteil einen Fortschritt, wobei uns die alte Weisheit auf einer neuen Ebene der Spirale begegnet und wir erkennen, daß wir ihr Wissen um die Heiligkeit allen Lebens brauchen werden, wenn wir als Spezies und als Planet überleben wollen.

Großes Interesse gilt heute den Lehren und Bräuchen der amerikanischen Ureinwohner, die in vieler Hinsicht den westlichen Traditionen von Druidentum und Wicca ähneln. Druidentum und Wicca sind unterschiedliche und getrennte Manifestationen des westlichen Wegs. Am besten stellt man sich beide als Bruder und Schwester vor, als Mitglieder einer Familie, die daher Familienmerkmale teilen, doch auch ganz eigene, unverwechselbare Eigenschaften aufweisen.

Im Druidentum steht die Verehrung der Sonne im Vordergrund, während Wicca den Mond heiligt. Im Wiccakult geht es oft um Polarität, wogegen dieser Aspekt im Druidentum weniger betont ist. Beiden gemeinsam ist, daß sie in einem Kreis wirken, mit den vier Elementen arbeiten und die Jahreskreis-Feste feiern.

Im Gegensatz zu Wicca ist das Druidentum auch mit dem Christentum verknüpft. Die frühe keltische Kirche, deren Priester häufig Druiden waren, bewahrte stets die Verbindung zur Natur, wie die Betrachtung ihrer Gebete und Dichtungen zeigt.

Der Orden arbeitet auf eine Wiedergeburt der keltischen Kirche hin. Im Sommer 1989 nahm der Orden an der ersten christlich-druidischen Konferenz in Prinknash, Gloucestershire, teil, auf der sich drei Tage lang Vertreter zahlreicher Druidenorden mit Repräsentanten verschiedener christlicher Kirchen trafen. Dabei hatten wir alle das tiefe Empfinden, daß ein Auferstehen der keltischen Kirche unendlich hilfreich sein könnte in einer Zeit, wo die Kirche jahrtausendealte Krusten abwerfen und zu einer einfachen und reinen Spiritualität im Einklang mit der Natur zurückkehren sollte, anstatt ihr mit Überheblichkeit zu begegnen.

Mancher, der dieses Vorwort liest, wird erfreut sein, daß nun ein solcher Dialog zwischen Druidentum und Christentum stattfindet, besonders wenn dieser zu neuen Impulsen innerhalb der christlichen Bewegung führt. Andere mögen enttäuscht sein, da sie hofften, Druidentum sei durch und durch ›heidnisch‹. Doch Druidentum ist ein Weg des Arbeitens mit der natürlichen Welt, nicht ein Dogma oder eine Religion. Es kann sich mit Buddhismus oder Christentum treffen, mit Wicca oder Judentum, oder auch für sich allein praktiziert werden. Das Druidentum achtet vor allem die Freiheit des einzelnen, seinen eigenen Weg durchs Leben zu finden. Es gibt Anleitungen und Hinweise, Verständnismodelle, festliche Rituale und Mythen – denen man folgen kann oder auch nicht.

Solche Offenheit kann verwirren, besonders diejenigen mit analytischem Verstand, die ganzheitliches Denken nicht gewohnt sind. Schon das Wort ›Druide‹ bereitet ihnen Schwierigkeiten. Was bedeutet es genau? Woher kommt es? Wer waren sie? Was tun Druiden heute? – Doch Vorsicht. Wir sollten diese Fragen nicht zu bereitwillig beantworten. William Blake, der in den Annalen des Ordens als eines der gewählten Oberhäupter verewigt ist, hat gesagt: »Die Weisesten unter den Alten meinten, das nicht zu Ersichtliche eigne sich am besten zur Unterweisung, da es den Geist anspornt.« Dies ist die Art, wie ein großer Teil der druidischen Lehre vermittelt wird.

Warum ist das Druidentum heute von solcher Bedeutung? Wir haben gesehen, daß es das Bedürfnis nach weniger Entfremdung stillt, nach Wiederfinden der Wurzeln und des alten Erbes, doch es ist auch relevant, weil es ein Forum für drei verschiedene Aspekte unseres Lebens bietet. Im Druidentum können wir unsere Sorge um die Umwelt und unsere Liebe zur Natur mit spirituellen und künstlerischen Aspekten verbinden. Ritual und Poesie, Tanz und Spiritualität, persönliche Entwicklung und ökologische Anliegen finden ihren Platz im Wirken des Druiden. Statt sich gegenseitig zu widersprechen, stehen sie in ständiger Wechselwirkung miteinander. So bereichern sie unser Leben und bilden einen heiligen Raum, einen Urquell der Kreativität.

Künstler zu sein, einer spirituellen Disziplin zu folgen, umweltbewußt zu sein, offen zu sein für all jene anderen spirituellen Praktiken, die von Nutzen erscheinen – das sind die Ziele der Menschen, die heute das Druidentum studieren.

Ross Nichols ist ein gutes Beispiel dafür, wie man in einem einzigen Leben so unterschiedliche Ziele verfolgen kann.

Philip Peter Ross Nichols wurde am 28. Juni 1902 in Norfolk geboren. In den zwanziger Jahren, nach Abschluß eines Geschichtsstudiums in Oxford, begann er eine Laufbahn, die es ihm erlaubte, zu lehren, Prosa und Lyrik zu veröffentlichen, zu malen und zu reisen. Er war immer ein praktizierender Christ und arbeitete viele Jahre lang mit kirchlichen Jugendgruppen im Osten Londons. Bischof Tugdual von St. Dolay weihte ihn zum Diakon der keltischen Kirche, doch er war auch ein aktiver Lutheraner und vereinte beide Interessen mit seinem Schaffen als Druide. Nach einer Periode als Kritiker bei einem Provinzblatt wurde er Rektor von Carlisle & Gregson's, auch unter dem Namen ›Jimmy's‹ bekannt, einer privaten Paukschule, in der zum Beispiel Winston Churchill geschwitzt hatte (vor seiner Aufnahme in die Albion-Loge des *Ancient Order of Druids* zu Blenheim im Jahre 1908).

1952 veröffentlichte *Forge Press* eine eindrucksvolle zweibändige Ausgabe von *The History and Practice of Magic* von Paul Christian. Ross redigierte dieses französische Werk aus dem neunzehnten Jahrhundert, das seine Freunde James Kirkup und Julian Shaw übersetzt hatten, und editierte die zusätzlichen Kapitel und Anmerkungen, unter anderem von dem berühmten Handleser Mir Bashir sowie zwei früheren Vorsitzenden des Ordens, Lewis Spence und Charles Cammell.

Seine eigenen Veröffentlichungen umfassen neben zahlreichen Artikeln in historischen, poetischen und esoterischen Zeitschriften die Bücher *Sassenach Stray* (1940), *Prose Chants & Poems* (1941), *The Cosmic Shape* (1946) und *Seasons at War* (1947). Eine reiche Auswahl seiner Dichtungen, *Prophet, Priest and King*, liegt bei *Element Books* vor und ist über den Orden erhältlich.

Ross – oder Nuinn, wie er im Orden genannt wurde – war auch ein begabter Aquarellmaler und hatte Ausstellungen in der *Royal Academy*, und neben seiner Leidenschaft für Geschichte, Prosa, Lyrik und Malerei unternahm er zahlreiche Reisen, begünstigt durch seine familiäre Unabhängigkeit und die langen Ferien in seinem akademischen Beruf. Auf jeder seiner Reisen stellte er ausgiebige historische Forschungen an, fotografierte und zeichnete archäologische Überreste und antike Baudenkmäler, und am Ende verfaßte er oft einen Reisebericht. Wir wissen nicht von allen seinen Reisen, doch mit Sicherheit hat er Ägypten, Marokko, Bulgarien, Malta und Griechenland besucht. Er war öfter in Irland und reiste zu zahlreichen offiziellen und inoffiziellen Besuchen zu Paul Bouchet, dem Leiter des französischen Ordens, mit dem er befreundet war. Auch Wales und Schottland waren häufige Reiseziele, besonders Iona und die Hebriden.

1954 trat er dem *Ancient Druid Order* bei und übernahm das Amt des Schriftführers, wofür er mit seiner Forschernatur und seinen literarischen Fähigkeiten vorzüglich geeignet war. Als sein Lehrer und Oberhaupt des Ordens, Robert MacGregor Reid, 1964 verstarb, spaltete sich der Orden in zwei Gruppen, wie es schon oft in seiner Geschichte geschehen war. Einige der älteren Druiden waren mit der Wahl des Nachfolgers Dr. Thomas Maughan nicht einverstanden und rekonstituierten den Orden mit Ross an der Spitze. In dieser neuen Form lehrte der Orden alle drei Grade von Barde, Ovat und Druide, was in neuerer Zeit vorher nicht unternommen worden war.

Aus dem Studium der Papiere und der Korrespondenz sowie aus Gesprächen mit Personen, die diese Zeit miterlebten, geht hervor, daß die Periode der Trennung schwer und bitter war – wie es bei Trennungen meist der Fall ist. Doch im Rückblick nach 25 Jahren können wir erkennen, daß dies eine gesunde und positive Entwicklung im Leben des Ordens einleitete. Das Druidentum bietet Raum für viele verschiedene Ausdrucksformen der Wahrheit. So haben sich in den letzten Jahren immer mehr autonome Gruppen gebildet, die innerhalb der druidischen Tradition wirken. Die meisten davon sind in einem Großen Rat zusammengeschlossen, unter dessen Dach sie sich treffen und gemeinsame Initiativen planen können.

Zu ihnen zählen der *Order of Bards, Ovates and Druids*, der *Ancient Order of Druids*, der *Secular Order of Druids* und der *Glastonbury Order of Druids*.

Wie ein Baum viele Äste treibt, so hat das Druidentum seine verschiedenen Zweige entwickelt, und alles andere wäre ungesund. Der *Ancient Druid Order*, der sich noch nicht dem Rat angeschlossen hat, feiert weiterhin jedes Jahr öffentlich die Tagundnachtgleichen auf Primrose Hill und Tower Hill sowie die Sommersonnwende in Stonehenge (sofern die Polizei nichts dagegen hat). Obwohl er nicht mehr der größte Orden ist, genießt er das meiste Medieninteresse. Dadurch entsteht in der Öffentlichkeit ein Image des Druidentums, das eigentlich nur einen einzelnen Zweig der druidischen Tradition repräsentiert. Die weißen Kutten und die patriarchale Orientierung ihrer Zeremonien gehen auf die Renaissance des Druidentums im achtzehnten Jahrhundert zurück. Und obwohl diese Elemente ihren eigenen Wert haben, darf man sie nicht für den einzig authentischen Weg des Druidentums halten.

Der *Ancient Order of Druids* (nicht zu verwechseln mit dem *Ancient Druid Order*) war wesentlich an der Gründung des Großen Rates beteiligt. Nach mehr als zweihundert Jahren, in denen dieser Orden vor esoterischem Druidentum zurückgeschreckt war und sich in erster Linie auf gesellschaftliche und wohltätige Aktivitäten konzentriert hatte, fühlte er sich durch den heutigen Zeitgeist zu stärkerem Austausch mit anderen Zweigen der druidischen Tradition gedrängt und strebt nun aktiv den Dialog an. Dies trifft auch für die anderen Mitglieder des Rates zu.

Eine der größten Leistungen Ross Nichols' als Oberhaupt des *Order of Bards, Ovates and Druids* war die Wiedereinführung der fünf Feste, die aus dem Repertoire des modernen Druidentums verschwunden waren. Der neu konstituierte Orden feierte nicht nur die Frühlings- und Herbstäquinoxe sowie die Sommersonnwende, sondern auch die Wintersonnwende und die vier keltischen Feuerfeste Imbolc, Beltane, Lughnasadh und Samhain. Zu seinen Leistungen zählt auch die Strukturierung des Ordens in die drei klassischen Grade von Barde, Ovat und Druide. Während seiner Amtszeit organisierte er die Zeremonien auf Parliament Hill und in Glastonbury, wo der Orden zehn Jahre lang den Ritus feierte, der am Ende dieses Buches abgedruckt ist. Eine von Ross' größten Gaben war es, Menschen um sich zu versammeln. Bei jeder Veranstaltung zog er nicht nur die esoterisch Interessierten an, sondern auch Mitglieder der örtlichen Verwaltung, andersgläubige Besucher, Poeten und Musiker, die im Druidenkreis ihre Kunst zeigten, und Kinder, die sich als Akolythen und Helfer der Maikönigin oder der Königin des Sommers oder Herbstes kleideten und mit Blumen geschmückt waren.

Angesichts des umfangreichen Veranstaltungsplans und bei seinen anderen Pflichten als Oberhaupt des Ordens und Rektor von ›Jimmy's‹ war Ross sich wohl bewußt, daß er ein Refugium brauchte. So kaufte er ein paar Hektar Wald in Oxfordshire und baute sich dort zwei Holzhütten, die er mit Feldbetten und Öfen ausstattete. Dorthin zog er sich zurück, allein oder mit anderen Druiden, wann immer er sich gedrängt fühlte, das einfache Leben zu genießen. Er hackte Holz, holte Wasser, ging auf Waldspaziergänge und kochte über offenem Feuer. In ihm verband sich ein natürlicher Instinkt für das einfache Leben mit dem Interesse an modernen Ideen und Theorien, die diese Ideale in realistische Lebensmodelle umsetzen.

Im *Book of Druidry* ist es Ross gelungen, drei Bücher in einem vorzulegen: eine Geschichte des Druidentums, einen Wegweiser zu bestimmten alten Stätten und eine Anthologie druidischer Weisheit. Daher gewinnt man vielleicht am meisten daraus, wenn man die Lektüre in folgender Weise angeht:

- Der geschichtliche Teil kann als ein Buch gelesen werden und wird dem Leser hoffentlich einen Einblick vermitteln, wer die Druiden waren und was sie heute sind.
- Der Wegweiser, wenngleich auch dieser als ein in sich abgeschlossenes Buch angesehen werden darf, ist wahrscheinlich am nützlichsten, wenn man seine Lektüre mit dem Besuch der beschriebenen Kultstätten verbindet, wobei man auch die jeweiligen Literaturhinweise beachten sollte.
- Die Anthologie druidischer Weisheit schließlich – genauer gesagt die Kapitel ›Die druidische Begriffswelt‹, ›Druidi-

sche Weisheiten‹ und die detaillierten Beschreibungen des ›Achtfachen Jahreskreises‹ mit der Bealteinnezeremonie – ist am fruchtbarsten, wenn man sie als Einführung in die innere Natur der druidischen Lehre liest.

Der Leser sollte daran denken, daß dieses Buch vor über fünfzehn Jahren geschrieben wurde. Er sollte auch wissen, daß inzwischen eine Reihe von anderen Autoren – darunter John und Caitlín Matthews, Bob Stewart, John Michell und Gareth Knight – die Bereiche, die Ross berührt, sowohl vom wissenschaftlichen wie auch vom esoterischen Standpunkt weiter erforscht haben. Ein Studium dieser Werke wird das Verständnis des Lesers vertiefen und bereichern. Ferner ist zu bemerken, daß Ross mit der Schreibweise bestimmter mythologischer Figuren und Ortsnamen zu spielen liebte. Manches haben wir geändert, um der Verwirrung vorzubeugen, doch anderes haben wir belassen, damit auch die Sprachfreude des Autors sichtbar bleibt.

Es gehört zu Ross' Stil, zuweilen eine Frage erst zu formulieren, *nachdem* er sie diskutiert hat, doch hat man sich einmal daran gewöhnt, dann kann man sich des Erlebnisses erfreuen, wie langsam Licht dämmert auf eine Szene, die bis dahin für uns im Dunkeln lag. Wer sich mit den verschwommeneren Passagen abmüht, sollte sich des Ausspruchs von William Blake erinnern, den ich noch einmal zitieren will: »Die Weisesten unter den Alten meinten, das nicht zu Ersichtliche eigne sich am besten zur Unterweisung, da es den Geist anspornt.« Ross hatte sich, als er dieses Buch verfaßte, sicherlich vorgenommen, viel zu enthüllen von der Natur der druidischen Lehre, doch zugleich verpflichtete ihn seine Position innerhalb des Ordens zu Diskretion und Vorsicht. Hoffentlich ist der Leser in der Lage, hinter den Worten die Atmosphäre des Druidentums zu spüren, die Worte allein nie ganz vermitteln können.

*Philip Carr-Gomm*
London, 1989

*Einzelheiten über den Fernkursus und andere Aktivitäten des Order of Bards, Ovates and Druids sind erhältlich bei:*
The Secretary, O.B.O.D., PO Box 1333, Lewes, E. Sussex, BN7 3ZG

# Einführung

## I. Allgemeine Grundlagen

Das Druidentum ist die westliche Form einer alten Universalphilosophie, Kultur oder Religion aus der Frühzeit des Menschen, als diese drei noch eins waren. Es gab eine Steinkreiskultur, heilige Wälder und Kreistänze. Manche Autoren haben das Druidentum bis nach Indien zurückverfolgt, zum Kult des Shiva. Durch die numerologischen Betrachtungen und magischen Berechnungen der jüngsten Zeit zeigt sich eine Verbindung zu dem fast universellen Landvermessungssystem mit seiner mystischen Geometrie, das zu den Ideen von einer hochentwickelten Rasse geführt hat, die von Atlantis oder in fliegenden Wagen aus einer anderen Welt oder Dimension gekommen sein soll. Nie hat das Druidentum an die Evolution aus dem Tier als Hauptursprung der Menschheit geglaubt, sondern immer eine übernatürliche oder göttliche Quelle für die universelle Gestalt des Menschen angenommen.

Das Druidentum war nie dem Kult eines einzelnen Gottes verpflichtet; seine Mitglieder, früher wie heute, scheinen immer Forscher und Entdecker auf verschiedenen Wissensgebieten gewesen zu sein. Unter diesem Blickwinkel war Pythagoras, der zuweilen als ein Gründer betrachtet wird, nur ein Sammler und Entwickler viel früherer Ideen über Geometrie. William Blake sprach intuitiv die höchste Wahrheit aus, als er sagte: »Der frühe Mensch enthielt alle Dinge des Himmels und der Erde in seinen mächtigen Gliedmaßen.« Im tiefen Bewußtsein eines großen, übernatürlichen Plans kamen Denker wie er mit der mystischen Seite vieler Religionen in Kontakt, über die sie das Druidentum jedoch stets erhaben fanden. Die Sufi, die Arhat und die christlichen Mystiker, selbst Augustinus von Hippo oder die deutsche Stigmatikerin Therese Neumann, teilen bestimmte Gedanken des Druidentums. Doch die Römer versuchten es auszulöschen, die römische Kirche exkommunizierte es, und die Christen des siebzehnten und auch des frühen achtzehnten Jahrhunderts hielten es für nicht tolerierbar. Nur ein antiquierter Vikar, der gleichzeitig Alchimist war, wagte die allgemeine Regel zu brechen: William Stukeley führte den Orden in England von 1722 bis 1765.

Diese Atmosphäre intellektueller Intoleranz führte dazu, daß das Druidentum sich in den letzten Jahrhunderten weitgehend im Untergrund entwickelt hat. Die Druiden wurden so verschlossen wie Freimaurer, wenn es um ihre Verbindungen ging. So erfolgreich waren sie im Auslegen falscher Spuren, daß noch vor kurzem ein Professor, der nichts vom modernen Druidentum wußte, die Vorstellung als lachhaft bezeichnete, die Bewegung hätte im achtzehnten Jahrhundert unter der Ägide von John Toland begonnen, von überall her ihre Gruppen zu versammeln – obwohl Toland Artikel und später ein Buch über druidische Kultur und Altertümer[1] geschrieben hat. Lord Bulwer Lyttons Familie hat stets wütend bestritten, daß er ein Druide gewesen sei, obwohl wir den Hainbund (*Grove*) kennen, dessen Oberhaupt er war. William Blake, der Druiden in seinen Schriften oft als halbmythologische Schreckgespenster benutzte, war so geschickt im Verbergen seiner Verbindungen, daß Kathleen Raine, heute die bedeutendste Blake-Expertin, nichts von ihnen wußte, obwohl Blake sie nicht abgestritten hat. Mindestens einmal, in seiner einzigen offenen Konfrontation mit den Autoritäten – in Chichester im Jahre 1802 (siehe S. 140) –, hat er sich offen zum Druidentum bekannt. Und Blake war in der Tat ein Druide; achtundzwanzig Jahre lang war er eines der Oberhäupter. Durch ihn und Stukeley scheinen die wesentlichen inneren Ideen heutigen Druidentums zu uns gekommen zu sein.

Offenbar ist im Orden zu keiner Zeit vernünftig Protokoll geführt worden, oder die Berichte gingen verloren im Zuge der verschiedenen Schismen und Nachfolgestreite, die von Zeit zu Zeit auftraten. Hauptsächlich waren es jedoch das druidische Verbot schriftlicher Aufzeichnungen und das Bestehen auf dem Auswendiglernen langer Weisheitsdichtungen, die dazu führten, daß die Lehre durch die Jahrhunderte hindurch mündlich weitergereicht wurde. Und die walisische Form des Druidentums war durch ein Gefühl geheimer Macht und metaphorische Dichtkunst gekennzeichnet, so daß es schwierig ist, ihre verborgenen Weisheiten und Lehren zu verstehen, obwohl sie als *Englyns* in geschriebener Form vorliegen.

Eine Geschichte der Entwicklung des Druidentums im dokumentarischen, historischen Sinne ist daher unmöglich. Wenn sich auch einigermaßen sicher die allgemeinen Konturen erkennen lassen, so sind die Lücken doch größer als die Bereiche, die unser Wissen abdeckt. Leichter ist es, die Ideen darzustellen und woher sie kommen.

## II. Der Gestaltwandel im neueren Wissen

Archäologen kommen heute zu der Erkenntnis, daß viele alte Annahmen wahrer sind, als man gedacht hatte. Ein Artikel von Anne Ross im *Listener* vom 3. Januar 1974 ist erhellend. Die Kelten sind demnach eine sehr alte Rasse, vielleicht die erste, die sich auf großräumige Wanderschaft machte. Sie waren es, die sich als ›Bechervölker‹ in zwei deutlich getrennten Wellen etwa um 2300 vor Christi Geburt und dann vermutlich nochmals um 2000 v. Chr. über Europa ausbreiteten. Ihre Kultur war gekennzeichnet durch ihre Töpferei, durch individuelle Hockgräber mit Grabbeigaben, durch eine aristokratische Gesellschaft mit reicheren und ärmeren Leuten und durch den Gebrauch von Bronze und von Pfeil und Bogen. In der zweiten Phase war die Töpferei anders, und man benutzte kurze Dolche und Äxte anstelle von Bögen.

Nach ihren Reisen über das östliche Mittelmeer landeten sie in Spanien, und von dort scheinen sie sich auf direktem Weg nach Irland und Westbritannien begeben zu haben.

Irland besitzt, abgesehen von Griechenland, die ältesten Legenden und das älteste Rechtssystem Europas. Die Legenden, von denen manche auf die Völkerwanderungen gegen Ende des dritten vorchristlichen Jahrtausends zurückgehen, erzählen von verschiedenen Rassen und Invasionen und bringen Irland eindeutig mit Spanien in Verbindung. Ausgrabungen stimmen in ihren Datierungen mit den Legenden überein, und auch die Sprachverteilung scheint zu stimmen: Die keltisch-gälische ›Q‹-Sprachgruppe pflegt ein hartes ›g‹ oder ›k‹ wie in ›Mac‹ (›Sohn von‹) und ist die ältere Gruppe, die in Irland, Schottland und auf der Isle of Man, aber auch in Spanien und im Kaukasus zu finden ist. Die keltisch-kymrische ›P‹-Sprachgruppe benutzt ein ›p‹ oder ›b‹, so daß Mac im Walisischen zu ›Map‹ wird oder zuweilen zu ›Mab‹, wie in *Mabinogion*. Blutgruppenanalysen sagen dasselbe aus: Das O-Gen ist in Irland und Schottland dominant, während das A-Gen unter den ›P‹-Kelten in Wales vorherrscht.

Wenn die Kelten also nicht, wie die meisten Archäologen bislang geglaubt haben, nur bis 800 oder 900 v. Chr. zurückreichen, sondern viel weiter, dann sind sie untrennbar mit der megalithischen Kultur verknüpft – es sei denn, auch diese nähme plötzlich an Alter zu. Ebensowenig kann man die Kelten von ihrer traditionellen Priesterschaft trennen, wenngleich sich der Typ des Druidentums gewandelt haben mag. Damit wird es höchst wahrscheinlich, daß, wie die Ordenshäupter oft behaupteten, Druiden die Erbauung von Stonehenge geleitet haben.

So erweist sich, was als Altertumsforschung erscheint, als Wegweiser zu unserer eigenen Psychologie und als Eingang zu heiligen Stätten. Eine Meditation zu Samhuinn, zu Imbolc oder am Morgen der Sommersonnwende führt zu deutlich unterschiedlichen Resultaten, wobei sich die Erfahrungen ergänzen. Der Eintritt in das Druidenhaus, symbolisiert durch das große Trilithon und den Grabhügel unseres Banners, öffnet Türen zu vielen unbekannten Hügeln, wo wir vielleicht lichte Höhlen finden wie in den legendären Hügeln der *Sidhe*. ›Die Alten haben es in die Erde geschrieben‹, und wir sollten fähig sein, ihre Botschaften nicht nur zu entschlüsseln, sondern sie zu verstehen und weiterzuentwickeln.

Denn nichts soll hier nur als eine Erforschung der Vergangenheit verstanden werden. Die tiefere Weisheit im Vergangenen zu finden und daran unsere Kräfte im Heute zu schulen, um sie intelligent und mit den rechten Motiven einzusetzen, das ist das Ziel der modernen Barden und Ovaten.

Die archäologische Gestalt der Dinge neigt dazu, sich jedes Jahr und mit jeder neuen Ausgrabung ein wenig zu verschieben. In der Summe führt dies zu einem beachtlichen Umdenken, meist in Richtung traditioneller oder ›okkulter‹ Ideen.

Im Westen Englands haben mehrere Ausgrabungen gezeigt, daß Arthurs Grab sich auf dem alten Friedhof der Abtei in Glastonbury befindet. Auf dem Glastonbury Tor fand man Objekte, die für den Mittelmeerraum typisch sind und den Fundort mit Gegenständen aus der Zeit König Arthurs in Verbindung bringen, die man auf Cadbury Castle (Camelot) ausgegraben hat. Mit Hilfe eines Pendels wurden eine ovale Kultstätte auf dem Gipfel des Cadburyhügels und ein Pfad nach Südosten mit Schreinen oder Energiezentren daneben lokalisiert, was durch Ausgrabungen bisher weder bestätigt noch widerlegt werden konnte.

Ausgrabungen bei Silbury haben erbracht, daß dort etwa zwölf verschiedene Bodentypen aus ebenso vielen verschiedenen, entfernten Gebieten Britanniens segmentförmig in einem Kreis nebeneinanderliegen. Im traditionellen astrologischen Schema mit seiner Achse von Stonehenge nach Avebury erscheint Silbury stets als ›Erde‹, und das ist es tatsächlich: symbolische Erdopfer aus halb Britannien vereinigt zu Ehren von was auch immer der ausgedehnte Steinkreis von Avebury repräsentiert. Es gibt Gerüchte über einen kronenartigen Reif und einen Kristallpokal, die man vor Jahren in Silbury gefunden haben soll und die dann verschwunden seien. Dies könnten Symbole einer spirituellen Autorität sein, die man einmal als Oberhaupt einer Stammesunion hier anerkannt hat, wie die Union in Eire, versinnbildlicht durch die Räte und Spiele in Tara, oder die amphictryonische Liga in Griechenland.

Immer mehr Aufmerksamkeit richtet sich neuerdings auf Glastonbury Tor und Chalice Well, den Brunnen zwischen dem Tor und dem Chalice Hill. Zweifellos entströmt der ganzen Region eine undefinierbare Kraft, die zahlreiche Sensitive anzieht. Doch es gibt Fragen, die noch der Antwort harren: Bilden die Kämme des Tor ein Labyrinthmuster? Wozu wurden der St.-Michaels-Turm und seine Vorgänger erbaut? War es, um einen Eingang zu verbergen? Warum hat man die Höhle darunter so sorgsam versiegelt?

In Glastonbury scheint die Idee eines 12 Meilen großen Tierkreises mit Riesenfiguren, die vielen Menschen als ein phantastischer Traum erscheint, für unser Zeitalter an Substanz zu gewinnen. Der Vogel, der den Wassermann repräsentiert – das kommende oder bereits eingetretene Zeitalter[2] –, dreht seinen Kopf, und sein Schnabel liegt genau über Chalice Well. Nun ist eine Schale das traditionelle Symbol der Ära des Wassermanns, eine große Schale, die ein Mann auf dem Kopf balanciert. Es wird oft gesagt, diese Ära sei das Zeitalter der befreiten Intelligenz im Gegensatz zur Autorität, und die Schale, das Symbol des Weiblichen, ist mit Luft/Intelligenz gefüllt, nicht mit Wasser/Emotion, welches das vergehende oder vergangene Zeitalter der Fische dominiert hat.

Schale oder Kelch sind ein ›weibliches‹ Symbol, und es wird hier von einem Mann hochgehalten. Die spirituelle Erneuerung in elementarer weiblicher Form ist das beherrschende Thema. Dies scheint auf eine Rückkehr des Matriarchats hinzudeuten, jedoch in intelligenter, intellektueller Form. Daß diese Rückkehr nach etwa 4000 Jahren nun fällig ist und tatsächlich bereits stattfindet, ist seit langem zu bemerken.

Nicht die geringste unter den Umwälzungen etablierter Ideen ist die, welche durch das Aufkommen genormter Kohlenstoff-14-Tests eingeleitet wurde. Gewählte Oberhäupter des Ordens haben nie akzeptiert, daß die Evolution der megalithischen Tempel und der Kunst der Steinkreise aus dem Südosten auf die Britischen Inseln gekommen sein soll – eine scheinbar ›bewiesene‹ These, die bislang von fast allen anerkannt wurde. Radiocarbondatierungen siedeln Stonehenge nun »mindestens 500 bis 1000 Jahre früher« an.[3] Das erste Auftauchen von Stonehenge wurde bisher um das Jahr 1900 v. Chr. angesetzt, und das fertige Monument auf etwa 1450 v. Chr., doch nun scheint es, als ob die Anfänge um 2900 und die Fertigstellung um 2400 v. Chr. liegen könnten. Avebury liegt noch früher, wahrscheinlich um 3200 v. Chr. Die neuen Datierungen verlegen die Anfänge der Steinkreise also deutlich vor die Zeit der Großen Pyramide, die Cottrell mit 2720 v. Chr. angibt, wobei er ihr Alter durchaus überschätzt haben könnte.[4]

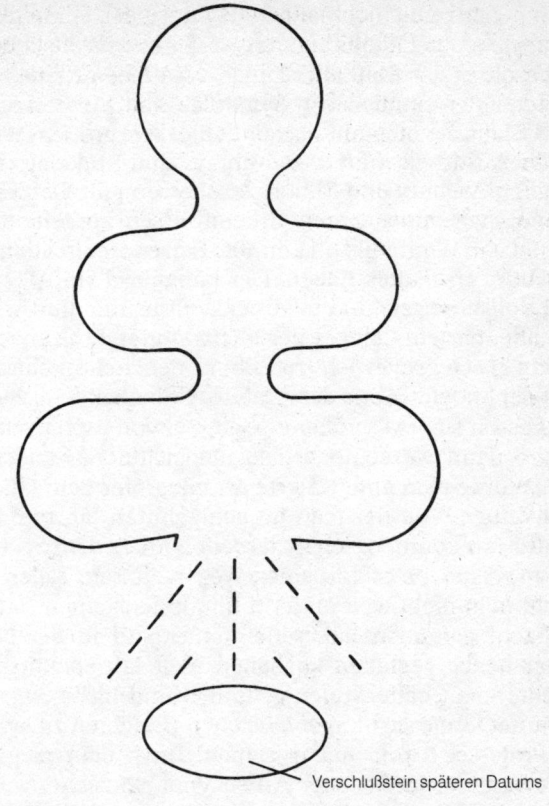

Verschlußstein späteren Datums

Das Innere des Langhügels von West Kennet. Der Grundriß wird allgemein für humanoid erachtet, ähnlich wie in den Felsentempeln auf Malta. Anders ist nur der dreifache Eingang.

Noch ist es zu früh für Archäologen, um einen umgekehrten Weg der Architektur von Westen nach Südosten beurteilen zu können, doch niemand kann die Ideen Stukeleys und Blakes heute noch als ausgeschlossen bezeichnen.

Ganz allgemein bedürfen ihre Gedanken nun einer wohlwollenderen Interpretation. »Das alte Albion enthielt in seinen mächtigen Gliedmaßen alle Dinge des Himmels und der Erde« bedeutet nichts anderes als das klassische Diktum »Der Mensch ist das Maß aller Dinge«. Kathleen Raine hat in vergleichenden Studien von Symbolen und Mythen festgestellt, daß Blake ein metaphysischer Lehrer von großem Wissen und tiefer Ausdruckskraft war. Aubreys und Stukeleys Ideen bezüglich Avebury und Silbury erscheinen plötzlich vernünftig, wenn man von neueren Erkenntnissen ausgeht. Die Menschen von Windmill Hill könnten den enormen Steinkreis von Avebury erschaffen haben. Der Langhügel von West Kennet, der vollständigste und eindrucksvollste Tumulus in England, ist offenbar ein Tempel der alten Muttergöttin, nach ihr geformt als Gegengewicht zu Silbury, dem männlichen Zeichen auf der anderen Seite der Avebury-Stonehenge-Achse.[5]

Lassen sich Ausgräber erst einmal von esoterischen Ideen leiten, dann warten noch viele offensichtliche Fundstätten auf sie. Würde man eine Kalksteinhöhle unter dem Glastonbury Tor öffnen, von der man im achtzehnten Jahrhundert noch wußte, so könnten Schachtarbeiten unter dem St.-Michaels-Turm zeigen, ob es dort einen Weg in größere Tiefen gibt. Obwohl man nicht weit entfernt mindestens einen senkrechten Schacht gefunden hat, scheint niemand in der Nähe von Stonehenge gegraben zu haben. Seit Jahren kursieren Gerüchte, man hätte Stufen gefunden und hastig wieder zugeschüttet, ohne sie in irgendwelchen Berichten zu erwähnen.

Professor Thom hat in seinem Buch über megalithische Bauwerke in mühevoller Arbeit Winkelbeziehungen herausgearbeitet, die unser Wissen über ihre räumliche Orientierung erweitern und ergänzen. Als besonders bedeutend erweisen sich Mondaspekte. Der frühe Mensch mußte wissen, wann der Vollmond kam, damit er die hellen Nächte nutzen konnte. Das Zu- und Abnehmen des Mondes machte ihn zu einem weiblichen Symbol, wenngleich es auch einen männlichen Mond gab. Es ist bekannt, daß die Aubrey-Holes in Stonehenge dazu dienten, Mondfinsternisse vorherzusagen. Nächte, in denen der Mond verschlungen wurde, mußte man vorausbestimmen, wahrscheinlich zu Zwecken der Jagd und der Magie.[6]

Das frühe Druidentum und seine Vorgänger in der Jungsteinzeit müssen daher einen Kult des Mondes wie auch der Sonne gepflegt haben – einen matriarchalischen und einen Fruchtbarkeitskult. Manche Steinkreise sind auf Sterne wie Sirius ausgerichtet, die für eine Jahreszeit charakteristisch sind, doch die meisten sind auf die Mittsommersonne oder auf die Neugeburt der Sonne im Mittwinter orientiert. Während diese Orientierungen ›Leben und Kraft‹ bedeuteten, waren die ›Todesrichtungen‹ hauptsächlich nach Nordwesten oder Südwesten orientiert. Ein Beispiel ist der besterhaltene der Kreise bei Carrowmore in der Grafschaft Sligo, der auf einen prächtigen Cromlech, vielleicht das Grab eines Häuptlings, nordöstlich orientiert ist sowie nordwestlich auf die finstere alte Göttin Maeve. So empfing man Kraft vom Geist des alten Häuptlings, und Opfer wurden in Richtung der Kriegsgöttin gebracht.

Die fortgesetzte, intensive Konzentration auf Richtungen und ihre Bedeutungen in vergangenen Zeiten scheint die Grundlage für ein Bewußtsein zu sein, das Menschen heute durch Meditation wiederfinden können. Die geistigen Pfade sind längst gelegt.

## III. Kegel und Hügel:
## Das Erscheinen eines höheren Selbst

Die höhere Intelligenz des Menschen kommt vielleicht tatsächlich von den Sternen, windet sich als durchsichtige Schlange nach innen, durch die Milchstraße – den Pfad des Drachen – und betritt die Erde aus der Richtung des Polarsterns, wie es sich manche unserer Vorfahren vorgestellt haben. Oder sie kam durch eine Reihe ausgedehnter Besuche von anderen, höher entwickelten Planeten zu uns, durch Raumfahrer in feurigen Wagen und Feuerrädern, die als Engel betrachtet wurden. Vielleicht scheint sie auch durch die höhere oder innere Sonne aus einer Sphäre ›hinter‹ der physischen Sonne auf uns. Sie könnte einen dieser Ursprünge haben oder auch nicht. Schier unglaublich ist dagegen, daß unsere Intelligenz sich ohne einen solch fördernden Einfluß aus Affenmenschen entwickelt haben soll. Wo soll denn dieses Verbindungsglied zum Affen sein? Die ältesten Überreste eines Menschen wurden auf ein Alter von zweieinhalb Millionen Jahre datiert, und dieser Mensch hat bei weitem moderner ausgesehen als jüngere australische Exemplare. (Seither haben Archäologen in Äthiopien mehr als vier Millionen Jahre alte menschliche Überreste gefunden, während man anderswo in Afrika dabei ist, die Zeitskala noch weiter in die Vergangenheit zu schieben.) Durch Gottes Atem wurde der Mensch eine lebendige Seele, so sagt die alte Geschichte, und Gottes Atem mag in verschiedenen Formen erscheinen – warum nicht in Gestalt der Merkurschlange?

Was immer die Ursache – wobei zu bemerken ist, daß die moderne Philosophie vor Kausalität zurückschreckt und deshalb mit dem Problem niemals fertig werden wird –, was man nachverfolgen kann, ist die Entwicklung von Konzepten, die sich mit solch dunklen Ahnungen beschäftigen, woher sie auch kommen mögen.

Eine der frühesten gemeinsamen Aktivitäten von Menschen war der Ring- oder Kreistanz. Wenn, wie man in der Sowjetunion spekuliert, Rhythmus und sogar Sprache in den schwingenden Bewegungen zusammenarbeitender Menschen ihren Ursprung haben, dann darf man auch eine Theorie über die Entwicklung solcher Tänze wagen: In dem wilden Energiestrom, der wirbelnden Mischung astraler Kräfte, die in der Seitwärtsbewegung und den Gesängen zum Tragen kommen, entwickeln diese Kräfte ein brodelndes, aufsteigendes Zentrum. Mit etwas Übung und der zunehmenden Erkenntnis, daß etwas jenseits der physischen Ebene vor sich geht, wären damals wie heute einige natürliche Hellsichtige in der Lage, dieses Zentrum auf einer anderen Ebene als einen aufsteigenden Kegel zu sehen. Vermutlich würde dieser entweder rot (Energie, Leidenschaft) oder blaugrün (die Farbe der Natur) erscheinen, oder als eine Mischung der beiden Farben.

Das Konzept dieses Aufwärtswirbels wurde zu einem der ältesten mystischen Modelle der Menschheit. Wirbel dieser Art sind heutigen Okkultisten wohlbekannt. Man stellte fest, daß ihre Energie, wie die alten Hexengemeinschaften glaubten, in Steinen und bestimmten Bäumen, besonders in

Eichen, gespeichert werden kann. Die Menschen waren auf eine der grundlegenden Gestalten des Lebens gestoßen, den aufsteigenden Kreis, die Spirale. Der hellsichtige Cambridge-Archäologe T. C. Lethbridge hat in seinen Schriften über seine Pendelstudien ganz klar gemacht, daß alle Dinge eine gewisse Strahlung abgeben und daß ihre Strahlungssphären nach oben wie auch nach unten länglichen Spiralkegeln ähneln. Jeder Biologe kennt die Wachstumskurven der Natur, die etwas ganz Ähnliches darstellen.

Nach dieser Entdeckung des Lebensprinzips experimentierte der frühe Mensch dann mit magischen Tricks, zum Beispiel um den Führer eines konkurrierenden Stammes in Bann zu schlagen, und benutzte die Kegelkraft für alle möglichen Zwecke, gut oder böse, da die Kraft an sich neutral ist. Wahrscheinlich beschworen sie aus einem Feuer, das in der Mitte solcher Tanzkreise gebrannt haben könnte, auch die Geister der Toten, um die Zukunft vorauszusagen. Feuer war das geeignete Symbol für die aufsteigende Kraft des Kegels. Dies war besser als die Besessenheit des Schamanen, der mit den Geistern der Toten kommunizierte, indem er sich in die Nähe der Leichen in den Langgräbern begab, jenen großen, finsteren Gebeinhäusern der geheiligten Ahnen. Man erkannte allmählich, daß es für die Geister besser war, wenn sie vom Kult um ihr verrottendes Fleisch befreit waren, und begann, die Leichen zu verbrennen. Das Feuer reinigte die Essenz des Lebens und zerstörte die nutzlose Hülle.

Die Grundideen der Hexen gehen im wesentlichen auf dieses Zeitalter zurück, und die Hexenkunst weiß einiges über diese Stufe in der geistigen Evolution des Menschen. Später nahm das Druidentum diese Ideen auf und verband sie mit seinem Konzept räumlicher Orientierungen und dem späteren Wissen um die Kräfte von Sonne und Mond.

In dieser Phase hatte sich also schon eine große Geistesentwicklung vollzogen, es gab erste Einblicke in die sogenannte übersinnliche Ebene – welche primitiven Völkern mindestens so bewußt ist wie uns – und eine Anerkennung kollektiver Kräfte. So fest war dieses Wissen verwurzelt, daß die Menschen schließlich, nachdem sie erkannt hatten, daß Steine ein besseres Medium zur Speicherung der Kräfte sind als Bäume, für ihre Tänze Steinkreise bauten. Das Ausmaß ihrer magischen und übersinnlichen Kräfte ist an der Verbreitung dieser aufwendigen Bauwerke abzulesen.

Wir bewegen uns jetzt bereits auf abstrakte Denkstrukturen hin – nicht mehr die Imitation von Tieren in magischen Höhlen, kein direkter Kontakt mehr mit den Toten, um ihre Stimmen zu hören, sondern der aufsteigende Kreis, der Kegel, Stimmen in freier Luft, Formen, die sich aufbauen – und so zu der Repräsentation dieser Dinge in der Ebene, durch Linien, so daß wenige Striche – oft im Stil des späten Picasso – einen Mann oder eine Frau so darstellen, daß man es erkennen konnte.

Der Kegel wurde immer mehr als Kontur gesehen, als Hinweis. Er hat einen Umriß, den man zeichnen kann. Vielleicht haben Dinge der gleichen Form die gleiche Wirkung? So wurden Pfeilspitzen, spitze Stöcke und Knochen ausprobiert, und wenn man sich gebührend konzentrierte, schienen sie zu funktionieren – und funktionieren immer noch. Das Knochenzeigen ist in Afrika ein sehr wirksamer Fluch. All diese magischen Techniken wirken in entsprechenden Gemeinschaften, wenn auch nicht unbedingt außerhalb von ihnen.

In gleichem Maße begann jedoch auch der höhere Geist des Menschen zu wirken. Er kümmerte sich nicht mehr nur um seine Spiele, seine Feinde, seine körperlichen Bedürfnisse. Ein Kegel, der sich aus einem großen Kreis erhebt, muß ein sehr großes Objekt sein, ob er nun wahrnehmbar ist oder nicht. Man glaubte an seine Existenz, und er funktionierte, und die Menschen begannen, zu spitzen Hügeln emporzuschauen. Der Kegel hatte Ehrfurcht und Respekt hervorgerufen, und der massivere Hügel wurde mit noch mehr Ehrfurcht betrachtet. Dies ist das Zeitalter des heiligen Bergs, auf dem so viele frühe Rituale stattfanden – die ›hohen Orte‹, welche die jüdischen Propheten so verabscheuten, wie Lud Hill oder Montmartre.

Wir bewegen uns nun auf einen Kult zu. Während ein Kegel psychischer Kraft, von Menschen aufgerichtet und genutzt, nach einiger Zeit verschwindet, war der feste Kegel bleibend, man konnte zu ihm gehen – was einen grundlegenden Wandel darstellt. Ideen, Erscheinungen, Macht, die ein

Berg verströmt, besitzen eine Qualität des Festen, Externen. Menschen respektieren Macht, und Macht ist genau das, was elektromagnetische Kräfte wie die von Glastonbury Tor vermitteln. Aus dem Mittelalter kennen wir ein kirchliches Verbot, auf dem Gelände von Glastonbury zu schlafen, weil es von Teufeln bewohnt sei – dasselbe in anderen Worten.

Nun entwickelte sich das neolithische, abstrakte Denken weiter. Durch die Betrachtung des regelmäßigen Spitzhügels, des Kegels der Macht, kam der Mensch auf die Form des gleichschenkligen oder gar gleichseitigen Dreiecks. Führt man dies fort, kommt man wohl bereits zur Himmelsbeobachtung und dem Wissen um die Orientierungen. Die horizontale Sicht der Entfernung kam zu der näheren, vertikalen Sicht von Kegel und Hügel hinzu. Knochenzeigen hatte sich bereits als wirksam erwiesen. Was war nun mit dem ›Geist‹ oder Umriß des Spitzhügels? – So finden wir Kraftkegel anderer Art: gleichschenklige Dreiecke, die flach auf der Erde liegen und in eine Richtung weisen. Ein klares Beispiel dafür findet sich in Houldstone Down in Somerset; ein komplexeres Schema zeigt sich in Brown Willy. (Diese beiden sind in den Ausgaben 11 bzw. 18 der Zeitschrift *Ley Hunter* dargestellt.) Man sollte ihnen allgemein mehr Beachtung schenken. Bisher haben nur wenige nach ihnen gesucht, und man sieht nicht, auf was man nicht vorbereitet ist. Wo immer sich eine ausgeprägte Orientierungslinie befindet, lohnt es sich, in symmetrischem Abstand zu beiden Seiten nach weiteren Objekten zu suchen. Wenn sich solche finden, dann stellen sie wahrscheinlich die Basis eines flachen Kegels dar, der in eine bestimmte Richtung zeigte. Der Fund könnte die Absicht einer Orientierung belegen. Geomanten haben dieses Phänomen bisher selten, wenn überhaupt, erkannt; sie scheinen zu beschäftigt zu sein, um ihre Augen zu benutzen. Ein Dutzend mehr genau dokumentierter Beispiele könnte die These bestätigen, daß diese Frühmenschen nicht nur Landvermesser, sondern auch sorgfältige Beobachter von Lichterscheinungen und Sternen waren.

So kommen wir nun zu einer neuen entscheidenden Entwicklung. Man braucht kaum ein Genie sein, um zu der Erkenntnis zu gelangen, daß ein Kegel psychischer Kraft aus einem Kreistanz, ein pfeilähnlicher Zeigeknochen mit einer Spur von Objekten in einer Linie und ein konischer Hügel, wenngleich die eine Form zur anderen führt, doch so radikal verschieden sind, daß sie auf differenzierte Denkmodelle schließen lassen. Der Knochen bestimmt eine Richtung für die Kraft; man benutzt ihn mit einer bestimmten Ausrichtung, wenn man jemanden verzaubern will. Der Hügel ist eine große Konstante, die einen überragt. Er kann Energie ausstrahlen oder empfangen, doch man kann ihn nicht beeinflussen. Ein Hügel hat durch seine Form und Größe sein eigenes *Mana* und womöglich auch eine natürliche magnetische Ladung. Der Mensch entwickelt eine Hingabe für ihn, die er für den selbst hervorgebrachten Kraftkegel nicht empfindet. Die Höhe scheint eine Art formloser Gott zu sein – ein Gott, dem der Mensch später Form gibt. (Aus dieser neolithischen Periode gibt es praktisch keine Götterfiguren.) Die Kräfte des Kegels oder des Knochen folgen beide der esoterischen magischen Formel ›wie unten, so oben‹ – wobei sich die Wirkung nach unserer Vorgabe richtet. Doch sobald der Mensch eine nichtmenschliche Kraft in einem Hügel sieht, sagt er zu sich: »Dies ist etwas Heiliges, und sein Wille soll geschehen. *Es möge mich* leiten. Es ist (buchstäblich) das Höchste, das ich auf Erden kenne.« Und dann fügt er die neue, umgekehrte Formel hinzu: »Wie oben, so unten«, die die Basis der Religion bildet: »Ich erkenne das Höhere und werde mich von ihm leiten lassen.«

Akzeptiert man also, daß das gleichschenklige Dreieck der Kraft einem Hügelkult folgt oder sich zusammen mit ihm entwickelt hat, dann repräsentieren solche Dreiecke ein Streben, etwas zu empfangen, nicht etwas zu erzwingen, da ein Mensch, der einen heiligen Hügel verehrt, sich danach sehnt, zu empfangen. Das sagen einem die Orientierungen dieser Dinge. Ein gleichschenkliges Dreieck nach Nordosten wird wahrscheinlich keine Kraft in diese Richtung projizieren, da im Gegenteil der Nordosten der beste Platz ist, um das *Mana* der jahreszeitlichen Kraft der Sonne zu empfangen. Das Dreieck ist also wohl eine Geste, um den Segen des Sonnengottes anzuziehen – womit wir bei der Magie der Induktion angelangt sind. Dies ist eine neue Vorstellung und eine ganz entscheidende Entwicklung, das Auftauchen eines Verhaltens, das die Augen der Menschheit für die Möglichkeit einer großen und vielleicht wohltätigen Kraft über ihr geöffnet hat.

Diese Technik des Dreiecks kann jedoch nicht nur zur eigenen Ausrichtung, sondern auch zur Projektion in riesigem Maßstab eingesetzt werden. Hexen glauben, sie hätten diese Fähigkeit und hätten sie auch schon eingesetzt, besonders in bezug auf das Wetter. Nach Gerald Gardner[7] haben Hexen England dreimal vor einer Invasion gerettet. Zur Zeit von Elizabeth I. haben diese Patrioten, wahrscheinlich unter Leitung von Dr. Dee, die Winde so ausgerichtet, daß die Pläne der spanischen Armada für die Landung in England komplett fehlschlugen. In den Napoleonischen Kriegen organisierten die Hexen von Sussex (das noch heute für seine Hexen bekannt ist) einen stetigen Südwestwind, der Napoleons Pontons, die in Boulogne bereitstanden, um die ›Armee von England‹ über den Kanal zu bringen, außer Gefecht setzte. Und am dritten großen Hexenbund war Dr. Gardner selbst beteiligt. Auch dabei versammelten sich die Hexen auf den Sussex Downs, doch diesmal nicht, um Winde heraufzubeschwören, sondern um in die Köpfe von Hitler und Göring den Gedanken zu projizieren, daß eine Invasion keine Chance hätte. Diese Projektion scheint ebensogut funktioniert zu haben wie die anderen.

Die Himmelsschlange hat hier nun mit Sicherheit ihren Weg zu den Menschen gefunden und sie mit ihrem Biß dazu gebracht, nach Dingen jenseits von ihnen selbst zu dürsten. Auf dieser Basis entwickelten sich später die Priesterschaften.

Doch wenn wir von den Anwendungen zu den Konzepten dieses höheren Strebens zurückgehen, dann sehen wir, daß diese immer weiter und tiefer werden, bis es schließlich zu dem Sprung zu einem ›allmächtigen‹ Etwas kommt – ein Wort, das eigentlich nichts bedeutet, da es eine Qualität beschreibt, die dem Menschen per Definition unbekannt ist.

Der Weg dorthin war lang und führte zum Teil auch über sexuellen Symbolismus. Der Kopf der Kobra, bestimmte Früchte und Blumen, der ›Totenfinger‹ –

Denn unsre keuschen Mädchen nennen Totenfinger,
wofür die Hirten einen derberen Ausdruck haben.

– dies sind spätere Umschreibungen für den Phallus. Für das weibliche Organ fand man die Kaurimuschel, den Granatapfel und den Delphin – dessen Name dem griechischen Wort für ›Gebärmutter‹ (*delphos*) entlehnt zu sein scheint – als Bilder.

Tiere, Bäume und Steine waren Eltern, denn die Frau jener Zeit ahnte nichts von den Ursachen der Geburt. Wenn ihr Bauch zum Leben erwachte, schaute sie sich um und sah einen Baum, einen Stein, ein Tier oder gar einen Gott als Vater. Daher haben wir die Söhne des Bären, den Wolfs-Klan, die Stein-Leute und die Kinder der Robbe oder der Bergesche. Letzterer, mit ihren roten Beeren, wurden besonders große Kräfte in bezug auf den Mutterleib zugeschrieben.

So kam es zur Entstehung der Klans und der Götzen. Gestalten der Natur nahmen menschliche Persönlichkeiten an. Man betrachte nur den sichtlich wollüstigen Ziegenbock. Er schien eine Klasse für sich zu sein, ein vorzüglicher Repräsentant der Natur.

Wenn diese Felsen, Bäume oder Tiere sich in Menschen fortpflanzen konnten, war das dann nicht großes *Brigh* oder *Mana*? Damit begannen Personifikationen und Mensch-Tier-Mythen. Es gab Satyren, Söhne des Ziegenbocks Pan, und Zentauren, Söhne von Pferden, und andere Kreaturen. Hier fanden frühe Moralprediger einen Ansatz, und von den griechischen und irischen Mythen aus kann man eine ganze Schule philosophischen Denkens entwickeln – was bisher noch nicht gemacht worden ist, doch die Geschichten sind voller Juwelen, die nur darauf warten, zu einer Kette gefaßt zu werden.

Im Laufe der Zeit wurden die Personifikationen immer gröber und wörtlicher genommen. Die Fruchtbarkeit des Zeus macht ihn zum Vater nicht nur der Götter, sondern auch der Menschen – doch muß dann nicht Hera, sein Weib und zugleich der wechselhafte Himmel, sehr eifersüchtig sein? Die Toten müssen in einer sehr trockenen Welt wohnen, so daß sie nach einem Schluck Milch, Wein oder gar Bier dürsten. Sie hatten ihren eigenen strengen, finsteren Gott, und man goß Bier in ihre Särge. Und so weiter und so fort. Diese Gestalten sind nie wirklich allmächtig, nicht einmal Zeus, der lediglich stärker ist als die anderen Götter, wie Homer andeutet.

Doch wieder kommen die abstrakteren und vernünftigeren Kräfte im Geist des Menschen an die Oberfläche und bilden einen Gegenpol. Während das esemplastische Denken der Griechen diese sehr menschlichen Märchen über das zweifelhafte Gebaren ihrer Götter konstruierte und sich ihrer derberen Attribute erfreute, wurde die Kraft dahinter immer breiter und tiefer. So finden wir auch die wundervolle Vorstellung eines Vaters Zeus auf dem Olymp und das fast magische Gesicht Heras, der göttlichen Mutter, daneben. Und neben den farbigen Bildern, für die die intellektuelleren Griechen nur Verachtung hatten, stehen Begriffe wie Θεμιζ, das Gesetz, oder Σοφια, die Weisheit, philosophische Ideen, die jede Form transzendieren. Hier gleichen die Griechen den antiidolatrischen Hebräern mit ihren Geboten, der Bundeslade und den heiligen Büchern des Einen Gott mit seinen Engelsscharen, dem Volk, das sich als die erwählte Rasse betrachtete, erwählt durch den Hügelgott eines Vulkans, der sie auf ihrer Wanderung aus Ägypten beeindruckt hatte und um den sie einen äußerst dogmatischen Mythos aufgebaut hatten.

Nun sind wir fast schon in der Neuzeit. Die bereinigte griechische Religion mit ihren großartigen Statuen und einer großen Tiefe und Verzückung in den Gebeten zur Muttergöttin in Apuleius lassen keinen Zweifel, daß in den Köpfen der Gebildeten – und auch vieler, die nur fromm waren – erhabenere Gedanken wohnten. Der Eine Gott ist sichtbar im Kommen. In Indien war er Jahrhunderte vorher angekommen, unendlich, ›allmächtig‹, jedoch in Beziehung zur Menschheit.

Die Himmelsschlange hatte sich in den Kern des Menschen gefressen. Im griechischen Mythos hatte sich die Muttergöttin in Schlangengestalt mit Ophion vereinigt und ein rotes Weltenei hervorgebracht. Das Ei oder der Stein der Druiden war ebenfalls rot und konnte nur von Solis, der Sonne, ausgebrütet werden – oder von der inneren Sonne. Und so geschah es.

# Kulturen von Stein und Holz

## I. Die Kultur der großen Steine

Der Überblick über diese immense Spanne von Raum und Zeit macht deutlich, daß die Eier der Schlange in mehreren wohldefinierten Formen auftraten, die bestimmte Lehren enthielten. »Die Alten haben es in die Erde geschrieben.«

Die Beweise sind verstreut, aber chronologisch. Es existieren zahlreiche Dolmen, und aus einer Menge konvergierender Indizien kann man den Schluß ziehen, daß jeder Dolmen ein Ort der Wiedergeburt durch die Muttergöttin war, Höhepunkt im spirituellen Leben eines jeden Menschen. Dann tauchten die Langhügel-Gruppengrabtempel der Ahnen auf, wo lange die Geister verehrt und um Rat gefragt wurden, gefolgt von Rundhügel-Einzelgräbern und schließlich vom Übergang zur Verbrennung an Stelle der Erdbestattung. Noch später kamen die Menhire, große Steine, die als übersinnliche Werkzeuge für den Kontakt zu bestimmten Ahnengeistern oder allgemein als Energiespeicher dienten. Diese führten zu einem neuen spirituellen Mechanismus, der mit einem ganzen Lehrgebäude verbunden war: den Stein- oder Baumkreisen in ihren verschiedenen Formen. Schließlich erschienen einige Namen, welche die Konzepte von Geist, Luft und einem Höchsten Gott in dreifacher Gestalt enthielten.

Jede dieser Phasen repräsentiert eine bedeutende Stufe in der Entwicklung des höheren Bewußtseins des Menschen.

Die Macht der Muttergöttin kann tyrannisch und grausam sein oder gütig und voller Liebe. Am Beispiel der Pazifikinsel Malekula werden wir sehen, daß die Rituale der Wiedergeburt den Menschen aus den Klauen eines Wächtergeistes befreien und die geflügelte Seite seines Geistes aktivieren sollten, die durch einen Falken versinnbildlicht war.

Das Langhügelgrab (*Long Barrow*) steht für die Verehrung

der Ahnen, denen möglicherweise Opfer gebracht wurden. Fast mit Sicherheit gab es bestimmte Medien, Schamanen, die den Rat der Verstorbenen einholen und an die Lebenden weitergeben sollten. Wie lange der Einfluß der Ahnen vorhielt, ist unklar, doch offenbar war es nicht sehr lang, da die Knochen oft einfach beiseite geräumt oder entfleischt wurden, um für andere Platz zu schaffen.

Das Rundgrab (*Round Barrow*) stellt eine vollkommen andere Praxis dar. Es repräsentiert die Anerkennung des Individuums im Gegensatz zur Familie und den Vorfahren. Darüber hinaus ist es ein Schritt auf dem Weg zur neuen Anschauung des göttlichen Feuers, die mit dem Sonnenkult in Verbindung steht. Wahrscheinlich aus Persien war die Erkenntnis gekommen, daß der Geist des Menschen tatsächlich als ein vom Körper getrenntes wahres Selbst überlebt. Deshalb sollte die Hülle des Menschen verbrannt werden, um sie in essentielles Feuer zu verwandeln und so Körper und Geist in dieselbe andersweltliche Dimension zu überführen. Der Geist gehörte zum Himmelsfeuer (oben) und nicht zum Bauch der Erde (unten).

Ganz unabhängig von den Dolmen erkannte man die Kraft in aufrecht stehenden großen Steinen. Vielleicht war man bereits auf die Tatsache gestoßen, daß Steine psychische Kraft erheblich besser speichern als Bäume und daß jeder Stein eine Persönlichkeit besitzt. Steine wurden als Heimstätten der Ahnengeister betrachtet, und manchmal wurde versucht, sie nach ihnen zu formen, wie auf Korsika. Oder es wurden übernatürliche Totemgeister des Stammes in ihnen gesehen. Steine waren, wie Tiere oder Bäume, auch oft Eltern. Wenn eine Frau an einen Ahnenstein dachte und danach schwanger wurde, war der Vorfahr in sie eingedrungen.

Wie wir schon gesehen haben, hatte der Mensch auf empirischem Wege den Kreistanz entwickelt und ihn als eine ausgezeichnete Technik zur Beschwörung, Konzentration und Ausrichtung von Kraft sowie als Schutz kennengelernt. Nun suchte er nach einem festen Platz dafür. Ein wandernder Nomade, der sein Vieh auf Hochweiden treibt, kann nicht warten, bis ein Baumkreis herangewachsen ist, wie es in seßhaften Zivilisationen der Ebenen möglich ist. Pflanzt er einen

Ring von Stäben auf, dann hat möglicherweise ein anderer diese nützlichen Holzpfosten mitgenommen, bis er im Jahr darauf zurückkehrt. So stellt er unter großen Mühen einen Ring aus Steinen auf, die groß genug sind, daß sie nicht so ohne weiteres entfernt werden können. Zuweilen scheint ihm das Risiko auch nicht so groß, und er hält kleinere Steine für ausreichend.

Innerhalb und um einen solchen *Gilgal, Cor* oder *Choir* von Riesen konnten unterschiedliche Übungen verrichtet und Berechnungen angestellt, Sonne und Mond beobachtet und Kontakte mit dem Göttlichen hergestellt werden.

Aus den Behausungen des frühen Menschen haben wir wenig, und dieses wenige sind grobe Werkzeuge, doch von seinen Vorrichtungen für höhere Zwecke – Dolmen, Grabhäuser, Rundgräber oder Verbrennungsstätten, eindrucksvolle Steine und kleine oder große Kreise – kennen wir genug, um sagen zu können, daß er ein ernsthafter Sucher war und auch einiges gefunden hat.

Wir wissen auch, daß er einen experimentierfreudigen und entwicklungsfähigen Verstand besaß. Der Dolmen entwickelt sich nach und nach von einem spirituellen Mutterleib zu einem großen Tor, manchmal noch als das große Haus betrachtet, doch öfter als Ort der Ankunft oder des Scheidens übernatürlicher Kräfte. Seine zwei großen Säulen lassen duale Konzepte anklingen, wie Tag und Nacht, Sommer und Winter, Mann und Frau. Im Keltentum wurden diesem Paar oft Farben gegeben, grün für die nördliche Seite, golden für die südliche.

## II. Der Dolmen als Wiedergeburtskammer

Nach archäologischer Erkenntnis beginnt die lange Geschichte der Dolmen- und Megalithkultur in Sri Lanka, setzt sich fort in den Ebenen und Bergen Südindiens, überquert die Ebene von Marmataka und das Maharestplateau nach Kaschmir, dann die Grenze zum nördlichen Iran, durch Syrien; weiter mit dem Boot nach Zypern und Malta, und auf zwei Wegen nach Ägypten, einmal über Land entlang der nordafrikanischen Küste und ein andermal durch das Wadi Hammamat. Von Syrien aus landet sie in Süditalien, auf den Mittelmeerinseln, in Spanien, Südfrankreich und der Bretagne. Eine langsamere Wanderung zieht sich durch den Balkan nach Mitteleuropa. Zuerst von Spanien aus, dann von der Bretagne, kommt sie nach England, treibt die Westküste entlang durch die keltischen Gebiete und Inseln und scheint ihr Ende in Form der allgegenwärtigen Dolmen in Irland, entlang des Boynetales, zu finden. Entlang des Weges gibt es bemerkenswerte Ansammlungen von Dolmen in Syrien und im Iran. In Irland stehen Hunderte.

Kein Archäologe scheint je eine überzeugende Funktion für diese Bauwerke aus drei Steinen, die nichts mit Grabkammern gemein haben, genannt zu haben, doch die vergleichende Ethnologie findet eine Erklärung im Pazifik, dem äußersten Ende jener Schlange, deren Kopf in Irland liegt.

## Das pazifische Ende der Schlange

J. Layard, ein junger Forscher aus Cambridge, ging auf Expedition in den Pazifik, auf die Insel Malekula. Er führte dort die Arbeit von A. B. Deacon[8] fort und fand im Norden und Westen der Insel die letzten Steinzeitmenschen. Im Mittelpunkt ihres religiösen Lebens stand die Errichtung eines Dolmen aus Korallenplatten. Im Alter von 25 bis 30 Jahren legte sich jeder Mann nach verschiedenen vorbereitenden Zeremonien in die kleine heilige Kammer darin und wurde dort initiiert oder wiedergeboren. In einer späteren Zeremonie stieg er aufs Dach des Dolmen, wo er ein Opfer brachte. So erlangte er sein höheres Selbst in Form eines Vogels, eines riesigen Falken, dessen Körper ständig über dem Versammlungshaus schwebte.

In Wales war es ein Vogel, dort als Henne bezeichnet, der den kleinen Gwion verschlang und aus dem dieser als Taliesin wiedergeboren wurde. So vollziehen sich offensichtlich die Anfänge der Seele.

Vor langer Zeit bemerkte Dr. W. H. Rivers: »In melanesischen Dolmen befinden sich heilige Türen, durch die der Initiand zur Zeremonie der Wiedergeburt hineinkroch.«

Deacon unterschied nicht weniger als 32 Grade der Initiation in solchen Gemeinschaften. Alle haben den Dolmen als Mittelpunkt, den *Nevet Muogh* oder ›Stein des Lebens‹. Im Hauptritus, dem *Nogho Tilabive*, geht es darum, ›Menschen zu machen‹ – also ein Fruchtbarkeitsritus.

Zur frühen Reihe von Initiationen, dem *Low Maki*, gehört der zeremonielle, drei Jahre währende Aufbau eines Dolmen. Das erste Jahr vergeht mit der Auswahl des Hauptsteins, im zweiten Jahr wird er zum Tanzplatz gebracht, und im dritten wird der Dolmen errichtet. Im vierten Jahr vollzieht sich die rituelle Opferung von 100 Ebern und 100 Vögeln auf diesem Dolmen. Dies ist die Initiation der Gruppe, bei der jeder Kandidat einen Eber auswählt, der seinen neuen Namen trägt. Dann folgt der dreißigtägige Aufenthalt im Dolmen, dem *Navot*, dem Ort der Wiedergeburt. Danach werden noch zwei Jahre mit einer rituellen Rückkehr ins Leben verbracht.

Getrennt davon sind die kunstvollen Sandzeichnungen der Initiationen, bei denen es sich um den komplexen Weg der Seele handelt, die vom Wächtergeist geleitet, aber auch streng beurteilt wird. Weiß sie den rituellen Weg nicht, dann wird der Wächter sie verschlingen. *Low Maki* und die Sandzeichnungen waren wahrscheinlich der ursprüngliche Kult, bevor *High Maki* von anderswo dazukam. Die Einzelheiten sind sehr ähnlich bis auf die Form des Rituals, die nun dem Auslegerkanu einer anderen Insel entspricht.

Die beiden Kultformen nehmen zusammen einen Zyklus von zehn bis achtzehn Jahren in Anspruch. Die Stammesorganisation ist sowohl matrilinear als auch patrilinear, so daß die Stämme in zwei Teile zerfallen. Wenn also der *Maki* der einen Hälfte endet, beginnt der *Maki* des anderen Teils. Der Zyklus muß daher doppelt so lang währen, um alle Teile des Stammes zu erfassen.

Bevor Kannibalismus allgemein abgelehnt wurde, vollzog sich die höchste Form der Wiedergeburt in Menschenopfern auf dem Dolmen. So verlieh zum Beispiel das Verzehren eines tapferen Feindes ungeheure Macht. Wem solche Anschauungen vertraut waren, der fand es natürlich nicht schwer, die christlichen Dogmen über das Essen und Trinken des Fleisches und Blutes Christi anzunehmen, und gab einen guten Konvertiten ab.

Das Versammlungshaus, der *Ghamel*, wird in allen Dörfern nach bestimmten Regeln errichtet. Der vordere Pfosten ist der *Simbe Na-nibul*, der Sitz des Falken. Zwei Dolmensitze befinden sich am vorderen und hinteren Ende: der vordere, *Wughi*, ist der Penis, der hintere, *Lase*, die Hoden. Über allem ist der Platz des riesigen heiligen Falken. Nach dem Tod war es ratsam, dem Wächtergeist zu entgehen – obwohl man zur Sicherheit auch die Sandmuster studierte –, und der himmlische Falke schien dafür die beste Chance zu bieten. »Jeder, der die Riten (des *Maki*) vollzieht, identifiziert sich mit dem mystischen Falken, der über allem steht« – im Gegensatz zu dem erdgebundenen Wächtergeist. Andere, deren Anwesenheit sich alle bewußt sind, sind die Stimmen der Ahnen, die aus dem Donner der Baumtrommeln hallen.

Auf Malekula gibt es kaum Steine, weshalb der Dolmen, wie schon erwähnt, aus Korallenplatten besteht. Dennoch gilt dieselbe Botschaft auch für die Steine am Kopf der großen Schlange in Irland.

Die Dolmen, mit denen die Hügel im Boynegebiet gespickt sind, sind als Betten von Diarmuid und Grainne bekannt, der Sonnengöttin, die von ihrem Hochzeitsfest mit dem alten Finn MacCumhal ausriß und mit dessen Anhänger Diarmuid floh. Diese Legende entspringt eindeutig neolithischem Gedankengut. Die Seele eines jeden Menschen wird in einer mystischen Hochzeit aus der Göttin geboren, und Grainne ist in der irischen Mythologie die jüngere Form der Sonnengöttin. Ihr Zweck ist es, die Menschen aus ihren steifen Konventionen zu locken, damit sie dem Ruf des Geistes folgen. Das Konventionelle in Diarmuid protestiert zwar, doch schließlich treibt ihn die ewige Jagd einer zweiten Geburt zu.

Nach ebenso langer Vorbereitung, die einen großen Teil seines Lebens in Anspruch nahm, erreichte der Steinzeitmensch von Malekula das gleiche Ziel. Er errichtete die Geburtskammer für sein eigenes höheres Selbst. Nach der Wiedergeburt war er dem Wächtergeist entkommen und zum Vogel geworden, zum Engel, zum geflügelten Stier.

Bezeichnenderweise verkam diese wunderbare Vorstellung des frühen Menschen – die in der Form eines kleinen Vogels, der dem Kopf entschwebt, häufig in amerikanisch-indianischer Kunst anzutreffen ist – in Irland zu einer Fabel über die 365 Kopulationen eines ehebrecherischen Paares.

## III. Die Langhügel-Tempelgräber

Über ihren Zweck herrscht weitgehend Einigkeit, so daß hier weniger Einzelheiten nötig sind. Sie waren gewöhnlich von Nordosten nach Südwesten ausgerichtet, und ihre Eingänge, Halbkreise aus großen Steinen, waren Orte für Rituale zu den Themen Leben und Tod, Vorläufer der Tore und Grabeingänge, die uns in griechischen Tragödien begegnen. Im Inneren wurde die Anwesenheit der Toten durch die Worte des maskierten Schamanen dramatisiert, während ein Chor die Toten beklagte. Vermutlich war dies der Anfang der Bühnenkunst.

Der Grundriß des Inneren solcher Langhügel hat oft eine auffällig menschliche Form. Der Langhügel von West Kennet ist das deutlichste Beispiel dafür in England. Wenn die runde Kammer am Ende der Kopf ist und die vier kleinen Kammern zu beiden Seiten die Glieder, dann wird der Eingang zum Muttermund, durch den sich die Geburt vollzieht. Denn der Tod ist gleichzeitig ein Tor zum Leben, ein Thema, welches wir oft wiederholt finden werden.

Der Langhügel ist durch seine Orientierung dem Kult einer Großen Muttergöttin verbunden. In New Grange, dessen Name eindeutig auf die Sonnengöttin Grainne hinweist, haben Ausgrabungen einen Lichtkanal zutage gefördert, der genau nach Südosten, dem Geburtsort der Wintersonne, orientiert ist (siehe Seite 352 ff.), ein Ort und eine Zeit der Mutterschaft, wenn die junge Sonne aus der Erde oder der Dunkelheit geboren wird.

Es stellt zweifellos einen Wandel dar, wenn die Mutter die Dunkelheit ist, welche die schwache neue Sonne gebiert. Zuvor war Mutterschaft mit dem Mond verbunden gewesen, und Wachstum und Fruchtbarkeit waren in den drei Mondphasen repräsentiert. Der Mond ist immer noch sehr wichtig, doch die Sonne, zunächst weiblich, beginnt klar zu dominieren. Im eindrucksvollsten Tempel der Muttergöttin im Westen, dem *Table des Marchands* in der Bretagne, wachsen die Getreidehalme, die in den Zentralstein geritzt sind und Nahrung und Fruchtbarkeit repräsentieren, unter einer runden, nicht mit einem Mond verwechselbaren Sonne. Die anerkannten Symbole der Großen Mutter erscheinen dort und anderswo in der Bretagne klarer als in anderen Regionen, zumindest der Pflug, die Halskette und die Schlange, während andere nicht so eindeutig sind.

## IV. Eingänge, Initiationen, Observationen

Bei dieser Entwicklung ist leicht zu erkennen, daß der Grabhügel für das alte Haus der Ahnen steht, wobei der Dolmen zuweilen als Eingang dient. Dieser Eingang wird selbst zu einem entscheidenden und dramatischen Symbol. In seiner früheren Form als Geburtskammer ist er, wie wir gesehen haben, der Ort der spirituellen Wiedergeburt, und daraus entwickelt er sich zum Schauplatz von Prüfungen und Initiationen. So kommt es zu niedrigen Steintunneln, Labyrinthen der Seele, kleinen Gebäuden für die Prüfungen der jüngeren Grade. Manchmal entsprechen sie den Irrgärten, durch welche die Seele nach dem Tod wandern muß. In den engen, gewundenen Ausgängen lebt der Gedanke der Geburt weiter.

Die unzähligen Steinalleen auf Dartmoor oder die meilenlangen parallelen Steinreihen bei Carnac könnten Variationen dieses Themas darstellen.

In der späteren, erhabenen Bogenform mit zwei oberflächlich behauenen, massiven Steinen dicht beieinander und einem passenden Türsturz darüber hat das Portal jedoch ein viel größeres *Numen*. Vor solchen Bögen wurden feierliche Eide geleistet und Heilungen durchgeführt. Die Hände von Liebenden oder kranke Kinder wurden zwischen den Steinen hindurchgeführt, als wären es Flammen – die ebenfalls in dieser Weise benutzt wurden: Paare sprangen übers Feuer, Kranke gingen zwischen Feuern durch. So wie Magier Kinder tauchten oder stählten – Achilles wurde unverletzlich gemacht, indem man ihn in den Styx tauchte, bis auf die Ferse, an der er gehalten wurde –, so fanden auch Feuertaufen statt:

Auf Feuersglut das Kind ich lege,
den Menschen zu trennen von seiner Seele.

Die Verbindung zwischen Feuer, Geist und Stein ist offensichtlich: Die Steine haben soviel Macht und sind so göttlich wie die Flammen.

Auf einer anderen Ebene waren Großsteine und Trilithen Zeugen und Wegweiser von Richtung und Zeit, Werkzeuge zur Bestimmung der Jahreszeiten, von Aufgang und Untergang der Sonne, des Mondes und der Planeten. Diese Verwendung gab ihnen eine Art heiliges Geheimnis.

Was tun wir noch heute, wenn wir eines Ereignisses oder einer Person gedenken wollen? Setzen wir ihnen nicht gewöhnlich einen großen Stein als Denkmal? Dies ist tief in unser aller Unterbewußtsein verwurzelt. Wir alle sind Steinzeitmenschen.

# V. Das Überleben des Geistes und das Rundgrab

Wie schon beschrieben, verkörpern Rundgräber vollkommen andere Ideen als Langgräber. Ein einzelner Mensch wird mit einigen seiner Besitztümer, die in einer anderen Welt von Nutzen sein könnten, die jedoch gewöhnlich zuvor alle sorgfältig unbrauchbar gemacht werden, in Geburtsposition in einem kleinen Steinsarg beigesetzt. In den meisten Fällen schaut er oder sie Richtung Osten – wenn überhaupt ein Leichnam vorhanden ist, denn häufiger findet sich nur eine Urne mit der Asche aus dem Verbrennungsfeuer.

Die aufgehende Sonne, die Morgendämmerung, ist der Quell neuen Lebens. Nicht, wie man denken könnte, die Sonnenkraft des Südens, sondern die Dämmerung, die mehr Licht als Wärme spendet, wird in den meisten Kulturen, die wir kennen, als Ursprung spiritueller Kräfte angesehen.

Der Süden spielt eine ganz andere Rolle: »Das Feuer verbrennt die Schlacke im Menschen.« Es wurde stets als der große Verwandler angesehen, der den Kohlenstoff der Erde durch den Sauerstoff der Flamme in die Gasform überführt, die dem Ätherischen ähnlich ist. Indem sie regelmäßig ihre Toten verbrannten, die Asche sorgfältig sammelten und in Urnen füllten und Gegenstände neben die Urne legten, drückten diese Menschen offenbar ihren Glauben an eine Fortsetzung des Lebens auf einer anderen Ebene aus, wo man dennoch bestimmte Bedürfnisse wie in dieser Welt hatte. Dieses feurige Jenseits war unsichtbar, doch Flamme und Sonne waren seine Symbole.

Wenn man die sieben und, in einer anderen Richtung, sechs Hügelgräber auf dem Hochland über Stonehenge betrachtet, die vom Wunsch der Toten künden, auf heiligem Gelände beerdigt zu werden, dann spürt man einen Frieden und eine Würde, welche die Vorstellung, dies seien die Gräber von sieben alten Königen, äußerst angemessen erscheinen lassen.

Rundgräber tauchen in Gruppen von Indien bis Irland auf. Es ist unmöglich und sinnlos, die einzelnen Gebiete aufzulisten. Überall war der Mensch von Konzepten, die Erde, Fruchtbarkeit, die Macht der Finsternis und den Mond verbanden, zu den ganz anderen Vorstellungen einer Hochlandkultur übergegangen: die Herrschaft der Sonne und die Lehren dahinter sowie die Idee des heiligen Sonnenfeuers, wenigstens aber die Anerkennung von Licht und Geist aus Richtung Osten.

Dies wird auch durch andere Linien prähistorischer Kulturen bestätigt, in denen rot bemalte Knochen nach Osten ausgerichtet begraben werden. Beispiele dafür sind die Rote Lady (die man inzwischen für einen Mann hält) der Pavilandhöhle in Wales und eine weitere in der *Font du Gaume* im Vezèretal in Frankreich. Der vergleichsweise farbenblinde frühe Mensch erkannte Rot anscheinend als die erste besondere Farbe. Rot war Leben-Blut-Energie. Gerippe rot anzumalen und sie dann nach Osten auszurichten drückt klarer aus als Worte, daß das Leben vom Ort des aufsteigenden Lichts oder Geistes wiederkehren wird.

# VI. Bäume, Pfosten, Menhire

Wenn man die großen, isolierten Steine betrachtet, die gewöhnlich unter dem bretonisch-walisischen Namen ›Menhir‹ (*Maen-hir*, großer Stein) bekannt sind, dann muß man unwillkürlich an einzeln stehende, mächtige Bäume denken. Denn Bäume sind in vieler Hinsicht natürlichere und offensichtlichere Huldigungszentren als Steine. Bäume leben, geben Früchte oder Nüsse und Schatten. Sie sind nützlich, einladend, prachtvoll. Lange Zeitalter hindurch waren sie deshalb Hauptkultobjekte in einer waldreichen Welt. In vielen Gegenden der Erde zollen die Eingeborenen noch heute dem lebendigen Prinzip, das im Baum wohnt, so viel Respekt, wie sich ein moderner Ökologe nur wünschen kann, wenn auch auf persönlichere Weise. Ein Eingeborener wird sich bei einem Baum entschuldigen, wenn er ihn fällen muß, da er weiß, daß er einen lebendigen Geist hat, der sehr gütig, aber auch böse sein kann, wenn man ihn erzürnt.

Nach der britischen Überlieferung hat jeder Baum oder Busch seine eigene Charakteristik und Tradition. Der gälisch-kymrische Trilithon und das Baumalphabet (siehe S. 420 ff.) enthalten bemerkenswert vollständige Bezüge und poetische Identifikationen zwischen den Monaten des Mondjahrs, dreizehn Konsonanten und bestimmten Bäumen und Tieren, wobei fünf weitere Bäume die Jahreszeiten und Vokale repräsentieren. Die Eiche ist der König und das Zentrum im Sturz des Dolmen, flankiert von wunderbar blühendem Weißdorn und dem Stechapfel mit seinen prächtigen Beeren, beide Wächter mit ihren Stacheln. Prophetische, weise Bäume wachen an den Enden des Schwellholzes.

Die Eiche, die Eibe und vielleicht die Esche waren die wichtigsten heiligen Bäume früherer Völker in Europa.

*Die Eiche* zieht das himmlische Feuer an, den Blitzschlag, und gehört deshalb zur Kraft von Donner und Blitz. Sie ist der Baum des Zeus, des Thor und des Jahwe. Auch ihre bemerkenswerte elastische Stärke und ihr scheinbar ewiges Leben verleihen ihr etwas Göttliches. Viele Kulte, und besonders der druidische, machten die Mistel, die mit der Eiche assoziiert wurde – obwohl man sie selten auf Eichen findet –, zu ihrer heiligen Pflanze. In der gallischen Dreifaltigkeit war *Hu-Hesus* die Kraft und Figur an der ersten Gabelung des Eichenbaums und repräsentierte das Leben. Der Name erschien als eine natürliche Verbindung zum Christentum, als dieses auftauchte.

*Die Eibe* war die Hüterin von Geheimnissen. Immergrün und anscheinend ewig brütete sie über geheiligten Wassern, Opferplätzen und Akademien metaphysischer Wissenschaften und vergiftete unvorsichtige Tiere. Ein alter Eibenhain weist immer auf einen heiligen Ort hin (siehe Seite 221 f.).

*Die Esche* spielte mit ihrer ausladenden Form, besonders als ›Schirm‹-Baum, in den nördlicheren Teilen Europas etwa die gleiche Rolle wie der Bo-Baum in Indien: Sie war die große Mutter und schließlich die kosmische Weltesche Yggdrasil, deren drei Wurzeln in die Luft, ins Wasser und nach *Hel* – dem Feuerland unter der Erde – reichen.

In diesen beiden Bäumen, der Eiche und der Esche, fanden die Konzepte eines Allvaters und einer allumfassenden Weltenmutter ihren symbolischen Ausdruck, und für viele sind sie immer noch voller Wahrheit und Bedeutung.

## VII. Holz- und Steinkreise: Woodhenge

Sobald die Menschen erkannt hatten, wie nützlich und kraftvoll die Kreise waren, erschienen Baumpflanzungen als eine aufwendige natürliche Form des Kreises. Kunstvolle Kreise und Baumavenuen erscheinen in Mustern undenkbaren Alters. Die großen Eiben bei Salisbury sind eine der eindrucksvollsten Baumpflanzungen der Welt. Von einem weiten, runden Raum strahlen Alleen riesiger alter, oft phantastisch geformter Eiben aus. Man denkt an Opfer für die Götter – die Eibe ist stets der Todesbaum *Eadha* – und vielleicht an Lukans *Pharsalia*, mit der grausigen Beschreibung der Druidenwälder bei Marseilles, wo die Opfer von den Bäumen hingen.

Solche Wälder bedeuten aber lange Wartezeiten, besonders wenn es sich um Eichen und Eiben handelt, weshalb man als Kompromiß Kreise aus Holzpfosten versucht hat. So wurde zum Beispiel in Woodhenge in der Nähe von Stonehenge eine eiförmige Ellipse von 81 auf 73 Fuß mit dem schmalen Ende nach Nordosten aufgebaut. Sechs Ringe von Pfosten rund um zwei Mittelpfosten bilden eine vielsagende numerologische Reihe, deren Schlüssel der dritte Ring ist. Dieser bestand aus 16 großen Baumstämmen, von denen jeder offenbar 2,88 Fuß Durchmesser hatte, während der Umfang des Rings genau 200 megalithische Yards (MY) beträgt. Die zwei äußeren Ringe haben einen Umfang von 140 MY mit 32 Pfosten beziehungsweise von 160 MY mit 60 Pfosten. Die Zahl der Pfosten entspricht den Zahlen der Muttergöttin (jeweils Vielfache von 4). Die 16 Baumstämme (4 × 4) trugen wahrscheinlich ein größeres Dach von etwa 93 × 80 Fuß, so daß die äußeren Ringe bedeckt waren. Die Maßzahlen der zwei inneren Ringe sind gänzlich anders: 80 Fuß Umfang mit 19 Pfosten und 60 Fuß Umfang mit ebenfalls 19 Pfosten. Bei

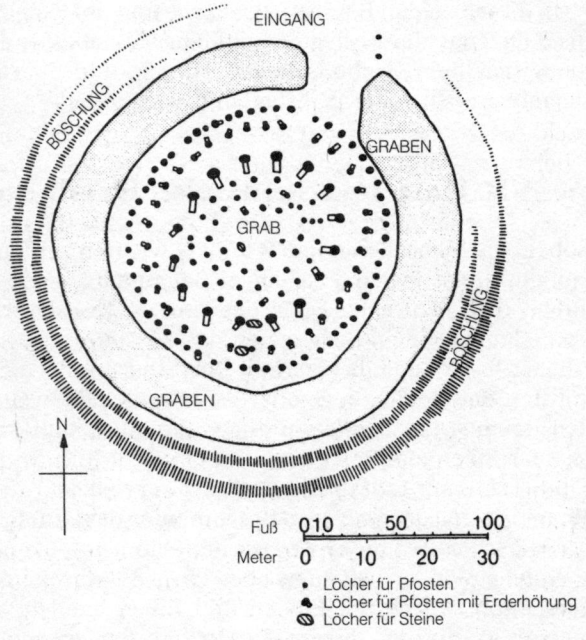

Woodhenge

40 Fuß Umfang, einem Viertel des äußersten Ringes, wird die Anzahl der Pfosten zu 12 (oder 13 mit dem Mittelpfosten), der Zahl des Tierkreises. Dies scheint auf ein Haus der Großen Mutter hinzudeuten – stets Vielfache von Vier –, wobei zur Mitte hin auch der Mond mit seiner heiligen Zahl 19 berücksichtigt ist. Aus der Orientierung könnte man entnehmen, daß die Mittsommersonne in die geheimen Zellen – die inneren Kreise – des Mondes dringen sollte. Das Ganze wirkt wie ein Stammes-Kulthaus, obwohl es als Tempel aufgebaut ist. Man könnte es ohne weiteres mit dem Heiligtum von Avebury vergleichen.

Die Geometrie dieses raffinierten Grundrisses basiert auf den perfekten Dreiecken des pythagoräischen Systems: 12–35–37. Wo solches Wissen vorhanden ist, darf man auch nach komplizierten numerologischen Bedeutungen suchen. Bei den Holzkreisen haben wir es bereits mit einem mathematischen Geist zu tun. Alles könnte Bedeutung haben. Man ist nicht mehr überrascht über die noch bemerkenswerteren Berechnungen der großen Steinkreise.

Daß angesichts der Kurzlebigkeit der Holzpfosten die Entwicklung in Richtung von Stein ging, ist natürlich, und dies scheint sich in den Hochlandgebieten, wo Steine verfügbar waren, auch so vollzogen zu haben. Dennoch könnten Holzkreise für einige Zeit als die heiligere Form überlebt haben.

In den letzten Jahren hat es viele sorgfältige, systematische Studien nicht nur über Steinkreise allgemein, sondern über ihre speziellen Formen gegeben. Diese sind viel komplexer, als man erwartet hatte, und gehören zu Liniensystemen umfassender Bedeutung. Professor A. Thom hat über 30 Jahre mit der Vermessung megalithischer Stätten, Steinkreise und anderer zugebracht. Seine Arbeit hat zur sicheren Bestimmung der megalithischen Längeneinheiten geführt, des megalithischen Yard (MY) von 2,72 Fuß (83 cm) sowie von Einheiten, die häufig das Zweieinhalb- oder Fünffache davon darstellen. Verhältnisse von 10 oder 20 scheinen ebenfalls bevorzugt worden zu sein, wie aus dem obigen Beispiel deutlich wird.

Thom hat auch einen megalithischen Kalender auf der Grundlage sichtbarer Sterne ausgearbeitet: ein Jahr von 16

Monaten mit 22 oder 23 Tagen und einem Monat mit 24 Tagen. Der Kalender benötigt sieben beobachtbare Jahreszeitenmarken am Horizont.

So findet man eine große Anzahl von Kreisen, die nicht wirklich rund sind, sondern elliptisch, eiförmig oder ähnliches. Sie basieren wie Woodhenge auf der doppelten Dreiecksstruktur, die später in der Schule des Pythagoras auftauchte. Einer der komplexesten Kreise ist Avebury. Auf der Grundlage eines pythagoräischen Dreiecks der Ordnung 3–4–5 in Einheiten von 25 MY sind seine Seitenlängen 75, 100 und 125 MY. Der große Ring hat vier oder vielleicht fünf runde ›Ecken‹. Seine Bögen beruhen auf den Apices des strukturellen Dreiecks (siehe Seite 242 ff.).

Für die meisten der Ringstrukturen, rund oder nicht, hat man Orientierungen gefunden. Professor Thom trug bis zur Veröffentlichung seines Buches *Megalithic Sites in Britain* (Oxford University Press, 1967) 262 Observationslinien zusammen, von denen 117 auf die Sonne ausgerichtet waren, meist nach Nordosten oder Südosten. Dem Mond entsprachen 42 Linien. Verschiedene Sterne, die man für die Festlegung der Jahreszeitenwechsel brauchte, hatten weit weniger Ringe – zum Beispiel Capella dreizehn und Arktur acht.

Natürlich muß man mehrere Nutzungsarten und mehrere Mentalitäten postulieren, die diese Ringe und Kreise hervorgebracht haben. Tanzkreise, die dem ekstatischen Aufbau von Kraft dienen, sind kaum dem gleichen Geist entsprungen, der sich mit der Art von Geometrie zu beschäftigen liebt, wie sie sich in den komplexen Kreisen, Bestimmungslinien für die Jahreszeiten und für die Unterteilung des Jahres in kleinere Zeiteinheiten ausdrückt. Bei Avebury könnte es sich durchaus um einen riesigen Tanzplatz handeln, doch Stonehenge bot kaum genügend Platz dafür. Wenn dort Feste stattfanden, dann mit Sicherheit außerhalb des Kreises, auf der Avenue oder dem *Cursus*.

# Die keltisch-kymrische Übernahme

## I. Die keltischen Druiden in Britannien

Moderne Archäologen und Prähistoriker vermuten in Südasien in der Gegend von Sumeria ein großes Zentrum, von wo sich zwischen 3500 und 2000 v. Chr. oder früher ein bestimmter Typ priesterlicher Kultur – mit rechtsdrehenden Tänzen, langen Weisheitsgedichten, Tabus auf gewisse Tiere und möglicherweise einem Glauben an ein persönliches Weiterleben in bestimmten Formen ausbreitete, zunächst nach Südwesten, nach Indien hinein. Dort entwickelten sich Tänze um Steine, die Kulte von Sonne und Mond und der Glauben an Reinkarnation, mit dem tanzenden Gott Shiva und seinem Dreizack – zweifellos in Entsprechung zu bestimmten Lehren. Von Mohenjodaro aus breitete sich die nun reichere Kultur dann allmählich aus. Ein Hauptstrom führte um 3100 v. Chr. oder früher durch Ägypten, wobei ein großer architektonischer Wissensschatz, das Bild des Totenschiffs und einige symbolische Formen wie zum Beispiel Äxte hinzukamen. Vermutlich entstand hier *Hega*, Magie, mit der Erkenntnis eines mystischen Nordens, Südens, Ostens und Westens und den Möglichkeiten der Steinkreise, die sich dann über Nordafrika zu verteilen begann. Die Hauptkultur entwickelte sich in Syrien, doch dann verließ sie das Land, begab sich von der syrisch-palästinensischen Küste aus auf die ruhigen Wasser des Mittelmeers und setzte nach Spanien und Südfrankreich über, auf der Suche nach einem kühleren Klima. Die Funde mediterraner Flora von etwa 10 000 bis 2000 v. Chr. in Großbritannien deuten nämlich darauf hin, daß es im Süden sehr heiß gewesen sein muß. Eine Hirtenrasse würde sich Weidegründe in gemäßigteren Regionen suchen.

So folgten sie günstigen Strömungen und Winden und wagten sich weiter hinaus – anders als der eingeborene Mittelmeerseemann, der sich kaum freiwillig außer Sichtweite des Landes begibt. Man unternahm die erste Überfahrt von Nordspanien zur Bretagne oder nach Irland, und andere folgten. Wir befinden uns in der Zeit 3000 bis 2000 v. Chr. oder früher, und dies sind die megalithischen Berber-Völker, die dann den größten Teil Europas sowie Britannien besiedelten.

Sie kamen aus Asien, vielleicht aus demselben Gebiet, das die frühere Bewegung nach Süden gespeist hatte, wo das stetige Austrocknen der zentralasiatischen Seenkette (ursprünglich ein großer See), das möglicherweise auf Rodungen zurückzuführen war, das Leben erschwerte. Aus diesem Gebiet ergossen sich neue Wellen von Völkern aus einer anderen Richtung über Europa –Völker, die später als *Celtae* bezeichnet wurden und die eine natürliche Begabung für Metallbearbeitung entwickelten und im Schweizer Raum das Langschwert erfanden. Mit dessen Hilfe und mit Pferden errichteten sie eine aristokratische Tyrannei über große Teile Europas und über friedlichere frühere Ansiedlungen ihrer eigenen keltischen Rasse. Von ihren Glaubenssystemen wissen wir kaum etwas, bis auf einige wenige Götternamen. Doch mit ihrer handwerklichen Begabung entwickelten sie Emailleprodukte, und ihre besseren Pferde zogen bald schnelle Kampfwagen anstatt der schwerfälligen Karren, die auf früherem Hallstattsilber oder auf Steingravuren aus Bulgarien abgebildet sind.

Und sie brauchten all ihre Intelligenz und Geschicklichkeit, um mit den älteren Druiden Britanniens fertig zu werden, denn als sie dort ankamen, fanden sie den fortgeschrittensten, philosophischsten Raum megalithischen Glaubens vor. So gewitzt sie auch waren, drangen sie doch nie in die höheren Sphären der Numerologie des Himmels vor, die die älteren Druiden beherrschten. Möglicherweise wurde ihnen der Zutritt verwehrt.

Die keltischen Druiden übernahmen die Organisation und viel von der Lehre, doch nicht die innerste Weisheit, die, mit Ausnahme weniger allgemein bekannter Hinweise, für immer verlorenging – es sei denn, wir können sie heute entschlüsseln. Was blieb und kultiviert wurde, waren Weisheitslehren, mystische Vierteilungen und die Beobachtung von Sonne und Mond, oft in die Form von Gedichten gefaßt. Doch hier wird die Geschichte durch den Einfluß griechischer Kultur kompliziert.

Die keltischen Druiden kannten griechisches Schrifttum ab etwa 600 v. Chr., und der Druide Abaris, der von Diodorus Siculus erwähnt wird, hat offenbar perfekt Griechisch gesprochen. Auch eigneten sie sich etwas von der klassischen Philosophie an. In jener Zeit erschien auf dem europäischen Kontinent der griechisch-keltische Kalender von Coligny. Diese Mischung aus Keltischem und Griechischem ist das, was in *The Black Book of Caermarthen* und anderswo überlebt hat.

Die Kulte um Eiche und Eibe gab es in Britannien wahrscheinlich bereits vorher. Die Eiche gehörte zum höchsten Gott, wahrscheinlich dem hebräischen IAO, der sich als Esus zeigte, und zu Taran, dem Stier- und Donnergott. Ihnen wurde mit Weihefeuern geopfert.

Menschenopfer – auf die es in Britannien kaum oder gar keine Hinweise gibt – zeigen sich in einem anderen Licht, wenn man sie unter dem Blickwinkel des Glaubens an ein angenehmes Weiterleben nach dem Tod in Verbindung mit einem vorläufigen Urteil betrachtet. Manche Verbrechen fanden die Kelten, nicht anders als die Hebräer, so abscheulich, daß sie es nicht zulassen konnten, daß die Übeltäter die Gemeinschaft beschmutzten, und so war ein reinigendes Feuer notwendig. Ohnehin wurden die Toten gewöhnlich verbrannt, um ihre Seelen zu befreien, so daß eine Opferverbrennung den Prozeß der unausbleiblichen Wiedergeburt nur etwas beschleunigte, ganz gleich, wie viele Kriminelle – oder Gefangene – man verbrannte. Auf dem Kontinent sollten solche Opfer die verschiedenen Götter beeinflussen, doch in Britannien hat es nach unserer Ansicht nie Menschenopfer gegeben, wenn auch vielleicht zuweilen in Irland – und dort müssen wir uns auf die Chroniken feindseliger Mönche verlassen, die die Heiden stets herabzuwürdigen versuchten.

Den megalithischen Kult von Eiche und Eibe und das Wissen um die Eigenschaften der Mistel können wir sicher dem ältesten Druidentum zuschreiben. Überall scheint die Eiche einmal heilig gewesen zu sein – in Griechenland und Rom, im Nahen Osten (wo die Kermeseiche als Ersatz diente) und in Deutschland und Südeuropa. Überall riefen ihr immenses Alter, ihre knorrige Stärke und ihre waagrechten Linien, so anders als andere Bäume, den Eindruck hervor, sie wäre der König der Bäume. Die Eiche braucht 500 Jahre zum Wachsen, dann ist sie 500 Jahre lang ›reif‹ und braucht weitere 500 Jahre zum Sterben, doch in manchen Fällen lebt sie noch länger und erreicht ein Alter von 1800 oder 2000 Jahren. Solch übermenschliches Alter, die Härte des Holzes, die tiefen Linien auf ihren Blättern und die vielsagende Form der Eichel machten sie zum Baum des Göttlichen und der Eingeweihten, zum Baum der heiligsten Lebensfunktionen. Von ihren Früchten nährte sich der wilde Eber, dessen Gefährtin eine Inkarnation der Muttergöttin war.[9]

Dann gab es die Mistel, jene mystische Pflanze der Luft, deren Wurzeln oben wachsen statt unten in der Erde und deren Samen von Vögeln von Baum zu Baum getragen werden. Die Beere scheint Sperma zu enthalten, das man als Himmelssamen betrachtete – Geschenk der Götter –, zugleich Gift und Heilung. Dem Autor war nicht verständlich gewesen, warum die Mistel unter Druiden stets als *Vilice*, ›All-Heil‹, bezeichnet wurde, bis er von einer Klinik erfuhr, die die gesamte Mistelpflanze – und wenig mehr – für die Behandlung rheumatischer Erkrankungen benutzt, mit einzigartigem Erfolg. Die Megalithmenschen waren für ihr Geschick mit Kräutern und Kuren bekannt, so wie die Hexen heute, und dies stammte aus ihrer Kultur. Sie kannten die magische Wirkung der Mistel gegen die Krankheiten, die Menschen in diesem Klima häufig befallen und gegen welche die Römer später Schwitzbäder einsetzten. Was die schlimmsten Krankheiten heilt, wirkt auch gegen viele andere, so daß die Mistel mit Recht als Allheilmittel bezeichnet wurde (vgl. auch S. 222 ff.).

Die Eiche steht also für die Ewigkeit, was auch ein Merkmal des uralten, aufrechten Steines ist; und die Mistel wird zum Ausdruck von Leben, dem magischen Augenblick der Freude, der Fähigkeit, Krankheiten zu heilen. Sie kommt aus der Luft, dem Symbol des Geistes. Wenn wir dann von Cäsar und Plinius erfahren, daß das Schneiden der Mistel vom Eichenbaum der wichtigste Termin im magischen Kalender des Druiden war, wird die Bedeutung dieses Brauches offensichtlich. Nur unter den Symbolen von Sonne und Mond durfte ein so heiliges Kraut geerntet werden, und nur zu einer bestimmten Mondzeit – ›geschnitten in der Mondeklipse‹. Gold ist immer ein Symbol der Sonne, und die Form der Sichel ist die des zunehmenden Mondes. Eine goldene Sichel muß als Schneidewerkzeug unbrauchbar erscheinen, doch rituell ist es vollkommen einleuchtend.

Einmal im Jahr wählten die Oberdruiden eine Eiche aus, auf der Misteln wuchsen, und sie mußten wohl lange suchen, denn die Mistel ist gewöhnlich nicht auf Eichen zu finden. Sie bevorzugt einen anderen heiligen Baum, den Apfel, in dem der Geist der Ewigkeit wächst, der Geist der *Sidhe* und der Toten.

Hauptsächlich wird die Mistel im sechsten Mond gesammelt, wenn möglich am sechsten Tag des sechsten Mondes. Diesen Tag wählten sie, weil der Mond, wenn auch noch nicht ganz in der Mitte seiner Bahn, dann schon beträchtliche Stärke hat. Zunächst bereiteten sie alles für ein Opfer und ein Fest unter dem Baum vor, und dann brachten sie zwei weiße Stiere herbei. Der weiß gekleidete Priester kletterte auf den Baum und schnitt mit einer goldenen Sichel die Mistel, die von anderen in weißen Gewändern empfangen wurde. Dann töteten sie die Opfer und beteten darum, daß Gott das Geschenk denen zum Vorteil erwachsen lassen möge, die er damit bedacht hatte. Sie glaubten, die Mistel, in einem Getränk verabreicht, würde unfruchtbare Tiere fruchtbar machen und jedes Gift neutralisieren.[10]

Was sie abschnitten, wurde als die Vereinigung des Höhepunktes des Lebens – symbolisiert durch sexuelle Ekstase – und der Ewigkeit gesehen, die Vereinigung des Augenblicks mit dem ewigen Leben.

Cäsar kam nicht auf den Gedanken, daß ihm ein Stück symbolischer Weisheit serviert wurde, daß Divitiacus, der Aeduer-Druide, nur sehen wollte, ob er die Idee schlucken würde, daß wirklich etwas mit einer goldenen Klinge geschnitten wurde. Der prosaische Römer glaubte es, genau wie die blindgläubigen Historiker seither. Niemand scheint sich jemals über die mangelnde Schärfe einer Sichel aus Gold Gedanken gemacht zu haben, niemand hat jemals nach der metaphorischen Bedeutung gesucht, die nicht einmal besonders verhüllt ist. Dies ist typisch für die schiere Dummheit, mit der man Fragen des Druidentums angegangen ist.

Sogar zu Cäsars Zeiten setzten noch Stämme nach Britannien über. Wenn wir die Ode des Pindarus lesen, in der von einem Land irgendwo im Nordwesten die Rede ist, dem Land der Hyperboräer, des Volkes ›hinter dem Nordwestwind‹ – höchstwahrscheinlich Britannien, Irland oder die Äußeren Hebriden –, dann können wir nicht sicher sein, ob es Megalithmenschen oder Kelten sind, die sich dort der ›Hekatomben wilder Esel‹ erfreuen. Es klingt jedoch ziemlich keltisch. Ein ›berühmter Rundtempel‹ klingt nach Stonehenge, obwohl es sich auch um jeden anderen großen Steinkreis handeln könnte. Doch wir wollen die Texte selbst betrachten, von denen einer von Pindarus stammt, aus den *Pythianischen Oden*:

Weder per Schiff noch über Land kannst du den Weg finden, Leser, zum Versammlungsplatz der Hyperboräer. In alter Zeit nahm jedoch Perseus, der Führer des Volkes, an ihrer Feier teil, nachdem er in ihre Häuser gekommen war und gesehen hatte, daß sie große Hekatomben von Eseln opferten, zu Ehren des Gottes. Besonders erfreut sich Apollo der Feste und Preisungen jenes Volkes, und er lacht, wenn er auf die wilden Tiere schaut in ihrer Geilheit. Ihre Bräuche sind so, daß die Musik nicht verbannt ist, sondern überall Jungfrauen zum Klange der Leier tanzen, und die Töne der Flöte schweben über allem. Und mit goldenem Lorbeer im Haar feiern sie froh; und weder Krankheit noch Gebrechlichkeit findet sich in diesem erwählten Volke, sondern, erhaben über Mühsal und Streit, wohnen sie fern des Zorns der Nemesis. Zu diesen glücklichen Menschen begab sich der Sohn der Danae, tapferen Geistes, mit Athene als seiner Führerin. Und er erschlug die Medusa und erbeutete ihren Kopf ...

Dies ist also ein wahrlich fabelhaftes Land, ein Elysium ohne Schicksal (Nemesis). Seine Eselsherden gehören Apollo, dem Sonnengott. Weisheit (Athene) leitet die Menschen dorthin, und die Medusa wohnt dort. Und doch stimmt die Darstellung in vieler Hinsicht mit der Beschreibung von Diodorus Siculus überein (Buch 2, Kap. 47 seiner *Bibliotheca Historica*, die größtenteils verloren ist):

Im Norden, der Küste des keltischen Gallien gegenüber, liegt eine Insel im Ozean, nicht kleiner als Sizilien, bewohnt von den Hyperboräern, die so genannt werden, weil sie hinter dem Nordwestwind (griech. Boreas) leben ... Auf dieser Insel gibt es eine berühmte Stätte, Apollo geweiht, ein bemerkenswerter, kreisrunder Tempel, geschmückt mit vielen Opfergeschenken. Es gibt auch eine Stadt, die demselben Gotte geweiht ist, und die meisten der Einwohner sind Harfner, die stets im Tempel ihre Harfen spielen und Hymnen auf den Gott singen, in denen sie seine Taten preisen ... Die höchste Autorität in dieser Stadt und über die heilige Stätte haben jene inne, die man Boreaden nennt, weil sie Abkömmlinge des Boreas sind, welche die Regierung in ununterbrochener Linie unter sich weitergeben. Diese Insel Hyperboräa ist unberührt geblieben von fremder Macht, denn weder Bacchus noch Herakles noch irgendein anderer Held hat je Krieg gegen sie geführt.

Ist der Rundtempel Stonehenge, dann könnte die Stadt Amesbury sein – benannt nach Ambrosius, einer Form des Merkur, im Walisischen *Emrys*.

Die Verbindungen mit Griechenland sind sehr deutlich, besonders bei Herodot (Buch 4), der berichtet, daß in Stroh verpackte Geschenke der Hyperboräer von Volk zu Volk weitergereicht wurden, bis sie nach Delos gelangten, Apollos wichtigstem Schrein, abgesehen von Delphi. Früher, so schreibt er, wurden die Geschenke unter der Obhut hyperboräischer Mädchen gesandt, begleitet von fünf Männern. Über Nordwesteuropa sagt er, obwohl er wenig darüber weiß: »Zweifellos erreichen uns Zinn und Bernstein von einem Ort, den man als das Ende der Welt bezeichnen könnte.« An anderer Stelle erwähnt er die Zinninseln und das Baltikum (Buch 3).

Plinius behandelt Britannien jedoch getrennt von Hyperboräa, und Solinus (ca. 200 n. Chr.) schließt sich ihm an. Britannien ist bekannt für seine ›großen Steine‹, die Einwohner sind stolz auf ihre Tätowierungen (die Pikten, also die ›Bemalten‹ oder Tätowierten), und die Göttin Minerva, vermutlich identisch mit Sul, der Herrscherin über die Stadt Bath, hält ein ewiges Feuer am Brennen – anscheinend ein

Kohlefeuer. Für ihn liegt Hyperboräa jenseits des Nordpols (Buch 25), und unter den Bewohnern ist Selbstmord durch Klippensturz allgemein anerkannt.

Aus einer Reihe von Gründen ist Toland[11] überzeugt, die hyperboräische Insel sei Lewis in den Äußeren Hebriden, wo ein mildes Klima herrscht und das Land fruchtbar ist, damals noch mehr als heute. Er weist darauf hin, daß dort jedes Jahr zwei Ernten möglich sind und daß nur die Faulheit und Unkenntnis der Bewohner sie daran hindern, äußerst reich zu werden. Apollo bringt er mit Beli (Belinus) in Verbindung, indem er die Form *Arbelio* angibt, die niemand außer ihm zu kennen scheint; doch schließlich verfügte Toland tatsächlich über Quellen, die uns verschlossen sind. Auf Lewis ist die Harfe schon immer das verbreitetste Instrument gewesen. Die Insel ist übersät mit Stätten, die durchaus einmal heilige Rundplätze gewesen sein könnten. Der eigenartige Dialekt, der dort gesprochen wird, ist eine Form von Erse (schottisch-gälisch). Apollos Tempel der Flügel, wo er seinen Pfeil versteckte, nachdem er die Zyklopen getötet hatte, war, wenn der Name sich auf Vögel bezieht, höchstwahrscheinlich auf Lewis, wo eine phantastische Masse von Vögeln unterschiedlichster Arten haust.

Toland stützt sich vor allem auf das Wort *Boreaden*, angeblich die herrschende Dynastie, wobei er diese mit dem Sammelnamen der Stammeshäuptlinge, *Boireadhach* in gutem Erse, in Verbindung bringt. Die Übereinstimmung erscheint nah genug, wenn auch ein ›berühmter kreisrunder Tempel‹ viel eher nach Stonehenge klingt. Die Frage muß also offen bleiben.

Wer war nun Boreas, und gibt es irgendwelche Verbindungen zu Apollo?

In Griechenland war Boreas eine Halbschlange, ein Orakel, das mit anderen Winden im Berg Hämus in Thrakien wohnte. Seine besondere Aufgabe war es, die heiligen Stuten zu schwängern, die nur vom Wind empfingen und nicht von männlichen Artgenossen. Dieser Pferdekult und das mythische geflügelte Pferd existierten, wie sich anhand von Figurinen belegen läßt, bis nach Indien hinunter, von wo das Pferd mit den früheren Wanderungen gekommen sein könnte. In

Britannien war das Pferd immer heilig, und bei den Galliern gab es die heilige Mutterstute Epona. In der Pinhole-Höhle in Derbyshire ist die Figur eines Mannes mit Pferdekopfmaske eingeritzt.

Apollo nannte man den Horus des Nordens; dies ist seine Stellung im spätgriechischen Zodiak von Dendera. Apollos Mutter Leto heißt auch Brizo, die wiederum mit der keltischen Brighid identisch ist. Zwischen Hyperboräa und Delos fand ein regelmäßiger Besucheraustausch statt.

Die cyrenäische Hirschkuh der Weisheit wurde von Herakles während seiner dritten Aufgabe nach Hyperboräa getrieben, wohin er ihr auf der Suche nach Weisheit folgte. Die Hindin suchte Schutz unter dem Apfelbaum, dem keltischen Baum des Paradieses. Die Apfelbäume der Hesperiden in Herakles‹ elfter Aufgabe waren Todesäpfel, und die Hesperiden könnten eine unklare Version von Britannien sein. Die früheste Vision dieses Landes sind vielleicht die Weißen Inseln der Odyssee; die weißen Felsen (die Klippen von Dover?) sind der letzte Anblick im Lande der Lebenden, jenseits der Säulen des Herkules, bevor die Seeleute, Odysseus und seine betagten Kameraden, auf ihrer letzten Reise langsam die Portale der Sonne durchrudern, in die Finsternis des Westens. Plutarch benutzt tatsächlich das Adjektiv *leukos*, ›kalkweiß‹.

Dies sind einige der verblüffenderen klassischen Erwähnungen Britanniens und seiner Kultur. In diese Legenden findet auch Abaris Eingang, der erste mit Namen bekannte Brite, ein Druide, das heißt ein Priester des hyperboräischen Apollokults, und Toland meint, der apollonische Pfeil sei Teil seiner Druidenwerkzeuge gewesen.[12] Mit Köcher und Bogen reist er durch Italien und Griechenland, anscheinend in ein Plaid gewickelt, zusammengehalten von einem vergoldeten Gürtel, »in Hosen, die von den Fußsohlen bis zur Taille reichen«, entsprechend der Darstellung von Barbaren in klassischer Skulptur. Er besuchte Pythagoras[13] in Marseilles. Er sprach perfekt griechisch, nach Art der Akademie oder des Lyzeums. Pythagoras rühmte ihn über die Maßen und erklärte ihn bereit, die Weisheit zu empfangen – anders als die meisten seiner griechischen Landsleute. Sein Besuch ist von einer Aura der Wunder umgeben. Er sprach Orakel, ritt auf seinem

Pfeil durch die Lüfte und heilte Krankheiten. Weniger erstaunlich ist der Bericht, daß Pythagoras im Gegenzug in die Weisheit der Druiden eingeweiht wurde, denn der Meister war ständig auf der Suche nach neuen Initiationen, und die griechischen und keltischen Lehren standen offenbar in enger Verbindung.

Etwa um dieselbe Zeit erscheinen in Quellen aus Marseilles die ersten Namen für Irland: ›Ierne‹ bei Aristoteles, in *De Mundo*, Kap. 3; ›Iris‹ bei Diodorus Siculus, *lib. 5*; ›Ierna‹ bei Strabo, Buch I. Die Abaris-Legende erscheint übrigens in Irland bestätigt, wo man eine Geschichte von einem ›Abhras‹ kennt, der in ferne Länder reiste, über Schottland zurückkehrte und ein ›neues religiöses System‹ mitbrachte. Vielleicht aus Marseilles?[14]

## II. Die Römer in Britannien

Wir wissen, daß für Cäsar die gallischen Druiden ein Haupthindernis waren, denn sie stachelten den Widerstand an. Cäsar war zu einem Drittel General, zu einem Drittel ein intelligenter Erforscher fremden Glaubens und Denkens, und zu einem Drittel der literarische Führer eines römischen Zirkels mit dogmatischen Ideen über literarischen Stil, wie der frühe T. S. Eliot. Daher die unnatürlich dichten und gedrängten Sätze in seinen Schriften, die damals viel bewundert wurden. Er war imstande, den Aeduer-Druiden Divitiacus für sich zu gewinnen und zum Freund zu machen, wodurch er von ihm lernen konnte, was dieser ihm über das Druidentum erzählen wollte. Am Ende kompromittierte sich das Druidentum auf dem Festland jedoch durch seinen Kontakt mit Rom und verlor seine Macht, obwohl es seine Formen und Tempel beibehielt.

Ganz anders in Britannien. Die ständige Unterstützung, die seinen Feinden aus Britannien zukam, zwang Cäsar, zwei exemplarische Feldzüge zu unternehmen, in deren Verlauf er zeitweilig Teile des südöstlichen Englands eroberte und die dortigen Könige in eine Allianz schreckte. Die wirkliche römische Eroberung kam später, im Jahre 43 n. Chr., unter persönlicher Führung des Kaisers Claudius – eine humane, vernünftige Affäre ohne jede Schlacht. Wie es üblich war, wurde zunächst eine Militärregierung eingesetzt.

Von der Menschlichkeit der Römerherrschaft blieb nicht viel übrig, sobald Nero Claudius' Nachfolge antrat. Es wurde befohlen, soviel Geld wie möglich aus dem Land zu pressen, und das römische Gesetz erkannte matriarchalisches Recht nicht an, das möglicherweise generell bei den britischen Stämmen galt, sicher jedoch bei den Iceni in Suffolk und in anderen großen Gebieten Ostenglands. Als Boudiccas (Boadiceas) Gatte starb, wurde sein gesamtes Vermögen beschlagnahmt, nicht nur der legale Staatsanteil. Ihre Töchter, die rechtmäßigen Erbinnen, wurden nicht anerkannt und waren empört. Britannien hatte bis dahin genug Zeit gehabt, um zu erfahren, was römische Militärherrschaft bedeutete, und der größte Teil des Ostens und Nordens entschloß sich zum Aufstand. Im Westen hatten die aktiven, politisch denkenden Druiden auf ihrer heiligen Insel Mona (Anglesey) schon immer auf Rebellion gedrängt. Osten und Westen scheinen zusammengewirkt zu haben. Der sehr tüchtige römische Gouverneur Suetonius Paulinus wurde dazu aufgestachelt, nach Nordwesten zu marschieren, um die Druiden auszuschalten, während Boudicca die Stämme sammelte, die halb romanisierten Landstriche überschwemmte und Verulanium (St. Albans), Camulodunum (Colchester) und Llyndunum oder Londinium (London) in Schutt und Asche legte. (Für eine volle Darstellung siehe S. 300 ff.)

Rom erkannte, daß die Militärherrschaft, die solche Reaktionen hervorrief, geändert werden mußte, und Britannien wurde als eine zivile Provinz unter einem *Vicarius* organisiert. Von nun an herrschte mehr Gerechtigkeit. Voller Optimismus schuf Rom wohlgeplante Städte und erzog die Häuptlingssöhne als gute Römer. Doch sie hatten nicht mit dem keltischen Wesen gerechnet, das es haßt, eingeschlossen oder beherrscht zu werden. Die Kelten empfanden ein tiefes Mißtrauen gegenüber Städten, und obwohl die Römersiedlungen sich zum Teil füllten und manche Schulen für die Söhne der Häuptlinge funktionierten, gibt es Belege dafür, daß eine Reihe von Städten halb leer waren, Villen verlassen wurden und eine allgemeine Abwanderung der Bevölkerung in andere Gebiete stattfand. Denn Rom hatte keineswegs die Britischen Inseln besetzt, nicht im entferntesten. Die Penninen, Mittelwales, ganz Schottland (ganz und gar nicht im Bann des römischen Walls) und nicht zuletzt das vollkommen unberührte Irland waren Refugien und Sammelbecken der keltischen Stämme. Julius Agricola plante zwar die Eroberung des ganzen Landes, doch als er gerade begonnen hatte, wurde er zurückberufen (83 n. Chr.).

Der moderne, gebildete Mensch setzt Zivilisation mit Bauwerken gleich. Weil Ägypten und die Länder der klassischen Antike Häuser, Bäder und Tempel errichteten, müssen Völker, die keinen Wert darauf legten, Barbaren gewesen sein. Verständlicherweise waren die Römer Wortführer dieser Einschätzung; weniger verständlich ist, warum moderne Historiker ihr meist gefolgt sind. Während sie Lippenbekenntnisse über die Qualität vorzeigbarer Funde wie Schmuck, Kampfwagen, Panzer und feiner Gewebe ablegten, blieb doch immer das Gefühl, diese Völker könnten nicht wirklich kultiviert gewesen sein. Doch die keltische Kultur ist anders. Sie ist eine Kultur der Musik und der Rede. Sie schätzt das Individuum höher als gemeinsame Errungenschaften und persönlichen Zierrat mehr als Mauerwerk. Ihre Metall- und Steinmetzarbeiten zierten großartige abstrakte Muster. Keltische Gebäude waren dagegen rein provisorisch und funktional, aus Lehm und Gerten mit Strohdächern. Selbst von der relativ spät errichteten Halle von Tara sind nur mehr Kulthügel übrig. In keinem der keltischen Gebiete gibt es auch nur ein einziges Stück Architektur im üblichen Sinne.

Gab es nach Boudiccas Revolte noch weitere druidische Aktivitäten in Britannien? Wahrscheinlich ja, aber im Untergrund. In Stonehenge scheint es einen beachtlichen Kult gegeben zu haben, was man aus den zahlreichen Töpferwaren schließen kann, die man dort gefunden hat, genug, daß man eine regelmäßige Nutzung annehmen muß, nicht nur Tourismus wie in modernen Zeiten. Wieviel die keltischen Druiden über die Bedeutung der Maße des Monuments wußten, kann man nur raten. Vielleicht kannten sie nur noch die Hauptorientierungen, die zeremoniellen Traditionen und Kreistänze oder -bewegungen. Weniger können sie kaum gewußt haben, sonst hätten sie die Anlage nicht benutzt. Auch Begräbnisse in ausgehöhlten Eichenstämmen mit rituellen Gegenständen wie Opfermessern scheinen auf druidische Aktivität hinzudeuten. Eine lateinische Inschrift nennt den Titel ›Antiquus‹, als meinte sie damit einen Alten des Ordens der Druiden – eine der Bezeichnungen für ein heutiges Oberhaupt. 1834 wurde in Grisethorpe in Yorkshire ein weit älteres Grab aus der Bronzezeit gefunden, ein Eichensarg, bedeckt mit Eichenzweigen und den Überresten von Misteln. Neben dem Skelett des alten Mannes darin lagen zeremonielle und magische Stein- und Bronzeobjekte. Ähnliche Funde hat man auf dem Kontinent gemacht.

Sicher ist, daß die walisischen Berge intelligente, mystisch gesinnte Menschen beherbergten, die die griechisch-römischen Philosophien studierten und sie mit einer älteren Weisheit verbanden. In Irland hatte nach Padraic (St. Patrick) eine verkappte Art des Druidentums einigen Einfluß, und in Schottland hielten sich die Bräuche anscheinend unverändert.

## III. Das christianisierte irische Druidentum

Wir kennen einiges aus den alten Büchern und Aufzeichnungen Irlands anhand der Materialien, die der irisch-gälisch und kymrisch (= walisisch) sprechende Toland zusammengetragen hat, wahrscheinlich aus Quellen, die heute nicht mehr existieren. Wir haben keine bessere Wahl, als ihm kritisch zu folgen.

Der hohe ›konstitutionelle‹ Rang der Druiden als führende Berater ist besonders bemerkenswert, und die Barden und Ovaten übernahmen diese Funktion, als ›Druide‹ unter dem Christentum zum Schimpfwort wurde. König Cormac erließ ein Gesetz, nach dem der König einen Druiden als Berater in Rechtsfragen und Angelegenheiten wie Gebet und Opfer haben mußte. Er mußte auch einen Barden haben, einen Chronisten, einen Arzt und einen Musiker sowie drei ›Aufseher‹ für seine Familie. Die führenden Edelleute hatten sich eine ebensolche Siebenergruppe zu halten. Als das Christentum kam, wurde der Druide einfach durch einen Priester ersetzt; alles übrige blieb wie gehabt, und bei dem Priester handelte es sich oft um einen konvertierten Druiden. Das Druidentum war von seiner Struktur her fähig, sich dem neuen Glauben anzupassen.

Ohne Zweifel ging St. Padraic – der keineswegs der erste Missionar und Heilige Irlands war – viel weiter in seiner Adaption des Heidentums, als es St. Augustinus später tun sollte. Er war in England geboren und gefangengenommen worden. Er klingt wie ein typischer Kelte, trotz all seiner christlichen Ausbildung. Er hatte blau bemalte Augenlider, und sein Haar war nicht in einer römischen Tonsur, sondern nach Keltenart quer über den Kopf geschoren. Er reiste wie ein Häuptling mit großem Gefolge – Handwerkern, Barden und Musikern –, ganz und gar nicht im Stil eines römischen Mönches.

Nachdem er alles über den hohen Lebens- und Wissensstandard der druidischen Schulen herausgefunden hatte – wenn er es nicht ohnehin schon gewußt hatte –, machte er sich zunächst an die recht einfache Bekehrung der Druiden zu einer Lehre, die jenen nur wie eine dramatischere Version ihrer eigenen Anschauungen vorkommen mußte. Schließlich lehrten beide Kulte ein Leben nach dem Tod, beide glaubten an einen höchsten Geist, für den nur die einfachsten Menschen steinerne Abbilder, nun ›Idole‹ genannt, benötigten, und das Druidentum kannte einen essentiellen Geist namens Hesus oder Esus, der mit der Eiche verbunden war und eine klare Vorwegnahme von Jesus am hölzernen Kreuz zu sein schien. So wurden die druidischen Schulen übernommen und fortan Klöster genannt, wobei die meisten ihrer internen Regelungen unberührt blieben. Druiden wurden zu Culdees (›Chaldeans‹, Magier) oder Magi (Seher). Der Gebrauch des Wortes ›Druide‹ war streng verboten. So gebildet sie auch sein mochten, gelangten die Culdees doch nie zu den höchsten Ämtern, die zuverlässigen Christen vorbehalten waren. Sie stellten aber die niederen Kirchenränge und die Klostergemeinschaften.

# IV. Christliche Druiden und Barden in Schottland und Irland

Viele der Culdees gingen nach Schottland, wo sie nach der Missionsarbeit von St. Columcille (Columba) bis zum elften Jahrhundert die einzigen Missionare waren. Im Register von St. Andrews sind 13 Erbculdees aufgeführt, die alle Eigentum und Familien hatten. Es gibt Aufzeichnungen aus dem Jahr 825 n. Chr. von einer Siedlung in unverkennbar druidischer Manier mit neun Rundgängen (Circumambulationen). Diese Druidenkolonie von Kilrimon bestand für über 300 Jahre.

Zu den Erbfamilien gehörten die O'Duvegans, die Barden der O'Kellys; die O'Clerys und O'Brodins waren Antiquare, und die O'Shiels und O'Canvans waren Ärzte.

Wir kennen die Namen vieler Druiden, die mit mythischen Helden und Königen von Irland und Schottland in Verbindung stehen. Cathbaid war der Großvater des Cúchulainn, des legendären keltischen Kriegshelden; Tadhg war der Großvater des Finn MacCumhal, eines anderen berühmten Führers; König Eogain heiratete Moinic, die Tochter des Druiden Dilliu, und so weiter. In der Aristokratie waren Edelleute wie auch Druiden vertreten, und Ida und Ono waren druidische Herren von Corcachlaun (Roscommon). Ono vermachte die Festung Imleach-Ono an St. Padraic, der das berühmte Kloster von Elphin (*Aillfinn*, weißer Stein) daraus machte. Bachrach, der Oberdruide des Königs Conchobar Nessan von Ulster, soll nach Berichten auf höchst bewegende Weise die Passion Christi beschrieben haben, zu der Zeit, als sie sich gerade zutrug.[15]

Der Erzdruide von König Niall von den Neun Geiseln, Laighichin mac Barrecheadha, veranlaßte seinen Herrn, einen heftigen Krieg gegen König Eocha zu führen, der seinen Sohn getötet hatte. Druiden mögen nicht direkt an Kriegen teilgenommen haben, doch sie konnten sie auslösen und dirigieren. Dion Chrysostom sagt in *De Recusatione Magister in Senatus:* »Ohne die Druiden, die Wahrsagerei und Philosophie beherrschen, können die Könige weder etwas tun noch etwas sagen, so daß es in Wirklichkeit die Druiden sind, die herrschen, und die Könige ... nur ihre Diener.«

Einen anderen Grad des Ordens (heute der zweite) bezeichnet Toland mit dem griechischen Wort *Ouateis*, lateinisch *Vates*, was, wie er sagt, in dem altkeltischen Begriff *Faidh* wurzelt, der in der irischen Bibel für ›Prophet‹ steht. Dort treten übrigens auch Druiden an die Stelle der Heiligen Drei Könige. *Vates* oder *Faidh* waren offenbar Ärzte, Wahrsager und Naturphilosophen. Wie die Druiden gaben sie Prophezeiungen ab, die, wenn man Cicero glaubt, recht irreführend sein konnten (*De Divinatione, lib. 1*, Kap. 41).

Im Jahre 597 wurde auf einer Versammlung in Druimceat (Londonderry) vom elften christlichen König Aodhmac Ainmhire zusammen mit Aodheumhac Gauraine, dem König von Schottland, und St. Columcille (Columba) das Dekret erlassen, daß jeder König und Lord einen Barden unterhalten sollte. Danach wurden Schulen bardischer Weisheit gegründet, und per Gesetz sollte der Barde des Königs allen anderen vorstehen. Diese Schulen und einige druidische Lehrerinnen waren den Berichten zufolge für die Erziehung von Königskindern verantwortlich, wie zum Beispiel der Tochter von König Leoghaire.

Wie schon einmal angedeutet, wurden Barden als harmlos erachtet, im Gegensatz zu Druiden, denen man wegen ihrer angeblichen Opfer mißtraute. In welchem Maße das Druidentum innerhalb des Bardentums fortgeführt wurde, ist schwer zu sagen, doch offenbar war man als Barde gut getarnt.

Das waren also die Druiden in Eire – gebildet, angesehen, zuweilen bedauernswert, doch stets führende Figuren. Doch scheint St. Padraic, der Organisator der irischen Mission, alle ihre Lehren zerstört zu haben, die er zu fassen bekam, da er in ihnen eine Konkurrenz zur christlichen Lehre sah. Nach einem einigermaßen zuverlässigen älteren Historiker, Dr. Kennedy (*Dissertation about the Family of the Stuarts*), »verbrannte er dreihundert Bände voller Fabeln und Aberglauben heidnischer Götzenverehrung, unwürdig, der Nachwelt zu übergeben.« Dies geschah offenbar mit dem Einverständnis der konvertierten Druiden und ist der Grund, weshalb wir so wenig über druidische Lehren wissen: eine mönchische Bücherverbrennung, bei der im Verhältnis so viel zerstört wurde, wie Europa durch die Verbrennung der großen Bibliothek von Alexandria verloren hat.

Doch wie verbreitet war Götzenverehrung wirklich? Und was ist ein Götze? Padraic stürzte manche ›Idole‹, doch viele andere scheint er nur umgewidmet und selbst benutzt zu haben. Das berühmteste seiner Opfer war ein mit Gold und Silber bedecktes Idol namens *Cromm Cruach*, der ›Gebeugte‹ oder ›sich Beugende‹ auf dem Flachland um Slecht in der Grafschaft Cavan, mit 12 bronzeverzierten Begleitsteinen um sich. Den Standort nannte man *Maghsleucht*, das ›Feld der Anbetung‹. Obwohl niemand sagt, die Figur sei menschenähnlich gewesen, zerstörte der Heilige *Cromm Cruach* und versenkte die anderen bis zur Spitze in die Erde.[16]

Eigentlich hatte man keine ›Idole‹ im üblichen Sinn des Wortes. Der stark abstrakte neolithische Geist und seine Nachfolger dachten auf andere Weise. Erst das Christentum führte Menschenfiguren ein. Der große *Cromm Cruach* ist seinem Namen nach mit *Cruim* und mit *Tairneach Taran*, dem Donner, vergleichbar. Taranus ist der Donnergott und entspricht Jupiter.

›Idole‹ waren damals meist heilige Steine. In Clogher finden wir den Namen einer Gottheit: *Kermand Kelstach*, der ›Merkur der Kelten‹. Andere Namen geweihter Steine sind *Ardcloch* (Arklow), der ›Hochstein‹, und der ›gelbe Stein‹ *Buidhe-cloch* (Wicklow). Toland bemerkt, daß ähnlich wie der Stein in Clogher auch der Original-Merkur im heidnischen Rom ein rechteckiger Stein war. Die Iren waren also nicht mehr und nicht weniger idolatrisch als die Römer.

Stein war ein Symbol für die Stärke und Macht der Gottheit, die jenseits jeder Darstellung und folglich nirgendwo dargestellt ist. Die meisten Cairns waren Beli/Belinus/Abellio geweiht, einer Form von Apollo, sowie der Sonne in ihren verschiedenen Gestalten. Auch in Palästina wurden solche Steine aufgestellt, als Zeugnisse des Bundes zwischen Jahwe und seinem Volk: »So schloß Josua an diesem Tag einen Bund für das Volk und legte ihnen Gesetze und Rechte vor in Sichem. Und Josua schrieb dies alles ins Buch des Gesetzes Gottes und nahm einen großen Stein und richtete ihn dort auf unter einer Eiche, die bei dem Heiligtum des Herrn war, und sprach zum ganzen Volk: ›Siehe, dieser Stein soll Zeuge sein unter uns, denn er hat gehört alle Worte des Herrn, die er mit uns geredet hat, und soll ein Zeuge unter euch sein, daß ihr euren Gott nicht verleugnet.‹« (Josua 24,25–27) Stein besitzt also die Fähigkeit, aufgezeichnete Botschaften zu bewahren, eine Macht, welche die Theosophen der Akasha-Chronik zuschreiben.

Hexen und anscheinend auch Druiden ist immer schon klar gewesen, daß Aufzeichnungen wie auch Energien in bestimmten Steinen gespeichert werden können. Man nimmt an, daß die besondere atomare Struktur bestimmter Steine diesen Prozeß erleichtert. Etwa 20 verschiedene Kristallstrukturen haben die Fähigkeit, eine besondere Art elektrischer Energie, die sogenannte ›Piezo-Elektrizität‹, zu speichern. Sie wirken wie Sprungtransformatoren und produzieren Spannungen bis zu 20 000 Volt.[17] Dies könnte der Grund sein, weshalb so viele Feldlinien beim ›Tanz der Riesen‹ (Stonehenge) zusammenlaufen und warum man den Blausteinkreis wahrscheinlich aus Irland geholt und so sorgfältig nach der Numerologie aufgestellt hat. Solche Eigenschaften von Steinen sind Gegenstand neuester Forschungen, die noch viel weiter führen könnten.[18] Daß unsere Vorfahren Steine benutzten, um psychische Energie zu speichern und verfügbar zu machen, ist durch Hexenaussagen belegt. Eine andere Möglichkeit ist, daß sie, in Ringstrukturen aufgebaut, als Kraftwerke für die Antriebssysteme fliegender Untertassen gedient haben.

Einer der größten Steine war aus einem seltenen grünen Quarzit und wurde *Lia Fail* genannt, der Schicksalsstein. Wo immer dieser Stein ruhte, würde einer aus gälischem Blut herrschen.

> Merkt euch, o Schotten:
> Wenn die Vorsehung nicht versagt, wird,
> wo dieser Stein verankert ist,
> der Sitz eures Königreichs sein.

> *Cioniodh scuit saor an fine*
> *Man ba breag an Faisdine*
> *Mar a bhfuighid an Lia-fail*
> *Dlighid flaitheas do ghabehail.*

> (Carmena Gadelica)

72

Als die Iren Schottland besiedelten, schickten sie den Stein deshalb nach Argyll zu König Fergus, um seine Herrschaft zu bestätigen, und der Schottenkönig behielt ihn dort als Krönungsstuhl, bis Kenneth II. ihn um 842 zu seiner neuen Hauptstadt Scone holte, wo Edward I. ihn im Jahre 1300 beschlagnahmte. Auf geheimnisvolle Weise soll er jedoch immer noch in Tara zu sehen sein, so daß er in seiner Bilokalität dem Grabe Abrahams gleicht. Er hat angeblich eine 2000jährige Geschichte und soll auf die Tochter der letzten Prinzessin von Juda zurückgehen, die ihn in den Westen mitbrachte. War er Jakobs steinernes Kopfkissen in Bethel (1. Mose 28,11)?

Es gibt noch weit größere Altäre und Steine als dieser. Bei Hoy auf den Orkneys findet sich ein länglicher Stein, der ironischerweise als ›Dwarfy‹ (Zwerglein) bezeichnet wird. Er mißt 36 × 18 × 9 Fuß und ist ausgehöhlt, mit einer Steintür, zwei steinernen Betten und einer Feuerstelle. Bei Herodot (Buch II) findet man die Beschreibung eines 21 Cubits (Ellen) langen Gebäudes, 14 Cubits breit und 8 lang, alles aus einem einzigen Stein gehauen.

Dolmen – *Kist-vaens* in walisischer Sprache – betrachtet Toland im allgemeinen als Druidenaltäre. Wir haben eine andere Erklärung vorgeschlagen (Seite 42 ff.), da Altäre gewöhnlich nicht in so großer Anzahl gebraucht werden, wie man in manchen Gegenden Dolmen findet, wenn auch bestimmte Dolmen eindeutig die Funktion von Altären hatten.

Stein und Feuer spielen eine entscheidende Rolle in den Anfängen zivilisierten Denkens. Das Ur der Chaldäer, Abrahams Stadt, könnte mit der Stadt des Feuers und Lichts identisch sein (altkeltisch *Ur*), während der hebräische Name für die Mutterstadt der ägyptischen Religion, Heliopolis, On lautet (gälisch *Oan*, ein Stein). Beide sind dem Licht oder der Sonne geweiht, *Bel*, und auch Ba-bel klingt ähnlich.

In Eire bildeten damals die Stämme einen lockeren Bund unter dem gewählten Hochkönig von Tara, zusammengehalten durch regelmäßige Versammlungen zu Spielen und Festen, der griechischen Einheit auf der Basis der Olympischen Spiele nicht unähnlich. Diese Organisationsform herrschte vor der Ankunft des Christentums und hielt noch eine Weile danach an. Das System erlitt einen zweifachen Anschlag, zuerst durch griechische, dann durch römische Missionare. In beiden Fällen gab es bestimmte Kompromisse mit den Kelten und ihrem Druidentum, und Druiden wurden zu schwungvollen Missionaren. Zum Beispiel betrachtete Columcille von Iona das Christentum lediglich als eine mehr ›offenbarte‹ Form der Grundwahrheiten des Druidentums – »Christus ist mein Druide«, waren seine Worte. Das römische Christentum entwickelte erst später eine Verachtung für diese unabhängigen Iren mit ihren fremdartigen Bräuchen, als Augustinus entsandt wurde, um sie auf den rechten Weg zu bringen.

# V. Die gesellschaftliche Organisation in Irland und Wales

Was war nun mit Britannien, das heißt, dem heutigen England und Wales? Nach und nach hatte es sich weitgehend mit der späteren, milderen Römerherrschaft abgefunden, die zum Teil von Eingeborenen übernommen wurde. Stammeskrieger dienten in der römischen Armee in Britannien, und der große Wall entwickelte sich von einer Verteidigungsanlage zu einem verbindenden, harmonisierenden Element zwischen Nord und Süd. Die Ruhe wurde jedoch gestört, als die koboldhaften, verschlagenen und gewitzten Pikten, diese tätowierten, verkleideten Gesellen, den Platz der schwerfälligen Caledonier auf der anderen Seite des Walls einnahmen. Die Pikten spielten den Römern üble Streiche. Sie verschwanden im Nebel, landeten an der Küste hinter der Front und sprangen aus der Heide hervor. So wurde es immer schwieriger, den Wall zu erhalten.

Zudem entwickelten die Provinzen eine bemerkenswerte Neigung, Rebellenkaiser auszurufen und Ketzereien zu unterstützen, die ihnen zusagten. Die Kelten waren immer noch ein unabhängiger Haufen. Albinus war der erste, im Jahre 196 n. Chr. Im Jahr 287, als die Raubzüge begannen, gründeten Carausius und Alexander ein eigenes Imperium, und 296 wurde Konstantin der Bleiche (Chlorus) geschickt, um die Provinz neu zu organisieren und für Disziplin zu sorgen, was er auch tat. Er stellte eine Kriegsmarine unter einem Dux Brittanorum (Generalfeldmarschall der Briten) und einer Reihe von Admiralen zusammen, von denen einer der Comes Saxonici Litoris war (Graf oder Herzog der Sächsischen Küste, das heißt der Küste, welche die Sachsen zu überfallen pflegten). Der nächste Störenfried war der große Konstantin, der 306 in York (Eboracum) als Kaiser ausgerufen wurde und der später das ganze Reich erobern sollte, zunächst mit Hilfe der britischen Truppen. Dann, im Jahre 383, führte Magnus Maximus eine Armee in seine Revolte gegen das Reich, wurde aber 386 geschlagen. Noch im Jahr des Rückzuges, 407, führte Konstantin III. eine Armee nach Europa, nur um 412 überwältigt zu werden. Doch Britannien war nun ohne Verteidigung.

Um die Zeit des Untergangs des Römischen Reiches (ca. 360–420 n. Chr.) wurde der Brite Pelagius zum dominierenden Kirchenmann. Er lehrte eine weit humanere Version des Christentums und behauptete, entgegen der Lehre des Augustinus, der Mensch besäße einen freien Willen, um der Versuchung zu begegnen. »Wenn ich soll, dann kann ich«, sagte er. Göttliche Gnade war nach Pelagius eine unschätzbare Hilfe, doch im Grunde hatte der Mensch die Freiheit, sich selbst zu retten. Augustinus und die Kirche meinten dagegen, der Wille des Menschen wäre im Sündenfall zu Schaden gekommen, so daß der göttliche Rettungswille – das universelle Priestertum Christi – stets die Initiative hätte. Pelagius und sein Anhänger Coelestius entkamen vor dem Untergang Roms nach Afrika, doch später wurden sie sowohl von der östlichen als auch der westlichen Kirche verdammt.[19]

Für diese Zeit und die Jahrhunderte unmittelbar danach können wir uns aus alten Büchern ein Bild von der Gesellschaft und dem organisierten Druidentum in Wales und Irland machen. Die irischen Bücher sind die älteren: die Bücher von Armagh und Kells, *The Book of Hergest*, *The Book of the Dun Cow* und andere. Über Wales haben wir *The Black Book of Caermarthen* und viel später *The Book of Taliesin*.

Über tausend Jahre lang herrschten die Hochkönige von Tara, die *Ard-ri*. Der Stämmebund mag locker gewesen sein, doch er behagte dem Temperament der Iren. Das Alter dieses Thrones ist beeindruckend, doch die Könige neigten eher zu

Raubzügen im Ausland als zu sinnvollem Schaffen daheim. Niall von den Neun Geiseln (397–405) war ein Erzplünderer in einer Zeit der Plünderer. Er tat nichts für die Harmonie in Europa, sondern sah seine Chance in dessen Schwäche.

Die verschiedenen Stämme, die *Tuatha* oder ›Baronien‹, waren turbulent, und doch konnte man in Irland eher Frieden genießen als anderswo, so daß Gelehrte auf der Flucht und zivilisierte, romanisierte Barbaren begannen, sich niederzulassen und eine große Kultur zu gründen. Unter dem Brehon-Recht kam Irland gegen Ende des achten Jahrhunderts zur Ruhe.

Die Macht des *Ard-ri* hatte bis zur Ankunft des Christentums ein Gegengewicht im Einfluß des *Coibhi Drui*, des obersten, beratenden Druiden.

### *Die Organisation von Gesellschaft und Lehre*

In Wales gab es nach unserem Wissen neun Gesellschaftsklassen, obwohl manche davon verdächtig nach späteren Entlehnungen aus Britannien aussehen: *Bremin* war der König, *Twyrog* der Herzog, *Jarll* der Graf (normannisch), *Arglwydd* der Lehnsherr, *Barwn* der Baron, *Breir* der Freiherr, *Gwreange* der Junker, *Alttud* der kleine Landeigner und *Kaeth* der Sklave.

Wir kennen auch eine Rangliste der Gelehrtengrade. Wenn man die Jahre, die zum Erreichen eines jeden Grades nötig sind, zusammenzählt – und wenn wir annehmen, daß auch der Arzt einige Jahre studieren mußte –, dann kommen wir auf etwa 20 Jahre, dieselbe Zeit, die nach Cäsars Schätzung die Ausbildung eines Druiden dauerte.

Es beginnt mit drei Jahren der Poesie und Musik – *Disibliysbas*. Sechs weitere Jahre des Studiums ergeben *Disgiblisg ybliaidd*. Neun Jahre mehr entsprechen dem *Digiblpenkerddiaidd*. Dann kommen wir erleichtert zum Endprodukt des ganzen Lernens, dem ›Doktor‹, *Penkerdd* oder *Athro*.

Es gibt drei Arten von Poeten, und alle tragen lange Gewänder. Der *Prydudd* singt von den Ländern und preist die Taten der Prinzen und Edelmänner; der bescheidenere *Tevluwr* reist durch die Landschaft und erzählt von Scherzen und Vergnü-

76

gungen; etwas finsterer ist der *Clerwr*, der Beschimpfungen austeilt und über ›Landessachen‹ spricht. Wir wissen, daß Schmähungen und Satire töten konnten, und bei manchen Völkern hat der entsprechende Akt der Verachtung noch immer diese Wirkung.

Die genannten Poeten dürfen jedoch, wie es scheint, nicht mit den Barden verwechselt werden. Alle Barden sind Herolde, die von edlen Taten künden, Wappen vergeben und Vorhersagen machen. Sie üben also beträchtliche Macht aus. Ihre Hierarchie ist steil, und im höchsten Grad findet man offenbar große Originale. Sie wurden Prinzen genannt (*Privardd*) und waren Erfinder von Rhythmen und Formen, wie zum Beispiel Merlin Sylvester, Merlin Ambrosius und Taliesin. Unter ihnen zeichnete sich besonders der Oberharfenist des Landes aus, der im Königspalast lebte, der *Bard Telyn* (Harfner).

Verglichen mit diesen ruhmreichen Meistern erscheint der nächste Grad armselig: Die *Poswardd* oder *Prydiddion* lehren die Musik oder Wahrsagerei, die die Privardd eingeführt hatten. Man könnte sie als die Administratoren der Lehre bezeichnen.

Der dritte Rang sind die Fähnriche oder Wappenherolde. Sie teilen die Wappen zu und verwalten sie in einer Art Schule der Heraldik, genannt *Arwyddvardd*.

Der größte aller Barden starb, wie man lesen kann, im Jahre 2067 v. Chr., kurz nach der Sintflut. Er war der sechsundfünfzigste Großkönig von Britannien und hieß Blegywryd ap Geisyllt.

Das ganze System wirkt sehr aristokratisch und höfisch und bewegt sich bereits auf das Mittelalter zu. Ein großer Teil dessen, was als typisch für das mittelalterliche England angesehen wird, war in Wirklichkeit walisischen Ursprungs, wenn es nicht sogar französisch war.

## VI. Die irischen Invasionsrassen

Bisher haben wir vor allem Wales betrachtet, doch die irische Version ist ebenso poetisch. Ein langer Blick in die Ferne und den Abgrund der Zeit fördert ein Epos der Verwandlungen zutage, das den halb wirklichen, halb mystischen Ablauf zeigt, den die Entwicklung des irischen Bewußtseins wie auch der irischen Rassen nahm, und das ihn auch zu interpretieren scheint.

Die Geschichte, aus einem Buch aus dem elften Jahrhundert, beginnt so: Tuan mac Carell ist ein Häuptling, bei dem St. Finnan (sechstes Jahrhundert), nicht weit von seinem Kloster bei Moville im heutigen Donegal unterwegs, Obdach sucht. Er wird zunächst zurückgewiesen, doch er wartet geduldig, und am Ende werden er und Tuan Freunde. Bei seinem Gegenbesuch im Kloster erzählt Tuan die Geschichte seiner Gestaltwandlungen.

Partholan war der erste Mensch, der sich in Eire niederließ. Tuans Vater Sarn war Partholans Bruder. Es kam eine Pest, und alle wurden dahingerafft, bis auf ihn, Tuan. 22 Jahre lang wanderte er von einem unbewohnten Ort zum anderen und wurde darüber alt, doch dann kam der Sohn eines anderen Bruders des Partholan. Als er seinen Vetter Nemed von den Klippen aus erblickte, ging er ihm aus dem Weg, doch im Schlaf, irgendwo in Ulster, verwandelte er sich in einen Hirsch, den König oder Sohn des Rotwildes (mac Carell).

Die Nemeder waren unter großer Mühe nach Irland gelangt, in 32 Schiffen mit jeweils 30 Menschen an Bord, von denen nur neun überlebt hatten. Dann nahm ihre Zahl auf 8060 zu. Und dann starben sie alle.

Wieder wird Tuan älter, und diesmal verwandelt er sich in einen wilden Eber, den König der Wildschweinrotten. Dann landet Semion mac Stariat mit drei Stämmen, besonders den Firbolg (›Taschenmenschen‹). In deren Zeitalter verwandelt sich Tuan in einen mächtigen Seeadler, in Erwartung der Ankunft der Kinder der Dana. Er ist immer noch ein Adler, als die Söhne des Miled ankommen, die die Götter besiegen, doch nach neun Tagen Fasten wird er zum Lachs. Er ist viele Jahre lang glücklich, doch dann wird er gefangen und zur Gattin des Carell gebracht, die ihn ganz verschlingt, und er geht in sie über, so daß er wiedergeboren wird als Sohn des Carell, der er nun ist.

Wir wollen diese Rassen nun etwas näher betrachten. Die

Partholonier und ihre Vettern, die Nemeder, kommen aus den Gefilden der Toten und müssen die Fomorier besiegen. Sie sind Kinder der Finsternis, Domna. Einer von ihnen ist Buirraineach, der unter einem Tumulus wohnt und den Kopf einer Kuh hat.

Was ist ein Riese? Weiter östlich war es jemand, der Gebäude aus Riesensteinen errichtete und übers Meer gekommen war. So landen an Bealteinne diese Partholonier aus dem Sommerland – von irgendwoher, wo es warm ist, vielleicht Somerset oder gar Sumer –, nur 24 von ihnen, doch sie vermehren sich und vergrößern ihren Landbesitz. Dann werden sie von der Pest ausgerottet. Die Nemeder kommen und kämpfen ebenfalls gegen die Fomorier, die sie in vier Schlachten besiegen. Doch wieder trägt sie die finstere Pest davon, und die Macht der Fomorier ist wieder unangefochten.

Tory Island war der Stützpunkt der Riesen, und der edle Hirsch muß sich nun in einen Eber verwandeln, wie es die Zeiten gebieten. Die Tribute an die Fomorier waren für ganz Irland verheerend – sie forderten zwei Drittel der Milch und der Kinder. Unter drei Häuptlingen landen wieder Nemeder auf der Insel und töten einen der fomorischen Könige, doch der andere macht sie nieder, und die dreißig Überlebenden ziehen mutlos ab.

Die Firbolg sollen je nach Quelle aus Spanien und/oder aus dem Reich der Toten kommen, doch in Wirklichkeit könnten sie ein Stamm der Belgen sein. Teltia, die Tochter des Königs der großen Ebene, also des Landes der Toten, heiratet einen ihrer Könige, und sie wohnen in einem Palast an einem Ort namens Tailtin (Teltown). So beginnen die großen Spiele und Versammlungen dort.[20]

Nun entstehen die vier großen Königreiche Irlands, mit einem fünften in ihrer Mitte: Ulster, Munster, Leinster und Connacht, mit Uisnecht als zentralem Bergreich.

Schließlich kommen die Tuatha dé Danann, das Volk der Göttin Dana oder Brighedd, Tochter des Oberhaupts der Rasse, des Allvaters Dagda des Guten. Ihre drei Söhne bringen zusammen nur einen Enkel hervor – die mystische Entwicklung von einem zu dreien, wobei die drei wieder zu einem werden – zu Ecne, das ›Wissen‹ oder die ›Poesie‹, denn Wissen wird durch Poesie überliefert. Nur diese Rasse nennt Tuan Götter.

Dana (Ana, De-ana) ist die Gattin von Bile, Gott der Toten, und ihr Sohn war Nuadha von der Silbernen Hand oder dem Silbernen Arm – oder Strahl. Doch ihre dunklere Gestalt ist Gwrach, das Mannweib, oder Morrigan.

Dagda, auch Fath genannt oder großer Vater, freit Boann, den Boinne-Geist. Aus dieser Verbindung entspringen die Hauptgottheiten – Brighid, die aktive Muttergöttin; Midir der Stolze, der in der schattenhaften Anderswelt herrscht; Badb oder Bov, eine Kriegsgottheit; Aenghus mac-in-da-Og, der Gott der Liebe und Schönheit, Sohn der großen Kraft Og oder Oige, der Jugend, der Sonne und des Sommers, sowie von Lugh und Ogmas, Erfinder der Oghamschrift.

Ler oder Lir, der geheimnisvolle Meeresgott, wird gewöhnlich als Dagdas Bruder betrachtet. Er ist der Gott aller Meere und deren Horizonte, und sein Sohn ist der prahlerische Mannanan von Man, der Hüter der Handelsschiffe in der zentralen keltisch-kymrischen See. Er steht zwischen den Welten und ist eine Brücke zwischen dem Volk der Sidhe und den Menschen. Er ist jedoch kein Freund Columcilles.

Woher kommen nun diese Kinder oder Stämme der Dana (Tuatha dé Danann)? Am klarsten ist ihre Verbindung mit Griechenland. Der Name Dana ist einer der eindeutigsten Hinweise auf eine uralte Identität zwischen zwei Rassen, den Danann in Eire und den Danaern Griechenlands, beide Söhne der Dana. Sie stammen aus einer Art paranormaler Welt eigener Realität und Einheit. Sie kommen aus Griechenland, das stimmt, aber ist ihr Griechenland vielleicht eine griechische Sagenwelt? Es gibt Musik, es gibt strahlende Gestalten und blondes Haar, Magie und magische Werkzeuge; es gibt Länder des Zaubers, ein Land unter dem Meer, Tir-fa-tonn, und das Land der magischen Hügel und Berge, Tir-na-n'Og, dieses Land ewiger Jugend und ewigen Sommers. Will man diesen Traumwirklichkeiten einen Ort zuordnen, dann leben sie auf der Ebene der höheren Astralwelten, entsprechend der magisch-göttlichen Zahl Sieben – der siebte Stamm. In ihrem Zeitalter ist Tuan ein Adler.

Trotz aller Schönheit ist auch diese Feenwelt nicht von

Dauer. An der verschwommenen Grenze zwischen den Zeitaltern zeigt die alte Welt die Vollkommenheit eines Sonnenuntergangs. Die großartigsten Überreste der klassisch-heidnischen Welt gehörten auch zu den spätesten – die *Meditationen* des Marcus Aurelius und die Vision der Großen Mutter Isis im *Goldenen Esel* des Apuleius, beide deutlich innerhalb der christlichen Ära. So werden dieses *Sidhe*-Land und sein Volk von den Milesiern verdrängt, den Söhnen des Miled, und die Welt fällt in Trübsal: Aus den Schwanenkindern des Lir werden runzelige alte Männer und Frauen, die die Taufe annehmen. Die Taufe repräsentiert eine spirituellere Form, und doch ist sie eine nüchterne Angelegenheit, bei der nur das Kapellenglöckchen läutet. Der neue Glaube ist streng, wenn auch erhabener; er entspricht der Sphäre der Acht, der Zahl Jesu, dem neuen Gleichgewicht der doppelten Vier, universal, doch gedämpfter als die magische Sieben.

Doch die Milesier (vielleicht von Miletus, einer griechischen Kolonie) schließen einen ausgewogenen Vertrag mit den *Sidhe*, die fortan nur noch die Hügel und Berge bewohnen, nicht mehr das Reich des Tages. Ihr Reich besteht weiter, jedoch außerhalb des normal Sichtbaren. Wer will, kann noch mit ihnen Kontakt aufnehmen. Manche Danann zogen in die ›Region unter der Erde‹, Tir n'an Oige, und andere in die *Sidhe*-Berge selbst, doch Aenghus mac Grein oder mac-in-da-Og kehrt zurück. Er wohnt am Boyne, als Sohn der Göttin dieses Flusses, und schafft eine neue Brücke zwischen den Welten.

In ganz Irland kann man Licht im Inneren von Kulthügeln sehen und zauberhafte Musik aus ihnen erklingen hören. Wer ihr lauscht, wird hineingezogen und verschwindet für sieben Tage, sieben Jahre oder für immer. Der Eingang zur Anderswelt ist zwischen zwei Steinen oder Bäumen auf einem Feld, wo die Luft anders ist, flirrend, und wo bisweilen Menschen verschwinden.

Miled, der Stammvater der Milesier, kam mit Scota als Gattin, die den Schotten – einer irischen Rasse – ihren Namen gab. Scota war eine Tochter des Pharao, so daß Schotten auch Ägypter sind. Vielleicht in derselben legendären Ära kamen Amergin und sein Oberdruide in Wales an.

81

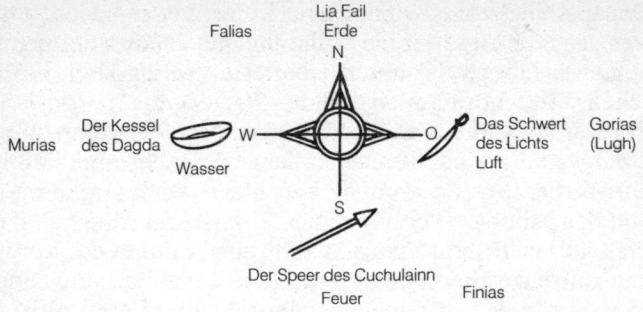

Die vier Städte und Symbole der Danann

Die frühesten Rassen repräsentierten damals die Finsternis der Unwissenheit. Auf sie stürzten sich die aktiv Bösen, die Riesen des Fomoriervolkes und dann die Firbolg, die nach einer ziemlich niederen Händlerrasse klingen – vielleicht Phönizier oder gar Minoer?

Die Tuatha dé Danann brachten einen allgemeinen, tiefen Symbolismus mit. Sie kamen vom Himmel oder aus vier großen Städten, daher ihre vier Schätze. Aus Falias kam der *Lia Fail*, der Stein des Schicksals, auf dem der Hochkönig während der Krönung stand und der unter ihm brüllte, als Zeichen der Anerkennung. Aus Gorias kam das unbesiegbare Schwert des Lugh vom Langen Arm, aus Finias der magische Speer und aus Murias der geheimnisvolle Kelch des Dagda, mit dem ganze Menschenmassen gespeist werden konnten.

# VII. Das Muster in Schottland

Viele der Culdee-Druiden zogen, so christlich ihre Überzeugungen auch sein mochten, die jungfräulichen, vielrassigen Territorien des piktischen und nun schottischen Heidentums der Kontrolle durch die Kirche in Irland vor, wo sie es als ehemalige Druiden doch nie zum Range des Bischofs gebracht hätten. So verbreiteten sich die Druiden über Schottland und leisteten dabei ausgezeichnete Arbeit. Ihre speziellen druidischen Fähigkeiten gaben ihnen einen nicht zu unterschätzenden Vorteil. Sie brachten die griechische Version des Osterfestes mit und trieben ihre Wurzeln in die Völker Schottlands, auf die sie über 300 Jahre lang einen tiefen Einfluß ausübten. Dies ist eine lange Zeit im Leben eines Volkes.

Rom betrachtete die keltischen Gebiete mit Mißtrauen, doch wo sie sich festsetzten, waren die Kelten stark. Wilfred von York schaffte ihre Osterdaten ab und schien mit der Synode von Whitby im Jahre 667 eine Überflutung durch die keltische Kirche abzuwenden, doch obwohl die Welle der Missionierung zum Teil eingedämmt wurde, blieben die bereits niedergelassenen Mönche mit ihren Häusern und Orden an Ort und Stelle. Die Adelsfamilien bauten ihre Macht in den Glens aus, und viele Haushalte der Lairds unterhielten erbliche Bardenlinien. Druidensteine und -kreise wurden verehrt, und druidische Praktiken existierten freier und länger als in Irland.

Im dreizehnten Jahrhundert, als die Kirche bereits einige Autorität in diesen fernen Ländern ausübte, schien sie das flache Irland erfolgreicher diszipliniert zu haben als das zerklüftete Schottland. Es gab lautstarke Beschwerden der Päpste, denn die keltischen Bräuche standen in krassem Gegensatz zu der strengen Sittenreform von Citeaux: Mönche und Nonnen arbeiteten zusammen – welch ein Skandal! –, und die Abtswürde und andere Ämter waren erblich. Entgegen den neuen Reformen waren die Priester verheiratet, und Feiertagsdaten wurden immer noch nicht nach Maßgabe Roms eingehalten. All dies ging auf druidische Einflüsse zurück, obwohl das Wort nie genannt wurde, nicht einmal als Schimpfwort.

Bis mindestens ins dreizehnte Jahrhundert war Schottland also das letzte verbleibende Gebiet, wo kaum verbrämtes Druidentum vorherrschte. Ideen aus England hatten wenig Einfluß auf das alltägliche Leben in Schottland, während es anderswo konformistischer zuging. In Wales hatte sich das Bardentum festgesetzt und diesen Aspekt der druidischen Lehre weiterentwickelt; Irland war zerrissen, zuerst durch internen Streit, dann durch das Eindringen der Engländer; in Cornwall ging alles seinen Gang auf den gewohnten, verstohlenen Wegen.

In Wales begann sich etwa im elften Jahrhundert das *Eisteddfod* zu bilden, während in Schottland Häuptlingsfamilien Dynastien von Druiden oder Barden unterhielten. Streitigkeiten zwischen den Klans erlaubten dem nationalen Königtum in Schottland nicht viel Substanz, und es hatte sich mit einer fast nur nominellen Souveränität über die stolzen Häuptlinge in ihren unzugänglichen Tälern zufriedenzugeben. Es überrascht daher kaum, daß die spätere Renaissance des Druidentums, die zur Gründung des modernen Ordens geführt hat, von Schottland ausging (siehe S. 137 ff.).

## VIII. Die kymrische Kultur des Bardentums

Als wir das letzte Mal von ihnen hörten, erholten sich die Waliser gerade von der römischen Militärherrschaft, wobei sie jedoch stolz blieben auf die halb römischen Tugenden des Arthur – ein feuriges Volk und doch fasziniert von philosophischen Fragen, besonders von der Ordnung der Himmel, wobei sie teilweise klassischer Inspiration folgten.

In der relativen Sicherheit der Täler gab es zwischen dem fünften und siebenten Jahrhundert eine frühe Blüte der Poesie. Doch die mutige Unabhängigkeit der druidisch-bardischen Kultur mit ihren Gorsedd-Gesetzen wurde bald erstickt. Die Poesie lebte weiter in speziellen, lokalen Sprachformen, wenngleich sie mit wenigen Ausnahmen zur Lyrik oder Eulogie der Prinzen und Feste wurde.

Schließlich kam es zu den erbitterten Kriegen mit den Edwards von England, und mit dem Tod seines letzten regierenden Prinzen im Jahre 1282 war das ältere Wales am Ende. Die spätere englische Autorität, besonders wenn sie in Händen einer walisischen Familie war, blieb jedoch empfänglich für walisische Kultur und förderte sie ohne strenge politische Beschränkungen.

### Eine gälisch-kymrische Anthologie

Wenn wir diese Entwicklung im einzelnen betrachten wollen, müssen wir uns den Barden vom fünften bis siebenten Jahrhundert zuwenden, für die besonders Llywarch Hen (der Betagte) ein typisches Beispiel darstellt. Llywarch war der Überlieferung nach der große Poet, der mit seinem Leben die Lükke zwischen Arthur und Cadwallon überbrückte. Er lebte also bereits 542 – das Jahr, das als Arthurs Todesjahr angegeben wird – und noch 646, als Cadwallon starb. Er soll zu Anfang des sechsten Jahrhunderts geboren sein und bis zur Mitte des siebenten gelebt haben, also etwa 150 Jahre.

Es gibt ungefähr 150 Gedichte, von denen man annimmt, daß sie aus dem fünften, sechsten und siebenten Jahrhundert stammen. Die aus dem Norden Britanniens werden Aneurin, Myrddin ab Morfryn und Llywarch Hen zugeschrieben; die walisischen Dichtungen stammen von Taliesin. William Owen druckt in seiner Sammlung 73 Seiten von Llywarch Hen ab, in beiden Sprachen.[21]

Aneurin wird als der Dichter der *Y Gododdin* betrachtet, heroischer Poesie Südschottlands aus dem späten sechsten Jahrhundert. Taliesin wird eine Anzahl von Gedichten über Urien von Rhegard in Nordbritannien zugeschrieben. Sie sind voller mystischer Prahlerei und Gestaltwandlungen. Die Hauptquelle ist das *Book of Taliesin*, das viel jünger ist, aber auch früheres Material enthält:

> Keine Mutter, kein Vater
> hat mich erschaffen.
> Substanz und Gestalt
> waren die neunfältigen Sinne,
> entsprungen den Früchten,
> den göttlichen Wurzeln,
> aus wilden Blumen, den Schlüsselblumen,
> aus Blüten der Berge, Bäume und Büsche.
> Ich bin aus lehmiger Erde,
> und aus Nesselblumen
> bin ich,
> und aus der neunten Welle Gischt.

Cad Goddeu

Das bekannteste mystische Gedicht ist *Hanes Taliesin* (das Leben des Taliesin), zu finden in der *Myvyrian Archaeology*:[22]

Ein freier Barde
bin ich für Elphin.
Meine gewohnte Heimat
ist das Land der Cherubim.

Johannes der Seher
nannte mich Merddin,
doch am Ende nennt jeder
mich Taliesin.

Fast neun Monate war ich
im Bauch der Hexe Caridwen.
Erst war ich Gwion,
doch am Ende bin ich Taliesin.

Ich war bei meinem Herrn
in der höchsten Sphäre,
als Luzifer fiel
in die Tiefen der Hölle.

Ich trug das Banner
des Alexander.
Ich kenne die Sterne
von Norden bis Süden.

Ich war in Caer Bedion
Tetragrammaton.
Ich brachte Heon (den göttlichen Geist)
ins Tal von Ebron.

\* \* \* \* \* \*

Ich war mit meinem König
in der Krippe bei Ochs und Esel.
Ich half Moses
durch die Fluten des Jordans.

Ich war am Firmament
mit Maria Magdalena.
Ich erhielt meine Inspiration
aus dem Kessel der Caridwen.

Ich war der Barde der Harfe
für Deon von Llychlyn.
Ich habe gehungert
mit dem Sohn der Jungfrau.

Ich war im Weißen Hügel,
in der Halle von Cynvelyn,
in Stock und Eisen
für anderthalb Jahre.

Ich war in der Speisekammer
im Land der Dreifaltigkeit,
wo man nicht weiß,
was Fisch ist, was Fleisch.

Ich kenne das Ganze,
das System des Universums.
Ich bin auf der Erde
bis zum Tag des Gerichts.

Ich saß auf dem harten Stuhl
über Caer Sidin
und bin im stillen Wirbel
der drei Elemente.

Ist es nicht das Wunder der Welt,
das nicht entdeckt werden kann?

Llywarch Hens Gedichte werden heute oft in eine Periode nicht früher als Mitte des neunten Jahrhunderts eingeordnet. Gewöhnlich werden Klagelieder über das Alter zitiert:

Bevor mein Rücken krumm wurde,
glänzte ich unter den Männern.
Mein Speer war der beste, ich war die Spitze der Speere.
Jetzt bin ich bucklig, steif und elend.
O mein hölzerner Stab, es ist Herbst für uns.
Die Farne sind rostrot, die Gräser gelb.
Der Mann, den ich abwies, ist mir nun ebenbürtig.

O hölzerner Stab, es ist jetzt Winter …
es ist nicht lustig an meinem Bett.


Hölzerner Stab, es ist Frühling,
und die Köche sind rot von der Arbeit.
Im Saal sind das Fest und die Lichter,
doch ich bin nicht mehr die Freude der Mädchen.

Myrddin ab Morfryn scheint sechstes Jahrhundert zu sein. Er ist Myrddin Wyllt, ›der Wilde‹, Druide, Barde und auch Krieger. War er vielleicht der Merlin der arthurischen Legenden?[23] Er gehörte nach Nordbritannien und lebte gegen Ende des sechsten Jahrhunderts. Der Legende nach verfiel er in einer Schlacht dem Wahnsinn und zog sich in den schottischen Wald Coad Celyddon zurück. Diese Geschichte hat eine verbreitete keltische Wurzel. Vielleicht sind hier auch vier Figuren zu einer verschmolzen. Ihm wird der Mittelteil des *Black Book of Caermarthen* zugeschrieben. Ein kleiner Teil könnte aus dem sechsten Jahrhundert stammen, doch das meiste ist in seiner heutigen Form viel jünger.

Es gibt einige walisische Gedichte, die man auf dem Rand eines Psalters aus Cambridge fand. Sie könnten beliebig alt sein, doch niedergeschrieben wurden sie erst in der ersten Hälfte des neunten Jahrhunderts.

Die Mitte des neunten Jahrhunderts stellt einen Bruch und einen Übergang dar. Unter dem Druck der sächsischen Kultur zog ein großer Teil der britisch-keltischen Bevölkerung im Südwesten Englands in die Bretagne, wo sie im allgemeinen blieben, bis die großen Prinzen von Wales im zwölften Jahrhundert Reiche aufbauten, die Sicherheit boten und zur Rückkehr einluden. Die Klöster waren inzwischen wohl etabliert, und es gab einigen technischen Fortschritt im täglichen Leben. Das Schrifttum entwickelt sich die ganze Zeit über weiter, und es gibt technische Neuerungen in der Poesie, besonders die als *Cynghanedd* bezeichneten komplexen Alliterationen. Im zehnten Jahrhundert tauchen die Gesetze des Hywel Dda auf, der bereits mehrere Grade von Dichtern kennt.

Aus dieser bretonischen Periode stammt vieles aus den

*Four Ancient Books*, einer Zusammenstellung und Fortsetzung älterer Stoffe. Ein Wiegenlied über Dinogrades Unterrock erscheint als eine seltsam häusliche Unterbrechung in der Darstellung einer heroischen, grimmigen Zeit. Es kommt aus der Derwent-Region, und man muß sich stets ins Gedächtnis rufen, daß ›Wales‹ oder ›Britannien‹ in jener Periode ein großes Gebiet umfaßte, fast das gesamte westliche England. Eine weitere Ausnahme von den historischen Chroniken sind die folgenden Verse aus dem *Black Book* mit Naturbeobachtungen. Der Kuckucksruf, *Ku* oder, in Walisisch, *Cw*, gleicht dem lateinischen *quo* oder dem französischen *ou*, was beides ›woher‹ oder ›wo‹ bedeutet. Das Kuckuckslied handelt also von der Trauer um die Vergangenheit:

### Kuckuck

Der Monat Mai ist die schönste Zeit,
doch nicht für mich.
Die Vögel singen laut, das Blattwerk ist grün
am munter sprießenden Baum.
Ackerfurchen, Ochsenjoch,
das Land gepflügt, grün die See –
doch »Wo, wo?« ruft der Kuckuck
hoch im Baum,
»wo sind meine Lieben – all das Vergangene?«
Je heller er ruft,
desto finsterer meine Trauer.

Wie kann ich den Geist der Muse ertragen,
wie kann ich schlafen über dem Schmerz,
den mein Volk erlitt?

Die folgenden Weisheitsstrophen aus dem *Red Book* scheinen ihre Wirkung aus dem Reim und einem lässigen *non sequitur* zu beziehen:

Habt ihr gehört, was Rhydderch sang,
der dritte der freigebigen Liebenden der Liebe?
Nach zuviel Liebe kommt zuviel Haß.

Habt ihr gehört, was der Fisch singt,
der zwischen den Schilfhalmen zappelt?
Natur ist stärker als Erziehung.

*The Black Book* enthält die 73 ›Strophen der Gräber‹, das *Englynion* über die Grabstätten der Helden, und dies ist eine der wenigen Stellen in dieser Periode, wo wir von Arthur hören. Die meisten Gräber tauchen sonst nirgendwo auf. Arthur wird erwähnt, ohne daß mehr über ihn gesagt wird:

Es gibt ein Grab benannt nach Mark,
und eines nach Gwythur;
Gwgawn Redsword ist erwähnt,
nur nicht die Grabstatt des Arthur.

Bereits hier findet man ein wenig der typischen *mystique* um Arthur. Die anderen Heldennamen, die genannt werden, gehören zum sechsten Jahrhundert, wo also die Wurzeln zu liegen scheinen.

Ein fröhlicheres Gedicht stammt aus dem neunten Jahrhundert. Es preist die Vorzüge einer prächtigen Burg und die Gastfreundschaft, die einen dort empfängt. Es endet mit einem Lob der Treue bis in den Tod:

Schmach stand zur Wahl, doch sie lehnten ab.
Blutig ihr Haar – und die Harfe voll Kummer.

Nur das spätere *Book of Taliesin* zeigt eine christliche Beimischung in Mythologie und heidnischen Sagen, und sowohl hier als auch im *Black Book* findet man einige vollkommen christliche Gedichte. Aber in Gedichten wie denen über das Jüngste Gericht übernimmt der Dichter offenbar die Rolle des Vates-Druiden:

### Doomsday

… Wenn der Allvater herabsteigt
mit seinen Heerscharen, zum Gericht über die Schöpfung:
Das Horn wird erschallen an den vier Enden der Welt,

das Meer wird verbrennen,
mit gottlosem Volk überall.
Nur Asche wird übrig sein:
Laßt die Wildnis der Welt in Flammen aufgehen
vor der Verkündung des großen Urteils.

Dies klingt eher nach dem nordischen Ragnarok, dem Untergang des Himmels und der alten Götter.

Das scheinbar orthodox christliche ›Gott sei gepriesen‹ trifft eine eigenartige Auswahl von Geschöpfen, die Gott loben, und die drei Quellen erinnern stark an die drei Wurzeln der nordischen Weltesche – in Luft, Wasser und Hölle.

### Gott sei gepriesen

Gegrüßt seist du, o Herr der Sonne.
Gepriesen seist du
von Kanzel und Kirche,
von Berg und Tal
seist du gepriesen.

Drei Quellen sind daroben:
zwei, die der Luft und des Feuers,
sind über dem Wind. Die eine des Wassers
ist über der Erde.

Es gibt Licht, und es gibt Schatten.
Es gibt Sträucher, mit Duft bedeckt,
und Menschen in Seide.
Für diese Geschenke preisen wir dich
mit den Preisungen Abrahams für seine Herden.

Es gibt Vögel und Bienen,
die Welt der Gefiederten und der Insekten,
und den Überfluß des Wachstums.
Dafür haben dich Aaron und Moses gepriesen.
Selbst die ersten Dualitäten,
Männlich und Weiblich, du hast sie erschaffen.

Und die sieben Tage
und den Himmel voller Sterne,
die Luft und den Äther darüber:

Alles, was in Büchern und Inschriften geschrieben steht.

Mögen die Fische im Wasser dich preisen,
mögen Sand und Erde dich preisen.
Gepriesen seist du durch Gedanken und Taten,
und möge dich preisen, wer gute Taten vollbracht:
So mag auch ich dich preisen, o Herr der Sonne:
Sei gepriesen, sei gepriesen …

Anon – The Black Book

Unter dem Banner des St. David verbindet sich Haß auf die sächsischen Invasoren mit walisischem Christentum. Cadwaladr und Cynnan werden in dem folgenden Gedicht zu wiedererstandenen Führern:

### Cynnan und Cadwaladr

Zwei Säulen des Rechts,
zwei schreckliche Heerführer,
zwei, die im Namen Gottes die Sachsen schlagen werden.
Sie werden freigebig sein mit den Ländern der Plünderer.

Sie sind vereint, bereit zur Schlacht,
in einem Glauben vereinigt, was immer geschieht.
Sie sind die Beschützer
unseres heiligen, lieblichen Britanniens.

Und sollte der Feind sie auch täglich herausfordern,
diese zwei Bären werden ihre Kräfte zeigen.

(um 930 n. Chr.)

Prophetische Dichtungen im *Black Book* und *Red Book* sagen die Wiederkehr von vier Helden und den Zusammenbruch der Gesellschaft voraus. Myrddin fiel nach früheren Berichten in Schottland dem Wahnsinn anheim, und am

Ende scheint er in Wales gelandet zu sein. Die Gedichte über den Apfelbaum (*Avellaneau*) und über das kleine Schwein (*Horianiou*) erzählen von seinem lieblosen Leben und einsamen Alter.

Der Apfelbaum wächst in einer Lichtung, welche die Natur vor Rhydderchs Männern beschützt:

> Viele sind um ihn herumgetrampelt,
> doch er ist der Augapfel eines Herrn ...
> Gwenddydd liebt mich nicht mehr, spricht nicht mehr zu mir.
> Und Gwasawg haßt mich jetzt,
> da ich ihren Sohn und ihre Tochter getötet habe.
> Der Tod kommt zu allen, doch nicht zu mir.
> Gwenddoleu ist tot; kein Herr achtet mich,
> kein Mädchen wird mich besuchen.
> Vorbei sind die Wonnen. In der Schlacht
> von Arfderydd glänzte mein Halsreif
> aus reinstem Gold, doch heute: nichts,
> kein Schatz bin ich mehr einer schwanweißen Maid.
>
> Avellaneau

Historische Fakten und Textvergleich lüften das Geheimnis um diese Zeilen. Gwenddydd ist Myrddins Schwester. Rhydderch, möglicherweise der Gatte von Gwenddydd (seinem ›Apfelbaum‹), kämpfte im Jahre 573 in der Schlacht von Arfderydd in Nordbritannien, und Gwenddoleu, der König der Schotten, Myrddins Schutzherr, kam dort zu Tode (*The Red Book of Hergest*). Das Gedicht beleuchtet also wirklich Myrddins späteres, unglückliches Leben. Prophezeiungen vermischen sich mit seinen Gefühlen und Träumen:

> Sei gegrüßt, kleines Schweinchen mit deinen scharfen Hufen ...
> Rhydderch Hael, heut abend beim Fest,
> wußte wenig von meiner Schlaflosigkeit.
> Bis zu den Knien im Schnee war ich unter wilden Hunden,
> tief in den Wäldern, mit eisigem Bart.
> Müde, müde war mein Schritt.
> Doch Dienstag kommt, ein Tag des Zorns
> zwischen dem Powys-Lord und Gwynedd.

Hiriell erhebt sich von langer Ruhe,
um Gwynedds Grenzen zu verteidigen
gegen den Feind ...

Horianiou

Dienstag, der Tag des Mars, ist der Tag, für den man einen Krieg vorauszusagen pflegte, was zwischen den aggressiven Herren von Powys und dem reichen Gwynedd leicht vorauszusehen war. Der walisische Norden besaß eine Reihe von heldenhaften Rettern, die ihm zu Hilfe kamen. Nicht nur Arthur, sondern auch Urien, Owain, Caedwaladr – und Hiriell – warteten darauf, gerufen zu werden.

Der nächste natürliche Einschnitt in der walisischen Kulturgeschichte wird gewöhnlich mit dem Jahr 1094 angegeben – das Jahr des walisischen Aufstands gegen die Normannenherrschaft. Es leitet eine Periode ein, die mit dem Tod des letzten unabhängigen walisischen Regenten im Jahr 1282 endet. Nordwales war in dieser Zeit, unter verschiedenen Prinzen, einigermaßen stabil. Es wurden Klöster gegründet, die bemerkenswerte Arbeit leisteten, besonders das in Strata Florida. Dem monastischen Fleiß dürfte die Rettung eines großen Poesieschatzes zu verdanken sein, besonders, was Dichtung des vierzehnten Jahrhunderts angeht. Die von den Abteien und Klöstern geförderte Arbeit hat allerdings nicht den Hauptstrom der Entwicklung dargestellt, denn Poesie und Bardentum erlebten in Wales ein wahrhaft nationales, robust unabhängiges Wachstum, gestützt von den Prinzen und viel weniger vom dogmatischen Christentum beeinflußt als damalige Dichtung anderer Regionen.

Die Hauptkultur kehrt nun allmählich aus ihrem geschäftigen Exil in der Bretagne zurück. Die poetischen Formen werden stärker, Überlieferungen werden studiert, wiederbelebt und zu heroischen Formen entwickelt, denn die Zeit unter den Prinzen ist eine Periode des wiedererstandenen nationalen Bewußtseins. Dies ging in hohem Maße auf Gryffydd ap Cynnan zurück, der dazu beitrug, irische Poeten ins Land zu holen und ihren Einfluß zu verbreiten, was die walisische Poesie enorm stärkte und inspirierte.

Meilyr ist einer der Hauptpoeten der Periode, dessen Verse

selbst noch in der Übersetzung bemerkenswert klingen. In der folgenden Passage werden Schafstall und Gemeinde zu Synonymen für den Friedhof.

### Meilyrs Totenbettgedicht

Möge mich Peter am Tor begrüßen,
zu dem ich pilgerte.
Möge ich den Ruf erwarten
in einem Schafstall nahe dem ewig bewegten Meer,
denn dies ist eine wahrlich ehrwürdige Einsiedelei,
der Stall, wo ein salziger Meerbusen
um die Gräber leckt.

O Insel Marias, Ynys Enlli,[24]
Insel der Reinheit und der heiligen Auferstehung,
schön ist es, dort zu sein!
Der Christus des kosmischen Kreuzes wird mich
vor dem Schmerz jener fernen Stätte bewahren,
den düsteren Toren der Hölle.
Mein großer Schöpfer wird mich
in die Gemeinde der Menschen von Enlli einladen.

Sein Sohn Gwalchmai ist ebenfalls ein wichtiger Poet. Er war der verehrte Barde des Prinzen Owain Gwynedd. Die Poesie jener Zeit besteht oft aus juwelengleichen Phrasen, die zu wiederkehrenden Mustern verwebt werden, manchmal mit wenig Entwicklung. Man darf vermuten, daß das Singen solcher Verse zu Harfenmusik endlose Variationen erlaubte, die in geschriebener Form nicht mehr existieren.

Die Sonne steigt geschwind, der Sommer ist in Eile.
Die Vögel singen hell, und das Wetter ist schön.
Nun bin ich groß und golden und furchtlos in der Schlacht.
Ich bin ein Löwe, der selbst in der größten Menge hervorsticht.

Die ganze Nacht habe ich an einer Grenze gewacht,
wo die Wasser über die Furt rauschen bei schlechtem Wetter.
Das Grasland war offen und grün, das Wasser klar.

Laut war die Nachtigall mit schimmernden Federn.
Die wirbelnden Schlünde am Meeresboden waren zu sehen.

Nun denke ich wieder
an den frühen Sommer
mit meiner jungen Liebe aus Caerwys.
Oh, du bist ganz anders
als die lebhaften Leute aus dem kleinen Mona
mit seiner Sicherheit und Verschwiegenheit.
Deinen Lippen habe ich gelauscht,
wirklichen Dingen, der Jungfrau des Schwertes,
der Not des Owain, dem ich so eng verbunden bin
mit Fesseln der Ehre.

Vor meinem Schwert
weichen die Engländer zurück.

Man sieht, daß ein solcher Poet auch ein Krieger ist, was
wiederum eine radikale Veränderung im Status bedeutet. Der
edle Krieger ist tatsächlich ein Edelmann oder Prinz, und aus
einer Volksüberlieferung wird so ein aristokratischer Standpunkt, ohne dabei das große Feld der Empfindungen zu verlassen, das beiden gemeinsam ist, besonders die Liebe zur
Natur und die Anziehungskraft der Frauen. Dichter, wenn
sie nicht selbst von Adel sind, preisen die Adligen, die ihre
Förderer sind. Ein Autor wie Cynddelw (zweite Hälfte des
zwölften Jahrhunderts), selbst ein Krieger, pries große Führer
wie Owain Gwynedd oder Lord Rhys. In mancher Hinsicht
begann er eine neue Poesietradition, während er zugleich eifersüchtig über die alte wachte, denn die Achtung des dichte-
rischen Handwerks stand immer im Mittelpunkt der Beurtei-
lung von Poesie in Wales.

Hywel ap Owain Gwynedd war also ein Adliger in der
zweiten Hälfte des zwölften Jahrhunderts. Mit ihm und
Owain Cyfeliog, dem Prinzen von Powys, treten wir in eine
Phase der walisischen Dichtkunst, in der aristokratische Themen vorherrschen und Poesie selbst die soziale Leiter empor-
klimmt. Typisch ist nicht mehr der vor den Rittern singende
Geselle, sondern der Edelmann selbst als praktizierender

Dichter, zweifellos mit besserer Erziehung und vollkommen anderer Vortragsweise vor einem gebildeten Publikum. Hywel bringt wunderschöne Naturbilder und zeigt einen lockeren Umgang mit der Weiblichkeit.

> Vom Land des Nordens und
> den vielfältigen Gewächsen an den Ufern des Lliw.
> Ich liebe seine Küsten und Berge,
> das Schloß vor dem Walde, die schönen Lande,
> seine Feuchtgründe und Täler,
> seine weißen Schlünde und lieblichen Frauen …
> Ich liebe seine Felder, bedeckt mit Klee,
> wo ich einen Ort triumphierender Freude fand.
> Ich liebe seine Regionen, durch Tapferkeit gewonnen,
> seine weiten Brachlande und seinen Reichtum …
> Ich liebe die Küste bei Meirionwydd,
> wo ein weißer Arm mein Kissen war.
> Ich liebe die Nachtigall in der wilden Hecke,
> wo zwei Wasser sich treffen im Tale der Huldigung.

Hywel hat ein Talent dafür, in sämtlichen Schlössern Mädchen zu entdecken, und rühmt sich ihrer halb scherzhaft:

> Einmal hatte ich ein williges Mädchen;
> ich hatte zwei, um so gepriesener seien sie;
> ich hatte drei und vier – welch ein Glück;
> ich hatte fünf, prächtig in ihrem weißen Fleische;
> ich hatte sechs, denn ich will die Sünde nicht verbergen.
> Doch Gwenglaer, Tochter des Weißen Turms,
> brachte Streit; mit ihr waren es sieben
> und eine schlimme Zeit.
> Ich hatte acht für die Preisungen, die ich sang.
> Zähne sind gut, die Zunge still zu halten.

Als das zwölfte Jahrhundert anbrach, waren diese gebildeten Adligen dabei, den früheren epischen Stil bewußt wiederzubeleben. Dabei läßt sich belegen, daß der walisische Stil früher kam als die europäischen *Chansons de Geste*, die Helden glorifiziert zu haben scheinen, deren Schreine und Relikte sich in verschiedenen Klöstern befanden, die solche Dichtung natürlich förderten.

Die beiden Dichterprinzen Hywel und Owain setzten die große Kunst der poetischen Vergangenheit fort und erweiterten die Perspektive der Poesie beträchtlich. Wir können diese Entwicklung an dieser Stelle nicht weiterverfolgen und nennen nur Namen wie Llywarch ap Llewelyn (1173–1220), den Poeten der Schweine, ein Kriegerpoet, der sich an Gewalt und Blut erfreute, jedoch auch bemerkenswerte Elegien über den Tod der Söhne des Llewelyn ap Iowerth und über Llewelyn selbst schrieb. Einer dieser Söhne starb bei einem Fluchtversuch aus dem Tower von London, denn viel dieser kriegerischen Dichtung vollzog sich vor dem Hintergrund der Kriege mit England unter Heinrich III. und Edward I.

Hier kann nun ein allgemeinerer Vergleich beginnen. Die Barden hatten längst jede Macht verloren. Schon im fünften Jahrhundert, unmittelbar nach den Römern, begann die italische Priesterschaft zu dominieren. Bis dahin war das Priesteramt von Druiden verschiedener Grade ausgeübt worden, die sich jedoch alle Barden nannten, nicht Druiden. Dann entzog ihnen die römische Kirche sowohl ihren Schutz als auch alle religiösen Ämter bis auf die niedersten. Das Druidentum hatte somit keinen offiziellen Status mehr, auch nicht als Bardentum, doch die Barden und ihre Dichtung existierten natürlich weiter. Die alten Regeln der Gorsedd-Tradition konnten allerdings nur in eingeschränkter Form fortgesetzt werden. Die Einführung der legendären Regeln von Prinz Beli kennzeichnet diesen Wandel.

Die Barden wurden, wie wir gesehen haben, erst zu ›Hofnarren‹, zu hoch angesehenen Sängern in fester Anstellung an Fürstenhöfen. Dann, in einem Zeitalter nationalen Widerstands, wurden sie selbst zu patriotischen Prinzen. Etwa in dieser Phase stoßen wir auf die Dichtung des Phylip Brydodd, der weniger als Poet, sondern mehr als Organisator eines wiedererstehenden Druidentums bedeutend ist. Er versammelte Barden von vielerorts zu einem Gorsedd, das die alten Gesetze des Hywel Dda anerkannte. Obwohl wenig Einzelheiten bekannt sind, gilt dies (1245) als ein Schlüsseldatum für die Fortsetzung des Druidentums getrennt vom

Bardentum. Ein halbes Dutzend Gedichte der *Myvyrian Archaeology* werden ihm zugeschrieben. Phylip Brydodds Elegie auf einen Prinzenführer, Rhys Ievange, zeigt eine lebhafte Bildersprache:

> Gaukelt mir dies ein Spiegel vor?
> Habe ich ihn nicht heute an der Spitze seiner Armee gesehen?
> Wie kommt es, daß ich nun den Körper eines leblosen Königs in
> meinen Armen halte? –
> Doch Menschen sind nichts als Gras.

Wir bewegen uns auf das Ende dieser Periode zu, und nach dem Tod des letzten tatsächlichen Prinzen von Wales, Llewelyn, im Jahr 1282, gefolgt von der unbarmherzigen Hinrichtung seines Bruders Dafydd durch König Edward, war die Regierungsgewalt oder jedenfalls die Souveränität über Wales eindeutig in Händen Englands. Die politische Freiheit war zu Ende, was als größte Katastrophe in der Geschichte von Wales betrachtet wurde und zu Schreckensschreien der walisischen Poeten führte. Gryffydd ab yr Ynad Gochs großartige Ode ist persönlich und leidenschaftlich und beschreibt das Ende der Welt des Poeten als eine Katastrophe universalen Ausmaßes. Von der Technik wie auch vom Inhalt her zählt sie zu den größten Werken westlicher Literatur:

> Kalt ist das Herz in angstvoller Brust,
> die Sinne verdorrt wie trockene Zweige.
> Siehst du nicht das Verhalten von Wind und Regen,
> wie die Eichen sich prügeln,
> wie das Meer unsere Küste schlägt?
> Jagt nicht die Sonne über den Himmel,
> und sind die Sterne nicht herabgestürzt?

> Wahnsinniger, glaubst du nicht an Gott?
> Siehst du nicht das Ende einer Existenz?
> Oh, wir seufzen zu dir, o Gott:
> Laß das Meer dieses Land verschlingen.
> Warum müssen wir hier zurückbleiben?

> Aus diesem Kerker der Furcht gibt es kein Entkommen,
> keine Zuflucht.
> Nichts ist mehr sicher umschlossen, nichts ist mehr wirklich offen.
> Das Grauen umfaßt uns …

Es ist ganz lehrreich, im Vergleich dazu zu betrachten, wie es den Dichtern und Sängern in England erging, das inzwischen tatsächlich und nicht nur zum Teil von Wales getrennt war, obwohl der Ausdruck ›Britannien‹ für beide Länder benutzt werden kann.

Die Sänger – oder *Jongleure* – blicken auf eine lange Geschichte zurück. Nach einem frühen Text über *Gawayne und den Grünen Ritter*[25] lauschte Gawain in seinem Saal Liedern und Musik. Hofsänger sangen von längst vergangenen Taten, Lieder aus dem Zyklus Karls des Großen und das *Rolandslied*, Lieder über Arthur und Brutus von Troja – jenes dritten Troja, das Londons Vorgänger war, mit Brutus, wie es hieß, als Begründer der britischen Rasse. Die Sänger nahmen zu, während die Säle größer wurden und Galerien erhielten. Sie spielten auf einem frühen Typ der Violine, der sogenannten *Veille*, und auf einer kleinen Trommel, der *Tabor*. Zur Hochzeit von Margaret, der Tochter Edwards des Ersten, sollen nicht weniger als 426 Sänger zugegen gewesen sein. Die Sänger waren, wenn sie auch zuweilen irgendwo blieben und regelmäßige Einkommen bezogen, im allgemeinen Wandervögel. Sie hatten keinen besonderen Status und wurden nicht allgemein geehrt wie in Wales, wo sie die druidisch-bardischen Traditionen fortsetzten.

An dieser Stelle muß kurz erwähnt werden, welche Rolle die Kirche dabei spielte. Als die großen Invasionen des sechsten und siebenten Jahrhunderts das Land vom Kontinent abschnitten, kehrte die römisch-christliche Praxis in Wales zu einer Form zurück, die dem Culdee-Christentum näher war. Man könnte auch von einer Vereinigung zwischen Kirche und Volk sprechen, da die Kirche die Rolle einer nationalen, antienglischen Führerin im Ringen mit dem östlichen Nachbarn übernahm. 1094 gab es eine von der Kirche angeführte Revolte gegen die neuen, in Citeaux entwickelten und von römischen Mönchen dominierten Disziplinen, die unter der

Ägide der Normannen erzwungen wurden. Doch später spielen zisterziensische Abteien in Wales eine wichtige Rolle im nationalen Leben, besonders Strata Florida, dieser Sammelplatz für Patrioten und Poeten. Eine Religion, die das Volk für sich gewinnen wollte, mußte auch die populären antienglischen Gefühle zum Ausdruck bringen. In dieser Hinsicht übernahm die Kirche die politische Führung, die früher von Druiden ausgeübt worden war.

Strata Florida scheint in seiner Struktur auf viel frühere Ideen zurückzugehen. Den Mittelpunkt bildete ein großer Taufplatz, wie es sie im fünften und sechsten Jahrhundert in offenen Heiligtümern wie St. Cybi auf Anglesey gegeben hatte. Den großen Bogen der Abtei, der heute noch steht, ziert ein Wellenmuster, wie es sonst nirgends zu finden ist. Dieses Nationalheiligtum hat etwas sehr Walisisches und sehr Frühes an sich.

Der vielleicht größte und lyrischste Dichter von Wales lebte im Schatten der verlorenen Unabhängigkeit seines Landes. Die jüngeren Handelsstädte, die Edward I. um seine Burgen herum gegründet hatte, waren verhaßt bei der walisischen Aristokratie und jenen, die klassische Bildung besaßen, zu denen auch Dafydd ap Gwilym zählte (etwa 1325–1380). Die kymrische wie auch die gälische Tradition waren immer gegen Städte und Kaufleute gewesen.

Dafydd hatte für die Tendenzen seiner Zeit nicht das geringste übrig. Zugunsten eines ruhigen Lebens ließ er sich nicht zu offenem Protest hinreißen, doch er vermied es auch, den englischen König zu preisen, um sich Einkünfte zu sichern. Ist er deshalb unbedeutend? Nein, denn er macht seine Verachtung für die Engländer deutlich und zieht sich aufs Land zurück. Es war nicht seine Art, Feuer zu speien wie Iolo Goch. Owain Cyfeliog konnte die nationalistisch-heroische Gododdin-Tradition wiederbeleben, doch zu Dafydds Zeit hätte diese absurd geklungen. Dafydd akzeptierte den Untergang der Heldendichtung und wandte sich der neuen Troubadourbewegung zu. Er konnte Französisch und fand Anregungen in den *trouvères*. Möglicherweise besuchte er den Schrein in Compostela und erlebte persönlich das Land der *Chansons de Geste* und der Troubadoure. Auch englische

Einflüsse sind zu spüren, denn Liebeslyrik wurde nun auch in Südwestengland verfaßt, und Dafydds Onkel, bei dem er für eine Weile wohnte, war ein Beamter der englischen Regierung in Südwales. Sein Hauptsponsor, Ifor Hael, saß in Masaleg, und keiner der beiden blieb unberührt von englischen Kulturströmungen.

Wir wissen genug über Dafydds Zeitgenossen, um zu erkennen, daß er keine isolierte Gestalt war. Gruffydd ap Vadda, ein Poet, von dessen brillantem Werk nur wenig erhalten ist, starb an einer Schwertwunde, die er sich in einem freundschaftlichen Gefecht im Jahre 1344 zuzog. Auch von Cadog Benfras Dichtung kennen wir nur noch wenig, doch wichtiger ist, daß er Dafydd und Morfydd in einem ›bardischen‹ Hochzeitsritual in den Wäldern traute, was bedeuten könnte, daß druidische Praktiken nicht ausgestorben waren. Wahrscheinlich besteht eine Verbindung zu Phylip Brydodds Wiederbelebung des Druidentums, die ein Jahrhundert zuvor stattgefunden hatte. Gryffydd Gryg, ein Zeitgenosse, schrieb ein Gedenk-*Cywydd* für Dafydd, mit dem wundervollen Couplet:

> Yr ywen i or euwas
> Ger mur Ystrad Fflur a'i phlas,

was bedeutet:

> Die Eibe eines Meisters
> vor Strata Floridas Mauer und Gut.

Dafydd repräsentiert also die Blüte des Zeitalters der wandernden Kirchenmänner und Poeten. Obwohl er sich selbst *y gler* nannte, wie die Waliser solches Volk gewöhnlich bezeichneten, ist zweifelhaft, ob er wirklich ein wandernder Sänger war. Jedoch findet sich eine Beimischung kirchlicher Phrasen und zeremonieller Bilder in seinem allgemein ländlichen Ton. Troubadoure feierten stets die Vergangenheit, und auch er zeigte Anklänge an Poeten des zwölften und dreizehnten Jahrhunderts. Er ist voll ausgebildet im Handwerk des Barden, aus dem er oft ausbricht, um stets wieder zurückzukehren. Er benützt wiederkehrende, variierende Phrasen,

Mittelreime und andere Techniken. Kaum jemand war versierter als er.

Sein Leben ist von Geheimnissen umgeben. John Rees aus Penrhyncoch deutet an, er wäre ein kleiner Grundbesitzer gewesen, der von seinem Land nicht leben konnte. Wie auch immer, Dafydd machte sich das *Cywydd* zu eigen und prägte damit einen großen Teil der späteren Poesie. Ein *Cywydd* ist ein Gedicht aus siebensilbigen gereimten Couplets mit vielfachen Alliterationen, meist mit 30 bis 100 Zeilen. Nachdem sie Dafydds Werke gehört hatten, studierten und kopierten etliche Barden die *Cywyddau*. Dies waren die Vorläufer der Ritter von Cynghanedd, der Periode von 1400 bis 1600, als die walisische Dichtkunst mit alliterativen Versmaßen ihren Höhepunkt erreichte. Führende Namen sind Llewelyn Goch Amheirig Hen, Iolo Goch, Sion Cent, Dafydd Nanmor, Lewis ab Edmwnt, Tudor Aled Gruffydd Hiraethog und Wilhaim Llyn. Daneben gab es Hunderte kleinerer Poeten.

Was die Themen angeht, so handeln fünf von Dafydds Gedichten von Menschen, eines von Ifor Hael, die vier anderen sind Elegien. Eine kleine Anzahl seiner Werke betrifft sein eigenes Leben, und im Rest geht es um die Liebe und die Natur. Die Namen zweier Mädchen wiederholen sich häufig, doch scheinen sie eher typisch als persönlich zu sein: Morfydd ist blond, und Dyddgy ist dunkel. Ob Mädchen, Frau oder Nonne, Dafydd will sie alle an seiner Verehrung des Waldes und den Offenbarungen der Natur teilhaben lassen. Seine Gedichte spielen offen auf körperliche Liebe an, wobei er jedoch nicht ins Detail geht.[26]

Übersetzungen können nie befriedigen, doch hier ist ein Gedicht über Morfydd, möglicherweise die Morfydd, die Dafydd geheiratet hat:

> Gott gab dir eine blütenweiße Stirn
> und rotgoldenes Haar
> wie züngelnde Flammen.
> Dein schlanker Hals, dein Busen,
> rund und voll, deine Wangen,
> sonnig gerötet.
> Brauen hast du Londonschwarz[27],

Augen voller Licht,
eine süße Mädchennase
über deinem Lächeln der fünf Freuden –
und dein lieblicher Körper,
der meinen Glauben versucht …

Komm in die Berge, meine Schöne,
wo unser Bett sein soll, hoch droben
unter den jungen Birken
auf einem Teppich von grünem Laub,
umrahmt von schimmernden Farnen,
sicher vor dem Regen
unter einer Decke aus Ästen.

Bei Nonnen mußte er etwas anders vorgehen:

Um Gottes und Marias Willen,
genug von diesem Wasser und Brot,
genug von dieser mageren Suppe –
Schluß mit deinen dünnen Gebeten,
vergiß die römischen Mönche.
Frühling ist's, sei keine Nonne,
verkriech dich nicht in deiner dunklen Kammer.
Dein Glaube ist gegen die Liebe.

Sei heilig gewandet in einem grünen Mantel
mit einem Ring zum Siegel.
Komm zu der großen Birke,
zur Kirche des Kuckucks.
Wir gewinnen den Himmel im grünen Gehölz,
wo niemand befiehlt oder spottet.
Denke an Ovids Buch:
Vergiß diesen Glauben.

Den Engländern bereitete Wales im frühen fünfzehnten Jahrhundert einigen Ärger. Walisischen Sängern wurde oft vorgeworfen, sie würden durch die Kraft ihrer Inspiration Rebellion gegen die souveränen Herren heraufbeschwören. Dies war ein deutlicher Wandel gegenüber den früheren normannischen

Königen, unter denen Lord Rhys – Rhys ap Gryffydd – von Cardigan Castle aus, wo er regierte, im Jahre 1176 zur Feier des ersten Eisteddfod aufgerufen hatte. Schon damals war der Norden eher die Region der Dichter, während im Süden die Musiker vorherrschten. Der Musikerwettstreit wurde von einem Südwaliser gewonnen, der Bardenwettbewerb von einem Dichter aus Gwynedd.

›Reimer, Sänger und Vagabunden‹ durften nun in Wales nicht mehr empfangen werden, da sie ›zum Teil die Ursache sind für Aufstand, Widerstand und Rebellion im heutigen Wales‹. Die Regierung dachte dabei wahrscheinlich an das populäre Lied, das John Ball in seiner berüchtigten Rede von Blackheath (1381) zitiert hatte:

> Als Adam grub und Eva spann,
> wo war da der Edelmann?

Dies hatte den Bauernaufstand angefacht oder zum Ausdruck gebracht. Auch die Robin-Hood-Balladen neigten zur Sympathie für die Rebellen, die Männer des Waldes.

Die späteren Phasen waren technisch brillant. Daffyd ab Edmwnt mit seinen 24 Metren der *Awdl* hatte die experimentellen alliterativen Metren eingeführt, und das 30silbige *Englyn* wurde populär. Alliterative Dichtung existierte in zwei Schulen, den Barden von Glamorgan und denen des Nordens.

Faszination und Einfluß von Dafydd ap Gwilym reichten bis in die neunziger Jahre des fünfzehnten Jahrhunderts. Dann wurden die *Cymghanedd* komplexer, und alles veränderte sich. Die Themen wurden moderner, vor allem nationalistischer.

Im neunzehnten Jahrhundert ging es um Landschaften, die Jahreszeiten, Liebe und Charakter; es gab jedoch auch eine Flut patriotischer Lieder. Heute lebt die Tradition fast nur noch in dieser letzten Form weiter. Der Standard ist sehr hoch, wenn auch in anderer Form. Man macht besseren und raffinierteren Gebrauch von Versmaßen, doch jüngere Meister wie Edward Thomas oder Alun Lewis stehen generell in schlechtem Ruf.

In der Renaissance war es noch ein langer Weg, bevor man die Dichtungen der Vergangenheit zusammenzustellen begann. Die walisische Poesie war als Bewegung sehr real, doch sie war sprunghaft und individuell gewesen, ohne vollständige Sammlungen. Dann erschien Sir Michael Neville auf der Bildfläche und hielt ein Gorsedd ab, und schließlich organisierte William Herbert, der Earl von Pembroke, eine historische Versammlung im Jahre 1570. Für ein weiteres Treffen im Jahr 1580, unter Sir Edward Lewis, wurden schließlich definitive Sammlungen begonnen. Die Waliser hatten nun ihre historische Niederlage gewissermaßen umgekehrt, denn jetzt saßen walisische Monarchen auf dem englischen Thron.

1681 stellte Edward Davydd aus Margam im Auftrag von Sir Richard Bassett und sanktioniert von einem Gorsedd in Bawper eine Art Kanon der walisischen Dichtung zusammen. In Glamorgan in der Gegend um Bawper wurden danach weiterhin, wenn auch seltener, Gorseddau abgehalten.

# Das Druidentum im Untergrund

## I. Feste und Brauchtum zwischen 1245 und der Renaissance des 18. Jahrhunderts

Wir müssen nun die Jahrhunderte zwischen dem anscheinenden Verschwinden des Druidentums und seinem Wiedererstehen im späten siebzehnten und frühen achtzehnten Jahrhundert überprüfen. Inwieweit war diese Renaissance ein Romantizismus, der sich aus klassischen Quellen speiste, und inwieweit war es ein echtes Wachstum aus vorhandenen Wurzeln?

Zweifellos verschwand vieles für lange Zeit im Untergrund, einschließlich des Wortes ›Druide‹; statt dessen hört man immer öfter von Barden. Doch hier und da, dann und wann, taucht das Druidentum auf, und umfangreiche Traktate mit unzweifelhaft druidisch-keltischen Riten, Bräuchen und Kulten bekannter Gottheiten, unterdrückt oder nicht, sind leicht zu finden – gar nicht so tief im Untergrund.

Von der finstereren Hälfte des finsteren Mittelalters an finden wir in Oxford vor der im allgemeinen Alfred zugeschriebenen Gründung der Universität einen Hain der *Pheryllt*, genannt Cor Emrys, der Penmaenmawr und Dinas Affareon auf dem Eryri-Gwyn-Massiv mit der Themsestadt in Verbindung bringt.

Das Wort *Feryllt* kommt von *Ffer*, kymrisch für ›das, was fest ist‹, und weist auf die Arbeit mit Feuer und Metallen hin. Man hat angenommen, daß es für frühe Metallurgie steht – wobei es sich in jener Periode wahrscheinlich eher um Alchimie gehandelt hat.

Cor Emrys (›Kreis oder Stadt des Ambrosius‹) bringt uns zu Ambrosius Aurelianus, einer Gestalt des römisch-keltischen Grenzlandes zwischen Wirklichkeit und Legende. Amesbury, nicht weit von Stonehenge, leitet sich von Ambro-

107

sius ab; die frühere Form des Stadtnamens lautete Ambrosbury. Die Penmaenmawr-Kreise sind vielleicht die am sorgfältigsten entworfenen von allen – ein großer Kreis mit einem kleinen in einiger Entfernung exakt nordöstlich (siehe Seite 321 ff.). Es ist unwahrscheinlich, daß sie selbst ein Zentrum der Metallurgie oder Alchimie waren. Höchstwahrscheinlich waren sie dagegen ein Tempel, ein geweihter Ort spiritueller Inspiration für eine große Experimentierstation etwas weiter unten am Hang.

Um Dinas Emrys gibt es die Legende von den feurigen Drachen, die das Fundament der Burg erschütterten, die König Vortigern bauen lassen wollte. Myrddins Prüfung war es, diese Drachen aufzustöbern und zu beseitigen. Das klingt stark nach der späteren Alchimie, bei der Drachen im Cucurbit, dem bauchigen Alchimistengefäß, gefangen wurden.

Im Zentrum des Oxford-Kultes standen die Muttergöttin und die Geheimnisse von Ceridwen Cariadwen. Das Christentum entdeckte und unterdrückte diesen Kult, und lange vor 1056 wurde der Cor-Emrys-Hain in Oxford zerschlagen – wenn auch nicht sehr gründlich. Irgendwo muß die Lehre des Druidentums in dieser alchimistischen Form weitergegangen sein, denn wie hätte Haymo von Faversham sie sonst wiederaufnehmen können? Wir hören ununterbrochen von solchen ›Wiedergeburten‹, doch wie kann etwas wiedergeboren werden, das nicht in irgendeiner Form weitergelebt hat?

Haymo hat also das Druidentum erneuert, und nach seinem Tod stellte sich, wie Gwywn Jones erzählt, Phylip Brydodd, der walisische Dichter aus Llanbadern Fawr (1200 bis 1250), dem Streit mit den ›ordinären Reimeschmieden‹ über die Frage, wie Dichtung zu präsentieren sei. Er war ein Metrikspezialist und hervorragender Verteidiger des offiziellen und regulären Stils von Gedichten gegen Emporkömmlinge ›ohne Grammatik oder Ehre‹, was immer das genau bedeuten sollte. Er baute existierende Gruppen in einer Reihe von Gebieten wieder auf, anscheinend nicht nur in Wales, sondern auch in England. Er war einer der gelehrtesten Männer der Literatur in ihrer dritten Phase, das heißt nach Eneurian (ca. 510 n. Chr.).[28]

Es gab bereits den Bund oder den Kreis der Druidenbruderschaft, den *Caw*, und Mitglieder der verschiedenen Körperschaften gründeten 1245 den heutigen Hämusberghain.

Hämus ist ein wirklicher Berg im Balkan, und entweder dieser oder ein anderer desselben Namens war der klassische Kerker der Winde. Sie wurden von Aeolus beherrscht, der sie nur für kurze Perioden ›auf Bewährung‹ entläßt, damit nicht auf der Welt ständig Stürme toben. Doch auch die Aeolischen Inseln vor Sizilien werden als dieses Gefängnis genannt. Wo immer der Ort, Hämus ist jedenfalls die allegorische Bezeichnung für die machtvolle Inspiration, die unter der Oberfläche lauert.

Von da an bis mindestens zur Mitte des siebzehnten Jahrhunderts klafft eine große Lücke in den Berichten über rituelles Druidentum, mit einer verblüffenden Ausnahme. Lassen sich diese vier Jahrhunderte auch nur im geringsten ausfüllen – oder müssen wir den vielen Autoren zustimmen, die den druidischen Wiederaufbau des siebzehnten und achtzehnten Jahrhunderts lediglich auf römische Reminiszenzen, romantische Ideen und den allgemeinen Drang zurückführen, sich in Weiß zu hüllen – wenn nicht in römische Togen, wie die englischen Staatsmänner auf ihren Grabstelen, dann in weiße Druidenroben mit ägyptisch anmutenden Kopfbedeckungen? Zweifellos waren solche Einflüsse mit im Spiel, denn man schrieb schon das Zeitalter der neuen Romantik.

Auf den Britischen Inseln konnte sich das Druidentum während dieser langen Jahrhunderte nicht explizit zeigen, sondern höchstens als Bardentum wie in Wales und Schottland. In Form der keltischen Kirche verbreiteten die Culdees einen christianisierten Typus des Druidentums, basierend auf griechischen Formen, in Irland und Schottland. Das Keltische und das Griechische, ähnlich in ihren Wurzeln, kamen hier wieder zusammen. Bräuche und Zeremonien überlebten – doch niemals durften sie ›druidisch‹ genannt werden.

Nur in einem einzigen, bemerkenswerten Fall überlebte ein Kult in romanisierter Form: in Londinium, wo ein römischer Tempel der Diana den Lud Hill überragte. Eine Kirche und dann eine Kathedrale traten an dessen Stelle, doch der Diana-Kult ging weiter. Die zeremonielle Segnung der Jagd und die Annahme eines Opfers wurden in der alten St.-Pauls-

Kathedrale bis 1557 durchgeführt.[29] Die Domherren der Kathedrale versammelten sich zweimal im Jahr, mit Blumengirlanden geschmückt, und ein Bock oder ein Reh wurden auf den Stufen des Hochaltars empfangen und geopfert. Das Opfer war ein symbolischer Mietzins für bestimmte Ländereien, die dem Domkapitel gehörten. Die Entwicklung ist klar: Der vorrömische Kreis war, wie gewöhnlich bei Hügeln der Fall, ein Tempel des Lugh oder Lugaudh, des Gottes des Lichts, gewesen, und dessen Strahlen reichten weit ...

Doch nun wollen wir uns Indizien außerhalb der Britischen Inseln zuwenden, denn auf der anderen Seite des Kanals festigte sich das Druidentum und hinterließ beweiskräftige Überreste. Dorthin sollte man also den Blick wenden, wenn man nach Belegen aus nachrömischen Zeitaltern sucht.

Es waren die Römer selbst, die einen passenden Ersatz für die Gottheit des Steinkreises auf dem Hügel fanden. Neben Diana wurde vor allem der Götterbote Merkur in dieser Weise eingesetzt, wie zum Beispiel in Paris.

In Frankreich liegen klare Beweise vor, daß das Druidentum die Römer überlebte und eine Wiedergeburt erfuhr. Eine Taufkirche in Poitiers ruht auf den Fundamenten eines keltischen Tempels, der wiederum einen römischen Tempel überlagert hatte. Diese Dreierfolge zeigt, daß der druidisch-keltische Glaube im ersten und dritten Jahrhundert n. Chr. hier in Blüte war. Das Christentum kam erst später.

Die Taufkapelle von Poitiers ist eindeutig nicht christlich; es muß sich also um einen druidischen Initiationsort handeln. Von solchen Initiationsplätzen hat man eine Reihe entdeckt, zum Beispiel in Veselet (Yonne) und Nages (Gard). Beide Tempel sind über Quellen errichtet, und wahrscheinlich gab es eine Doppelinitiation, eine in Dunkelheit und Luft und eine zweite in Wasser. An der Universität von Rennes, der alten Hauptstadt des bretonischen Gebiets, gibt es einige Forschungen über diese keltisch-christliche Randkultur. Die Zeitschrift *Gallia* bietet eine Fülle von Informationen über Ausgrabungen dort. Die Artikel sind den Berichten archäologischer Kollaborationen entnommen.[30]

Weder Grabstätten noch Münzen aus jener Zeit, die man dort gefunden hat, zeigen christliche Symbole. Taucht ein

Kreuz auf, dann ist es ein Sonnenkreuz, wie auf diesen Münzen:

An Schutzzeichen waren unter anderem die folgenden üblich:

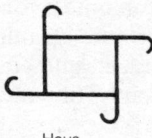   

Haus        Geist       Schutzgeist       Familie

Jedes Haus scheint einen geweihten Herd gehabt zu haben, dessen Bauart seine Funktion verrät. Die Mosaiken an den Rändern stellen den Schutz des Hauses dar. Zwischen diesen Zeichen verlaufen Muster, die den griechischen Mäandern ähneln – ein Labyrinth, in dem der Feind sich verliert. Innerhalb dieser allgemeinen Schutzbeschwörung findet sich ein anderes Muster: An den Ecken wechseln sich Schutzzeichen für die Familie mit Glyphen für den lenkenden Schutzgeist ab, und stets ist das Ganze in drei Linien eingerahmt.

Über einem solchen Herd kocht der mystische Kessel. Die Verzierungen noch existierender Kessel sagen einiges aus. An einem, den man in einer Druidengrotte bei Bouchet gefunden hat, befindet sich eine Reihe von Knäufen wie unter dem Rand der Glastonburyschale (siehe S. 303). Um den Boden eines anderen Exemplars finden sich Zeichnungen des Hirsches, eines heiligen Geschöpfes, wobei das Hirschkalb den jungen Anfänger symbolisiert, den Initiationskandidaten.

Für die Gräber scheint dasselbe zu gelten: keines trägt ein christliches Symbol, obwohl manche aus christlichen Zeiten stammen könnten.

In den südlichen Teilen Frankreichs eroberte und tolerierte der Islam die überlebenden keltischen Druidenschulen. Auch

Karl der Große mischte sich kaum ein. Die Christianisierung war hier noch sehr oberflächlich. So wurden die alten Zeremonien allmählich zu Volksbräuchen, die ohne einen größeren Bruch weiterbestanden.

Wie anderswo ist es auch hier schwer zu beurteilen, an welchem Punkt das Druidentum aufhört, eine philosophische Religion zu sein, wann es beginnt, sich mit lokalem Kult zu vermischen, und wann es zu einer bloßen Sammlung heiliger alter Bräuche wird. Wer diese praktizierte, hat sich vielleicht als Druide betrachtet oder auch nicht. Jedenfalls haben wir bis zum heutigen Tag das Fest des heiligen Johannes von Poitiers zum Johannistag im Juni, immer in Verbindung mit Regen. Es werden Gewänder im Druidenstil getragen und ein Schauspiel aufgeführt, in dem auch Cäsar erscheint – obwohl alles natürlich lange vor Cäsars Zeiten begann.

Ein anderes Fest findet in Norditalien statt, wo die Gebirgstäler, die bis in die Alpen reichen, immer schon von Invasionen verschont geblieben sind. Hier gibt es ein alljährliches Sommerfest, wiederum am Johannistag und mit druidischer Kleidung, mit kreisförmigen Ritualen und zeremoniellen Worten, wenn auch dadurch an die herrschende Religion angepaßt, daß eine Statue der Jungfrau Maria die Prozession anführt.

Selbst in weniger abgelegenen Regionen weiter westlich wurde weiterhin den großen alten Göttern gehuldigt. Unter Notre-Dame in Paris befand sich ein druidischer Rundtempel, der nicht erhalten ist; ein anderer solcher Tempel ist in den Fundamenten von St. Paul's in London begraben (erwähnt in den Memoiren des Sohnes von Sir Christopher Wren). Unter der Basilika von Sacré-Cœur auf dem Montmartre in Paris gibt es eine ganze Sammlung römisch-druidischer Ausstellungsstücke. Ebenfalls in Paris hat man eine Statue des Esus gefunden, wie er einem Baum entsteigt, ein Abbild des Kriegers und Boten Teutates und ein Bildnis des Hirschgottes Cernunnus[31], das Geweih mit Ringen geschmückt.

Es gibt auch eine gallisch-britische Dreifaltigkeit des Stier-Geistes (siehe S. 182). Der schöpferische Geist Esus ist nicht nur als eine aus einem Baum erscheinende Gestalt dargestellt, sondern auch als Hu, der Ursprung, und Hu wird verkörpert

Tarvos/Taranos Trigaranus

als der heilige Stier, der mit Taranus dem Donnerer und Teutates dem Krieger eine Triade formt.

Der Geist des Lebens, Hu, in Verbindung mit dem männlichen Hesus in Gestalt einer Eiche, formt zusammen mit Bel oder Beli, der Sonnenscheibe, und mit dem heiligen Stier Tarvos Trigaranus (›mit den drei Kranichen‹), dem Donnergott, umgeben von drei Bäumen und mit den Kranichen der Weisheit auf seinem Rücken, eine ideelle Einheit. In Bäumen, besonders der Eiche, im Menschen, der aus der Eiche erscheint, und im Tier in Gestalt des edlen Stiers formt und entwickelt sich der Geist Hu zur großen Kraft der Natur. Die Idee des Zeus ist im Donner des Bullen verkörpert, der Baumgeist steht für die zarteren Begriffe Wachstum und Offenbarung, und Esus ist der aus dem Baum geborene erwachsene Mann, doch Hu bleibt der grundlegende Geist hinter allem. Damit läßt sich verstehen, wie gut das Druidentum in die christliche Anschauungswelt paßte.

In England denkt man im Zusammenhang mit Druidentum wahrscheinlich an die *Helston Furry Dancers* in Cornwall, die gehörnten Tänzer von Bromley und vielleicht an *Snap*, den Drachen von Norwich, und kommt dann zu dem Schluß, daß das alles ist, was an lebendigem Mythos überlebt hat.

Richten wir unser Augenmerk jedoch auf den Norden Englands – denn Engländer meinen, wenn sie von England reden, oft nur den Süden und die Mitte –, dann finden wir einen weitverbreiteten Brauch, der von höchster Bedeutung ist: das Neujahrsfest, wie es in ganz Schottland und in Nordengland gefeiert wird. Es handelt sich dabei um die vorchristliche Eröffnung des Jahres, das ›*First-footing*‹.

In klassischen Regionen verstand man unter Januarius allgemein das Tor des Jahres, von dem Wort *Janua*, welches ›Tür‹ bedeutet. Numa, der zweite König von Rom, soll diesen Monat als den ersten des Jahres etwa 672 v. Chr. eingeführt haben Die Feier, nichts anderes als ein Sonnwendfest, wurde dann auf den angeblichen Geburtstag Jesu, den 25. Dezember, verlegt und später, im Rahmen der Kalenderrevision von 1751, um 11 Tage auf den 6. Januar verschoben, den ›Alten Weihnachtstag‹. Dann ging es wieder zurück zum 1. Januar, und dabei ist es bis heute geblieben.

Bemerkenswert ist, daß es sich um das Fest eines dunklen Gottes handelt, der ursprünglich mit einem wilden Haufen herumzog und an jede Tür klopfte, ein finsterer Fremdling, der ›First-footer‹, der als erster in den ersten Stunden des neuen Jahres seinen Fuß über die Schwelle setzt – mancherorts muß er auch eine Kohle mitbringen, um seine Schwärze zu unterstreichen. Nun steht aber die dunkle oder gehörnte Figur stets für einen Hauptgott der früheren Ideenwelt, für Cernunnus, Herne den Jäger oder ›Old Nick‹, den Teufel.

Wenn dieser Feiertag heute noch eingehalten wird, wieviel wichtiger muß er dann wohl in früheren Jahrhunderten gewesen sein?

Ein gutes Beispiel für den alten Geist des Neujahrsfestes mit seinen Flammen und dem Besuch des düsteren Fremden ist aus Allendale bekannt, das gerade noch in England liegt, an der Grenze zu Schottland. Das Feuerfest findet am Vorabend des Neujahrstags statt und ist ausschließlich Sache der Männer, die jedoch als Frauen verkleidet und deshalb als *Guysers* bekannt sind. Etwa um halb zehn Uhr abends beginnt es mit Musik, dann werden bis Mitternacht Teerfässer angezündet, oder vielmehr große Pfannen, die man aus Fässern geschnitten hat. Voll sind sie sehr schwer, über 40 Pfund. Sie werden brennend und leckend auf den Dorfplatz getragen, zu einem Scheiterhaufen, der mit den Flammen und dem brennenden, flüssigen Teer angezündet wird. Bald sind alle rußgeschwärzt.

Um Mitternacht beginnt dann das ›First-footing‹. Die Firstfooter werden in Autos herumgefahren, wobei ihre Fahrer keine Teufel sein dürfen – das heißt, sie dürfen nichts getrunken haben, ihre Augenbrauen dürfen nicht zusammengewachsen sein, und sie dürfen nicht schielen; dies sind die Zeichen, daß jemand mit finsteren Mächten im Bunde steht.

Aufgrund starken Mißbrauchs ist das First-footing heute nicht mehr so verbreitet. Die Idee war, daß diese Neujahrsbesucher in jedem Haus ein Glas Wein und einen Happen zu essen angeboten bekommen, doch Rauditum hat alles ruiniert. Der Brauch scheint sich etwa Mitte des vergangenen Jahrhunderts von Schottland aus nach Nordengland fortgepflanzt zu haben.[32]

Weiter südlich in England finden wir in Nachfolge der alten Wintersonnwendzeremonien die ›Zwölfte Nacht‹ und den Vorabend am 5. Januar. Die Zwölf Tage der Weihnacht gingen vom 24. Dezember, dem Heiligen Abend, bis zum 6. Januar, wobei die letzten Tage klar die Merkmale von Vorgängerfesten wie den römischen Saturnalien trugen, wie auch von älterer Weisheit rund um die Heiligen Drei Könige und Epiphanias. In Somerset und Devon, wie in vielen anderen ländlichen Regionen, hielt man Zechgelage zum Dank für die Früchte der Erde, besonders für Apfelbäume und Ochsen. Man tanzte um die Bäume und begoß sie mit Trankopfern. In Hertfordshire gingen die Bauern und ihre Gäste in die Viehställe und tranken auf die Gesundheit der Stiere. In England wurden stets ein ›Bohnenkönig‹ und seine Königin gewählt.

Die Zwölfte Nacht war sowohl bei Hofe und in den Städten als auch auf dem Lande populär, wenigstens bis 1689, und wurde auch von Charles I. und Charles II. gepflegt. Ein Überbleibsel dieser Festlichkeiten ist der ›Twelfth-Cake‹.

Dies ist auch die Zeit der ›Gehörnten Tänzer von Bromley‹, wobei ein Reiter unter fürchterlichem Lärm herankam und die Tänzer Helme mit riesigen Hirschgeweihen trugen, wie sie es heute noch tun. Und dieses überlebende Fest ist keineswegs auf Bromley beschränkt. Auf diese Weise wird die Erinnerung an Cernunnus, den gehörnten Gott, wachgehalten.

Um dieselbe Zeit beginnt auch die allgemeine Karnevalssaison, die bis zum Aschermittwoch dauert – eine lange Zeit, die aber in der Regel auf einen bestimmten Höhepunkt verkürzt ist. In Italien, wo man eine Vorliebe für Karnevalsfeste hat, wurden die letzten acht Tage zum Höhepunkt; in Paris, wo das Leben ernster ist, wurden es drei Tage. Dazu gab es häufig Rennen. In Rom hielt man Pferderennen ohne Reiter ab.

Zwei andere astronomische Daten wurden ebenfalls verschoben. Die Tagundnachtgleiche am 21. oder 22. März wurde zu ›Lady's Day‹ am 25. März und rutschte dann mit der Kalenderänderung auf den 5. April. Die Frühlingstagundnachtgleiche war ursprünglich der Beginn des Jahres gewesen, doch der neue Termin scheint keine wirkliche Bedeutung zu haben.

In den weiten Hochländern Schottlands jenseits der Grenzlande findet man eine höchst lebendige und feierliche Tradition. Peebles, der eigentliche Hauptort des zentralen

Hochlandes, ist hier, zusammen mit Melrose, führend und beispielhaft. Das Festival wird ziemlich irreführend als *Beltane* bezeichnet, obwohl es mitten im Sommer stattfindet.

Am Sonntag der Woche um die Sommersonnwende wird in der alten Pilgerkreuzkirche ein Weihgottesdienst gehalten. Zur Sonnenwende selbst setzt der Bürgermeister in der Gemeindekirche den Fahnenjunker und seine Maid für das kommende Jahr ein, indem er ihnen Schärpen anlegt und dem Junker die königliche Burgflagge in Obhut gibt, die von der Maid geküßt wird. Der Fahnenjunker bekommt zwei Gehilfen zugeteilt, seine rechte und seine linke Hand, und fungiert fortan als eine Art bürgermeisterlicher Abgesandter – entsprechend dem druidischen Amt des Mänarchen –, der anderen Städten feierliche Besuche abstattet. Seine Wahl zeichnet ihn als den würdigsten und präsentabelsten Bürger aus. Es folgt ein feierlicher Ritt, bei dem die Hauptpersonen von einer ganzen Schwadron von Reitern begleitet werden, und dann die Proklamation des Wegerechts für die Hauptstraße. Sie reiten den Morning Hill hinauf, der sich über Peebles und die Landschaft ringsum erhebt, und von dort geht es zum Tweed hinunter, den sie oberhalb der Fotheringhambrücke durchqueren. Danach werden auf der Rennbahn die *Beltane Bell Races* abgehalten, und dann begibt sich die festliche Reitgesellschaft nach Peebles zurück, wo man einen Trunk zu sich nimmt, bevor der Tanz in den Straßen beginnt. Inzwischen ist es Abend, und der Tag endet mit der Überreichung der *Beltane Bell*, der Burschentrophäe und diverser Pokale. Die Woche schließt am folgenden Samstag mit einer lebhaften historischen Kostümparade, wobei auf den Stufen der Kirche die Krönung der Beltanekönigin durch die Krönungsdame stattfindet. Gewöhnlich werden die Königin und ihr Hof von Schulkindern gespielt.[33]

Ursprünglich – das heißt vor der Reformation – fiel Beltane auf den ersten Montag oder Dienstag des Monats Mai, was eigentlich der normale Termin war. Es gab einen großen Pilgerzug, an dem viele schottische Könige teilnahmen, der die Entdeckung des wahren Kreuzes durch Kaiserin Helena in Jerusalem feierte. Davon könnte sich die Bezeichnung ›Kreuzkirche‹ ableiten. Andererseits war im Jahre 1291 in

Schottland selbst ein schönes Kreuz gefunden worden, welches wahrscheinlich mit der Offenbarung in Jerusalem in Verbindung gebracht wurde. Ein anderer Pilgerzug repräsentierte die Zeit von Lughnasadh im August und wurde als *Roodmass* oder die Erhöhung des Kreuzes bezeichnet.

Wie in Frankreich scheinen auch in England alle Feierlichkeiten anläßlich der volkstümlichen Sonnenwende auf den Johannistag am 24. Juni übergegangen zu sein, den man als Mittsommertag und als Fest des Wassers, des Mittsommerfeuers und der Blumen zelebrierte. Am Vorabend gab es ein großes Festfeuer und dann eine Nacht der Wachen und Prophezeiungen. Zur Zeit Heinrichs VIII. zogen die Nachtwächter Londons, eine große Versammlung, mit Fackeln durch die Straßen. Man sammelte Zweige, und die Häuser wurden reich geschmückt. Oft wurde auch eine seltsame Sammlung besonderer Pflanzen zusammengetragen: Farnkraut, das den Feen gehörte und unsichtbar machte; Eisenkraut, das der Überlieferung zufolge das Augenlicht verbessert, da es mit dem Horusauge der Sonne verbunden ist; Johanniskraut, das wegen seines roten Saftes mit der Hinrichtung des heiligen Johannes in Verbindung gebracht wird und das Teufel und Blitze abhält; Klee, der die Schritte der Frühlingsgöttin begleitet; Raute, das Kraut der Teufelsaustreibung und Desinfektion. Mindestens zwei dieser Pflanzenarten sind noch heute im Druidentum gebräuchlich. Am Johannistag selbst scheint es keine besondere Feier gegeben zu haben. Er wurde nur als Feiertag geehrt, und die Häuser wurden mit Zweigen geschmückt.

Es ist unmöglich, bei all diesen Festen, besonders dem in Peebles, die unmittelbaren Bezüge zu keltisch-druidischen Ideen und Figuren zu übersehen. Die dreifache Göttin ist mit Sicherheit vorhanden. In ihrer jungen, fröhlichen Gestalt ist sie die Maid, die Partnerin des Junkers. (Man bemerke, daß ältere Tarotkarten den Ritter und die Prinzessin zeigen, wenn auch später Ritter und Bube daraus wurden.) Die ältere, sibyllinische Gestalt der Mutter ist offenbar in der Krönungsdame versinnbildlicht, die im Hintergrund ihren Zauber wirkt, und die gekrönte Königin repräsentiert die Gestalt der Herrscherin.

In der Verkleinerung, die im katholischen wie auch im protestantischen Schottland nötig war, um nicht aufzufallen, wurde aus der mächtigen Göttin eine Figur in einem Kinderfest – das *mußte* doch harmlos sein. Der junge Prinzregent, der die Macht der Königin ausübt – eine Rolle, wie König Arthur sie hatte, wenn an den Legenden etwas Wahres ist –, wird zu einem Stadtbeamten, erkoren in einer Zeit, wo die Städte ihre Macht ausdehnten und sich überall verbündeten, gewöhnlich gegen den König. Man kommt nicht umhin, im Fahnenjunker und seinen beiden Gehilfen eine Triade zu sehen. In seiner Bedeutung gewinnt er die Oberhand über die Königin: Das Patriarchat ersetzt das Matriarchat.

Als lebendiges Fossil gibt uns dieses Fest den Schlüssel zu vielen Dingen, die sonst auf den Britischen Inseln nur noch fragmentarisch oder verhüllt vorhanden sind. Rennen und Rennbahnen stehen in Beziehung zu den rituellen Spielen in Stonehenge und Tara. Der Ausritt stammt wahrscheinlich vom Abschreiten der Grenzen, mit dem man ein Gebiet festlegte und das Böse daraus vertrieb. Mit dem Tanz beschwor man den Zauber herauf, der eine fruchtbare Ernte brachte.

Wir haben es hier mit drei Typen der ökonomischen Struktur zu tun: das Zeitalter der Jäger, die Ära der domestizierten Tiere und Herden sowie die Zeit des Ackerbaus. In den beiden letzteren vollzieht sich irgendwann die Domestizierung des Pferdes, mit enormen Folgen für die Mobilität der Menschen und das Kriegswesen.

Neben dem kürzesten und längsten Tag sind die Herbst- und Frühjahrs-Tagundnachtgleichen zwei weitere natürliche astronomische Daten. Niemand, der sich systematischen Beobachtungen widmet, kann diese Tage übersehen. Und doch haben sie kaum rituelle Konsequenzen – verglichen mit anderen Stichtagen des Jahres, die die menschliche Aktivität auf natürliche Weise einteilen, durch den Zustand des Laubes, durch den Lebensrhythmus der Tiere und durch den Ackerzyklus. Baum, Vieh und Feld haben ihren eigenen Rhythmus, der wiederum variieren kann, je nachdem, ob man rings um das Mittelmeer lebt, in Wüstengebieten oder in Mittel- und Nordeuropa.

Das echte Bealteinne (sprich ›Beltinner‹) im Mai ist die

119

Zeit der stärksten Blüte und des damit verbundenen Zaubers, eine Zeit, in der Schafe und Rinder ihren Nachwuchs gebären und Milch geben. In Gebirgslandschaften ist es gerade warm genug, daß die Herden auf die unteren Alpweiden getrieben werden können. Der Sommer naht.

Das Gegengewicht zu Bealteinne ist die Zeit des Winteranfangs, Samhuinn im November, wenn das Ende der Vegetationsperiode beginnt, ein langer Schlaf seinen Anfang nimmt und der Mensch sich von seinen Vorräten ernähren muß.

Zwischen diesen beiden Festen gibt es zwei weitere. Wie Samhuinn das sichtbare Ende des Jahres markiert, so ist Imbolc oder Brighid im Februar das erste Lebenszeichen, wenn Regen das Land überschwemmt und in vielen Gebieten der Pflug wieder zum Einsatz kommt. Sechs Monate später kommt die Erntezeit des August, in der das Getreide (*John Barleycorn*) seinen Tod findet und die Menschen die Ernte eines ganzen Jahres einbringen, wo sie frohlocken, heiraten und Opfer bringen. All dies gehört zu Lughnasadh.

Diese vier Daten entsprachen der ersten Jahresunterteilung der Kelten und vieler anderer Rassen. Das Jahr begann im Februar. Geendet hat es wahrscheinlich viel früher, zu Samhuinn im November. Die Zeit dazwischen war ein Niemandsland der Finsternis und der Besänftigung der dunklen Götter. Der magische Sommer begann mit der Maiblüte und endete mit der rituellen Ernte, den Schlachtungen und Hochzeiten zu Lughnasadh.

Die Kelten haben wohl die astronomischen Daten durchaus gekannt, doch diese bedeuteten wenig im täglichen Leben. Die Ursprünge lagen vermutlich im Zeitalter der Jäger, wo Lughnasadh die Zeit war, wenn die meisten Tiere in Brunft sind und die Jagd auf sie am gefährlichsten ist. Dies war das Zeitalter der grimmigeren Form der Muttergöttin.

Wir wollen uns zuerst Bealteinne zuwenden und folgendes vorausschicken: Die römischen Floralia begannen im April, und in Südlancashire wurde der große Tag von Chorsängern, den ›Mayers‹ (Maisängern), begrüßt. Es gab zwei Lieder, das alte und das neue, die im achtzehnten Jahrhundert gesammelt worden sind und in Chambers' *Book of Days* (Chambers, 2 Bände, 1881) wiedergegeben sind:

## Altes Mailied

An diesem schönen Abend kommen wir alle zusammen,
denn der Sommer beginnt so frisch, grün und frei.
Wir erzählen von Blüten und Knospen an jedem Baum,
und alle begrüßen fröhlich den jungen Monat Mai.

Steh auf, Herr des Hauses, leg an deine Kette aus Gold,
denn der Sommer beginnt so frisch, grün und frei.
Sei uns nicht böse, wenn wir dies Haus jetzt belagern,
und alle begrüßen fröhlich den jungen Monat Mai.

Steh auf, Herrin des Hauses,
goldnes Geschmeide auf deiner Brust,
denn der Sommer beginnt so frisch, grün und frei;
Und wenn dein Körper schläft, dann mag deine Seele ruhen,
und alle begrüßen fröhlich den jungen Monat Mai.

Nun gehen wir und lassen euch in Frieden und Fülle zurück,
denn der Sommer beginnt so frisch, grün und frei.
Wir singen nächstes Jahr wieder vom jungen Monat Mai,
und dann sind schon die kalten Wintermonate vorbei.

## Neues Mailied

Kommt, hört euch an, was wir euch erzählen
über die Zeit und den Monat, den Mai wir nennen.
Denn die Blumen erblühen und die Vögel, sie singen,
Aurikeln duften süß am Morgen im Mai.

Alle Geschöpfe erwachen, wo immer sie leben,
und wollen die Segnungen der Liebe sich geben.
Unsere Herden sind in ihren Pferchen, und die Lämmer,
sie spielen,
Aurikeln duften süß am Morgen im Mai.

Das alte Mailied scheint auf die gälische Periode zurückzugehen, als es Gold in Fülle gab und man goldene Halsreifen
trug, wie es in der zweiten und dritten Strophe anklingt. Das
neue Lied deutet auf eine spätere Zeit hin, da es das einheimi-

121

sche Wort *bazier* für die Aurikel benutzt, eine Blume, die erst 1567 aus der Schweiz eingeführt wurde. Das lateinische Wort *Auriculus* bedeutet ›kleines Ohr‹, und *bazier* könnte eine mundartliche Form für ›base ear‹, eine ohrenförmige Blume dicht am Boden, sein.

Das Wort Mai (*May*) selbst scheint nicht von der Göttin Maia zu kommen, sondern von dem lateinischen *Maiores*, den Ältesten oder älteren Staatsmännern im römischen Senat. Der Monat hatte auch den Namen *Tri Milchi*, die Zeit der drei Melkungen. Bealteinne bedeutete für die Menschen der Jungsteinzeit jedoch das, was der Name besagt: das Entfachen von Feuern, hauptsächlich auf Berggipfeln, als Zeichen der Freude. Bis vor kurzem, und mancherorts noch heute, wurde das Fest in Irland und Schottland und auf der Isle of Man so gefeiert, immer am Vorabend, dem letzten Abend im April.

In Britannien wurden gewöhnlich in der Nacht Weißdornzweige und Blumen gepflückt und in der Morgendämmerung mit Tabor- und Flötenbegleitung nach Hause gebracht, um alle Türen und Fenster damit zu schmücken. In Hitchin sang man ein Lied, das in einer Sammlung von 1823 erscheint:

Maisängers Vers

Denkt an uns arme Maisänger all,
und so fangen wir an,
in Rechtschaffenheit zu leben,
damit wir nicht in Sünde sterben.


Wir waren unterwegs die ganze Nacht
und fast den ganzen Tag,
und nun kehren wir zurück
mit einem Maienzweig für euch all ...


An anderen Orten, in Thaxted zum Beispiel, wedelten die Mädchen mit Zweigen, sangen jedoch kein Lied. In Chaucers Worten (aus: *The Court of Love*) vor Sonnenaufgang ›*forth gooth all the Court both grete and lest, to fetch the flowres fresshe.*‹[34]

122

Viel später besuchte Heinrich VIII. in Begleitung von Katharina von Aragón die Führer der Londoner Stadtgilden, die sich zum Maifest auf Shooter's Hill versammelt hatten, wo sie das hübscheste Mädchen zur Maikönigin erkoren. Wie Spenser schreibt:

> Diesen Morgen, nicht länger ist's her,
> sah ich eine Gruppe von Schäfern gehen
> mit Gesang und Geschrei und lautem Rufen.
> Vor ihnen ritt ein wackerer Musikus,
> der ihnen ein fröhliches Tanzlied pfiff,
> und sie tanzten mit ihren Mädchen dazu.
> Als ich diese Leute in ihrer Fröhlichkeit sah,
> ging mein Herz mit ihnen zum Tanz.
> Dann eilten sie alle zum grünen Wald,
> den Mai zu holen mit ihrem munteren Spiel:
> Und sie bringen ihn heim auf einem königlichen Thron,
> gekrönt wie ein König; und seine Königin
> war Lady Flora, und sie wurde begleitet
> von einer Schar von Elfen und einer Gruppe
> von lieblichen Nymphen – oh, wäre ich dabei gewesen,
> hätte ich ihnen geholfen, den Maienzweig zu tragen!
>
> *The Shepherd's Calendar*, Ekloge 5

Ein klarer Bezug zum Kult der Sonne und des Wachstums ist der Maibaum, der eine wahrhaft lange Geschichte hinter sich hat, die, wie man annehmen kann, fast so weit zurückreicht wie der Kreistanz selbst. In wärmeren Zeiten und Gebieten, als ein Feuer als Tanzmitte nicht in Frage kam, ermöglichte die Errichtung einer Stange anstelle eines natürlichen Baumes die Entwicklung eines besonderen Tanzes an bestimmten, als heilig erachteten Orten, zum Beispiel auf dem fruchtbarkeitsfördernden ›Langen Mann von Cerne‹.

Seile – später Bänder – wurden von den Kreistänzern auf raffinierte Weise verwoben und entwoben, während die Tänzer um den Mast wirbelten, in Figuren, die an die Labyrinthe früherer Zeit erinnern. Von Maibäumen eines anderen Typs hingen dreifache Girlandenringe. Von dieser Art war der berühmteste aller Maibäume, der 1661 nach der Restauration wieder aufgestellt wurde, durch Bürger von London, die ihn im Scotland Yard ausgruben, wo die Puritaner ihn verbuddelt hatten. Unter Flaggenwehen, Trommeln und Musik wurde er von einer Gruppe Matrosen, die der Bruder des Königs, der Herzog von York und spätere James II., dafür entsandt hatte, aufgerichtet. Der Zedernstamm von über 40 Metern Höhe stand gegenüber von Somerset House am Beginn der Little Drury Lane.

In Frankreich wurde der Frühling mit kleinen Olympiaden und Dichterwettstreiten um ein goldenes Veilchen gefeiert. Wie man leicht erraten kann, nahm dieser Brauch im Süden, unter den Troubadouren von Toulouse, seinen Anfang, möglicherweise 1323, als die Troubadoure sich zu einem Treffen am Maifeiertag versammelten. Später fanden die *Jeux Floraux* die ausdrückliche Unterstützung Ludwigs XIV. 1664 ernannte der Sonnenkönig 40 Mitglieder einer *nouvelle academie*, die er eigens für diese Poeten geschaffen hatte. Die Maiköniginnen wurden nun auf prächtigere Weise gekrönt, unter gotischen Bögen und wie Statuen gekleidet.

In England bezog sich ein Teil der Feierlichkeiten auf die Jagd. Die Helden des Waldes, Robin Hood und seine Leute, wurden dargestellt, mit Drachen und Steckenpferden. Es war eine Art Karneval mit Morristänzern, dessen allgemeine Wirkung in Strutts Roman *Queen Hoo Hall* gut beschrieben ist:

Zuerst betraten sechs junge Männer den Platz, in Lederwämsen, mit Äxten auf den Schultern wie Holzfäller und mit Efeukränzen auf ihren Häuptern, durchflochten mit Weißdornzweigen. Dann kamen sechs junge Dorfmädchen in blauen Röcken, mit Schlüsselblumen bekränzt. Sie führten eine prächtige, geschmeidige Kuh herbei, mit bunten Bändern und Blumen geschmückt und mit vergoldeten Hornspitzen. Dann folgten sechs Förster in grünen Mänteln, mit Hüten und Hosen derselben Farbe. Jeder von ihnen trug ein Jagdhorn an seidenem Gehänge und blies es, sobald er den Zaun passierte. Dann trat Peter Lanaret vor, der Oberfalkner des Barons, als *Robin Hood* verkleidet in strahlendem, grasgrünem Rock mit goldenen Borten, sein Hut und die Hosen blauweiß gestreift. Auf seinem Kopf trug er eine große Girlande aus Rosenblüten, in der Hand einen Bogen, ein Bündel

Pfeile in seinem Gürtel und ein Jagdhorn an einem Gehänge aus hellblauem Tarantin mit silbernem Stickwerk. Er hatte auch ein Schwert und einen Dolch mit goldverzierten Knäufen. Zu seiner Rechten ging Fabian, ein Page, als *Little John*, und Cecil Cellerman, der Butler, als *Will Stukeley* zu seiner Linken. Wie die zehn anderen fröhlichen Gesetzlosen im Gefolge des Helden trugen sie grüne Kittel, hatten Bögen in ihren Händen und Pfeile in ihren Gürteln. Dann folgten zwei Mädchen in orangefarbenen Röcken mit weißen Schürzen und streuten Blumen vor der *Maid Marian*, die sofort hinter ihnen kam, elegant in ihrer lichtblauen Robe, die bis auf den Boden reichte. Neben ihr schritten zwei Brautjungfern in himmelblauen Orchets und karminroten Gürteln. Ihnen folgten vier weitere Frauen in grünen Courtpies, mit Kränzen aus Veilchen und Schlüsselblumen im Haar. Dann kamen Sampson, der Schmied, als *Friar Tuck* mit einem langen Stock auf seiner Schulter; und Morris, der Molenwächter, der *Much* darstellte, den Müllerssohn, mit einer langen Stange und einer Schweinsblase am Ende. Und schließlich der Maibaum, gezogen von acht prächtigen Ochsen, die mit Bändern und bunten Blumen geschmückt waren und vergoldete Hörnerspitzen hatten. Das Ende bildeten das Steckenpferd und der Drache. Als der Maibaum auf den Platz geschleppt wurde, stießen die Förster in ihre Hörner, und die Zuschauer jubelten. An einer Seite wurde die Absperrung geöffnet, so daß die Dorfleute herankommen und den Mast mit Bändern und Blumengirlanden schmücken konnten. Die *Holzfäller* und die *Milchmägde* tanzten nach ländlicher Art um ihn herum. Peretto Cheveritte, der Oberminstrel des Barons, gab den Takt auf einem Dudelsack, begleitet von Flöte und Trommel, die einer seiner Musiker spielte. Sobald der Tanz vorbei war, begann Gregory, der *Hofnarr*, auf seinem Steckenpferd wild über den Platz zu jagen, indem er den Galopp nachäffte, das Kurbettieren, Ambulieren, den Trab und andere Schrittweisen des Pferdes, zur unendlichen Erbauung der niederen Klassen unter den Zuschauern. Dann kam Peter Parker, der Wildhüter des Barons, als wunderbar überzeugender *Drache*, zischend, schreiend und mit den Flügeln flatternd; und um das fröhliche Treiben zu vervollständigen, tanzte Morris, der *Much*, mit Glöckchen an seinen Knien und Ellbogen zwischen den beiden Tieren hin und her, und wann immer er in die Nähe der Absperrung kam, warf er eine Handvoll Mehl in die Gesichter der staunenden Bauern oder klapste die Köpfe mit der Blase an seiner Stange. Zugleich stolzierte Sampson als *Friar Tuck* gravitätisch über den Platz und ließ von Zeit zu Zeit seinen schweren Stock auf die Füße von denen sausen, die sich weiter vorwagten, als sie sollten; und wenn der Betroffene vor Schmerz aufschrie, sprach der große Mann mit ernster Stimme und riet ihm, seinen Rosenkranz hervorzuziehen, ein oder zwei Vaterunser zu beten und sich vor dem Höllenfeuer zu hüten.

In Schottland gab es eine Vielzahl von Spielen, besonders in Edinburgh:

Wenn der Mai nahte, versammelte sich das Volk und erwählte eine Anzahl respektabler Persönlichkeiten – oft sehr ernsthafte, ehrbare Bürger –, Robin Hood und Little John zu spielen, den Helden des Ungehorsams und den Abt der Unvernunft, um die Leute zum Lachen zu bringen. Fanden die erwählten Schauspieler das nicht nach ihrem Geschmack oder in Konflikt mit ihrer Würde oder ihren Verpflichtungen, dann konnten sie nur gegen eine Gebühr entlassen werden. Am festgelegten Tag, stets ein Sonn- oder Feiertag, versammelten sich alle in ihren besten Kleidern auf einem nahen Feld, wo alles ordentlich vorbereitet war. Robin Hood und Little John raubten Bischöfe aus, kämpften mit Trägern und vergnügten sich mit Bogenschießen, wie sie es zwei Jahrhunderte zuvor in Wirklichkeit getan hatten. Der Abt der Unvernunft warf seine Beine in die Luft und trieb allerlei Schabernack wie ein Hanswurst. Die Jungfrau Marian erschien auch auf der Szene, in blumengeschmücktem Kleide und mit Pfeil und Bogen, zweifellos um Herzen zu jagen, wie sie früher Hirsche gejagt hatte. Morristänzer mischten sich unter das Treiben, mit ihren bunten Kostümen und Glockengebimmel. So war es bis zur Reformation.

*Domestic Annals of Scotland*, Buch 1, Kap. 7

Samhuinn ist, wie bereits bemerkt, in Wirklichkeit die Bezeichnung für eine Jahreszeit, nicht einfach nur für ein kurzes Fest. Die Macht der Finsternis beherrschte die Zwischen-Zeit, die Periode, in der ein Jahr zu Ende war und das nächste noch nicht begonnen hatte. In diesem Interim standen die Tore zwischen den Welten offen, und die Toten konnten sich unter die Lebenden mischen. Man legte Speisen für sie aus und andere große oder kleine Opfergaben. Die gefährlichen Toten sollten damit besänftigt werden, damit sie während ihrer Herrschaftszeit den Lebenden keinen Schaden zufügten, und Lichter wurden ständig am Brennen gehalten, um die Finsternis in Schach zu halten.

Samhuinn war also die Zeit der Totenwelt. In Skandinavien und Britannien steht sie mit der Todesreise und dem Schiff in Verbindung. Die Schiffsbegräbnisse der Wikinger und Begräbnisse, bei denen Schätze mit beerdigt wurden, nicht nur in Skandinavien, zeigen, wie die Seefahrt die Anschauung formte. Der Tod war stets eine Reise; der Sarg war das Schiff.

In Nordwestfrankreich, in der Normandie, wird dies am dramatischsten auf der Point du Raz deutlich, der grimmigen Halbinsel an der Baie des Trépasses, wo die Strömungen, die um die Felsen auf die Isle de Sein zu jagen, die Toten an die Küste spülen. In bestimmten Nächten des Jahres wird ein geheimnisvoller Bootsmann gerufen. Sein Schiff füllt sich mit unsichtbaren Passagieren und senkt sich unter der Last bis ans Schandeck. Dann wird der Schiffer aufgefordert, zum anderen Ufer zu segeln. Das Boot fährt über die versunkene Stadt Ys, deren Glockengeläut man schaurig aus der Tiefe hört. Dann landet es in England, wo die unsichtbare, aber schwere Last allmählich verschwindet. Das Boot ist nun leichter, und der Bootsmann kehrt zurück.

In Britannien schlagen die Geister den Weg nach Nordwesten ein, die Richtung des Todes, später bekannt als die römische Watlingstraße. Wat-Wip war aber auch einer der Namen des ägyptischen Todeshundes, Anpu oder Anubis der Einbalsamierer. Niemand hat jemals einen anderen Ursprung für das seltsame Wort ›Watling‹ gefunden.[35]

Mit der Zeit wurde Samhuinn von einer ganzen Jahreszeit auf einige Wochen verkürzt, dann auf eine Woche und heute schließlich auf drei Tage (31. Oktober bis 2. November), doch der Einfluß der druidischen Zeremonie kann jemanden, der dafür empfänglich ist, immer noch so beeinflussen, daß er erst zum Ende der alten Periode wieder ganz in die ›Normalität‹ zurückkehrt.

Im christlichen England ist Halloween der gebräuchlichere Name für Samhuinn – die Nacht aller Heiligen (›Hallows‹), in der sich das Tor zur Anderswelt öffnet. Häufig nannte man sie auch die ›Nußknackernacht‹, und in späteren Jahrhunderten wurden alle möglichen läppischen Beschwörungen veranstaltet, meistens durch junge Mädchen, die wissen wollten, wer ihr zukünftiger Gatte sein würde. Nüsse, Äpfel und Kerzen waren die Hauptwerkzeuge – wobei auffällt, daß Nüsse und Äpfel zu den Speisen der Anderswelt zählen, die für den Winter gelagert werden und mit Feen zu tun haben. In Irland wurden jeweils zwei Nüsse ins Feuer geworfen, die das Mädchen und ihren Geliebten repräsentieren sollten. Sprang die Nuß, dann hieß das, der Betreffende war untreu oder würde sie in Zukunft betrügen; eine glühende Nuß stand für glühende Verehrung; verbrannten die beiden Nüsse gemeinsam, zeigte dies eine Ehe an.

Man spielte auch ein Spiel, bei dem nur mit dem Mund nach Äpfeln in einem Bottich geschnappt wurde. Oder ein Stock mit einem Apfel und einer Kerze an den Enden wurde aufgehängt und herumgewirbelt. Während man versuchte, mit den Zähnen den Apfel zu erwischen, konnte man leicht heißes Kerzenwachs ins Gesicht bekommen. Heiratsvorhersagen wurden auch mit Hilfe von drei Schüsseln gemacht – die eine mit sauberem Wasser, die zweite mit schmutzigem Wasser und die dritte leer –, unter denen die Burschen mit verbundenen Augen zu wählen hatten. Das saubere Wasser bedeutete, er würde eine Jungfrau gewinnen, das schmutzige Wasser bedeutete eine Witwe, und geriet er an die leere Schüssel, dann würde er Junggeselle bleiben. Und wenn ein Mädchen in den Spiegel schaute, während sie einen Apfel aß, erschien ihr darin ihr zukünftiger Gemahl.

Die Toten wurden jedoch auch mit ernsteren Beschwörungen herbeigerufen. Nicht alle von ihnen waren harmlos, und um sich zu schützen, trugen die Lebenden Knoblauch und Bilsenkraut oder die etwas angenehmer klingende Engelwurz (*Angelika*) – diese mehr, um den Schutz des Guten anzuziehen, als um das Böse abzustoßen.

Der 1. November wurde zum Allerheiligenfest. Die komplementäre Natur von Samhuinn und Bealteinne kommt auch darin zum Ausdruck, daß der Feiertag für die Jungfrau Maria und alle Märtyrer zuerst auf den 1. Mai gelegt und später auf den 1. November verschoben wurde.

Das Fest am 2. November ist ganz anderer Art. Es ist Allerseelen, der Tag aller Toten, heilig oder nicht. In Frankreich propagierte der Abt von Cluny dieses Fest bereits im neunten Jahrhundert, doch durchsetzen konnte es sich erst gegen Ende des zehnten. An allen Straßenecken wurden Glocken geläutet, die die Gläubigen zum Gebet aufforderten. Italien zeigte wieder eine typisch direkte Auslegung der Lehre: In Neapel wurden im Fackelschein die Grüfte geöffnet, die Skelette eingekleidet und Blumenschmuck ausgelegt. Zu Halloween wurden in manchen Städten Italiens Festtafeln für die Toten gedeckt, während die Familien zur Kirche gingen. Wenn sie am nächsten Morgen zurückkehrten, war alles gegessen.

Die Geschichte von Bel und dem Drachen in den apokryphen Evangelien deutet bereits auf diesen Brauch zu Ehren der Toten hin. In weniger komplexer Form waren Essensgaben für die Toten auch in Ländern des Nordens verbreitet. Man legte Opfergaben vor die Türen oder in Steinkuhlen im Moor, wo die Bewohner der Anderswelt angeblich häufig vorbeikamen. Je nach Ort wurden Milch, Bier, Wein und Wasser nach draußen gestellt; Kuchen, Brot und gesalzene Nüsse, Äpfel und anderes Obst waren gebräuchliche Speisen der Toten.

Das ursprüngliche Samhuinn erscheint somit als eine der primitivsten Zeremonien, die wir kennen, als Teil einer Religion, nach der man einerseits die Toten um Rat fragte und sie sich andererseits vom Leibe halten wollte, um Unglück zu vermeiden.

Kurz nach der Wintersonnenwende werden die Nächte merklich kürzer, und Anfang Februar ist das Leben schon wieder etwas einfacher. Es ist sehr feucht, und was nun gesät wird, keimt sehr schnell. So wurde an Imbolc (dem 2. Februar) allgemein mit dem Pflügen begonnen. In Irland ist dies der Tag der ersten Furche. Es ist die Zeit der Großen Mutter der

Fruchtbarkeit, in Wales genannt Ceridwen Cariadwen, die Amme der Samen. Als altes Weib hat sie das Saatgut gehütet, doch nun ist es im Boden, und sie verwandelt sich in ihre junge Gestalt, in der sie im Mai erscheinen wird. Die ersten Blumen, Krokusse und Schneeglöckchen, sind bereits erblüht.

Zu dieser Zeit wurde ein Akt magischer Induktion vollzogen, indem man viele Flammen entzündete, um das Feuer des Lebens herbeizurufen. Lichtmeß ist die Form, die das Christentum übernommen und verbreitet hat. So ist Imbolc ein Tag der Mutter, ein Tag der Reinigung der Heiligen Jungfrau, Festtag der Brighid, mit Wasser und Lichtern. Die Erde reinigt sich unter Regengüssen, zuweilen in richtigen Überschwemmungen, Getreide wird ausgesät. Vielleicht wurden zu diesem Zeitpunkt auch Massentrauungen vollzogen wie sechs Monate später zum komplementären Fest des Lughnasadh.

Lughnasadh oder Lammas (der 1. August), das Gwyl (Festival) in Wales oder *Hlaf Mass*, war wohl das beliebteste und am weitesten verbreitete der frühen Feste. Heute gibt es zahlreiche Zeugnisse vor allem aus Schottland und Irland. In dieser Zeit, wenn sich der Gott des Lichts (Lugh, Lugaidh, Lud oder Lot) mit Eire, der schönen Erde, vermählt, wurde mit einem Feuerfest auf jedem Hügel die Dankbarkeit für die Ernte ausgedrückt, die man nun eingebracht hatte. In Tara und anderswo wurden Rennen und Wettspiele abgehalten; überall wurde geheiratet, und das Opfern und Feiern zog sich über Tage hin. Ein bedeutender gälischer Wissenschaftler hat diesem Fest ein höchst lehrreiches Buch gewidmet.[36]

Die Saat des Februars hat nun ihr Endprodukt erzeugt. Die Vegetation ist üppig wie nie. Fraser führt Beispiele dafür an, daß dies die Haupt-Opferzeit ist, in der die alte Muttergöttin ihren Gatten verläßt, der ehrenvoll erschlagen wird, worauf sie sich einen neuen Gemahl nimmt. Sicherlich gibt es Hinweise darauf, daß dies wirklich ausgeführt wurde, doch mehr noch dafür, daß es nicht tatsächlich stattfand und hauptsächlich als Gruselmärchen überlebte. In Britannien zeigt zum Beispiel die Arthus-Legende einen anderen Verlauf, doch in den finsteren Wäldern um den Nemisee außerhalb von Rom schlich angeblich ständig ein bewaffneter Priester herum und hielt nach einem Angreifer Ausschau, der ihn töten und sich zu seinem Nachfolger aufschwingen könnte. In Macaulys Worten:[37]

> ... der Priester, der den Mörder fällt
> und selbst einst fallen muß.

Dieses eigenartige lokale Phänomen liegt Frasers gewaltigem Werk *The Golden Bough* zugrunde.

Der Begriff ›*Hlaf Mass*‹ scheint auf die Messe zurückzugehen, bei der traditionell ein Brotlaib geopfert wurde, als Symbol der Fülle. Aus ›Hlafmas‹ wurde dann Lammas. Von den Festlichkeiten, die dies begleiteten, ist in Britannien wenig übriggeblieben, doch ursprünglich hielt man rituelle Wettkämpfe ab. Ein solcher ist noch in Lothian lebendig, wo die jungen Kuhhirten, die nichts anderes zu tun haben, sich in Banden zusammentun und ›Türme‹ aus Gras und Erde erbauen, von denen aus sie sich gegenseitig angreifen.

## II. Der achtfache Jahreskreis und die Götter

Man könnte annehmen, diese vielfältigen alten Bräuche seien zwar recht interessant, jedoch ohne gesicherten Bezug zu den religiösen und philosophischen Anschauungen unserer Vorfahren. Mit etwas Nachdenken kommt man jedoch darauf, daß sie in der Tat sehr eng mit den Gestalten der französisch-gallischen, irisch-schottischen und cymrisch-walisischen Mythologie verknüpft sind, und auch mit einigen ausgesprochen englischen Mythen. Einiges davon haben wir schon im alten Frankreich gesehen. Nun wollen wir betrachten, wie diese Mythologien und andere mit den jährlichen Feiertagen in Beziehung stehen und noch heute eine Art unbewußtes Druidentum darstellen.

### Wintersonnenwende (Alban Arthuan)
*21. Dezember*
Im Grunde ein Sterben und Geborenwerden: der Tod der alten Sonne und der vorübergehende Sieg der Finsternis; die Geburt der Kindsonne aus der Dunkelheit auf den Hörnern

des Mondes; die Saatperiode des Lebensgeistes. Hu als der winzige Lichtsamen oder der erste Strahl des Lugh (Lichts) kommt in den alten Darstellungen von den Hörnern der nächtlichen Mutter. Für die jahreszeitlichen Muttergestalten gibt es zahlreiche Namen. Ana ist wahrscheinlich nicht schlechter als andere, da wir über keine direkten prähistorischen Hinweise zu diesem Termin verfügen. Alle Weihnachts- und Neujahrsbräuche stammen von diesen Vorstellungen ab.

## Imbolc
*2. Februar*
Dies ist die Erde, ihre Waschung und Reinigung, triefend vor Regen, verkörpert in Mata. Der erste Pflug ist gewöhnlich ein Synonym für den ersten Geschlechtsverkehr. Dana ist die Mutter der Menschheit, Brighid die praktischste und eine der am weitesten verbreiteten Erdmutterformen.

## Frühlingstagundnachtgleiche (Alban Eiler)
*21. März*
Astronomische Beobachtung: Die Tage werden länger als die Nächte. Das Wachstum des jungen Laubs und der Liebe ist in Aenghus mac-in-da-Oc, dem jungen Liebes-und-Lebens-Gott der Boyne, dargestellt, Sohn des Og, Gott der sommerlichen Sonnenscheibe. Sein Tempel an der Boyne ist auf die Wintersonnwende wie auch auf den Frühlingspunkt ausgerichtet.

## Bealteinne
*1. Mai*
Zauber und Blüte der jungen Maikönigin gehören mit Sicherheit zur mädchenhaften Form der Muttergöttin, die in Irland Grainne genannt wird (die Diarmuid verführt). In England heißt sie Niwalen und Helen und in Wales Olwen. Der gehörnte Gott Cernunnus ist höchstwahrscheinlich auch vertreten, wenn man bedenkt, daß zu diesem Fest die gehörnten Tänze stattfinden. Er steht in Verbindung mit Robyn Hode, dessen Name phallischen Ursprungs ist: Robyn oder Robin (Rotkehlchen) war ein Synonym für das männliche Glied.

## Sommersonnenwende (Alban Heruin)

*21. Juni*

Die männliche oder auch doppelgeschlechtliche, kraftvolle und reife Sonne. Der Sonnenkreis ist Beli, die Jahreszeit und ihr Gott sind Og. Unter klassischem Einfluß kommt Herakles hinzu mit seinen zwölf Prüfungen und seiner Keule. Später führt Og zu George. Herakles ist wahrscheinlich der Fruchtbarkeitsriese von Cerne. Auch Teutates, der Gott des Krieges und der Kraft, der Verkünder und Wesir, war wahrscheinlich dieser Jahreszeit zugeordnet. Er könnte mit dem ägyptischen Tehuti oder Thoth, dem Herrscher unter dem Sonnengott Ra, in Verbindung stehen.

## Lughnasadh

*1. August*

Grundlage dieses Festes ist die Heirat des Lugh oder Lud, des Lichts, mit Eire, der Erde, doch auch die Göttin selbst in voller Blüte, mit Reife und Ernte. Wir haben es hier folglich mit Lugh oder Lugaidh und mit der mächtigen Brighid-Form der Muttergöttin zu tun. Wenn sie das Gattenopfer vollbrachte, dann war dies die Zeit, zu der die Hochzeiten, die Fraser ihr zuschreibt, stattfinden würden. Man nimmt an, es könnte sich um eine Zeit der Geburt und des Todes gehandelt haben; John Barleycorn mag seinen Tod finden, doch andererseits sind es etwa neun Monate seit dem *magnus intercursus* des Samhuinn, bei dem nicht nur die Toten in intimer Kommunion mit den Lebenden waren. Es gibt Hinweise auf Stieropfer, und der Stiergott Taranus gehört wohl hierher. Die Kornpuppen auf den Feldern repräsentierten die Muttergöttin.

## Herbsttagundnachtgleiche (Alban Elued)

*21. September*

Dies ist die Hauptsaison der Ernte, der Einlagerung des Getreides und der Äpfel, des Einsammelns vieler Früchte und der Reflexion über das Leben; eine Zeit der üppigen Dankfeste, aber auch der Vorausschau auf die düsteren Tage, die vor einem liegen. Hier finden wir wahrscheinlich Dagda, den weisen alten Mann mit seiner Gabe nie versiegender Nahrung, und es ist zweifellos die Zeit der alten, sibyllinischen Form der Muttergöttin, Ceridwen als Hüterin der Saaten.

## Samhuinn
*31. Oktober bis 2. November*

Zunächst ist dies das allgemeine Datum, die Toten um Rat zu fragen und zu besänftigen; dann ist es die Zeit, in der sich die Tore zur Anderswelt öffnen, zuerst für eine längere Zeit, später kürzer. Als eine Zeit der Prophezeiungen und Vorahnungen steht Samhuinn mit der sibyllinischen Ceridwen in Verbindung, doch nach klassischen Interpretationen ist dies auch die Jahreszeit des Merkur, des Führers der Toten, den die Römer mit Lugh gleichsetzten. Und was kann Lugh für ein Volk, das fest an die Seelenwanderung glaubte, anderes gewesen sein als der höchst wichtige Führer zwischen den Leben, der nicht nur den Weg wies und durch die Prüfungen geleitete, die dem Tode folgten, sondern auch in das Land der Lebenden zurückführte – möglichst in eine gute Familie?

Nach Samhuinn, so klingt es fast, fiel der frühe Mensch in einen winterlichen Halbschlaf. Er nahm keine Notiz von der Zeit, verschlief große Teile des Tages und ernährte sich von den getrockneten Vorräten, bis, etwa im Februar, die Sonne sich wieder zeigte.

### *Die Götternamen in Gruppen*

Nach dieser Analyse erscheint der Sonnengott oder männliche Gott-Heiland in den auch aus anderen Mythologien bekannten Phasen: der neugeborene Hu als das Samenkorn, als kleiner Horus oder Christuskind; der Knabe Aenghus als Horus auf der Mittagsspitze oder Christus im Tempel; der reife, aber noch junge Mann der Kraft, Og, entsprechend dem klassischen Herakles, der seine Aufgaben erfüllt, dem Horus, der Osiris rächt und der erste Pharao wird, oder dem lehrenden und Wunder vollbringenden Christus. Und in höherem Alter ist er der weise Lehrer, der *Dagda Mor* oder ältere Sonnengott mit der magischen Harfe.

Die Muttergöttin erscheint in vielen Gestalten: Ana oder Dana, die Erde (gälisch); Ceridwen Cariadwen (›die Liebste‹), ein allgemein gebräuchlicher Name der kymrischen Großen Mutter; die listige Grainne; die Niwalen oder Olwen des Frühlings; die starke Mutter Brighid des Sommers (irisch), die auch die Mondmutter ist; die alte Sibylle und Prophetin Ceridwen, die Hüterin der Saat, von Herbst und Winter; und dann die Sau, die Alte Henne, die Hirschkuh und, nicht zuletzt, die Wolfsmutter.

Diese Formen umfassen einige der Hauptfiguren des gallisch-britischen und gälischen Pantheons. Es ist eine weniger bestimmte und mehr dem Gestaltwandel unterliegende Götterwelt als die klassische. Man findet geradezu Hunderte weniger wichtiger Namen, meistens gleichbedeutend mit anderen, sowie Formen lokaler Flußgeister und Berggötter. Die Funktionen neigen zur Überschneidung, wie wir gesehen haben, als wir die französische Welt betrachteten. Taranus oder Tarvos, der große Stier und Stiergott, erinnert an Jupiter, hat jedoch außer dem Blitzstrahl und der ihm zugeordneten Eiche wenig mit dem klassischen Göttervater gemein. Und Lugh ist ein recht seltsamer Merkur. Die Göttinnen sind ebenso vermischt, besonders Brighid. Zur Zeit der Brigantenstämme war sie die Kriegsgöttin des britischen Nordens, die Schutzherrin des Kriegshandwerks, doch zugleich die typische Hüterin, zum Beispiel des Jesuskindes, und Göttin des *Teinne* (des heiligen Feuers), womit wahrscheinlich das kleine Feuer des Monds gemeint war; und schließlich war sie die spirituelle Schwester des Padraic.

All dies zeugt von einer lokal beschränkten, wenn auch mit einer lebhaften Fantasie begabten Bevölkerung, die ihre Umwelt mit Gottheiten ausstattete. Und doch hatten sie bestimmte Figuren gemeinsam, die von der druidisch erzogenen Aristokratie in einem höheren Sinne verstanden wurden. Lugh, Taranus und Teutates sowie Dana, Brighid und Morrigan waren für das gemeine Volk, doch Lugh mag daneben auch als ›innerer Gott‹ gegolten haben. Die druidischen Kelten hatten keinen besonderen Kult um einen Kindgott – dieser erscheint gewöhnlich erst in einer späteren Phase der Zivilisation –, doch Hu entspricht der Bezeichnung für den Geist, die in vielen verschiedenen Ländern und Zeitaltern erscheint. Er war nicht immer der erwachsene männliche Gott, den wir in Frankreich angetroffen haben. Viel öfter war er das Kind in der Astgabel, doch besonders war er eine druidische Gottheit, von wenigen verstanden, für viele nur ein Name. Zwischen und hinter den gewalttätigen Formen der Hauptgottheiten ist immer die leise kleine Stimme, der Kleine, der der Größte ist, während seine Bedeutung als Lugh oder Merkur, als Licht oder Führer, je nach Erziehung zu variieren schien.[38] Auch Dana scheint ein eher aristokratisches Empfinden zu reflektieren als etwa Brighid oder Morrigan.

Es gibt also heute noch Feiertage und Feste, welche die alte gälisch-kymrische Tradition pflegen, und es ist unmöglich, die gälisch-kymrische von der volkstümlichen oder der geheimeren druidischen Tradition zu trennen. Peebles zeigt uns eine Triade aus zwei Formen der Muttergöttin mit ihrem regierenden Sohn. Das *First-footing* scheint sich auf den gehörnten Gott Cernunnus zu beziehen; der Frühlingsklee versinnbildlicht die Fußspuren der Göttin, das Eisenkraut könnte von Horus kommen, und Weißdorn ist ein walisischer Riese namens Uspiddaden Penkawr. ›Robyn‹ Hood ist die lebendige Form des grünen Mannes oder gehörnten Gottes. Maibäume sind mit Teutates und Herakles verknüpfte Symbole der Fruchtbarkeit, doch gleichzeitig Zentrum und Höhepunkt von Kreistänzen. Der sehr wörtlich verstandene Umgang mit den Toten in Italien macht Merkur/Lugaidh zu einer lebendigen Gestalt. Und schließlich vermitteln uns die Domherren der alten St.-Pauls-Kathedrale Diana/Dana als Göttin der Jagd (denn auch Dana steht als Große Mutter stets in Verbindung mit Tieren wie dem Hirsch oder dem Jagdhund) und geben uns eine Vorgeschichte von Lugh (der Lud ist) und vielleicht auch Grainne auf Ludgate Hill.

Der britische Stier, eine *Punch*-Karikatur mit Namen John Bull, aber auch der wirkliche Dr. John Bull, der die Nationalhymne geschrieben hat, stellen eine eigenartige Verbindung zur Stiergottheit dar, dem edlen Ungeheuer aus Paris. England war einmal als die Weide des Weißen Stiers bekannt, und in Schottland gibt es noch eine traditionelle weiße Herde, die Chillingham-Herde, deren Stammbaum mindestens 2500 Jahre zurückreichen soll. Die Hangzeichnungen von Pferden künden von Epona, der Pferdegöttin, oder dem Zentauren der römischen Periode in einer viel früheren Form.

Wir sind allerorten umgeben und umfangen von Ideen der keltischen oder früheren Perioden, von unbewußtem Druidentum, wahrscheinlich den handfesteren und weniger philosophischen Kultformen, als heutige Druiden es gerne sähen. Bei einem unterdrückten Kult werden in der Regel die volkstümlicheren und weniger esoterischen Elemente offen weitergegeben, während die philosophische – die wirklich druidische – Seite zu einer ausschließlich mündlichen Überlieferung wird.

## III. Die Renaissance des Druidentums

Seit 1245 hat das Druidentum wiederholt eine zeitweilige Anerkennung als mögliches philosophisches System oder lokaler Kult gefunden, während die Tradition gleichzeitig in geheimer Form innerhalb bestimmter Erblinien fortgesetzt wurde. Ein Beweis dafür wäre – falls es sich bestätigen läßt – die Familie Kernow, die behauptet, sie hätte seit dem Jahr 925 Generation auf Generation zu einer Gruppe gehört, die bardisches Druidentum repräsentierte. Auch in Schottland, wo manche Klanhäuptlinge sich erbliche Barden hielten, zeigt sich die Tradition ihrer selbst bewußt. Dasselbe trifft für das frühere Irland zu. Anderswo kann man mal eine Prophezeiung oder einen Stein mit bedeutsamem Namen, mal eine Rune oder eine traditionelle Weisheit im Lande finden. In Wales gab es eine musische Seite und eine prophetische Qualität – ›gehobene Medien‹, könnte man sagen. Alte Bräuche, wie wir sie in Peebles gesehen haben, hielten das Interesse wach in einem protestantisch reformierten Land.

Mit den neuen Werten der Renaissancekultur – die typischerweise England in ihrer Fülle erst etwa zweihundert Jahre später erreichten – begann die Exklusivität des Christentums zu zerbröckeln. Die Weisheit der Vergangenheit ganz allgemein, nicht nur die der Griechen und Römer, wurde akzeptabler. John Dee, ein Waliser mit übersinnlichen Fähigkeiten, muß etwas über das Druidentum gewußt haben, wenn er auch der englischen Gesellschaft unter Elizabeth I. eng verbunden war. Schon sein Schweigen ist ein Indiz für Aktivitäten in Wales, die in London auf Mißfallen gestoßen wären. Er wußte von einem ›Lebenswasser‹, mit dem vermutlich Chalice Well in Glastonbury gemeint war, taucht sonst jedoch nicht weiter auf.

Es gibt eine (unbestätigte) Aussage in einer der Chroniken jener Zeit, daß man bei einer königlichen Prozession in Wiltshire mit dem ›letzten Druiden von Stonehenge‹ in Kontakt getreten ist. Würde sich dies bestätigen, dann wäre damit gezeigt, daß es eine irgendwie geartete Kontinuität lokaler Tradition gegeben hat. Dies war die Art ›Kuriosität‹, wie man sie im siebzehnten Jahrhundert sicherlich aufregend gefunden hätte, denn soweit die Menschen nicht in den damals herrschenden Religionsstreit verstrickt waren, neigten sie dazu, das Unheimliche und Sonderbare mit realem Wissen zu verbinden.

Einer der neugierigsten Geister war John Aubrey (1629 bis 1697), der viel dazu beitrug, das Interesse für die Vergangenheit anzuregen. Er besuchte und erforschte die beiden größten druidischen Monumente. Bis 1692 kompilierte er die *Monumentae Germanica*, in denen auch seine Beobachtungen über Stonehenge und Avebury enthalten sind. Er wußte alles über den Hämusbergbund von 1245 und kannte die Berichte über eine frühere Gruppe in Oxford, wo er lebte. Er beschloß, den Hämusberghain neu ins Leben zu rufen, und der Bund begann, die traditionellen Gewänder zu tragen und einige der Zeremonien abzuhalten. Das muß 1694 oder nicht viel später gewesen sein. Wir wissen nicht, welche Zeremonien sie wieder aufnahmen, doch wahrscheinlich waren es die Tagundnachtgleichen.

Von 1694 an hielt sich auch der vor Energie sprudelnde junge John Toland in Oxford auf und stand in engem Kontakt mit Aubrey. Er war in Irland geboren und in Schottland erzogen worden, wo er auch studiert hatte. Er verabscheute das dogmatische Christentum beider Richtungen und hatte in Schottland mehr Staub aufgewirbelt, als für ihn gesund sein konnte. Aubreys Hämusideen fielen bei ihm auf fruchtbaren Boden, besonders da er aus dem keltischen Raum stammte, dessen Sprachen kannte und mit dessen Altertümern vertraut war. Es ist durchaus möglich, daß es Tolands Ideen waren, die Aubrey, der schon ein älterer Mann war, zum Handeln veranlaßten, denn zu dieser Zeit war Toland 24 und Aubrey 65. Jeder der beiden könnte also für diese erste kleine Wiedergeburt verantwortlich gewesen sein.

Nach der Überlieferung des Ordens war Toland der Gründer nicht unbedingt dieser früheren Renaissance, aber der Vereinigung der vielen Hainbünde, die 1717 begonnen haben soll. Von da an ist es praktischer, die Geschichte des modernen Druidentums anhand von Ereignissen im Leben der erwählten Oberhäupter darzustellen. Doch zunächst scheinen einige allgemeine Bemerkungen vonnöten.

Die Geheimhaltung, die sich die meisten Gruppen auferlegten, hat zu Mißverständnissen geführt, die zuweilen auch absichtlich provoziert wurden. John Tolands improvisierender, eigensinniger Charakter hat dazu geführt, daß kürzlich ein Autor den Gedanken, Toland könnte der Begründer des neuzeitlichen Druidentums sein, geradezu lächerlich fand, vermutlich auch, weil Tolands Schriften über das Druidentum feindselig zu sein schienen. Doch diese Ansicht verrät Unkenntnis über Wege der Vertuschung und Tarnung. Es ist sehr einfach, durch Kritik oder Ton den Eindruck vollkommener Ablehnung hervorzurufen, obwohl diese nirgendwo wirklich ausgedrückt wird. Als Oberhaupt eines geheimen oder fast geheimen Ordens kritische und strenge Schriften über ebendiesen Orden zu verfassen, entspricht genau dem satirischen Sinn für Humor, der Toland zu eigen war. Blake, ein absolut aufrichtiger Mann, sah die von ihm geschaffenen Formen unter zwei Masken – jede hatte ihr Gespenst und ihre Ausstrahlung, ihre grauenhafte Form und ihre himmlische. Dies war für ihn eine so elementare Wahrheit, daß jemand, der diese beiden Aspekte ein und derselben Figur nicht begriff, es nicht wert war, sie erklärt zu bekommen, und so hielt er es auch: Er weigerte sich, es zu erklären; die Leute mußten es verstehen. Bekannte von ihm beschwerten sich, er hätte in einem Abschnitt gesagt, Druiden hätten bei Blutopfern ihre Hände im Spiel, während er sie anderswo als weise Philosophen beschrieb und sagte, die frühen Patriarchen wären alle Druiden

gewesen. Seine Antwort darauf war etwa: »Ach ja – hahaha.«
Nie kam es ihnen in den Sinn, daß er selbst ein Druide sein
könnte, obwohl er es nie abgestritten hat – weil ihn eben nie
jemand fragte.

1803 geriet Blake mit einem Soldaten aneinander, dem
Landser Schofield, der seine übertriebene Ausdrucksweise
und sein scheinbares Gutheißen der Französischen Revolution offensichtlich nicht verstand. Blake wurde des Versuchs
angeklagt, ein Mitglied der königlichen Streitkräfte dazu zu
verführen, seine Pflicht zu vernachlässigen. Das ließ er sich
eine Lehre sein, und es sollte sein einziger Zusammenstoß mit
den Autoritäten bleiben, der aus seinem Leben bekannt ist.
Die Verhandlung fand im Januar 1804 vor dem Schwurgericht
in Chichester statt, und Blake wurde freigesprochen. Er weigerte sich, den Eid abzulegen, mit der Begründung, er sei ein
Druide. Auch im Vorwort eines seiner Bücher erwähnte er
sein Druidentum, was jedoch wieder als eine seiner Übertrei-
bungen verstanden wurde. Nichts davon beweist eindeutig,
daß er ein Oberhaupt war, doch zusammen mit seinem Erscheinen auf der überlieferten Liste der Führer, in der die Daten ihrer Amtszeiten angegeben sind, deutet alles darauf hin,
daß Blake von 1799 bis 1827 tatsächlich an der Spitze des Ordens gestanden hat.

Bis heute[39] hat es 13 erwählte Oberhäupter gegeben. Sie
werden auf Lebenszeit gewählt, wobei sie jedoch einem inter-
essanten Kontrollsystem unterliegen. Nach der Wahl durch
den obersten Rang des Ordens wird ein Führer zunächst nur
als designiertes Oberhaupt bezeichnet. Innerhalb von 21 Tagen muß er dann seinen Pendragon ernennen und gewöhnlich
auch seinen Schreiber, und erst wenn diese Triade vollständig
ist, wird er zum erwählten Oberhaupt. Äußert aber einer der
beiden anderen Amtsträger öffentlich sein Mißfallen an der
Führung, dann ist der Erwählte abgesetzt, und es muß eine
neue Wahl abgehalten werden. Auf diese Weise wird ein despo-
tisches System durch die Möglichkeit des Gruppeneinspruchs
abgemildert. Vielleicht sollten die Schöpfer politischer Verfas-
sungen sich daran ein Beispiel nehmen. Solange der Führer
zwei andere hohe Mitglieder vollkommen auf seiner Seite hat,
ist alles in Ordnung, doch keinen Augenblick länger.

# IV. Drei Jahrhunderte erwählter Oberhäupter

Hier folgt eine Liste der erwählten Oberhäupter dieser besonderen Nachfolgelinie [Hg.]:

| | |
|---|---|
| John Toland | 1717–1722 |
| William Stukeley | 1722–1765 |
| Edward Finch Hatton | 1765–1771 |
| David Samwell | 1771–1799 |
| William Blake | 1799–1827 |
| Godfrey Higgins | 1827–1833 |
| William Carpenter | 1833–1874 |
| Edward Vaughan Keneally | 1874–1880 |
| Gerald Massey | 1880–1906 |
| John Barry O'Callaghan | 1906–1909 |
| George Watson MacGregor-Reid | 1909–1946 |
| Robert A.F. MacGregor-Reid | 1946–1964 |
| Philip Peter Ross Nichols | 1964–1975 |
| John Brant (als Verwalter) | 1975–1988 |

Wir beginnen mit dem umstrittenen **John Toland**, geboren 1670 und erwähltes Oberhaupt von 1717 bis 1722, auch genannt Janus Junius Eoganesius, eine Latinisierung der Halbinsel Enis Eogain, wo er geboren war. Er war auch Britto-Batavus und Patricola, allgemein als der Philosoph des Materialismus bekannt, obwohl seine Philosophie eigentlich besser mit dem späteren Begriff ›Positivismus‹ zu beschreiben wäre. Zudem wurde er als ein Pantheist betrachtet, da er Gott in vielerlei Formen sah. Sein Geburtsort war Londonderry. Dort wurde er auch zunächst erzogen, dann in Glasgow (1687) und Edinburgh (1690–1693), wo er mit einem Magister in Geisteswissenschaften[40] abschloß. In Glasgow erlebte er die brutale Verfolgung der schottischen Kirche (1688–1689), bevor er seine Wanderjahre antrat, zuerst in England, dann für zwei Jahre in Leyden und schließlich wieder in Oxford. In London brachte er sein Werk *Christianity not Mysterious* heraus. Er war nacheinander katholisch, protestantisch, dann in Holland ein Latitudinarier, ein Sozinianer und ein Theist; dann, unter dem Einfluß von Bruno, landete er schließlich beim sogenannten Materialismus. Er vertrat die Philosophie ›Alles ist Materie‹ oder ›Alles ist Bewegung‹ (Dynamismus), jeweils auf der Natur gründend, wo beides zu finden ist. Die Vernunft war für ihn das wahre Erste Gesetz. Anders als Locke betrachtete er sie als makellos; menschliches Denken ist absolut. (Locke war vorsichtiger, indem er ›gesunden‹ Verstand forderte.) Die Vernunft war sowohl der Schimmer des Göttlichen im Menschen als auch etwas Revolutionäres. Dennoch glaubte er an zwei Ebenen der Lehre, eine für die Massen und eine geheime ›im Privaten, für Menschen tiefster Redlichkeit und Besonnenheit‹. Als Beweis für die Notwendigkeit dieser zweierlei Maßstäbe zitierte er Parmeneides. Freiheit bestand darin, der Vernunft zu folgen, dem Gesetz der Natur. Das Universum war im wesentlichen Intellekt und Bewegung, wobei der Intellekt im Grunde materiell war. Materie bedeutete für ihn jedoch auch Organisches, und darin unterscheidet er sich von anderen Philosophen. ›Samen‹ sind für ihn die Essenz sowohl von Gedanken als auch in der Biologie; alles ist organisch. Diese Anschauung wurde zu einer Grundlage druidischer Lehren, in denen die Samen der Weisheit, essentielle lebendige Ideen, die im Herzen eines Menschen Wurzeln schlagen, eine wichtige Rolle spielen.

*Christianity not Mysterious* brachte den Zorn der Orthodoxen aller Richtungen über ihn, und 1697, in dem Jahr, als sein Buch dem Henker zum Verbrennen übergeben wurde, zog er nach Irland, wo er wie Locke als Sozinianer gebrandmarkt wurde. Toland war niemals diskret, und wenn ihm die religiösen Probleme zuviel wurden, ging er ins Ausland. Schottland und Irland waren unmöglich, da es in beiden Ländern nun von Jakobiten wimmelte, und denen ging er aus dem Weg, indem er sich 1711 nach London begab und damit beschäftigte, Gruppen aufzubauen, die seine Ideale erfüllen konnten. Öffentlich trat er als Schreiber für die Interessen der *Whigs* auf, die ihn bezahlen konnten und das auch taten. *The State Anatomy of Great Britain* veröffentlichte er im selben Jahr, 1711, wie die Prophezeiungen des St. Malachy von Armagh über zukünftige Päpste, die sich als überaus genau erwiesen haben und überdies vom Ende des Papsttums künden. Daneben gründete er Aubreys Oxforder Hämusbergbund neu und formte in aller Stille den modernen Druidenorden, indem er Gruppen von zehn Zentren, manche aus keltischen Gebieten außerhalb Britanniens, zu einem Mutterhain zusammenführte, dem *Antich Geata Gairdearchas*.

Bald danach zog er nach Putney, wo er geblieben zu sein scheint, und drei Jahre später brachte er das *Pantheisticon* heraus, das allgemein als Scherz aufgenommen wurde, obwohl es sich durchaus um eine wenn auch recht phantastische Beschreibung dessen handeln könnte, was er bis dahin wußte und aufgebaut hatte. Es ist in Form von Lektionen und Antworten aufgebaut, mit einem Kanon der Philosophie und einer Litanei. Er beschreibt eine ›natürliche Religion‹ in einer sokratischen Gesellschaft, in der auserwählte Körperschaften die Wahrheit hüten. »Mancherorts ... gibt es nicht wenige Pantheisten«, so sagt er dort, »die ... ihre privaten Treffen abhalten, bei denen sie zusammen feiern ... und philosophieren.« Diese Bünde waren den Logen der Freimaurer, ebenfalls 1717 gegründet, ähnlich, jedoch nicht damit identisch. Im Gegensatz zu Voltaire gründete Toland eine Art philosophischer Sekte, schuf ein auf Metaphysik gründendes Ritual und verschloß beides vor der Mehrheit der Menschen; er schuf ein Geheimnis.

So begann das moderne Druidentum. Zu dieser Zeit wurden viele Sekten und Philosophien begründet, wurden miteinander verwechselt und hatten Mitglieder gemeinsam. Deshalb ist es unmöglich zu sagen, wer in welcher Sekte war, oder zu behaupten, daß jemand nicht Mitglied eines bestimmten Bundes gewesen sei, nur weil er zu einem anderen gehörte.

Toland schrieb ohne Unterbrechung, insgesamt über einhundert Werke. 1718 kam sein *Nazarenus* heraus, 1720 *Tedradymus*. Andere Bücher sind *Clydophorus*, *Hypathia* und *Mangoneutes*. Toland offenbart sich als Anhänger eines ursprünglichen Christentums, der alles ablehnt, was die Kirchen zu den Lehren Christi und der Apostel hinzugefügt haben. »Euer Gnaden, ich behaupte feierlich«, schrieb er dem Bischof von London und damit an die gesamte anglikanische Bischofskaste, »daß die Religion, die Jesus Christus und die Apostel gelehrt haben, ohne die mündlichen Überlieferungen und Bestimmungen der Synoden, ... ebenso klar und rein wie nützlich und lehrreich war und von allen verstanden wurde.«

Von dem Philosophen des Materialismus scheint nun nicht mehr viel übrig zu sein. In seiner selbstverfaßten Grabinschrift spricht er davon, daß sein Geist sich mit dem Himmlischen Vater vereinigt und sein Körper sich zu ewigem Leben erhebt – »doch niemals wird er derselbe Toland sein«.

Wann genau seine drei Briefe an Lord Molesworth geschrieben wurden, die zusammen mit den *Questions and Answers* seine *History of Druids* darstellen, ist unklar. Zum ersten Mal gedruckt wurden sie 1726, vier Jahre nach seinem Tod.

In diesem Werk gibt Toland einen getreuen Überblick über die klassischen Berichte von Druiden und Hyperboräern, deren Heimat er als die Insel Lewis in den Hebriden identifiziert, von der er eine lyrische Beschreibung liefert, ebenso wie von Callanish. Er stellt die Verbindung zu Pythagoras dar und schenkt den Berichten der früheren Griechen, besonders Pytheas von Marseilles, zu Recht mehr Glauben als den Römern, wo sie sich widersprechen. Den berühmten Tempel der Flügel des Eratosthenes siedelt er auf der Insel Skye an, deren Name ›die geflügelte Insel‹ bedeutet, *Skianach*.

Aus Londonderry gebürtig, verfügte Toland über ein ziemlich akkurates Wissen in gälischen Dingen, dem er eine Kenntnis des Walisischen hinzufügte. Er war sehr sprachbegabt. Liest man Toland, dann fällt einem sofort seine moderne, undogmatische Einstellung auf. Seine Beschreibung megalithischer Stätten wie Callanish ist hervorragend. Wenn es nicht gerade um Religion geht, erscheint er als ein distanzierter Beobachter, der sich von seinen Ideen niemals die Sicht auf die Fakten verstellen läßt. Seine Vorstellungen über das antike Druidentum stimmen mit dem überein, was man heute sagen würde – natürlich mit Ausnahme der Archäologie, die ihm nicht zur Verfügung stand und mit deren Hilfe wir weit in die Vergangenheit vorstoßen können.

**Reverend William Stukeley**, geboren 1687, Oberhaupt von 1722 bis 1765, war ein für seine Zeit typischer *Flaneur* durch die Altertümer, wenn auch viel fleißiger und ernsthafter als die meisten. Geboren in Lincolnshire, nahm er früh eine Liebe für die ländliche Atmosphäre und ihre alten Monumente in sich auf. 1703 ging er ans Corpus Christi College in Cambridge, wo er 1708 in Medizin graduierte. Später gehörte er zu dem gelehrten anatomischen Zirkel um Dr. Mead in London. 1710 bis 1717 lebte er auf dem Lande, für eine Zeit in Boston, und begann eine Reihe recht mühseliger archäologischer Sommerreisen, die bis etwa 1725 anhielten, gewöhnlich in Begleitung von Thomas und Roger Gale.

1717 wurde er zum Mitglied der *Royal Society* ernannt, und im folgenden Jahr gründete er die noch heute bestehende *Society of Antiquaries*[41], deren Sekretär er wurde. 1719 schloß er seine Berufsausbildung als Mediziner ab, trat im Jahr darauf den Freimaurern bei und schloß sich im Jahre 1722 der *Gesellschaft der Römischen Ritter* an, in der Lord Winchelsea als Cingetorix und Stukeley als Chyndonax auftraten – Namen, die auch in druidischen Mitgliederlisten auftauchen.

Zu dieser Zeit war er bereits ein geschätztes Mitglied der gelehrten Oberklasse seiner Zeit, die die Wissenschaften schätzte, selbst wenn das Niveau sehr unterschiedlich war. Zu seinen Freunden zählte zum Beispiel auch der Theist Isaac Newton. Anscheinend übernahm er nach Tolands Tod in aller Stille die wahrscheinlich kleine Druidenorganisation, in der improvisierten und geheimen Weise, die oft ein Merkmal des Ordens war. Drei Jahre später, 1725, unternahm er eine aufschlußreiche Expedition entlang des Hadrianswalls.

Es schien Stukeley jedoch an einem zufriedenstellenden Einkommen zu mangeln, weshalb man ihm anriet, der anglikanischen Kirche beizutreten, die ihm ein solches verschaffen könnte. London hatte er schon verlassen und war nach Grantham gezogen, wo er 1726 heiratete. So freundete er sich mit der Priesteridee an und verschwand nach seiner Ordination im Jahre 1730 in die liebliche Landschaft um die Allerheiligenkirche in Stamford, wo er Vikar wurde. Er leistete gute Arbeit in seiner Gemeinde, während er zugleich seine Studien weiterführte und schrieb. Er begann, klassische Figuren miteinander zu vergleichen, wie etwa Bacchus mit Jehovah, brachte 1740 das Buch *Stonehenge Restored to the*

*British Druids* heraus und 1743 *Abury* (Avebury). Doch alles in allem muß er die gelehrten Kontakte der Londoner Zeit vermißt haben, und als er hörte, daß die Nachfolge von St. George am Queen Square in Holborn frei war, mit einem hübschen Vikariat, bewarb er sich und wurde auf Fürsprache seiner Förderer angenommen. Dort lebte er dann von 1747 an und konnte sich 1759 ein Häuschen etwas entfernt, in Kentish Town, zulegen.

Wahrscheinlich in diese Zeit fallen seine alchimistischen Studien, vielleicht in Verbindung mit der *Royal Society*. Der Autor ist im Besitz einer einzigartigen alchimistischen Schrift, bei der es sich nach internen Anzeichen wahrscheinlich um Stukeleys Version der Alchimie handelt. Sie ist in ihrer Sprache weit klarer als die meisten solcher Bücher und hat rituelle Bezüge wie kaum ein anderes Werk. Ob das Druidentum damals ein Ritual besaß oder nur eine gelehrte Diskussionsgruppe mit einigen wenigen Bräuchen war, können wir nicht wirklich nachvollziehen. Doch in den späteren Ritualen kommen alchimistische Begriffe vor, die durchaus aus jener Zeit stammen könnten.

Stukeley war hoch erfreut, als er 1753 in den Palast von Kew gerufen wurde, um der Mutter von König George II., Prinzessin Augusta, seine Meinung in einer Frage der Altertumsforschung darzulegen. Bald teilte sie seine Begeisterung für alles, was mit Druiden zu tun hatte, und er gewann sie als Schirmherrin seines Ordens; vielleicht war sie gar ein Mitglied. Die beiden haben sich des öfteren getroffen.

Stukeley starb friedlich im Jahre 1765. Er hatte zwei glückliche Ehen und, wie man wohl sagen darf, ein harmonisches und fruchtbares Leben hinter sich. Er hatte gezeigt, daß das Druidentum, trotz Tolands Reputation, mit dem Christentum vereinbar war, zumindest in dessen eher latitudinarischen Aspekten. Seine späteren Äußerungen über archäologische Fragen waren dagegen etwas unberechenbar. Seine Idee, Stonehenge könnte von intelligenten Elefanten erbaut worden sein, war recht typisch für seine eher verschwommenen als erleuchteten Vorstellungen. In Avebury und Stonehenge hat er vortreffliche Beobachtungsarbeit geleistet. Er hat auch ein spekulatives Aveburyschema entworfen, das sinnvoll erscheint, wenn auch in seiner Entwicklung zweifelhaft.

Danach scheint die Führung des Druidentums in die Hände der Familie seines Förderers, des Earls von Winchelsea, übergegangen zu sein. Dessen Bruder, der ehrenwerte **Edward Finch Hatton,** stand dem Orden von 1765 bis 1771 vor. Hatton war ein königlicher Landvermesser, was wahrscheinlich ein Interesse an Altertümern bedeutete. Sonst ist fast nichts über ihn oder seinen Einfluß auf den Orden bekannt.

Mit **David Samwell** (1771–1799) kommen wir nun in die Phase des öffentlichen Druidentums. Samwell, erwähltes Oberhaupt von 1771 bis zu seinem Tode 1799, war ein Schiffsarzt und Entdecker. Er segelte mit Captain Cook auf der *Resolution* und auf der *Discovery,* und von ihm haben wir den Bericht über Cooks Tod auf Hawaii. Sein Vater war ein walisischer Vikar, und er war halb Engländer, halb Waliser. Er dichtete selbst ein wenig in walisischer Sprache, doch bedeutender war seine Rolle als einer der Hauptorganisatoren sowohl des walisischen Gorsedd in London als auch verschiedener Eisteddfodau in Wales. Von 1788 an war er Sekretär der Gwyneddigion-Gesellschaft und 1797 deren Präsident. Einen großen Teil seiner Laufbahn verbrachte er auf Schiffen, doch zwischendurch nahm er an Versammlungen in London teil. Er leistete wertvolle Arbeit als Herausgeber von Huw Morys und Dafydd ap Gwilym.

Es war eine Zeit des nationalen Aufbaus, der romantischen Legenden wie MacPhersons *Ossian* und der Poesie. Iolo Morganwg hatte begonnen, mit seinen Ideen Wales zu begeistern. Er forderte, daß man bei jedem Eisteddfodau nach alter Sitte neue Steinkreise errichten sollte. Samwell hielt mit Iolo anläßlich der Herbstgleiche 1791 eine Zeremonie auf dem Primrose Hill im Regents Park ab. Steine wurden damals aufgestellt, wo heute eine geschmacklose Sonnenuhr installiert ist. Eine gemeinsame Erklärung im Namen der englischen und walisischen Druiden sah vor, daß die englische Sprache für alle bardischen und druidischen Zwecke von der gleichen Authentizität sein sollte wie die alte kymrische. Dies bedeutete Brüderlichkeit und Gleichheit zwischen den beiden Orden. Doch Iolo gelang es offenbar nicht, seine Landsleute auf Dauer mitzuziehen; das alte Mißtrauen gegenüber den Engländern dehnte sich sogar auf die englischen Druiden aus. Nach wenigen Jahren gab es heftige Anschuldigungen, und die Engländer wurden unbrüderlich wegen ihrer Sprache angeprangert und gedemütigt. In England herrschte ein trauriges Durcheinander.

In Samwells Zeit trug es sich zu, daß ein gewisser Henry Hurle, ein Handwerker von einiger Intelligenz, den sogenannten *Ancient Order of Druids* gründete, mit dem Blake in Verbindung gewesen zu sein scheint.[42]

Wir kommen nun zu dem großen, rätselhaften **William Blake**, geboren 1757 und als erwähltes Oberhaupt von 1799 bis zu seinem Tode im Jahr 1827 aufgeführt. Er übernahm die desorganisierten und verwirrten englischen Druiden nach den Anschuldigungen aus Wales gegen seinen Vorgänger und scheint auch mit Hurles *Ancient Order* zusammengearbeitet zu haben.

Ohne Zweifel hat er bestimmte Entscheidungen getroffen. Öffentliches Druidentum führte nur zu Kompromissen und Verwirrungen. Die Waliser waren eher Sprachnationalisten und repräsentierten nicht die Philosophie, zu der Blake das alte Druidentum ausdehnte. Das Druidentum sollte unter ihm zu einer inneren Erleuchtung zurückkehren. Blake organisierte es durch universelle Rituale statt in Form öffentlicher Musikwettbewerbe (Eisteddfodau). Bemerkenswert ist, daß Blakes klarste Darlegung von Formen und Bedeutungen bereits 1796 niedergeschrieben wurde, drei Jahre vor seinem Amtsantritt, in den ›Vier Zoas‹, die das Herzstück seines Mystizismus enthalten.

Bis vor kurzem war außerhalb des Ordens nicht bekannt, daß er dessen Oberhaupt war. Selbst die Blake-Expertin Kathleen Raine wußte nichts davon, obwohl der Beweis zum Greifen nahe war.

Im Jahr nach seinem Amtsantritt zog Blake auf Hayleys Anregung hin nach Felpham in Sussex.

Angesichts seines überaus starken Charakters kann man

sich kaum vorstellen, daß Blake definitive Lehren über das Druidentum lange von irgend jemand anderem akzeptieren würde. So ist ein großer Teil seiner grundlegenden Vierteilungen aus den ›Vier Zoas‹ in die Grundvorstellungen der druidischen Rituale eingebettet. Vor Jahren, bevor der Autor tief in dieses Thema eingedrungen war, wurde eine Bibliothekarin der Gemeinschaft der Brüder zu Aylesford (Karmeliter) gebeten, vor dem Orden einen Vortrag über das berühmte Gedicht *Jerusalem* zu halten, das sie zehn Jahre lang studiert hatte. Aus diesem Vortrag wurde klar, daß die Formen des Gedichts fast genau den Begriffen entsprachen, die der Orden heute verwendet. Dieser unabhängige, unvoreingenommene Hinweis bestätigt die Ansicht der Druiden, daß Blake wirklich 28 Jahre lang ihr erwähltes Oberhaupt war. Die Wahrscheinlichkeit dafür wird weiterhin verstärkt durch den Umstand, daß das Haus, das er nach seiner Rückkehr nach London bezog, ganz in der Nähe der Taverne in der Charles Street in Covent Garden lag, wo Toland die Versammlungen des Ordens abgehalten hatte, die erste davon eigenartigerweise an Blakes Geburtstag, dem 28. November. Wahrscheinlich hat sich auch unter Blake der Orden dort getroffen.

Weiß man von diesen Hinweisen, dann erkennt man bald überall in Blakes Werk druidische Andeutungen. Von seinem Vorgänger, Stukeley, übernahm er zum Beispiel den Schlangentempel von Avebury für eine Illustration zu *Jerusalem*. Der Flohgeist erzählte Blake von der Seelenwanderung und daß blutrünstige Menschen selber zu ›Flöhen‹ würden. William Owen, der frühe Sozialist, identifizierte Blake mit dem Bardensystem, da beide patriarchalisch waren.

Von jener Zeit an hatte das Druidentum, soweit es England betraf, mehr an sich, auch wenn es zugleich noch die kymrisch-keltische Weisheit für sich beanspruchte und pflegte: Es war ein Weltplan, ein Schema für die Menschheit. Jerusalem gehörte allen Menschen; das archetypische England war universal.

Blakes ambivalente Behandlung des Druidentums hatte zu Skepsis bezüglich seiner Einstellung geführt, doch wenn wir erkennen, daß dies sein charakteristischer Schreibstil war, können wir ihn mit einer gewissen Sicherheit an seinen gebührenden Platz einordnen, als einen wahrscheinlich sehr gewissenhaften und sorgfältigen Leiter innerer Zeremonien, abseits von dem, was andere Menschen sich darunter vorstellten.

Natürlich konnte Blake keinen wirklich angemessenen Nachfolger finden, wenn auch das nächste erwählte Oberhaupt, **Godfrey Higgins** (Cingetorix), ein gelehrter und origineller Autor war, der seine eigenen Beiträge leistete. 1773 geboren, war er das Oberhaupt zwischen 1827 und 1833. Er war Freimaurer und Mitglied der *Society of Antiquaries*, spezialisiert in Religionsgeschichte und tief mit der damaligen Ägyptologie befaßt. Er verfaßte ein gewichtiges, dreibändiges Werk, bestehend aus *Celtic Druids* (1829), gefolgt von den zwei Bänden der *Anacalypsis* (1836), die immer noch sehr lesenswert sind. Dort versucht er, den Schleier der saitischen Isis zu lüften und die Ursprünge der Sprachen, Nationen und Religionen zu erforschen. Er war stark von der Tradition des Phalluskults beeinflußt. Ein letzter Teil seines Werkes sollte das Christentum behandeln, doch er starb, bevor er dieses fertigstellen konnte. Christus betrachtete er als einen Nazarener, einen Angehörigen der pythagoräischen Essener, als Samariter und Eremiten. Trotz des seltsamen Schreibstils kann die *Anacalypsis* als ein Meilenstein der vergleichenden Religionswissenschaft gelten, wobei viel spätere Forschung vorweggenommen ist.

Higgins' Nachfolger war **William Carpenter**, ein autodidaktischer Schriftsteller und Journalist, geboren 1797 und Ordensoberhaupt für über vierzig Jahre, von 1833 bis 1874. Neben seinem esoterischen Schrifttum war er ein feuriger Verfechter politischer Reformen. Er war es, der den Begriff der Verlorenen Stämme einführte, als er *The Israelites Found in the Anglo-Saxons* schrieb (1872). Er stellte interessante Betrachtungen über Numerologie an und verfaßte *A Critical Study of Ezekiel's Temple*. Inzwischen scheinen wieder öffentliche druidische Zeremonien abgehalten worden zu sein, worüber wir jedoch wenig Einzelheiten wissen.

Während Carpenters Zeit als Oberhaupt schloß sich Edward Bulwer-Lytton (1803–1873) dem Orden an. Lord Lytton war der populärste Sensations- und Mysterienschriftsteller seiner Zeit. Möglicherweise ohne ein wirklich profundes Verständnis von Okkultismus, besaß er doch einige Kenntnisse auf absonderlichen Gebieten. *Zanoni* faszinierte das viktorianische Publikum, und auch in seinen anderen Büchern waren Andeutungen finsterer Geheimnisse eingewoben. Wie er in *Die letzten Tage von Pompeji* und *Der letzte der Barone* zeigte, war er auch in der Lage, solide historische Romane zu verfassen. Vielleicht wußte er auch mehr, als in seinen Büchern zum Vorschein kommt; jedenfalls hielt es der berühmte französische Okkultist Eliphas Lévi für lohnend, Lytton einen ausgedehnten Besuch abzustatten.

Verwandte bedeutender Menschen haben oft die seltsame Eigenart, wütend abzustreiten, daß ihr eminentes Familienmitglied etwas mit Organisationen zu tun hatte, die sie für despektierlich halten, und so war es auch im Falle Bulwer-Lyttons. Wir kennen jedoch den Namen des Hainbundes, den Lytton in unserem Orden führte, und es scheint keinen Zweifel zu geben, daß er ein Druide und mit ziemlicher Sicherheit auch ein Rosenkreuzer war, aber wahrscheinlich kein Freimaurer.

Die *Societas Rosicruciana* wurde 1865 von Dr. Robert Wentworth Little gegründet. 1874, während Keneallys Amtszeit, gründete derselbe Dr. Little auch eine druidische Loge innerhalb der Freimaurerbewegung, den sogenannten *Ancient and Archaeological Order of Druids*. In welchem Maße sich dessen Mitgliedschaft mit derjenigen der Rosenkreuzer überschnitt, ist nicht bekannt. Es waren jedenfalls Rosenkreuzer, die später den *Order of the Golden Dawn* ins Leben riefen.

Es trifft zu, daß von einer Quelle in Nürnberg hervorragende Initiationsrituale kamen. Doch bemerkenswerter ist noch, daß dies nur die niederen Grade betraf und daß Nürnberg es strikt ablehnte, die Rituale der Adeptengrade weiterzugeben. MacGregor Mathers und Crowley fälschten die höheren Grade, und Mathers verkündete, die geheimen Oberhäupter hätten ihm die Rituale der zweiten Ordnung gegeben. Dafür haben wir nur sein Wort – genauso wie für Crowleys späteren selbstinszenierten Aufstieg. Mathers' Erfahrungen von wilder, starker und flammender Kraft erinnern an Hitlers Beschreibungen seiner furchteinflößenden Abenteuer. Insoweit bestätigen diese beiden sich gegenseitig.

Die höheren Grade des ›Golden Dawn‹ sind wunderbar komponiert. Wie ›hoch‹ sie wirklich sind und wieviel von dem, was gedruckt wurde – ohne Zustimmung des Ordens und von jemandem, der selbst nicht den höheren Graden angehörte –, mit der Wahrheit zu tun hat, kann niemand wissen, außer den führenden Mitgliedern des Ordens.

Der Druidenorden geriet nun unter die zweifelhafte Führung eines überschwenglichen Advokaten, **Edward Vaughan Keneally**, geboren 1819 und Oberhaupt 1874 bis 1880. 1868 zum ›Queen's Counsel‹ ernannt, arbeitete er im Gerichtsbezirk Oxford. Er war der führende Vertreter der Orton-Klage im Tichborne-Baby-Fall – seinerzeit ein *cause célèbre* – und benahm sich in der Verhandlung so aggressiv, daß er sich den Tadel des Richters zuzog. Vor Gericht geschlagen, gab er den Kampf dennoch nicht auf, bis er 1874 wegen seines Betragens aus der Anwaltskammer verwiesen wurde. 1875 gewann ihm seine Bekanntheit durch den Tichborne-Fall einen Sitz im englischen Unterhaus, wo er weiterhin – doch ohne Erfolg – auf eine Untersuchung des Falles drängte.

Abgesehen von diesen recht krassen Aktivitäten war Keneally ein echter Okkultist. Er schrieb *An Introduction to the Apocalypse* und *The Third Messenger of God*. Beide Bücher sind auch heute noch lesbar und anregend.

**Gerald Massey** (Ordensoberhaupt 1880 bis 1906) war ein Nachfolger der Higgins-Tradition, indem er viele der gelehrten transzendentalen Studien jener Zeit wieder aufnahm. Das Werk dieses Poeten und Mystikers umfaßt unter anderem *The Book of the Beginnings* (1881), *The Seven Souls of Man* und *Man in Search of his Soul* (beide 1887), *The Coming Religion* (1889) und sein vielleicht bekanntestes Buch *Ancient Egypt: The Light of the World* (1907).

In diesen vielfältigen Schriften führte Massey, der sich mit viel Fleiß und harter Arbeit zu einem wirklichen Gelehrten des Hebräischen, des Sanskrit, des Griechischen und der ägyptischen Altertümer emporstudiert hatte, einen fundamentalen Angriff gegen das Christentum, doch nicht so sehr als ein Ungläubiger, sondern vielmehr als Verfechter der ewigen Wahrheiten der Mysterien, die das Christentum entstellte. Vor allem meinte er, Spiritismus wäre die Wurzel und Basis all unseres Wissens über einen anderen Seinszustand. Er beschrieb in allen Einzelheiten die Ergebnisse vergleichender Studien über die Spaltung der frühen Kirche zwischen denen, die sich, wie der heilige Paulus, auf unmittelbare Offenbarung beriefen, und jenen, die aus einer verfälschenden jüdischen Überlieferung eine nicht historische Jesuspersönlichkeit zusammenschusterten, der sie dann die wirkliche Weisheit der Mysterien, die meist auf den ägyptischen Horus zurückging, in den Mund legten. Die Fanatiker, die auf einem historischen Jesus beharrten, sammelten sich um die Petrus-Tradition in Rom, während die gnostischen Mystiker, die die Wahrheit kannten, zu Ketzern wurden. In Wirklichkeit glaubte Paulus nie an einen historischen Jesus, sondern an den mystischen Christus, der sich ihm offenbart hatte; seine Briefe wurden geändert, um dies zu verbergen. Johannes steht dazwischen – als Mystiker, der eine historische Gestalt akzeptiert, doch für den die innere Vision die Grundlage ist.

Die meisten dieser Thesen waren in zehn Vorlesungen zusammengefaßt, die Massey 1887 hielt, gedruckt in zehn Einzelausgaben, die heute sehr selten sind. Eigenartigerweise weiß man heute kaum noch von diesem höchst originellen Forscher, vielleicht weil er weder Atheist noch Rationalist noch orthodoxer Christ und nicht einmal ein Spiritist des üblichen Typs war. Die Zeit wird kommen, wo das große Wissen des neunten erwählten Oberhaupts entweder als gültig anerkannt oder detailliert widerlegt wird. In ihren *Studien des Okkultismus* (Der esoterische Charakter der Evangelien) behandelte Madame Blavatsky Massey und Higgins zu Recht als maßgebliche Gelehrte.

Unter Masseys Führung betrat der Orden also mit einer weit besseren Reputation als Produzent gelehrter, doch unorthodoxer Studien das neue Jahrhundert.

**John Barry O'Callaghan** (Oberhaupt 1906–1909) scheint nur wenige Spuren hinterlassen zu haben. Er war während seiner drei Jahre wohl eher ein Lückenfüller und wurde bald durch eine kraftvollere Persönlichkeit ersetzt.

Dabei handelte es sich um den bekannten Industriellen und ›Naturopathen‹ **George Watson MacGregor-Reid**, als Druide unter dem Namen Ayu Subhadra Savvanus bekannt. Seine Amtszeit erstreckte sich über fast vierzig Jahre (1909–1946). Recht früh in seinem Leben machte ihn sein Interesse für natürliche Ernährung zum Hersteller eines Pulvers namens ›Sanatogen‹, welches sich ausgezeichnet verkaufte und ihm ein hübsches kleines Vermögen eingebracht haben muß. Jedenfalls gab es ihm die Freiheit, seinen mystischen und naturheilkundlichen Interessen nachzugehen. Von 1907 an hatte er das *Nature Cure Annual* (ein ›Gesundheits- und Freizeitratgeber‹) herausgegeben, in dem Artikel über Therapien und Diäten sowie Anzeigen von Kureinrichtungen, Ferienorten und Hotels erschienen. Seine Bücher, mit Titeln wie ›*Die natürliche Grundlage der Zivilisation*‹, ›*Vernünftige Diätetik*‹, ›*Stellung und Bedeutung der Frau*‹, ›*Die Ernährung des Kranken*‹ oder ›*Erziehungshilfen für die Jugend*‹ fanden seinerzeit verbreitetes Interesse.

In einer bestimmten Phase seines Lebens besuchte MacGregor-Reid Afghanistan und Indien, wo er offenbar einige Zeit verbrachte, denn er empfing im berühmten Kapila-Kloster in Nordindien eine mystische Initiation zum Buddhismus – was sich in seinem Druidennamen widerspiegelt. Anscheinend wurde er nicht direkt zum Buddhisten, sondern nahm den Buddhismus in das druidische Glaubensgebäude mit auf, wie es für das Druidentum charakteristisch ist. Schon Blake hatte hinduistische und buddhistische Anschauungen gezeigt. MacGregor-Reid verarbeitete dies alles – zusammen mit Christentum und Islam – zu einer vollkommen westlichen Form, wie sie sich in den öffentlichen Ritualen der Druiden zeigt.

Nun begannen die regelmäßigen Besuche in Stonehenge, bei denen es manchmal zu stürmischen Zwischenfällen kam. Einmal, als er die Umstände und das Benehmen im *Cor Gaur* einer mystischen Zeremonie für unwürdig befand, führte er den Orden auf ein benachbartes Feld und hielt dort die ganze eindrucksvolle Zeremonie ab.

Bei seiner Verteidigung des Druidentums und seinem heldenhaften Ringen mit den Behörden brachte er mächtige Verbündete auf seine Seite: Sir Oliver Lodge und Lord und Lady Glenconnar traten als seine Fürsprecher auf, und Sir Oliver trat gar dem Orden bei. Reid war ein stattlicher Mann, der die Massen zu beherrschen verstand, was er des öfteren anläßlich von Reden auf Clapham Common bewies.

Nicht weit von Stonehenge, in Normanton Gorse, fand er ein natürliches Amphitheater, wo er mit Hilfe einer örtlichen Kapelle und eines Chors die Einwohnerschaft von Amesbury zusammen mit seinem Gefolge versammelte. Diese Veranstaltung wurde zu einem wichtigen Termin des jährlichen Kulturkalenders der Region. Obwohl er ein guter Redner war, neigte er dazu, der Menge einen Schritt vorauszueilen. Doch seine Persönlichkeit und Ideen schienen die, welche ihn einmal gehört hatten, nie mehr loszulassen. Eine seiner oft wiederholten Phrasen war: »Gott ist zu groß für irgendeine Kirche.«

MacGregor-Reids Amtszeit zeichnete sich auch durch die Tätigkeit eines bemerkenswerten Mannes in Stonehenge aus. John Soul (1866–1942), der Hirte von Stonehenge, war zweifellos der größte der örtlichen Druiden, von denen wir wissen. Er lebte in Amesbury, der Stadt des Ambrosius, wo er ein Geschäft und eine Antiquitätensammlung besaß. Er schien die gesamte Geschichte und die Landschaft um ihn herum bis ins Detail zu kennen. Er schloß sich MacGregor-Reid an und wurde 1918 zusammen mit Walter Rodway in Normanton Gorse in den Orden initiiert. Er hielt sich ständig in Stonehenge auf und wurde dort eine vertraute Figur mit seinem weißen Hirtenkittel und einem Stab, immer bereit, soviel von der Wahrheit preiszugeben, wie seine Zuhörer nach seiner Einschätzung verstehen konnten. Er schien der selbstverständliche Wächter des Heiligtums, dessen Strukturen und Formen er lange vor den neueren Forschungen verstand und instinktiv richtig interpretierte. Juni um Juni sollten sich die Druiden in seinem Haus treffen und von dort unter MacGregor-Reids Leitung nach der Morgenzeremonie zum ›Tanz der Riesen‹ aufbrechen.

Für John Soul wie für viele andere von tiefer philosophischer Veranlagung bedeutete das Druidentum Mystik privater wie auch öffentlicher Natur. Sie widmeten sich regelmäßig der Kontemplation, indem sie Steine auf formelle Weise auslegten oder sich im Kreis aufstellten. Wenn dies korrekt praktiziert wird, kommt es, wie jeder geschulte Mystiker weiß, zur Erleuchtung. So wurden viele gültige druidische Wahrheiten entwickelt. John Soul lieferte eine Beschreibung des damaligen Amesbury, die wertvolle Informationen enthält, sowohl über die Stadt als auch über das Monument. Verschiedene Teile des inneren Wissens des Ordens stammen von ihm.

Zu jener Zeit gab es nur zweimal im Jahr öffentliche Veranstaltungen, die eine zur Herbstgleiche auf dem Primrose Hill, die zweite, die Feier der Sommerwache und des Sonnenaufgangs, in Stonehenge. Wie von einem fundamentalen Instinkt getrieben, kamen immer mehr Menschen nach Stonehenge. Das Monument wurde lebendig und begann wieder eine tiefe, wenn auch kaum verstandene Botschaft zu vermitteln.

Der Zweite Weltkrieg unterbrach diese Aktivitäten. Die Feier von 1939, unter John Souls Leitung, war die letzte förmliche Veranstaltung bis 1946, obwohl sich auch während des Krieges stets Gruppen in Stonehenge versammelten. 1946 kamen die Druiden in ihren Roben am Mittag der Sonnenwende von South Harrow aus zusammen und vollzogen Riten, zu denen eine Art Kommunion gehörte. Sie trugen Eichenlaubkränze und gedachten besonders John Souls. In der Lokalpresse wurden sie als der ›Ancient Order of Druid Hermetists aus London‹ bezeichnet.

In seinem späteren Leben nahm MacGregor-Reids Universalismus eine unglückliche Form an: Er versuchte, das Druidentum zu einer Religion zu machen, was es in modernen Zeiten nie gewesen war. Er entdeckte eine gewisse Universalistische Kirche und verkündete, diese Kirche und das Druidentum seien miteinander vereint – als verschiedene Aspekte ein und derselben Sache. Darüber muß er einige Unterstützung verloren haben, besonders unter normal religiösen Leuten, die ihr Druidentum als eine ganz harmlose philosophische Ergänzung ansahen. Der erbittert antiklerikale Toland hätte sich wahrscheinlich im Grabe umgedreht – wenn er eines gehabt hätte, denn er hatte seinen Körper der Wissenschaft vermacht. Der alte Altar der inneren Praxis des Ordens wurde also jener universalistischen Gemeinde übergeben, und jetzt scheint er sich irgendwo in Amerika zu befinden. Der Autor hat ein Foto davon gesehen. Es scheint sich um einen Stein aus dem frühen achtzehnten Jahrhundert zu handeln, mit eingemeißelten astrologischen und religiösen Symbolen. Er könnte durchaus einmal Stukeleys Alchimistenaltar gewesen sein.

Immer noch fest auf diesen sonderbaren religiösen Pfaden wandelnd, starb George Watson MacGregor-Reid schließlich, nachdem er einen als Schmied von Clapham bekannten Mann als seinen Nachfolger benannt hatte. Der Orden spaltete sich daraufhin. Wer philosophisches Druidentum wollte, wie es früher gewesen war, der konnte nicht einem Führer folgen, der es mit irgendeiner Religion identifizierte, wie universal sie auch sein mochte. Nach einigen Monaten ließ sich also MacGregor-Reids Sohn Robert, ermutigt durch Freunde, die ihn bedrängten, das Druidentum vor einem Irrweg zu bewahren, zur Wahl aufstellen, und es wurde eine getrennte Ordensgruppe gegründet. Dazu war nach altem Brauch jede größere Körperschaft höherer Druiden berechtigt. Viele der Anhänger seines Vaters folgten ihm und gaben ihm ihre Unterstützung.

**Robert MacGregor-Reid** oder Ariovistus, Oberhaupt von 1946 bis 1964, war nicht gerade der Liebling seines Vaters gewesen, in dessen Augen es ihm sowohl an philosophischer Tiefe als auch an Führungsqualitäten mangelte. Doch was er besaß, waren eine beträchtliche spirituelle Tiefe und zahlreiche Kontakte. Obwohl er als jüngerer Mann nicht so interessiert gewesen war, hatte er inzwischen eine tiefe Einsicht entwickelt und besaß nahezu unübertroffene Kenntnisse über die alten Heiligtümer und die Hochmoore Britanniens, besonders die Marlborough Downs. Er war tief überzeugt von der megalithischen Mystik und vermochte diese Überzeugung ernsthaft zu vermitteln.

Schon früher war Robert mit den Hauptfiguren der esoterischen Bewegungen, die im letzten Jahrzehnt des neunzehnten Jahrhunderts ihre Ursprünge hatten, in Berührung gekommen, und mehrere von ihnen, darunter MacGregor Mathers, kannte er sehr gut. In den zwanziger Jahren zählte er eine Zeitlang zum Kreis des *Golden Dawn* und war mit Figuren wie Aleister Crowley und Dion Fortune gut bekannt, doch stets folgte er seinem eigenen Urteil und ließ sich nie von der Bewegung mitreißen. Irgendwann hatte er die Ordination einer nonkonformistischen Quelle empfangen, und obwohl er nie einen wirklichen Seelsorgeposten innehatte, empfand er einen Missionsauftrag gegenüber jedem, der zu ihm kam, und besonders für die Jugend. Gegen Ende seines Lebens sollte er Abend für Abend in den Restaurants von Soho mit jungen Leuten über metaphysische Themen reden, und zuweilen gewann er sie fürs Druidentum. Zur finanziellen Sicherung nahm er zwischen den Kriegen eine Beamtenstellung an, die er später beibehielt, was sein druidisches Wirken jedoch kaum beeinträchtigte.

Sein Organisationsvermögen war sehr begrenzt. Wenigstens zweimal spalteten sich Mitglieder ab, die im Orden mit ihm zusammenarbeiten mußten und an seinem Mangel an Planung verzweifelten, um neue Haine zu gründen. Zwei oder drei wichtige Figuren versammelten jedoch neue Gruppen um ihn, und der Orden wuchs beträchtlich, wenn auch nicht immer in der Weise, wie er es wünschte.

Äußerlich war Robert MacGregor-Reid ein stämmiger Schotte. In seiner Jugend wanderte er enorme Entfernungen; so gewann er sein Wissen über viele wichtige prähistorische Kultstätten. 1963, in seinen gebrechlicheren Jahren, führte ihn die letzte dieser ausgedehnten Expeditionen zu dem alljährlichen bretonischen Gorsedd, wo man ihn zu vielen der bretonischen Menhire und Dolmen führte, zum Tempel der Muttergöttin, der als *Table des Marchands* bekannt ist, und zum größten umgestürzten Menhir, *Er Mane Hroeck* oder *Ergrah*. Wenige Monate danach starb er an einem plötzlichen, wenn auch nicht unerwarteten Herzanfall. Er hinterließ eine Witwe und einen Sohn.

Die Spannweite seines Wissens war so immens, daß sich eine besondere Gruppe formte, eigens um seine Lehren und die oft erstaunlichen Fakten, die er kannte, aufzuzeichnen. Diese Berichte aus den letzten drei Jahren seines Lebens sind sorgfältig aufbewahrt worden. Trotz seiner unsystematischen Arbeitsweise wurden die Zeremonien zu seiner Zeit in besserer Form abgehalten und zogen größere Mengen an.

Unter seiner Führung vollzogen sich bedeutende Entwicklungen. Ein Teil der Organisation war seit einiger Zeit das Präsidium gewesen, in das hervorragende Autoren mit Sympathien für das Druidentum eingeladen wurden. Auf diese Weise stand Lewis Spence, die Autorität in Sachen Märchen und allgemein druidischen Angelegenheiten, mit dem Orden in Verbindung; und nach Spences Tod ermöglichten Roberts Kontakte, den betagten Charles Cammell, einen Kunstkenner, der zuvor dem *Golden Dawn* verbunden gewesen war und dessen Buch über Crowley viel ausgewogener ist als die meisten anderen, ins Präsidium zu berufen. Cammell war Herausgeber des *Connoisseur* und mit Künstlern verschiedener Richtungen befreundet, besonders zu erwähnen Salvador Dalí und Pietro Annigoni. Zur Freude Robert MacGregor-Reids verbündete sich auch Rex Atherton, der die moderne Essenerbewegung wiederbelebt hatte, mit dem Druidentum.

In den vierziger Jahren hatte Roberts Vater internationale Kontakte zu keltisch-druidischen Verbindungen geknüpft, was schließlich zu einem großen Druidenkongreß führte, mit Delegierten aus allen Ländern, die druidische Bräuche, keltische Tänze oder sonstige Traditionen vorzuweisen hatten, wobei der Begriff ›druidisch‹ ziemlich weit gefaßt wurde. So waren Finnland, Italien, Rußland und Ungarn vertreten, die alle keltische Bevölkerungsinseln aufweisen, und natürlich die Bretagne, Cornwall und Wales. Es war eine Versammlung der keltischen Stämme auf breiter Basis und viel gemischter als die Kongresse der letzten Jahre. Etwa 40 Nationalitäten waren vertreten. Die Folge war, daß man die schon viel früher entstandene Idee eines universalen Bundes wiederentdeckte und daß es nun einen nützlichen Index mit Namen aus ganz Europa gab.

In den fünfziger Jahren schloß sich ein bemerkenswerter und tatkräftiger Mann, Dr. Leigh Vaughan Henry, dem englischen Orden an. Er war in die walisische Organisation aufgenommen worden, da er walisischen Blutes war, und saß dort im Führungsrat. Er war auch Mitglied der kornischen Barden und des bretonischen Dreierordens. Pierre Loisel, der als bretonisches Oberhaupt Kontakte zum englischen Orden hatte, führte ihn ein. Es war angemessen, für ihn das Amt des Mänarchen, des ›Schlußsteins‹, wieder einzuführen, das der Druide einnimmt, der verschiedene Orden und Gebiete des druidischen ›Bogens‹ miteinander verbindet. Diese Funktion erfüllte er, soweit es die Umstände erlaubten, bis zu seinem Tod im Jahre 1963. Er begann die zeremoniellen Besuche der bretonischen Gorseddau, die sich als sehr fruchtbar erwiesen. Diese finden im August an der einen oder anderen der vielen traditionellen Kultstätten der Bretagne statt, meist im Rahmen eines *Festival folklorique,* einer Zusammenkunft regionaler Tanz- und Musikgruppen in traditionellen Kostümen.

Der Orden verdankt Dr. Leigh Vaughan Henry viel fruchtbare Arbeit an dieser breiten, ›internationalen‹ Front, nicht zuletzt für seine Nutzung eines mysteriösen Fonds, den er für kulturelle Zwecke verwaltete und aus dem er 1953 eine Zeremonie in Schottland finanzierte. Er meinte, daß in London niemand Notiz nehmen würde, was immer man tat, doch in einer abgelegenen Gegend würde man eine enorme Wirkung erzielen. Unter erheblichen Kosten wurden Mitglieder des Ordens nach Oban gebracht, von dort mit der Fähre nach Mull und auf der recht großen Insel in mehreren Reisebussen weitertransportiert. Im Gemeindesaal von Tobermory spielten bretonische Musiker die Binou und die Bagou, und in Anwesenheit des Herzogs von Argyll gab es einen festlichen Abend mit schottisch-bretonischer Musik und Tänzen. Am nächsten Tag versammelte sich eine ansehnliche Menschenmenge aus vielen Teilen Westschottlands an einem schönen Steinkreis an der Südspitze der Insel, dem *Ross of Mull.* Es gab viele Zeitungsberichte und Fotos. Offenbar hatten die Druiden, nachdem sie seit 1717 von der Bildfläche verschwunden waren, beträchtlichen Eindruck gemacht, wobei keinerlei theologische Einwände erhoben wurden.

Etwa um diese Zeit erschien eine weitere farbige Figur. In Britannien gibt es immer noch eine Reihe unabhängiger, lokaler Druiden, die nicht unbedingt zu einem formellen Orden gehören oder von einem ernannt worden sind. Einer davon war James Duncan, der zu sagen pflegte, er wüßte persönlich von mehreren Hundert solcher ›erblicher‹ Druiden. Er trug einen weißen Bart und weiße Gewänder und hatte stets einen langen Hirtenstab bei sich – eine Art Nachfolger von John Soul. In Stonehenge verbündete er sich mit dem Orden, und kein Offizieller wagte es je, Eintrittsgeld von ihm zu verlangen, nachdem das Monument eingezäunt worden war – mit zweifelhaftem Recht, wie Duncan aus gutem Grund dachte. Er hatte viele gute Einfälle, wie zum Beispiel, eine lichtempfindliche elektrische Zelle auf dem Gnomon anzubringen, die einen Ton von sich gab, sobald sie am Morgen der Sonnenwende von den ersten Sonnenstrahlen gestreift wurde, um den Moment für eine Radioübertragung zu dramatisieren. Später nahm er auch an anderen Zeremonien des englischen Ordens teil.

Es war seit einiger Zeit klar gewesen, daß der Jahresplan der Zeremonien unausgewogen war. Warum hatte man im achtzehnten Jahrhundert begonnen, die Herbsttagundnachtgleiche zu feiern, aber nicht die im Frühling? Dafür gab es keinen ersichtlichen Grund.

Einer der traditionellen Orte der freien Rede in Britannien war der Tower Hill oder *Bryn Gwyn*. Dieser bot sich an, und Reverend ›Tubby‹ Clayton, der berühmte Kriegspater, stellte einen Umkleideraum zur Verfügung. Leider wurde es nicht gestattet, die Wiese des Tower Green zu benutzen, doch in der Nähe der Kirche *All Hallows-by-the-Tower* gab es einen gepflasterten Platz, wo die Zeremonie 1956 zu neuem Leben erwachte. Es war sofort klar, daß man einen guten Ort gewählt hatte. Wenige Meter entfernt hatten sich immer schon die Menschen versammelt, um den Rednern zu lauschen, und die Leute zogen gern weiter zu dieser neuen Attraktion, die sie bald ernst zu nehmen lernten. Dort konnte Robert MacGregor-Reid auch zeigen, daß er etwas von der rhetorischen Kraft seines Vaters geerbt hatte, indem er mit seinem offenkundigen Ernst und seiner klaren Sprache die Mengen beeindruckte.

Natürlich fällt es dem Autor schwer, seine eigene Amtsperiode zu beurteilen, doch zugleich kann man diese kaum auslassen. Es soll darum so sachlich und objektiv wie möglich geschehen.

Von Beginn an gab es Probleme bei der Wahl des Nachfolgers für Robert MacGregor-Reid. In der zweiten Abstimmung entschied sich eine hauchdünne Mehrheit für den damaligen Pendragon.[43] Nach einigen Monaten sprach sich eine Reihe von höheren Ordensmitgliedern gegen seine Führerschaft aus. Es wiederholten sich die Ereignisse von 1946. Die Ältesten gründeten eine getrennte Ordensgruppe, hielten eine feierliche Investitur unter Leitung des Schreibers und erklärten den Orden im Herbst 1964 für neu gegründet. Während man die Kontinuität mit der Vergangenheit beibehielt, nahm man auch die Gelegenheit wahr, den Orden in drei Grade zu strukturieren. Das achtzehnte Jahrhundert hatte eine leidenschaftliche Vorliebe für Weiß – es war das Zeitalter der gepuderten Perücken und der schneeweißen Statuen –, weshalb es ganz natürlich erschien, daß Druiden, ungeachtet der alten Schriften, in denen von einer Hierarchie die Rede war, allesamt weiße Gewänder trugen, die den Autun-Basreliefs nachempfunden waren. Im zwanzigsten Jahrhundert erkannte man dann, daß Druiden, Barden und Ovaten genaugenommen ein Produkt verschiedener Schulungen waren. Basierend auf einer irrigen Etymologie (*ovum* = Ei) machte Wales, unter dem zweifelhaften Einfluß von Iolo Morganwg, die Ovaten zum ersten Grad. In Wirklichkeit wurzelt das Wort jedoch in *vates* = Prophet, weshalb der englische Orden die Barden richtig als ersten Grad einstufte und als Ovaten diejenigen bezeichnete, die mit den inneren Studien begonnen hatten.

Der Orden der Barden, Ovaten und Druiden begann, den vollständigen astronomischen sowie keltischen Jahreskreis zu feiern. Schließlich war es nicht ausgewogen, eine Sommersonnenwende und keine Wintersonnenwende abzuhalten, denn Tod und Geburt des Jahres sind genauso wichtig wie sein Höhepunkt. Da England mit einigem Recht den Anspruch erheben kann, als keltisches Land betrachtet zu werden, mit einer fundamental keltischen Kultur, wurden die vier keltischen Feuerzeremonien wieder eingeführt: Imbolc, Bealteinne, Lughnasadh und Samhuinn. So hält der OBOD heute mehr Feiern ab als jeder andere Teil der druidischen Welt. Um Zusammenstöße mit dem Rumpf des alten Ordens zu vermeiden, der sich weiterhin in Stonehenge, auf Tower

Hill und Primrose Hill versammelte, suchte sich der OBOD neue Feststätten.

Das frühere erwählte Oberhaupt hatte großen Wert darauf gelegt, eine Zeremonie in Glastonbury zu haben, und nach einem ersten Versuch, der die Unterstützung der Bevölkerung gewann, wurde dort auf dem Tor die Bealteinnezeremonie angesiedelt[44], die am Vorabend des 1. Mai stattfindet, des Festtags der Blumen und der Maikönigin, oder so nah an diesem Datum, wie eben möglich. Lughnasadh, die Zeremonie der Ernte und des Jahresausgangs, wurde in einem privaten Wald in den Chilternbergen abgehalten. Die Sommersonnenwende – die in Stonehenge mit immer mehr Konflikten verbunden war, seit das Bauamt begonnen hatte, die Öffentlichkeit von dem Monument fernzuhalten, das der eigentliche Tempel des Sonnwendmorgens war – wurde zunächst in der Nähe von Northampton gefeiert, auf einer großartigen Waldstätte über der Northamptonebene. Dieses und die beiden Feste der Tagundnachtgleiche wurden jedoch später zum Parliament Hill in Highgate verlegt, möglicherweise das alte Zentrum von London, wo wir auf großes Wohlwollen stießen und uns die Menschen der englischen Hauptstadt leicht erreichen konnten. Der ursprüngliche Name der Erhebung lautet *Llandin*, was mit *Caer Llundain*, dem walisischen Wort für London, verwandt zu sein scheint. Der Name ›Parliament Hill‹ deutet auf einen großen Versammlungsplatz für Diskussionen hin; das Gebiet ist heute noch, genau wie Hyde Park Corner, eines der wenigen, die nicht eingezäunt werden dürfen. Wessex war das geschäftige Zentrum der Bronze- und Eisenzeit gewesen, doch in späteren Jahrhunderten gewann der Hafen in London die Oberhand. Die Wintersonnenwende muß drinnen stattfinden, und es wurde ein geeigneter kleiner Saal im Südwesten Londons gefunden. Die beiden anderen keltischen Hauptfeste, Imbolc und Samhuinn, die ebenfalls ein Dach benötigen, wurden in einem großen Kellerraum abgehalten.[45]

Es wurden regelmäßig öffentliche Versammlungen zu Themen von allgemeinem esoterischen, okkulten oder archäologischen Interesse veranstaltet, mit Vorträgen bedeutender Redner. Intern wurden separate Lehr- und Übungsgruppen für die drei Grade des Ordens abgehalten. In Einklang mit der alten walisischen Regel hielt man sich an den Brauch, die Aufnahme in den Orden mit einer öffentlichen Zeremonie zu feiern, als Bestandteil eines der acht Jahresrituale.

Bald wird es für den Orden wohl an der Zeit sein, sich nach der intensiven Forschungs- und Aufbauarbeit der letzten Jahre auf die Veranstaltung von Treffen mit viel breiteren Themengebieten auszuweiten.[46]

# V. Andere Gruppierungen

Während der vergangenen 2500 Jahre besaß das Druidentum nie eine maßgebende regierende Körperschaft und war darin typisch keltisch. Und obwohl es zweifellos in verschiedenen Ländern viele Minderheitsgruppen von Druiden und Barden gibt, denen wir uns zuwenden könnten, wollen wir uns hier auf die Entwicklung der Hauptbewegungen in keltischen und semikeltischen Ländern beschränken.

### *Die Barden von Cornwall (Cernow)*

Während die kornischen Barden erst seit 1928 als Institution bestehen, gibt es Anzeichen dafür, daß das Druidentum dort schon sehr viel früher existiert hat. Nach einer Überlieferung der Kernow-Familie wanderte eine größere Gruppe im zehnten Jahrhundert von Wales her ein. Die Kernows, schon vorher erfahrene Bergleute, ließen sich als solche nieder und bildeten einen harten Kern der Loyalität für König Aethelstan, Alfreds Enkel, der dabei war, sein Reich auszudehnen und die Grenzen zu festigen, besonders im Westen, wo er nach seinem Sieg über Hwl, den König der Westwaliser, und dessen Verbündeten Owen von Gwent den Fluß Tamar als Grenze der südwestwalisischen Gebiete festlegte. Es war ein Zeitalter der Veränderung und wechselnder Loyalitäten. Aethelstan meinte, er wäre nun Basileus oder Kaiser des Westens, ließ den kaiserlichen Pfauenfächer vor sich her tragen und war für eine Weile der Hüter der ›Lanze des Schicksals‹, angeblich die Lanze des Zenturionen Longinus, der damit Jesus am Kreuz in die Seite gestochen hatte. Die Lanze wurde später zum ge-

164

schätzten Besitztum Karls des Großen und hat seitdem eine außerordentliche Geschichte hinter sich. Die Kernows erhielten große Ländereien, die später das ›Land der Cernow‹, Cornwall, genannt wurden.

Aus ihren Aufzeichnungen geht hervor, daß die Familie vom neunten Jahrhundert bis heute immer einen Barden im Gorsedd hatte. Es muß also irgendwo ein Gorsedd gegeben haben. Bisher handelt es sich dabei lediglich um unbewiesene Behauptungen; weitere Forschung ist vonnöten. Wir erinnern uns jedoch, daß in den letzten Jahren aus Familienchroniken häufig wertvolle neue Aspekte der Geschichte hervorgegangen sind.

Im neunzehnten Jahrhundert kam ein stark nationales Gefühl in Cornwall auf, und es entstanden Gesellschaften zur Pflege der alten Sprache, die in Gefahr war, auszusterben. Schon im achtzehnten Jahrhundert hatte William Borlase auf das große archäologische Erbe Cornwalls aufmerksam gemacht, wenn auch eher im Geiste seines Zeitgenossen Stukeley, für den fast alle alten Relikte, die nicht offenkundig christlich waren, zum Druidentum gehörten. Eine Reihe von Engländern unterstützten die Bewegung, darunter der berühmte Vikar von Morwenstow, R. S. Hawker, der das patriotische *And shall Trelawny Die?* geschrieben hat.

Doch die Sprache starb trotzdem aus und mußte 1928 wiederbelebt werden, als der Erzdruide Pedrog vom walisischen Orden zusammen mit Henry Jenner als Großbarde am Boscawen Un den Gorsedd Byrth Kernow einweihte. Die Bemühungen vieler Gelehrten hatten zu dieser Wiedergeburt geführt, und der hervorragendste unter ihnen war Dr. Morton Nance. Nur ein Grad – der des Barden – wurde eingerichtet. Sie trugen tiefblaue Roben, entworfen von Sir Hubert Herkomer. Mitglieder können Barden in kornischer Sprache sein oder auch nicht. Dann müssen sie aber zumindest die kornische Kultur schätzen oder etwas für diese getan haben. Das Ritual basiert auf dem walisischen Modell. Die Zeremonie wechselt gewöhnlich von Jahr zu Jahr zwischen Ost- und Westcornwall und wird normalerweise im August abgehalten. Der Orden hat zahlreiche Mitglieder, deren Initiation gewöhnlich erst nach langjährigem Dienst an der Kultur erfolgt.

Meist denkt man an Wales, wenn man von neuzeitlichen Druiden spricht, und die Bewegung ist in Wales sicher sehr stark, wenn auch eher nationalistisch als mystisch. Auf kulturellem Gebiet gehen die walisischen Musikwettbewerbe auf ein unbekanntes Datum zurück, jedenfalls vor der Zeit Königs Hwls des Guten (um 950 n. Chr.), dessen Penkerdd oder Oberpoet bereits einen besonderen Stuhl bei Hofe besaß. 1176 fand auf Cardigan Castle ein Treffen ähnlich einem Eisteddfod unter der Schirmherrschaft von Lord Rhys statt, doch danach ist bis zu einer Versammlung 1450 in Caermarthen nichts mehr bekannt. Das nächste Treffen, von dem Berichte existieren, fand im Norden statt, 1523 in Caerwys, und dann wieder eines 1568, wo ein von Königin Elizabeth I. eingesetztes Komitee die Barden prüfte und Lizenzen für wandernde Sänger vergab. Wegen des traditionellen Vorbehalts gegen schriftliche Aufzeichnungen wissen wir kaum mehr, bis in den Almanachen des achtzehnten Jahrhunderts Versammlungen aufgezeichnet sind.

Mit Thomas Jones, der 1789 ein großes Treffen in Corwen organisierte, beginnen die Eisteddfodau der Moderne. Zahlreiche walisische Kulturvereine entstanden, und 1792 rief Iolo Morganwg das moderne Gorsedd als zeremonielles Kreisritual ins Leben. Das Eisteddfod von Caernarvon im Jahre 1821 war eine riesige Veranstaltung, die von vielen Adligen und Landbesitzern besucht wurde.

Erst 1860 beschloß man, jährlich ein nationales Eisteddfod abzuhalten, abwechselnd in Nord- und in Südwales. Dies war nun ganz anders, eine Weiterentwicklung der Ideen von Iolo Morganwg in großem Maßstab, druidisch der Form nach, doch zugleich national statt regional.

Heute organisiert ein *National Eisteddfod Court* die Veranstaltungen, wobei der Gorsedd nach alter Regel ein Jahr und einen Tag im voraus angekündigt werden muß. Das Ganze ist ausgesprochen walisisch und befaßt sich mit Poesie, Prosa und musikalischen Wettbewerben und Vorträgen. Die Roben sowie ein paar Formalitäten und Gebete sind alles, was diese Organisation mit etwas verbindet, das über das Bardentum hinausgeht. Innere Lehren mystischer oder esoterischer Natur fehlen vollkommen, was jedoch nicht heißen soll, daß dies für ganz Wales gelten muß. Eine solche Organisation ist absolut bardisch, doch kaum druidisch, wenn sie auch sehr von sich überzeugt sein mag.

Für die Waliser haben die Bretagne und Cornwall lediglich ›Neben-Gorseddau‹, die sie nicht als eigenständig in Tradition und Sprache betrachten, während die druidischen Bewegungen Englands und Frankreichs überhaupt nicht anerkannt werden. Und doch war, als die Gorsedd-Bewegung unter Iolo Morganwgs Führung ihren Anfang nahm, auf dem Primrose Hill in London im Beisein hoher Druiden jener Tage das Englische zu einer bardischen Sprache erklärt worden, gleichrangig mit der ›altbritischen‹ Zunge. Dagegen soll vor wenigen Jahren ein Erzdruide gesagt haben, nur Waliser könnten Druiden sein, was zur Folge hatte, daß einem Gesandten aus der Bretagne der Zutritt zum Nationalen Eisteddfod verweigert wurde.

Die mystisch-symbolische Seite ist in Wales nur noch im Ritual zu erkennen. Die Aufnahme in die drei Orden der Ovaten, der Barden und der Druiden erfolgt über Prüfungen oder Berufungen, wobei Voraussetzung ist, daß der Betreffende Walisisch spricht. Der Erzdruide wird für drei Jahre gewählt und hat ein Komitee von Beamten zur Seite, die seine Entscheidungen durch ihr Einverständnis bestätigen müssen.

### Der dreifältige Orden der Bretagne

Ein anderes Land, in dem die druidische Idee gedeiht und den Nationalismus fördert, ist die Bretagne. Man vergißt leicht, daß diese Region, die fast ein Sechstel Frankreichs ausmacht, erst durch die Heirat Ludwigs XIII. mit der bretonischen Erbin, Prinzessin Anne, unter direkte französische Verwaltung kam. Der große Ludwig XIV. ist daher halb Bretone, geboren nach einer lange Zeit unfruchtbaren Ehe und einer Pilgerfahrt zu St. Anne von Auray, der Schutzheiligen der Bretagne.

Jahrhundertelang war die Bretagne unter unabhängiger Herrschaft gewesen, und für weitere Jahrhunderte war sie ein

Lehen der britischen Krone, regiert von verschiedenen *Segneurs*, oft königlichen Geblüts.

Die Bretagne, altmodisch und sehr katholisch, reagierte feindselig auf die Französische Revolution, und es fand ein großes Hinschlachten der Chonans statt. Die Bretagne war eigentlich in jeder Phase der französischen Geschichte zu einem gewissen Grad abweichlerisch, einschließlich des Zweiten Weltkriegs, wo viele zu Verhandlungen mit Deutschland bereit waren und dabei die bretonische Unabhängigkeit im Auge hatten. Die Regierung de Gaulles war der Region deshalb bitter feind, und die Bretagne wurde im Rahmen der Verwaltung merklich abgewertet. Als gleichzeitig einer der Hauptorte der Bretagne per Dekret Frankreich zugeschlagen wurde und die lebendige bretonische Sprache in den Schulen nicht mehr gelehrt werden durfte, kam es für eine Zeit zu trotzigen Unruhen.

In der Bretagne existieren zahlreiche Erinnerungen an Druidentum und Arthus-Legenden. Die Jahrhunderte der zeitweiligen Besiedlung aus Cornwall und Wales hinterließen einige druidische und bardische Traditionen und eine eigene Version der Merlin-Überlieferung. Es gab auch die berühmten Druidinnen der Seine-Insel, die von klassischen Autoren erwähnt werden. Myrddin (Merlin) war in dieser Tradition von den finsteren Künsten der Hexe Vivienne, der Tochter eines lokalen Adligen, besessen. Er offenbarte ihr seine Geheimnisse, geriet unter seinen eigenen Bann und wurde von ihr für einige Jahre unter der *Fontaine de Barentin* im Zauberwald von Broceliande gefangengehalten. Wenn man heute diese wunderbare Gegend besucht, findet man noch ein Wäldchen und die alte Quelle. Der Weg dorthin führt durch das Tal ohne Wiederkehr, wo Arthurs Schwester Morgan le Fay ihre treulosen Liebhaber einkerkerte, und durch einen Weiler namens ›Merlins Torheit‹.

In diesem Gebiet hielt der bretonische Orden für einige Zeit sein jährliches Gorsedd ab, im Dorf und am Teich von Paimpont, wobei die Zeremonie dem walisisch-englischen Muster folgte.

Die Bretonen haben also eine starke druidische und arthurische Tradition aus klassischer und mittelalterlicher Zeit, doch erst am Anfang des zwanzigsten Jahrhunderts wurde das Druidentum der Bretagne zu einer organisierten Bewegung. Die druidische Renaissance jüngster Zeit war hauptsächlich einem einzigen, bemerkenswerten Mann zu verdanken: Taldir Jeffranou, ein Dichter bretonischer Sprache und ein großer Erzähler.

Der Gorsedd von Breizh begann 1899 und wurde im September 1900 im Namen von Wales von dem Erzdruiden Hwfo Mon genehmigt. Nach gewissen Meinungsverschiedenheiten wurde die Beziehung im Jahre 1971 neu formuliert und bestätigt. Dabei wurde hervorgehoben, daß Wales andere Gorseddau nicht aktiv leiten oder verwalten würde, aber die Oberhoheit und Führerrolle innehaben sollte.

Die Verbindungen des englischen Ordens mit der Bretagne begannen während Dr. Leigh Vaughan Henrys Amtszeit als Mänarch – eine Art Außenminister des Ordens. Er war Mitglied mehrerer Gorseddau und gehörte dem leitenden Rat von Wales an. Als Henrys Nachfolger in diesem Amt baute der Autor diese Verbindungen weiter aus. Der Orden hatte daher des öfteren offizielle Auftritte auf dem Sommergorsedd in der Bretagne und nahm dort einen Ehrenplatz ein, und das bretonische Oberhaupt kam zu einigen zeremoniellen Besuchen nach Stonehenge. Dieser Austausch wurde von Wales unterbunden, indem es den Abbruch aller Beziehungen zur Bretagne androhte, falls der Gorsedd dort freundliche Beziehungen zu den englischen Druiden pflegte. Hier stehen sich Nationalismus und das Prinzip des Universalismus extrem gegenüber.

Der Gorsedd von Breizh hat viele Mitglieder und unterstützt eine gemäßigte Unabhängigkeitsbewegung. Vor einigen Jahren beschloß er, die Idee einer getrennten Regierung für die Bretagne zu unterstützen, etwa im Stil der französischen Kolonien in Afrika, mit einem gewählten Rat und einer doppelten Staatsbürgerschaft, bretonisch und französisch. Diese Ideen sind weit realistischer als alles, was die eigensinnigen Waliser jemals vorgeschlagen haben.

Der gegenwärtige *Drois Meur* ist Pierre Loisel (Eostig Sarzhaw), und der *Drouis an Tribann* ist Aldrig Russon (Stand 1975 – Hg.).

Der *Order of Bards, Ovates and Druids* erfreut sich herzlicher Beziehungen zu einem anderen nicht nationalistischen Druidenorden großer Integrität und Weisheit, dem französischen *Collège des Gaules*.

Nach den Überresten zu urteilen, hatte das Druidentum in Frankreich, wie wir gesehen haben, in früheren Jahrhunderten stärkere Wurzeln als irgendwo anders. Später war Frankreich stets ein Nährboden mystischer Bewegungen gewesen, orthodox oder nicht, und die Druiden scheinen dort weder vom Christentum verdammt noch allgemein verlacht worden zu sein, auch nicht von den archäologischen Besserwissern jüngerer Zeit.

Nach dem Niedergang des spätmittelalterlichen Mystizismus wuchs im achtzehnten Jahrhundert eine starke okkulte Bewegung heran, zu der Freimaurer, Martinisten und andere Gruppen gehörten. Vor 1789 gab es, unter königlicher Schirmherrschaft, an die 700 Freimaurerlogen. Andere Entwicklungen sind mit den Namen Martinez de Pasquales, Jean-Baptiste Willermoz und dem spirituellsten von allen, Louis-Claude de St. Martin, verknüpft. Zwei sehr große und solide Okkultisten dominierten die Mitte des neunzehnten Jahrhunderts und das frühe zwanzigste Jahrhundert: Eliphas Lévi (Dr. Alphonse Louis Constant, 1810–1875), dessen wissenschaftlicher Hintergrund seinen systematischen und umfassenden Schriften über verschiedene Richtungen des Mystizismus eine moderne, überzeugende Wendung gab, und Papus (Dr. Encausse, 1865–1916), der immense Erfahrung in der Prognostik besaß und der den Martinismus von der kleinen, ehrwürdigen Gruppe, die Louis-Claude de St. Martin hinterlassen hatte, zu der großen Bewegung machte, die sie heute ist. Er war es auch, der den Schatten seines Vaters vor Zar Nikolaus II. heraufbeschwor, was zu einer genauen Vorhersage des Datums und Ausgangs der Revolution führte.

In Paris gab es also starke Gegenströmungen zu dem Skeptizismus, der damals in Frankreich und England blühte, und die Neugründung des modernen Druidentums vollzog sich unter den Gebildeten in einer weit freundlicheren Atmosphäre als in England.

Phileas Lebesque (1869–1958) und Gutuater waren die beiden prominentesten Namen. Lebesque verfügte über einen großen Wissensschatz in allgemeinem Okkultismus. Er stammte aus der Beauvais-Oise-Region und arbeitete größtenteils in jener Gegend. Er war ein Erzähler, ein Romantiker, doch gleichermaßen ein Philosoph, Humanist und vielsprachiger Poet. Er erkannte, daß Frankreich nach dem abrupten Wandel der Revolution zu seinen früheren Traditionen zurückkehren sollte, um das Bewußtsein für etwas Tieferes wiederzufinden. Mit ihm zusammen wirkte der große Redner, Dichter und Musiker Gutuater, ein begeisterter Vertreter nicht des Druidentums, sondern einer unabhängigen Naturreligion.

Lebesque war der Meinung, daß das Druidentum des alten Gallien, als Paris noch Lutetia war, viel zur spirituellen Basis des modernen Frankreichs beizutragen hatte, und so nahm er mit Wales Kontakt auf. Eine Bronzebüste von ihm, das Werk seines Druidenbruders Cestalder, findet sich in einem Park in Beauvais.

Die französische Druidenbewegung zählt heute mehrere hundert Mitglieder und hat ihr Hauptquartier etwas außerhalb von Paris. Sie kennt vier Grade: *Bardes*, *Ouates*, *Eubages*, *Druides*. Die Führung hat ein hervorragender Autor inne, Paul Bouchet (Bod Koad), dessen Buch *Le Mystère de Perrière-les Chênes* überall gerühmt wurde. Er ist auch ein begeisterter Astrologe. Sein Pendragon ist Graf Paul de Fournier de Brescia (Ker Peoc'h) [Stand 1975 – Hg.].

# Die druidische Begriffswelt

## I. Prinzipien, Kreise und Gottheiten

Unterscheidet man zwischen dem Rassisch-Keltischen und dem Bardisch-Druidischen, so haben wir von den Lehren in Wales und Frankreich das klarste Bild.

Die Luft war universaler Geist – zusammen mit Licht das Medium universeller Schöpfung. Das erste und grundlegende Prinzip der substantiellen Schöpfung war das Wasser in seiner vollkommenen Reinheit. Als die Erde erschaffen wurde, führte dies zur Verunreinigung des Wasserprinzips. Doch selbst dann noch war alles, was mit dem Wasser zusammenhing, heilig – besonders die Quellen –, und ebenso die Bäume, die Kanäle des Wassers sind und sein Wesen auf verschiedene Weise ausdrücken.

Die Erde, veredelt durch Wasser, besaß ihre eigene Heiligkeit. Was auf natürliche Weise aus der leblosen Erdsubstanz entstanden war, wie große Steine, war ein Kanal für den Geist und verbunden mit dem Element Luft, doch sobald es bearbeitet oder zu Ziegeln geformt war, verlor es an Wert. Deshalb durfte Gott nie unter einem Dach gehuldigt werden, sondern nur unter dem Himmelszelt, am besten zwischen Bäumen. Wälder waren die Tempel. Als geistiges Element beherbergte die Luft die Seelen der Menschen zwischen den Inkarnationen.

Die beiden Prinzipien Sonne und Mond wirkten innerhalb dieses Rahmens. Die Sonne war aktives Leben und Schöpfung; der Mond als instinktive Reflexion war der geringere, weiblichere Teil innerhalb der gemischten Natur des Menschen. So war der Mond auch der Ort, wo gewöhnliche Seelen sich zwischen den Lebenszeiten aufhielten und in einem Zustand der Wahrnehmungslosigkeit ruhten, zunächst in den irdischen Wolken aus Wasserdampf.

Nach ihren Inkarnationen zogen die vervollkommneten Seelen zur Sonne, zu ›einem Ozean der Seligkeit‹. Dreimal wurden sie dort vollkommen gereinigt, bevor sie in Sphären außerhalb des Sonnensystems übergingen. Manche dachten, Meteore würden die hohen Seelen ins Paradies tragen.

Der Eine Gott wurde auf verschiedenen Ebenen vermittelt, meist in dreifacher Form.

Das in Teut oder Teutates ausgedrückte Prinzip ist bei den Druiden ein universaler Vater, aus dem Elemente der Weisheit strömen – wie Sprache, spezifisches Wissen und Schrift: Ogham-Schriftsymbole, auf Plättchen geritzt, oder Boibel-Lot-Baumschrift mit symbolischen Blättern. Teut könnte durchaus der ägyptische Tehuti sein, verwestlicht als Thoth, der Wesir von Ra und Osiris.

Hu der Mächtige läßt sich kaum von Teut unterscheiden. Er scheint eine andere Seite desselben Universalismus darzustellen. Er ist Esus (oder Aes, ein früher Gott in Gallien), was offensichtlich mit dem skandinavischen Aesir zusammenhängt. Er ist Wachstum, das Samenkorn Hé oder Hu, das sich in den großen Hu Gadarn entwickelt, ein Herakles an der Spitze der kymrischen Rasse. Er ist auch der Baumgeist im Wachstum. Er hat eine starke Verbindung zu einer anderen zeusähnlichen Gestalt, dem großen Brüller Taranus, der Stiergewalt. Ebenso ist er das Kind Gwion, das zu dem ruhmreichen Taliesin wird.[47] Hu-Hesus wird als die spezifisch druidische Form der Gottheit betrachtet.

Die Sonne im besonderen war Beli, Bel oder Belinus, gepaart mit der Großen Mutter als gehörnter Mond, da *Cer* ›Horn‹ bedeutet und ihr Hauptname Ceridwen ist. Beli ist die orange Scheibe oder der orange Ball. Es gibt auch die weibliche und wahrscheinlich frühere Form, Sul oder Sult.

Für Druiden hatten diese populären Kulte innere Bedeutungen: Ceridwen ist die geheimnisvoll lächelnde Mutter der Mysterien; Beli besitzt eine grüne Form mit der Komplementärfarbe, die zu spirituellem Wachstum wird; Sul ist eine Wassermutter wie in Bath.

Teut, Hu und Bel können als eine Dreifaltigkeit der Formen des Einen betrachtet werden, doch es gibt immer das Vierte, das weibliche Gegengewicht, die Allmutter Ana. Im

Kreis wird aus ihr die nicht Sichtbare, die sich nicht materiell offenbart, das dunkle Geheimnis, der Norden – oder auch die nicht manifeste Materie der Alchimisten.

Eine andere Triade sehen wir in der druidischen, in den Baum geritzten Glyphe in Paris. Dort steht Taranus, der Donnerstier, im Mittelpunkt, die göttliche Kraft und die Stimme Gottes. Zu beiden Seiten, auf gleicher Höhe mit dem Hauptstamm, ist das heroische Paar, Beli oder Sul und Aesus – Sonne und Leben, und über allem das heilige Zeichen ›T‹. Teutates taucht unter diesen Namen nicht auf, wenn auch die Initiale ›T‹ auf ihn hinweisen könnte – als der, dessen Name nicht ausgesprochen werden darf, heiliger als die anderen.

Und schließlich gibt es ein Paar geringerer Naturgottheiten, welche die Geister der Hügel und Täler beseelen: Penninus, der von den Bergen – man beachte die Namen von Gebirgen wie Penninen und Apenninen – und Cisa, der oder die von den Tälern.

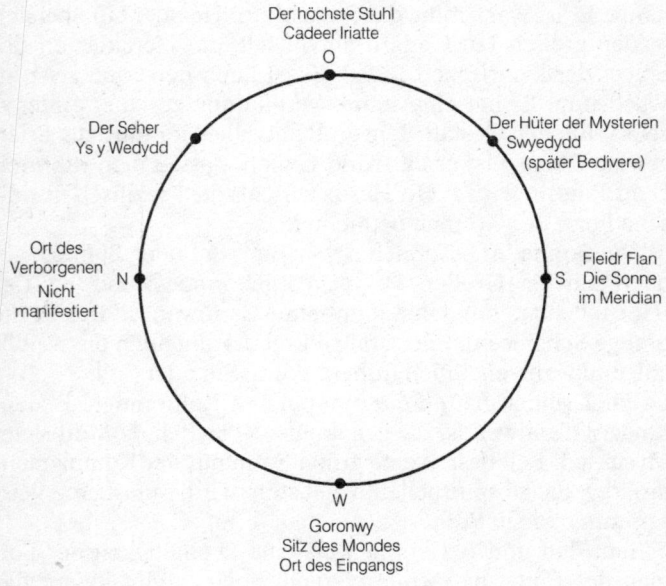

Der alte zeremonielle Kreis

## Kreise

Unter freiem Himmel formt sich der Kreis. Seine rituellen Amtsträger wie auch seine Positionen bildeten von alters her ein Trio, ein Paar und einen einzelnen Platz.

Den Vorsitz über die Zeremonien führte im Osten Cader Iriatte, der Höchste Stuhl und das Östliche Prinzip. Gegenüber lag das Amt des Monds, Goronwy, der Ort des Eingangs. Im Süden war die flammende Energie der Sonne, Fleidr Flam, die Sonne im Meridian. Der Norden war der Ort des nicht Manifestierten, das Mutterprinzip der Finsternis, des Werdens.

Daneben gab es noch zwei weitere Positionen. Die erste ist *Swyedydd*, der Wächter der Mysterien. Unter diesem Titel

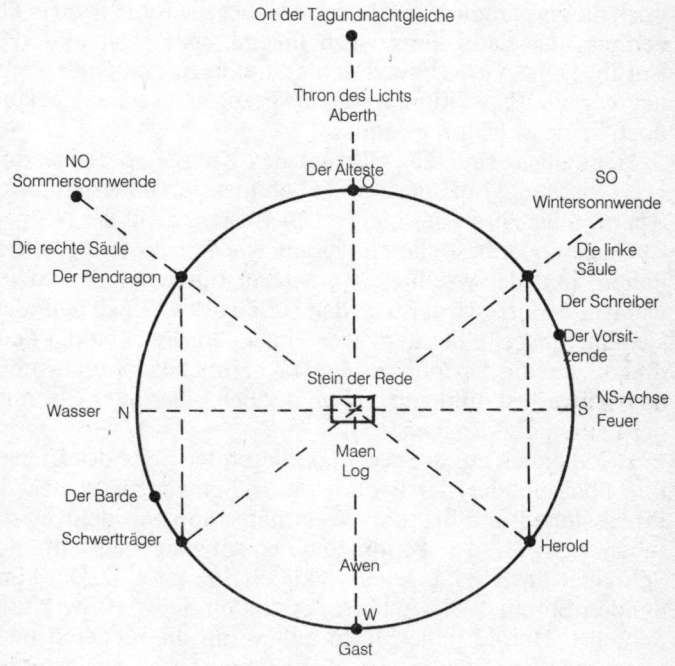

Der moderne zeremonielle Kreis

kennen wir nur Boadiceas Oberdruiden; er verwaltete die Chroniken und könnte in seiner Funktion dem späteren *Bedhwyvar* entsprechen, der in der arthurischen Mystik die Chronik, den Zeugen repräsentiert. Der zweite ist der Erleuchtete, der Seher oder Träger des Dritten Auges, genannt *Ys y wedydd*, der die Geheimnisse enthüllt. Er kannte die innere Bedeutung aller Dinge in der Natur und deren Vorzeichen.

Die tragenden Säulen des Südens und Nordens, Sonne und Mond, können wir so weit zurückverfolgen, wie wir wollen, angeblich selbst bis nach Atlantis. Dort war der Rutatempel der Tempel des Hauptgotts, der uns als Poseidon begegnet, Leben aus Wasser und Sonne; und ihm gegenüber Orichalcun, die große, weiße Todesform des Mondes. Und draußen im geheimnisvollen westlichen Ozean erhebt sich noch dieses paradiesische Land, welches die Iren *Tir-na-n'Og* nennen, das Land der ewigen Jugend, später genannt ›Hy Brasil‹. Es ist wiederholt gesichtet und in Karten eingezeichnet worden. Expeditionen sind ausgezogen, es zu entdecken, doch keine ist je dort gelandet.

Heutzutage sind die Offizien des Kreises spezialisierter. Das Oberhaupt oder der Älteste befindet sich im Osten, beim *Aberth* oder Thron des Lichts. Der Westen, nicht der Norden ist Gästen oder besonderen Figuren wie dem Mabinog vorbehalten, und der westliche Amtsträger hütet nur den Stein, wenn er benützt wird. Zu beiden Seiten des Ältesten befinden sich die Spiegelbilder der Zwei Säulen, zur Rechten der Pendragon, der die disziplinarische Macht innehat, deren Symbol das Schwert ist, und zur Linken der Schreiber oder Chronist der Lehren und Ereignisse.

Beide haben auf der gegenüberliegenden Seite des Kreises ihre Spiegelbilder, der Pendragon im Schwertträger, der die Prozessionen anführt, den Kreis hütet und mit dem mystischen Schwert des Pendragon den Zugang bewacht; der Schreiber im Herold, seinem aktiveren Aspekt, der verkündenden Stimme. Die Achsen Pendragon-Schwertträger und Schreiber-Herold bilden nach außen hin die niederen oder administrativen Säulen. Im Westen findet sich ein externer Amtsträger, ein Gast.

Neben dem Schwertträger steht der Barde, der die Musik unter seiner Obhut hat und bei Bedarf die Harfe erklingen läßt oder singt. Dies entspricht dem Prinzip der Kunst oder der Venus. Hier stehen auch etwaige externe Musiker oder Künstler, die man eingeladen hat.

Im Norden und Süden stehen sich zwei Amtsträger mit Emblemen von Wasser und Feuer gegenüber – Mond und Sonne –, je nach Ritual mit Symbolen oder den wirklichen Elementen. Am öffentlichen Ritual nehmen neun Amtsträger teil.

Weiter zur Linken des Ältesten oder erwählten Oberhaupts befindet sich der Repräsentant eines Amtes, das irgendwann nach außen vergeben worden ist, ursprünglich an eine geneigte Familie der Gegend: der Vorsitzende, der die hohen Prinzipien und Motive verkündet, von denen sich alle leiten lassen müssen. Dabei muß es sich nicht unbedingt um einen Druiden handeln. Er repräsentiert den Geist der Örtlichkeit und der Künste und ist gewöhnlich ein ehrenwerter Freund des Ordens.

In der Mitte befindet sich der Ort der Verkündung oder Inspiration, der Stein der Rede oder, in der Bretagne, der *Maen Log*. In Wales und in der Bretagne steht hier eine steinerne Plattform, gewöhnlich aus drei Platten. Der britische *Order of Bards, Ovates and Druids* benutzt einfach ein bewegliches Podest. Im allgemeinen begrenzen Steine, so eindrucksvoll sie auch sein mögen, die Mobilität der Gorseddau oder Kreisversammlungen. Die neuzeitliche Idee, Steine zu benutzen, geht auf Iolo Morganwg zurück. Während darin die Kontinuität zwischen Vergangenheit und Gegenwart und die wahre Natur dessen, wofür Steinkreise geschaffen worden sind, gut zum Ausdruck kommt, kann dieser Brauch heute auch als rückständig gelten, da man weiß, daß der Kreis nur die geistig empfundene Struktur zur Anwendung psychischer Kräfte darstellt.

Durch die drei Punkte auf der Ostseite wirken die drei Kräfte des Lichts, die bei manchen Steinkreisen durch Peilsteine außerhalb des Rings markiert sind. Der zentrale Stein genau im Osten repräsentiert die Lichtstrahlen der Tagundnachtgleichen, die Zeiten des Gleichgewichts. Der Stein im

Nordosten ist der Lichthöhepunkt der Sommersonnenwende, der im Südosten der Ort der Wiedergeburt der Sonne im Mittwinter. Die drei Strahlen von diesen Steinen treffen die Mitte des Kreises und gehen weiter, um die Lichtform des Niedergangs zu bilden, den *Awen*, die drei Strahlen des Lichts oder drei Säulen der Weisheit, bretonisch *Tribann*, in Indien *Tri-Sul*. Dies ist die Form, die nach außen gibt, und ihr Geben entspricht der Evokation, sie wird ›hervorgerufen‹. Die drei von Osten einfallenden Strahlen stellen das Gegenteil dar, Kräfte, die herabkommen und sich konzentrieren, was der Invokation oder ›Anrufung‹ entspricht.

Das Symbol der evozierenden Form ist das übliche Druidenzeichen. In Indien und in den Ritzzeichnungen des Wadi Hammamat ist es umgedreht, doch das ist nur ein anderer Aspekt desselben Zeichens. Innerhalb eines Kreises zeigt das Zeichen die drei Aspekte des Göttlichen, Wahrheit, Schönheit und Liebe, die im Kreis der Weltschöpfung wirken. Zuweilen wird es das Zeichen der heiligen Taube genannt. Als Federn des Prinzen von Wales hat man ihnen eine falsche Etymologie ihres Mottos unterlegt, nämlich ›Ich diene‹ statt des kymrischen *Eich Dyn*, die ›Kraft des Menschen‹, das heißt, die Kraft Gottes, die durch den Menschen wirkt – womit umfassend ausgedrückt ist, was die drei Strahlen des Lichts bewirken sollten.

Zu den beiden Säulen von Pendragon/Schwertträger – das grundlegende Prinzip von Ordnung und Stärke – und von Schreiber/Herold – die Eröffnung von Lehre und Weisheit – gehört natürlich die dritte Säule, die Mittlere Säule der Kabbalisten. Sie betont die uralte Verbindung zwischen dem Weststein, der ein zeremonieller Stein oder ein Pfeiler sein kann, und der Luft, dem Osten, dem Ort der geistigen Kraft, die in der inneren Spannung der meisten Steine widerhallt. Dies wird dramatisiert im Zentrum, im Stein der Rede, wo Inspiration empfangen wird. Im Zentrum ist manchmal ein wirkliches Feuer, ein Ort der Verwandlung; es ist das Zentrum der Kräfte, die im Kreis zielgerichtet wirken. Die Mittelsäule ist also das wahre Leben und der Geist des Ganzen.

# II. Die keltischen und druidischen Hauptgottheiten

Die Hauptgötter der keltischen Stämme können als eine Auswahl aus zahlreichen lokalen Gottheiten aufgefaßt werden, von denen Hunderte von Namen überlebten, und sie wechseln Namen und vermischen sich untereinander in verwirrender Weise. Wann immer ein römischer Autor für einen solchen Gott ein Ebenbild im klassischen Pantheon findet, kann man sicher sein, daß die Ähnlichkeit nur oberflächlich ist und viele Eigenschaften nicht berücksichtigt wurden. Zudem zeigen die diversen Götterfiguren in Gallien andere Bedeutungsschwerpunkte als die in England, die wiederum von denen in Eire verschieden sind.

Beginnen wir mit der liebenswürdigsten Gestalt: Hu oder ›Heu'c‹, der auch Hu Gadarn, Hesus und Esus ist. ›Heu'c‹ scheint identisch mit dem Namen oder Ausdruck für Geist oder Atem im allgemeinen, der aus den Tiefen von Zeit und Raum stammt. Hû ist der Samen, das Kind, der Kleine, der zum Riesen heranwächst – und Hu Gadarn ist der, welcher die kymrischen Stämme während der Völkerwanderung der Eisenzeit nach Westeuropa führt. Hesus ist der Geist des Wachstums, der im Baum wohnt. Er wird sichtbar an der ersten Astgabel. Hier kommt auch Silvanus als ein weniger bestimmter Waldgott ins Spiel.

Lugh (›Loo‹) oder Lugaidh (›Louis‹) oder Lud, wie in ›Ludgate‹, ist zweifellos das Licht, das den Weg zeigt und führt, und hat wahrscheinlich mit Berggipfeln zu tun, Orten der Orientierung. Es gibt jedoch auch Hinweise, daß er weit mehr war als das. Daß die Römer ihn mit Merkur identifiziert haben, deutet darauf hin, daß er der Gott und Wegführer der Toten war, und bei den Völkern, die an Metempsychose[48] glaubten, muß er auch der Führer zurück ins Leben gewesen sein. Man könnte annehmen, daß der nicht seltene dreigesichtige Lugh/Merkur in die verschiedenen Welten schaut. Die späten Kelten hatten ohnehin eine dreifache Anderswelt. Aus diesem Grund ist er bedeutend und sein Name allerorten vertreten, denn er war ein Wegweiser sowohl auf dieser Ebene als auch – wichtiger noch – auf den nächsten.

Der gehörnte Gott ist ein Gott der Natur, der Naturkräfte und der Fruchtbarkeit. Er zeigt sich als die halb menschliche Gottheit mit Hörnern, Cernunnus, zwischen seinen Helfern aus der Tierwelt, und mit größerer Macht als Taranus, der Donnergott, der mit dem brüllenden Stier und der Macht des Himmels identifiziert wird. Hier kommen wir einer klassischen Zeus-Jupiter-Figur ganz nahe, denn Donner und Blitz waren die Himmelskräfte des Vaters der Götter, dessen Stier ein Geschöpf großer Güte und Würde ist. Ein großartiges Basrelief in Paris zeigt ihn, als wären seine vier Beine die Säulen der Welt, und sein Rücken ist so breit wie der des Stiers des irischen Epos, auf dem fünfzig spielende Kinder Platz haben. Auf seinem Rücken und Kopf stehen die drei Kraniche der Weisheit und um ihn herum drei edle Bäume. Auf seiner Brust hat er drei Streifen (vgl. Seite 113).

Teutates ist ein stimmgewaltiger Heldengott, ein Krieger. Die Visionen, die man von ihm gesehen hat, haben gigantische Ausmaße. Doch das ist nicht seine einzige Gestalt. Sein Name könnte auf den ägyptischen Thoth zurückgehen, und er könnte auch der Bevollmächtigte oder Wesir des Taranus sein, wenn dieser als ein Zeus zu betrachten wäre, so wie es der ibisköpfige Thoth für Ra war. Daher die Kraniche – Vögel der Weisheit und des Schrifttums – um Taranus: »Ra hat verfügt, Thoth hat gesprochen«, wie die ägyptische Formulierung heißt.

Die einzelnen Naturkräfte haben ihre besonderen Repräsentanten. Eine Form der Sonne ist der irische Große Og, doch in jenem widersprüchlichen Land hat die Sonne auch eine Muttergestalt, Grainne (›Graun-yer‹), die weibliche Form eines männlichen Grian, der von keiner großen Bedeutung zu sein scheint. Og könnte die Sonnenscheibe sein – es ist auch das Wort für Jugend und Sommer –, während Grian und Grainne ursprünglich das beseelende Prinzipienpaar dahinter war.

Herakles scheint ziemlich oft aufzutauchen, vielleicht entliehen von einem ähnlichen Gotthelden, mit dem er zu identifizieren wäre. Der Riese von Cerne hat zwar Herakles' Keule, ist aber hauptsächlich eine Fruchtbarkeitsfigur ganz anderer Art.

Ogs Sohn ist der jugendliche Hauptliebesgott, Aenghus mac-in-da-Oc des Palastes an der Boyne, ›New Grange‹ oder Cashel Aengus.

Als älterer, vorkeltischer Sonnengott, der auch für die Erde steht, erscheint der einäugige Dagda, dargestellt mit einem riesigen Kessel, aus dem sich ganze Armeen ernähren können, und einem Löffel, in dem eine Frau und ein Mann Platz haben, vermutlich um sich zu paaren. Er ist der Große, Dagda Mor, und Vater der Hauptgöttin Dana. Als Gott der Harmonie, mit der Leier der Jahreszeiten, hat er auch noch höhere Funktionen.

Die Haupt-Rassen- und Landesgottheit Irlands ist zweifellos die stets erhabene Göttin Dana. Bemerkenswerterweise gibt es sie sowohl in Eire als auch in Griechenland. Sie ist leicht als die Ahnin der griechischen Rasse der Danaer sowie der Tuatha dé Danann zu erkennen. Sie scheint ihre Bedeutung als rassische Figur zu behalten, wohingegen sich die üblichen Attribute der Muttergöttin auf drei Formen verteilen. Auf den Britischen Inseln sind dies die folgenden:

- *Grainne, Olwen, Ellen, Niwalen* etc. Sie sind die verführerischen Formen der jungen Frühlingsgöttin (Eire, Wales und England).

- *Brighid* ist die zentrale Gestalt der Natur und der starken Frau, die Göttin des Handwerks, des Krieges, der Fürsorge und Mutterschaft, der Sommer des Lebens, doch auch der Mond mystischer Fruchtbarkeit; zu finden in Eire und England. (Die männlichen Götter des Handwerks in Irland waren Diancecht der Kräuterheiler und Goban oder Goibniu der Schmied, der die Panzer der Helden schuf.)

- *Ceridwen* ist die Hauptform in Wales, die alte Sybille des Herbstes, Prophetin und ›Hüterin der Saat‹. Es gibt auch zwei jüngere Formen, doch sie sind von geringer Bedeutung.

Auf dem europäischen Kontinent ist *Epona* eine Hauptform der Göttin, manchmal als Zentaurin, manchmal recht ungraziös seitwärts auf einem Pferderücken. Das Pferd muß, wo immer es auftauchte, eine gewaltige Wirkung gehabt haben, sowohl mystisch als auch materiell. Es befähigte zu schneller Fortbewegung, war ein Eroberungswerkzeug und ein Erfüller von Träumen. Das fliegende Pferd begegnet uns in Mythen und Traumdeutungen. Die Menschen brauchten eine lange Zeit, um sich an die Möglichkeiten zu gewöhnen, die sich durch Pferde boten. Noch zu Arthurs Zeiten war die Kavallerie eine Überraschungswaffe gegen die Sachsen.

Die Hauptformen dieser Gottheiten sind der gallische Stier Taranus, Teutates als eine Art Mars, jedoch auch als Lehrer, Cernunnos, der Naturgott der Bäume und Tiere, Lugh als Merkur und in anderen Gestalten, Epona und natürlich Ana oder Dana.

Man kann diese Gruppe nicht in ein Muster nach klassischer Art einordnen, es finden sich höchstens hier und da irreführende Parallelen. Die keltischen Gottheiten existieren selbständig in der Form, wie unser Bewußtsein und unsere Vorstellung auf sie reagieren.

Hu-Hesus oder Esus ist der am eindeutigsten druidische Begriff – das Samenkorn, aus dem ein Riese erwächst, der winzige Maban und der mächtige weiße Stier.

Lugaidh als Gott der Seelenwanderung hat auch einen druidischen Aspekt. Die allgemeine Gottheit von Stonehenge ist, zumindest mit einiger Wahrscheinlichkeit, der populäre Lugaidh, das Licht, und im besonderen Beli oder Belin, die eigentliche Sonnenscheibe. *Heol* ist das bretonische Wort für die Sonne, weshalb die Bezeichnung ›*Heel stone*‹ (Fersenstein) eine lächerliche Fehldeutung darstellt und es natürlich Heol-Stein heißen muß.

## III. Die druidisch-keltische Form

Im Osten stieg Lord Vishnu in Form des heiligen weißen Elefanten nach Mauraya herab, und Gautama Siddharta, der Erleuchtete, wurde geboren. Im Westen erreichte die Weisheit viel früher das Land der Hyperboräer, wo man unablässig den Sonnengott feierte, mit Gesang und Tanz. Zur Wiedergeburt des Lichts wurden zwei weiße Stiere geopfert, und es existiert immer noch eine Herde weißer Rinder. Einer der früheren Namen Britanniens ist ›Land des Weißen Stiers‹.

Es verging ein geheimnisvolles Zeitalter. Dann sah man in den heiligen Hainen der keltischen Ära auf dem mittleren Trieb der dreifältigen Eiche den Namen von Taranus, dem Stier, der die manifestierte Kraft Gottes ist.[49] Auf dem Ast zu seiner Rechten war Beli, die Sonne, die externe Form von Og, der Hitze des Sommers, wenn die Sonne am höchsten steht. Zu seiner Linken war Esus, das Wesen des Baumes selbst. Er ist als steinerne Form zu sehen, die aus einem Baum wächst, und könnte für den auf der physischen Ebene vollendeten Menschen stehen.

Über dem göttlichen Stier auf der Baummitte deutete der Buchstabe ›T‹ an, was nicht geschrieben werden durfte, der Name der Manifestation Teut, Tehuti oder Thoth, dessen mittlere Silbe *hu* oder *hé* war, in klassischer Zeit Teutates genannt. Er steht mit erhobenen Armen und bringt den Blitzstrahl der Kraft und des Lebens vom Himmel zur Erde.

An der Wurzel darunter war, wie man annehmen kann, eine Schale, personifiziert als die Allmutter Ana, die weibliche Form von Ån, die alles hervorbringt, was stofflich ist, und der die Elemente Feuer und Wasser zugehören, die in späterer Form – und vielleicht auch schon früher – Wasser und Land der Erde, *terra*, umfaßten.

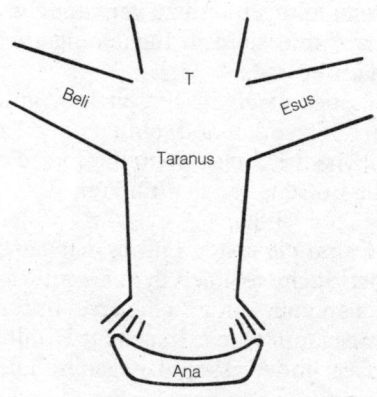

Der heilige Baum der Druiden

Grenzenloses Licht und Luft sind die beiden göttlichen Elemente, in denen der Geist des Menschen und allgemein die schöpferischen Kräfte wohnen. Licht ist göttlicher und am wenigsten stofflich; man kann es nur wahrnehmen. In intensiverer Form ist es das Feuer, das verwandelt. Luft ist ein Element, das man fühlen kann; es nährt das visionäre Leben.

Wasser in Form reinen Quellwassers bringt Erfrischung und Kraft, die auf eine mehr materielle Weise ebenfalls göttlich sind. Ihre Verkörperung sind die Bäume. Doch gefangenes Wasser wird böse, da es den Samen der Finsternis in sich trägt. So ist Ana sowohl Reinheit als auch Finsternis.

Erde, wo sie am dichtesten ist, als harter Stein, birgt die Spannungen des göttlichen Blitzes des Teut und sein unsterbliches Wort; sie ist also der Luft verwandt, in die der hohe Stein sich erhebt, und ihre Repräsentantin. Doch wenn Erde als Stein oder Ziegel vom Menschen bearbeitet wird, verliert sie ihre Göttlichkeit und wird zum Gefängnis, und gewöhnliche Erde ist nichts als dichte Materie. Je dünner die Kerkermauer zwischen dem Menschen und dem göttlichen Licht und der Luft, desto besser; denn unter keiner Art Dach kann dem Göttlichen wahrhaftig gehuldigt werden, nur unter dem Himmel, in der Nähe aufstrebender Bäume oder spannungsgeladener Steine.

Das Feuer, die intensivere Form des Lichts, ist dazu da, die dunklere Erde zu reinigen und zu verwandeln. Es ist der große Transformator und steht in Beziehung zur Frau, die den Kessel des Feuers besitzt.

Aus den Bäumen erschafft Teut viele wunderbare Geister mit heilenden, reinigenden und schützenden Kräften. Esus ist ihr Oberhaupt. In die Steine schreibt Teut die Chronik des Lebens und die Botschaften der höheren Welten.

Luft und Stein sind die ersten Führer des menschlichen Geistes, der auf der Suche ist nach dem *Geist*. Im Schatten zwischen den Steinen vollzieht sich die erste Initiation, die Taufe der Luft und der Dunkelheit. In seinen Hohlräumen enthält der Stein Wasser, und Wasser in Kristallschalen wird in das Licht des neuen Tages erhoben. Im durch Licht transformierten Wasser liegt dann die zweite Initiation der Taufe.

184

So ist das Prinzip des Feuers als Licht im lebenspendenden Wasser die Vollendung des Geschenks, das in der Dunkelheit von Stein und Luft vorbereitet worden war, zum Beispiel zwischen den hohen Steinen des nördlichen Gewölbes von Avebury. Aus der Dunkelheit kommt im Morgengrauen das Sommerlicht als Beli über den Stein des Heol, und ebenso trifft der Mittwinterstrahl das Wasser im Tempel von Cashel Aenghus (New Grange) oder in den erhobenen Schalen afrikanischer Stämme, die der übermäßigen ›Zivilisation‹ noch entgangen sind. Schalen, Kreise, die Hufeisenform und das Wasser werden als weiblich angesehen, obwohl sie auch ein männliches Element enthalten können. Feuer und Licht sind im allgemeinen männlich und manchmal weiblich. Menhire sind männlich.

Im heiligen Steinkreis waren immer nur drei Positionen ausgefüllt, nicht vier: Die Amtsträger repräsentierten den Stein des Lichts im Osten, das Wasser des Wachstums im Westen und das Feuer des göttlichen Lebens im Süden. Doch der Norden war der Ort des großen Unmanifestierten, des Samens, des verborgenen Wachstums. So gibt es im mystischen hebräischen Alphabet nur *Aleph*, den Luftvater, *Mem*, das Wasser, und *Shin*, das Feuer.

Einer dieser fünf genannten Aspekte oder Gestalten erlangte eine größere Bedeutung als die anderen. Wir wissen, daß Hu oder Hé der Samen und die Essenz war, die Form der Gottheit, die wie Gwion vom Geringsten zum Größten wächst. Hu, entweder mit einem leichten ›i‹ wie *hé* oder wie *heuc'h* ausgesprochen, ist das Wort der Schöpfung, der Samen des Feuers, der erste Laut. Auf den ersten Blick erscheint er nicht in der Glyphe des druidischen Baums, bis wir das mysteriöse ›T‹ erforschen und erkennen, daß in der älteren, ägyptischen Form Teutates Tehuti ist – mehr oder weniger, da wir die ägyptischen Vokale nicht kennen. Jedenfalls gibt es zwei ›t‹ mit einem ›h‹ dazwischen. Nun ist aber die Silbe *hé*, der Laut des Atems, griechisch E, nicht nur das spätere walisische *Hu* oder *Heuc'h*, sondern hat bekanntlich auch in vielen anderen Sprachen dieselbe essentielle Bedeutung des schöpferischen Atems oder Lebens. E war als Symbol des göttlichen Atems

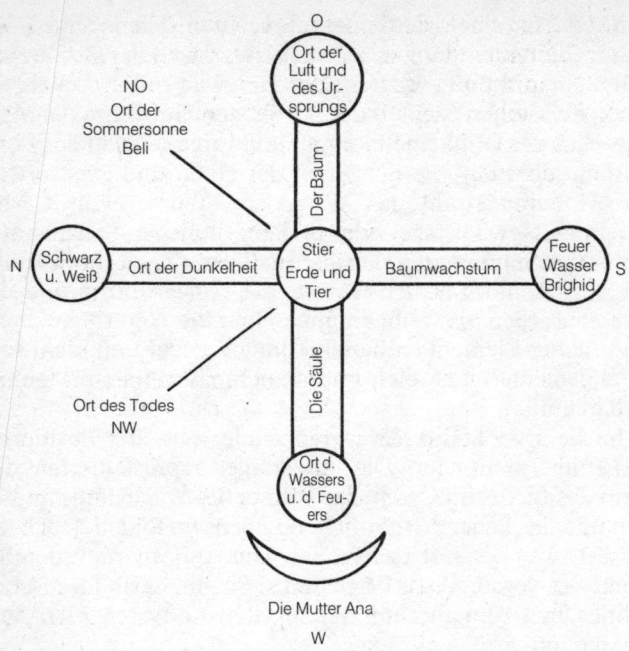

Ein orientiertes Schema

und der Prophetie über dem hohen Tor des Apollotempels zu Delphi eingemeißelt. Die Annahme ist also berechtigt, daß hier der *Hu*-Laut von der hohen Ebene der ersten Offenbarung zwischen den beiden ›T‹ oder Bäumen herabsteigt und sich mit Aesus als Hu-Hesus oder einfach Hesus vereinigt, genau wie der Buchstabe *Shin* zwischen die vier Buchstaben des mystischen Tetragrammaton herabsteigt und (nach Hinzufügung der Vokale) YHVH in YEHESHUA verwandelt. Diese Kombination mit dem Samen oder Wort finden wir in allen Dingen. Hu ist im herangewachsenen Baumgeist, der aus dem Baum aufsteigt und der auch den Menschen repräsentiert. Drei solcher Baumgeister umringen Tarvos Trigaranus in Paris.[50]

Dies waren die frühen Ideen der Culdees, der Suchenden

im Druidenkolleg, wenn es nun auch als Kloster oder Konvent bezeichnet wurde. Zweiundzwanzig Zentren druidischer Gelehrsamkeit sind auf den Britischen Inseln verzeichnet, und in jedem davon wird es mindestens eine Schule gegeben haben, die Teile des zwanzig Jahre währenden vollen Ausbildungsgangs gelehrt oder generell die Häuptlingssöhne erzogen hat.

Die fünf oder sechs Aspekte der Gottheit sind dargestellt mit dem ursprünglichen Licht, Geist oder Plan an der Spitze des Schemas – im Osten, wenn man es unter dem Aspekt der Himmelsrichtungen betrachtet –, während der Mittelpfosten oder -baum als die himmlische Kraft und Energie in der Materie, die sich im Eichenstamm oder Stier zeigt, nach unten verläuft. Tara, Eires frühe heilige Stätte, war mit großer Wahrscheinlichkeit diesem Stier Taran geweiht. Die Wurzel und Basis ist Ana, in der das Feuer des Wachstums und das nährende Wasser des Lebens vereinigt sind. Links, im Nordosten, befindet sich Beli, die Sommersonne – in manchen Versionen Sul, die weibliche Sonne von Bath –, doch auch direkt im Norden, der erhabenen Wurzel der Dunkelheit. Rechts, im Süden, findet sich kräftiges Wachstum, Aesus, das Hu, die Essenz, umfaßt, möglicherweise auch ein weibliches Feuerbecken, dargestellt als Brighid.

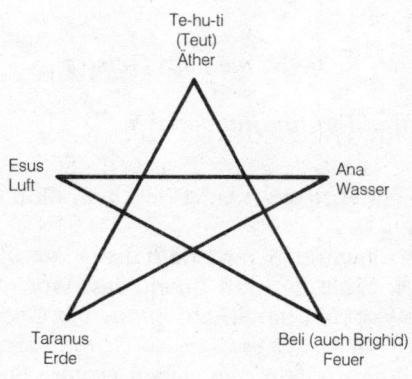

Das druidische System des Pentagramms

Man nimmt an, daß es zwei weibliche Becken gibt: eines, das zu Mond/Wasser/Erde im Westen gehört, das andere der Feuerkessel im Süden. Beide existieren im Mythos, und sie vervollständigen dieses Schema.

Ohne daß dies dem einen (dreieinigen) Gott Teut und dem schöpferischen Samen oder Wort Hu oder Hé in irgendeiner Weise Abbruch tat, hatten die Kelten also eine Reihe wandelbarer Formen und Bilder, die ihnen halfen, die verschiedenen Funktionen des Einen Geistes auseinanderzuhalten.

Eine andere Form der Darstellung dieser Funktionen war das Pentagramm, das wahrscheinlich schon im Mittleren Osten philosophisch ausgearbeitet worden war. Hier ist das Samenkorn Hu, als das Gestaltungsprinzip des Ganzen, im *Äther*, der als Licht gesehen wird. Der Stier ist die feste, fruchtbringende Erde, und die Mutter ist die Wasserschale. Hu steigt auf der anderen Seite zur Sonnenscheibe herab, zum schöpferischen Prinzip des Feuers, und erhebt sich dann zum Baum, der in die Luft ragt, das Wachstum, welches den Samen Hu erfüllt. Der Urgrund von allem ist immer noch der Ursprung/Vater Teut, *Äther* als Licht. Zwischen seinen beiden Bäumen – sollen wir sagen: die paradiesischen Bäume der Weisheit und der Erkenntnis von Gut und Böse? – senkt sich das Samenkorn in Esus.

Eine Zusammenfassung der Namen in zwei Hauptschemata mag der Klarheit dienlich sein.

### Die Namen des Geistes

#### 1. *Wandel und Kontinuität von Ån*

*Sumer*

- Die Dreifaltigkeit von Ån, Enlil, dem Gott des Windes, und Ana.
- Ån ist verschwunden, hinterläßt die Duade als Regenten.
- Enlil entwickelt die Kraft Enem, das ›Wort‹, auf dem die Last der Welt ruht (tamilisch: *Enam*, der Gedanke, der erschafft).
- Aus Enlil entwickeln sich sieben weitere Formen (ergibt insgesamt acht).

- Ån unterteilt sich in die acht Aspekte des sumerischen Zodiaks, die alle zu ihm gehören.
- Ån mit drei Lichtstrahlen taucht im Wadi Hammamat auf.

### Mohenjodaro
- Ån als erster der Triade, als Herr, mit Anal und Ama, der Mutter. Im modernen Tamilisch: *Andavar*.
- Enal und Ån haben jeweils acht Formen; es gibt einen achtteiligen Zodiak, möglicherweise seit 4980 v. Chr.

### Indien
- Ån: der Gott mit dem 4–3 Dreizackhut.
- Hé ist Isvara (der Herr).
- Shiva, das historische Gegenstück, ist ein alternativer Name, und Ån wird als *Vak* übersetzt, was ›Himmel‹ bedeutet.

### Ägypten
(1)
- Ra ist das drawidische Wort für Licht.
- Ras Stadt = Anu; Anur = Stadt des Ån; Bibelübersetzung: On; griechisch: Heliopolis, die ›Stadt der Sonne‹.
- Ras Symbol ist der Obelisk; Åns war eine geriefte Säule.
- Auch Ra hat acht Formen, als Familie. Er ist aus dem Abgrund von Nu (wahrscheinlich in Umkehrung von ›Ån‹) geboren.

(2)
- Osiris (griechisch); besser: ›Ausar‹. Ägypten wird von Set überfallen, der Ausar besiegt. Ihre Anhänger scheinen sich zu vermischen, wodurch das Volk der Ägypter entsteht. Ra erscheint nun als allgemeine Gottheit. Eine Zeitlang herrscht Set.
- Doch Ausars wahrer Nachfolger ist Heru (Horus), der Set ersetzt, und die Ån-Konzepte kehren zurück.

### Hebräisch
Ån erscheint in manchen Inschriften als ›El‹, ein ursprünglicher Name für Gott; beides bedeutet schlicht ›Herr‹.

*Persisch*
Ån ist die Grundlage des Namens ›Iran‹.

*Bretonisch und kymrisch*
- Das Zeichen der drei Säulen des Lichts: Trib*ann* (bretonisch) und *Awen* (kymrisch).
- Ana als Große Mutter: weibliche Form von Ån.

## 2. Die Entwicklung von Hé

Der gehauchte *E*-Laut, auch als ›u‹ dargestellt, in Nordwales als kurzes ›i‹ ausgesprochen, hängt allgemein mit Feuer, Licht oder Luft (= Geist) zusammen.

*Ägypten*
- Hu: =der Name der Sphinx als Herr der Zwei Horizonte, i. e. Mondaufgang und Sonnenaufgang (jeweils mit Untergang).
- Hru = Heru = Horus, der Falke des Lichts.
- S-hu = Wind und Geist.

*Griechenland*
E ist die Inschrift über dem Torbogen in Delphi und bedeutet göttlicher Atem oder Prophetie.

*Gallien*
- Hesus = Esus + Hé: die Gestalt an der Gabelung des Eichenbaums.
- Teutates, der Führer-Gott, ist Thoth oder Te*hu*ti; das zentrale göttliche Prinzip ist Hu.

*Sonstige*
- Im Kymrischen ist Hu (›heu'c‹ ausgesprochen) Gadarn das winzige Samenkorn oder göttliche Atom, das zu einem Großen heranwächst; Name eines halbgöttlichen Führers.
- Hebräisch: *Yod-he-vau-hé* (YHVH) ist das Tetragrammaton, der vierfältige göttliche Name.

- Mexiko: Das älteste Abbild eines Gottes in Mexiko ist *Huehuetcotl*, der alte Gott des Feuers, mit einem Feuerbecken auf dem Kopf und einem quadratischen Kreuz.

# IV. Neun Aspekte von Arthur

*Der historische Arthur*

Gegen Ende des dritten Jahrhunderts n. Chr. litt ganz Westeuropa unter Horden plündernder Piraten aus dem germanischen Raum. Man nannte sie Sachsen, und sie standen, wie später die Dänen, unter der Führung junger, abenteuerlustiger Prinzen. Ihre Zivilisation war weniger hoch entwickelt, und obwohl ihre Kriegerbanden sich schließlich erfolgreich niederlassen konnten, blieben sie stets eine Minderheit. Einige unserer Wochentage sind nach ihren primitiven Göttern benannt, und sie trugen auch etwas zu unserer Sprache bei, doch zu Beginn waren die Sachsen nichts als Marodeure, die es in Schach zu halten galt. Die Römer mußten einen besonderen Marineführer bestellen, den Grafen der Sachsenküste, und in einer Reihe von Häfen Schiffe stationieren, um die gesamte Ost- und Südostküste zu verteidigen, nicht immer mit Erfolg.

Nach einer recht oberflächlichen Einführung in das Christentum zogen die römischen Legionen im Jahre 407 eilig ab, um Rom zu verteidigen, das jedoch 410 fiel. Später wurden sie von den inzwischen recht stark romanisierten Briten zurückgebeten und schickten anscheinend auch etwas Hilfe, doch größtenteils mußte Britannien sich allein gegen die Sachsen wehren.

Die Briten, jedenfalls im Südosten und vielleicht auch in der Mitte, waren bereits zu einem gewissen Grad ein Volk der Klassik, mit römischen Bräuchen und Werten, zum Teil des Lesens und Schreibens kundig und geneigt, stolz auf ihr Römertum zu sein, denn unter ›Römer‹ verstand man nun den britischen Römer, zivilisiert im Gegensatz zu den Barbaren ringsum. Hier betritt nun der historische Arthur die Bühne, mit dem stets der Name von Ambrosius Aurelianus, letzter

191

der großen Römer kaiserlichen Geblüts in Britannien, in Verbindung gebracht wird.

In den Ländern, die Rom verlassen hatte, wünschte man sich stets diese feste, prunkvolle und kultivierte Herrschaft zurück, deren Exponenten man romantisierte. So wurde der latinisierte Artorius (wahrscheinlich kymrisch *Arth* oder *Aradr*, ›Bär‹ oder ›Stärke‹) zum Symbol für ein großes, legendäres Reich des Friedens und der spirituellen Kraft, das dann mit dem Rittertum späterer Jahrhunderte vermischt wurde.

Erst T. D. Reeds bemerkenswerte Studie *The Battle for Britain in the Fifth Century* (1944) konnte Arthur als geschichtliche Figur rehabilitieren. Er erscheint als ein tatkräftiger General, der weiß, wie man den plündernden Sachsen entgegenzutreten hat. Er hatte keine Flotte, doch als romanisierter Brite wußte er, wie Kavallerie einzusetzen war. Indem er schneller zwischen den Gebieten wechselte, als Fußtruppen marschieren konnten, schlug er die Sachsen immer wieder, und schließlich besiegte er ein großes Sachsenheer in der Schlacht von *Mons Badonicus* – Mount Badon, vermutlich bei Bath –, und das Land hatte Frieden. Während das übrige Europa zerbrach, hatte Britannien für dreißig Jahre Ruhe.

Diesem historischen Arthur verdanken wir, daß Britannien immer noch in weiten Teilen keltisch ist. Es hatte Zeit, sich zu konsolidieren. Als dann die dänischen Invasoren auftauchten, trafen sie auf Widerstand. Sie konnten zwar eindringen, doch nur zu einem gewissen Grad, und die keltischen und kymrischen Völker absorbierten sie schließlich. Die keltische Rückeroberung fand tatsächlich statt. Alfred dämmte die Invasion ein, und Wessex entstand – fast dasselbe westliche Gebiet, wo in der Bronzezeit die megalithische Kultur der frühen Druiden geherrscht hatte. Völker kolonisieren Regionen, doch Regionen formen auch die Völker.

### Der Erretter aus der Hölle

Im Mittelpunkt der britischen okkulten Tradition stehen Arthur und der Heilige Gral. Obwohl sie durch das Gralsritual miteinander verknüpft sind, stellen sie zwei ganz verschiedene Konzepte dar, jeweils auf mehreren Ebenen – wie es bei jedem tiefen Symbol der Fall ist. Den historischen Arthur haben wir bereits abgehandelt, doch nun lassen sich noch acht getrennte Bedeutungen von Arthur unterscheiden und mindestens fünf für den Gral.

Der früheste und vielleicht grundlegendste Arthur ist der Retter, der in die Hölle hinabsteigt, um die Gefangenen von Annwn zu befreien. Das Gedicht aus dem neunten Jahrhundert, ›Die Gefangenen von Annwn‹ (*Preiddeu Annwn*), das hier wiedergegeben ist, wird Taliesin zugeschrieben, obwohl auch Elemente des kleinen Gwion darin vorkommen. Aradr ist natürlich mit Arthur identisch, und Pwyl und Pryderi sind Herren des Totenreichs (in Pembrokeshire).

Prydwen ist das Glasschiff, das Trance oder Vision repräsentiert und auf dem die Seher reisen. Gwair ist Arthurs Page, der ihn zuvor gerettet hatte und den er nun retten muß. Llaminaweg ist der getreue Bedivere (Bedhwyvar). Von den Burgnamen (*Caer*) ist nur der erste zu identifizieren – wenn überhaupt, denn *Caer Wydr*, die ›Glasburg‹, scheint auf Glastonbury anzuspielen, dessen blaue Kette (Zeile 8) Wasser ist. Die übrigen sind gleichbedeutend. Manche kann man entschlüsseln: *Caer Sidi* (der Turm der *Sidhe* oder Geister) ist der finstere Turm der Toten; die anderen Namen beschreiben ihn als *Rigor* = königlich, *Colur* = düster, *Pedryvan* = ›viermal drehend‹, *Vidiwed* = ›von den Vollendeten‹, *Vandwy* = ›auf der Höhe‹ und *Ochren* = ›von den Terrassen‹. Der finstere Turm der Toten ist also königlich, düster, hat vier Brunnen und gehört den Vollendeten, denn er befindet sich hoch oben auf einer mit Terrassen abgesetzten Anhöhe.

Und wer waren die sieben, die von der Burg des Todes zurückkehrten? In klassischen Legenden findet man einige, die sich in den Hades hinabwagten – Theseus, Herakles und Orpheus zum Beispiel –, und von den keltisch-kymrischen Helden besuchten Cúchulainn, Amaethon und Gwydion das mystische Annwn. Aradr (Arthur) folgt ihrem Beispiel.

Es ist behauptet worden, Aradr sei nur ein anderer Name für Jesus, doch wahrscheinlich ist er eher eine eigenartig schillernde Volkshelden-/Herrscherfigur. Sein Gott könnte durchaus eine Version des Anubis sein, des Todesgottes.

Hier nun die Heldenvision von Aradrs großer Tat, voller Adel und Pracht:

### Preiddeu Annwn

(Die Beute oder die Gefangenen von Annwn)

Gepriesen sei der oberste Herrscher, der Herr,
der die Küsten dieser Welt berührt:
Er sei gepriesen.

In Caer Sidi lag Gwair ap Geirion,
gefangen, allein,
denn dort herrschten Pwyll und Pryderi –
[Pwyll, Prinz von Dyved, und Pryderi, sein Sohn].[51]
Eine schwere, blaue Seekette
fesselte Aradrs Knappen,
und ewig besingt er
die Gefangenen von Annwn,
ein kummervolles Lied.

Und wir betraten das Glasschiff,
dreimal so schwer, wie Pridwen tragen konnte,
Pridwen, Aradrs gutes Schiff.
Bis auf sieben kam keiner zurück
von Caer Sidi
[der Burg der Geister].

Sollte ich nicht gehört werden als Ruhmessänger
in vierfachem Kreis um die vier Zentren
von Caer Pedryvan?
Wenn man mein Lied hört, ist dies mein erstes Wort vom Kessel –

Der Kessel von Annwn,
sanft erwärmt vom Atem der neun Jungfrauen,
denn ist es nicht der Kessel des Häuptlings von Annwn?
Sein Rand ist verziert mit Perle an Perle.
Er speist nicht den Feigling noch den Verräter.
Ein blitzendes Schwert wird Llemynawg [Bedhwyvar]
in die Hand gelegt.
Vor den Toren des kalten Orts [der Grube]
werden die gehörnten Lampen brennen.

Und wir zogen mit Aradr auf seiner Reise,
durch seine glorreichen Prüfungen:
bis auf sieben kam keiner zurück
von Caer Vediwid
[der Feste der Vollendeten].

Und sollte ich nicht gehört werden, ich, der Ruhmessänger
im eckigen Kerker,
auf der Insel der starken Tür,
wo das Zwielicht herrscht und auch pechschwarze Nacht,
wo sie zusammentreffen?
Wir waren drei Mannschaften für Pridwen.
Wir reisten übers Meer, doch nur sieben kehrten zurück
von Caer Rigor
[der Feste der Könige].

Denen, die man als groß erachtet im Schrifttum,
gebührt kein Lob,
denn sie sahen keinen Heldenmut in Aradr,
als er Caer Wydr betreten hat
[die Festungsinsel von Avalon].
Dreimal Zweitausend
standen dort auf dem Wall, und schwer war es,
mit ihrer Schildwache zu reden.
Dreimal die Zahl für Pridwen,
zogen wir mit Aradr.
Bis auf sieben kam keiner zurück von Caer Colur
[der finsteren Burg].

Kein Lob will ich spenden
den Schildträgern,
denn sie kennen weder Tag noch Stunde der Geburt
des strahlenden Cwy, oder wer ihn gehindert hat,
dem schlängelnden Lauf des Devwy zu folgen.
Sie kennen nicht jenen scheckigen Ochsen
mit seinem schweren Stirnband
und den sieben gekerbten Knöpfen auf seinem Joch.
Als wir mit Aradr zogen, des sei mit Trauer gedacht,
kam bis auf sieben keiner zurück von Caer Vandwy
[der hohen Burg].

Männer, die ihren Mut sinken lassen, kann ich nicht preisen.
Sie kennen den Tag nicht, als ihr Führer aufstand,
und nicht die Stunde, wo der Eigner geboren wurde,
und nicht, welches Tier sie haben mit silbernem Haupt.
Als wir mit Aradr zogen in seinen traurigen Kampf,
kam bis auf sieben keiner zurück von Caer Ochren
[der Burg mit den Terrassenhängen].

Das Grab des Geopferten verschwindet
vom Fuß des Altars,
wo ich beten will zu dem Höchsten.

Wir befinden uns hier in einer Welt der Erdmagie, verwandt mit der matriarchalischen Fruchtbarkeitswelt, die, wie man annehmen würde, den niederen megalithischen Kulturen angehört (und nicht der höheren, mathematischen Form). Zur selben Welt gehört wohl der große Kessel, aus dem der gütige Dagda ganze Armeen speisen kann – die Vision einer wohltätigen Erde, die unerschöpfliche Nahrung hervorbringt. Dies ist möglicherweise der erste, sehr erdverbundene Gral.

### Der zeremonielle, magische Arthur

Wir wenden uns nun der rituellen Form der Vision zu.

Für diesen Arthur ist Myrddin (Merlin) offenbar ein großer Druide, der den König in die Mysterien einweiht und ihn darin einbezieht. Dies ist die Position, die nach Aussage aller Autoritäten jeder große Druide eingenommen hat. In dieser legendären Geschichte scheint sie zum Leben zu erwachen. Wir können fast aus der Nähe erfahren, wie der Zauber wirkte. Myrddin beschwor als Hierophant die überaus lebendige Welt der strahlenden *Sidhe* herauf, die Welt der Krieger (später Ritter), der Burgdamen, Schwerter und Zauberschiffe, eine Welt überzeugender Phänomene. Das Ritual wird von Myrddin geleitet und – auf einer tieferen, materiellen Ebene – von Arthur ausgeführt. Er ist es, der die Suche verkündet und die Teilnehmer organisiert. Myrddin ist die inspirierende Kraft dahinter und kennt jede Bewegung im voraus.

Die Ritter wirken in der Vierheit der Danaan.

Für den Süden steht Peredur (Parzival) mit dem jugendlichen Überschwang und der rohen, brutalen Waffe der Jugend, dem Speer. In seiner feurigen Begeisterung unternimmt er viele Abenteuer und lernt die für ihn notwendigen Lektionen. Er erreicht niemals den Gral.

Im Westen steht der Schüler, der die Naturmagie vollkommen gemeistert hat, Tristram oder Gawain, der Grüne Mann, der alle Heilkräuter kennt und in der Heilkunst bewandert sein mag. Er ist mit der Welt der wohlmeinenden und trickreichen Geister vertraut. Er wandert durch die Wälder und zieht über das Marschland, denn zu ihm gehören Orte des Wassers. Er geht weiter als Peredur, doch seine Magie ist alt und gehört möglicherweise zur megalithischen Vergangenheit. Auch er hat keinen Erfolg.

Der nächste Anwärter ist ganz anderer Natur. Er ist der verkleidete Gott des Lichts, Lugh – verhüllt im dunklen Norden, der ihm fremd ist, doch verkörpert in der prächtigen und ruhmreichen Figur des Lancelot, des unvergleichlichen Ritters. Er ist versiert in der weißen Magie höherer Tradition – eine königliche Seele. Doch je höher man steigt, desto überwältigender wird die Versuchung. Auf dieser Ebene fällt es schwer, die schönen Dinge und Menschen dieser Welt nicht zu begehren, Dinge, die an sich gut sind, doch schlecht für jemanden, der einer Suche oder ritterlichen Eiden verpflichtet ist. So repräsentiert Guinevere eher Besitz als Schönheit. Daß wir uns in einer matriarchalischen Welt befinden, ist daraus ersichtlich, daß Arthur durch seine Heirat mit ihr in den Besitz eines Königreichs gelangt. Dies ist das Motiv in vielen Märchen über kühne Prinzen – mit der Prinzessin ist das Königreich zu gewinnen. So erhaben und makellos Lancelot auch erscheinen mag, so strebt er doch nach materiellem Besitz, was ihn daran hindert, den Gral zu finden. Er darf nur einen einzigen Blick darauf werfen. Mittelmäßiges Besitzstreben lenkt ihn ab vom visionären Guten.

Wer kann sich also bewähren, wenn die Begeisterung der Jugend, die Kraft der Naturmagie und das schimmernde Bild des Rittertums und seines größten Vertreters versagen?

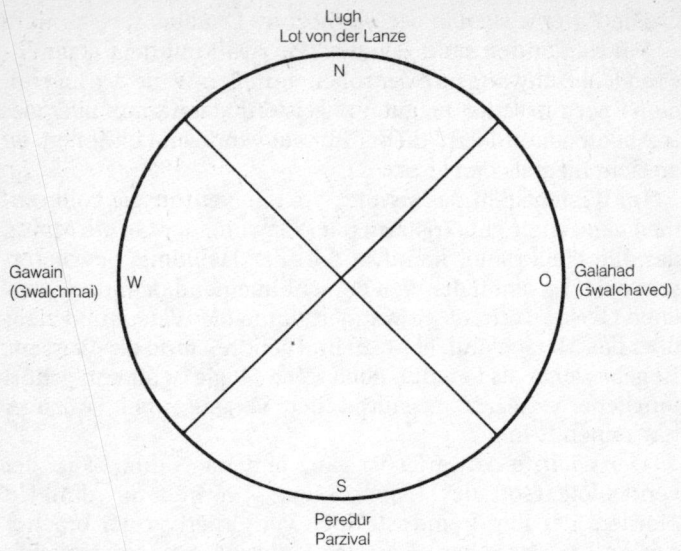

Das arthurische Thema

Die Antwort ist: die Reinheit der Jugend, Lancelots Sohn, die nächste Generation, jemand, der aufbauen kann auf dem, was sein Vorgänger erreicht hat. In diesem Sinne sind sowohl Galahad als auch Gawain Lancelots Söhne. Galahad erscheint der Gral fast ohne jede Suche. Dies hat auch damit zu tun, daß er Gwalchaved ist, der Falke des Sommers (die Sonnenwende, die Vision, das gereifte Jahr), und nicht, wie sein Bruder Gawain, Gwalchmai, der Falke des Mai (der magische Höhepunkt). Die großen Wahrheiten des Lebens findet man so leicht:

> Er kam ach so stille,
> nach seiner Mutter Art,
> wie Tau im Aprile,
> der fällt auf das Gras …

Stephen Hawker,
*Quest of the Sangraal, 1864*

Das Schwert empfängt er vom Himmel. Er braucht es nicht erst aus irgendeinem Stein zu ziehen. Und dort ist auch der Gral, eine strahlende Vision.

Dieser Arthur ist ein guter, irdischer König, kein erhabener Mystiker, mit Bedivere (Bedhwyvar, auch Llaminaweg) an seiner Seite, seinem getreuen Chronisten und Zeugen. Im Mittelpunkt des Kreises steht Myrddin, der Hierophant, mit Arthur, seiner königlichen Schöpfung, und Bedhwyvar, dem König von Mortal Castle und mystischen Geschichtsschreiber.

In der Quadratur entspricht Peredur dem Süden, Gwalchmai oder Gawain dem Westen und Lugh oder ›Lot von der Lanze‹ der Verkörperung der *materia* im erdigen Norden. Und Gwalchaved ist am Ort des Sonnenaufgangs, im goldenen Osten.

### Der einheimische Krieger

Die Vision verblaßt und erscheint von neuem. Am Horizont sieht man die bedrängten Himmelsscharen in ihren vier Wappenfarben. Die Pferde und Streitwagen ziehen über das blaue Firmament. Die Schlacht tobt von Gipfel zu Gipfel …

So war es in Wales im Gebirge von Cymru, Eryri Gwyn; und so beschreibt es Stephen Hawker, der kornische Poet, in seinem einzigen großen Gedicht, von dem Tennyson sagte, es sei großartiger als seine eigenen *Idyllen*.

Männer! Soldaten des Felsens und Rings!
Unsere runde Tafel ist der ehrbarste Stein der Erde.
Auf ihr mischen sich zwei Welten des Lebens und des Ruhms,
der Knauf auf dem Schilde manch eines Landes,
die Verbindung zum Licht von jenseits der Sterne!
Dies ist unser Quell des Ruhmes! Laßt uns aufstehen
und die Erde durchziehen wie Flüsse, wie die Ströme
mit ihren unsterblichen Namen aus Zeiten des Paradieses.
Die vier Winde Gottes werfen das Los.
So wollen wir die Regionen unter uns teilen und enthüllen
das Geheimnis jener luftigen Gefilde.

Im Osten die Quelle, der Ursprung von Leben und Licht!
Von dort erwuchs und dorthin ging die Flut der Welten,
als sich der große Kegel des Raumes mit Sternen besetzte.
Dort hob sich das Tor der doppelten Dämmerung,
wo Gott selbst herniederstrahlte als atmender Mensch.
Dort, von Bethanien her, sahen der Syrer zwölf
ihren geliebten Herrn sich zum Tag verdunkeln.
Von dort wird auch das Kreuz erstrahlen, das aufrechte Holz,
ach, eines Tages, als bebendes Zeichen furchtbaren Unheils!
So ist der Osten die Heimat Gottes.

Der Westen, ein Galiläa, das Gestade der Menschen!
Das Symbol und die Bühne volkreichen Lebens:
Dorthin zog Japhet, Noahs Sohn,
die Prophezeiung des Wachstums in seinen Lenden.
Westwärts schaute Herr Jesus in Seiner letzten Liebe,
Sein sehnendes Kreuz im Menschenmeer,
unzählige Völker in Seiner Seele.
So kam es zu jenem Abbild und Zeichen unserer Art,
dem Reich und der Gegend der untergehenden Sonne:
dem weiten, weiten Westen, der Zone des Menschen.

Der Norden! Die Höhle der Dämonen, wo sie sich winden
und springen und gleiten, hin und her.
Ihr Schlund ist die Unterwelt, eine hohle Kugel
mit Säulen und Gewölben unter den Bergen,
die uns tragen auf ihren Bögen.
Dort hausen sie, dicht an dicht.
Das Portal ihrer Grube, das Tor des Nordens,
ihr feuriger Kerker unter eisigem Schnee:
Dort dräuen Unheil und Dämon dem alten Land,
wo Donner träumen, Wolken murmeln,
Stürme brüten, Schlachten stöhnen, gräßliche Feuer
den zitternden Norden in Schrecken tauchen.

Doch du, o Südwind, hauche deinen lieblichen Atem!
Wir folgen deinem Duft, o Atem des Himmels!
Myriaden Engel, ewig jung,
ihr prächtiges Antlitz verkörperte Luft,

umschwärmen den Fußstuhl des Kreuz des Südens,
das strahlende Pentakel der Sterne; das Zeichen,
das die Drei Weisen zum ehrwürdigen Kinde führte
und dann über das friedliche Meer herrschte.
So wirft auch Herr Jesus aus seinem mächtigen Grab
den geliebten Schatten seiner blutigen Hand
und streichelt den glücklichen Süden – Heimat der Engel.

Eine Berührung weckte den Monarchen, und dort stand er
mit wallendem Bart und Ehrfurcht gebietendem Blick,
die Asche ganzer Zeitalter auf seinem Haupt –
Merlin, der Barde, Sohn eines Dämonenherrschers!
Hoch, wie Ben Amram am durstigen Fels,
hob er seinen Prophetenstab, die runische Rute,
den Stamm von Igdrasil – den Stock des Raun –
und schrieb seltsame Worte in die fühlende Luft.

Es glühte der Osten, doch noch war nicht Tag!
Ein weiß glühendes Pferd stob vor der Dämmerung einher.
Ein junger Reiter führte die fliegenden Zügel
und strahlte im Antlitz Sir Galahads.
Hoch hielt er den Kelch, ein einziges geschmolzenes Juwel,
massiver Rubin oder Chrysolit.
Von ihm barst das Licht in Funken und floß und fiel,
als bräche die Himmelsstraße auf,
als ob sich Sterne über die Hügel ergössen,
vom grauen Stein Morwennas zu Michaels Tor,
bis das Felsenland selbst zum Himmel ward.

Ach, hochmütiges England, Herrin der Meere!
So sprach der fahle Merlin zum lauschenden König:
»Was ist schon dein Ruhm in der Welt der Sterne?
Brandschatzen und morden, dämonischen Ruhm gewinnen
in Künsten und Kriegen, und dann verpuffen und sterben!
Du bist der Diamant in der Krone der Dämonen,
die, von Michael auf Abarim geworfen,
fiel als schimmernde Insel des Meeres.
Ach, mein England, erhebe deinen uralten Ruf:
Auf, auf zum Sangraal, dem verschollenen Kelch des Himmels,
der, wie Jesu Herz, einen Tropfen Blut enthält!«

Er verstummte; ringsum träumende Nacht.
Dort stand Dundagel, gekrönt; und das große Meer,
wie ein starker Vasall vor dem Tor seines Herrn,
schluchzte im Schlaf wie ein trunkener Riese.

Diese vierte Gestalt des Arthur – die des einheimischen Kriegers der Berge mit seinem rituellen Bruder oder Zwilling, eine Art Gog und Magog – haben wir bereits angesprochen.

*Eryri Gwyn* steht für den ganzen Komplex von Snowdonia, den strahlenden Adlerhorst (*Shining Nest of the Eagles*) oder einfach das Hochland. In der Mitte steht das Große Grabmal, *Yr Wyddfa Mawr*, das aussieht wie eine erhobene, natürliche Stupa. Es ist das Grab von Aradrs Feind und dunklem Bruder, des Riesen Rhita Gawr, der im epischen Kampf gefallen war.

In der Nähe, auf dem dramatischen Bergkamm *Bwlch y Saethrow*, dem Paß der Pfeile, zwischen Yr Wyddfa und der ›versteinerten Welle‹ aus Fels mit Namen *Lliwydd*, von einem anderen Poeten als der ›Windgipfel der brechenden Welle‹ bezeichnet, liegt *Carnedd*, Aradrs Grab. Der Berg wird auch als ›der Schmutzige‹ bezeichnet, da er rostrot ist. Hier fand die letzte Schlacht statt, in der Aradr zu Tode kam. Mit Sicherheit gibt es dort auch einen alten *Cairn*.

Die ›Ritter‹ waren den Lliwydd hinaufgetrieben worden, wo sich knapp unter dem Gipfel eine große Höhle vor ihnen öffnete, die sich dann hinter ihnen schloß. Dort liegen sie nun, die ›Burschen von Snowdonia‹ (*Langcian Eryri*), schlafend in ihren Rüstungen und darauf wartend, daß man sie ruft. (Sie schlafen auch an anderen Orten: in Craig y Ddinas, Glamorgan und Caerleon-upon-Usk.)

Der Berg erhebt die widerstreitenden, durch Aradr und Rhita Gawr repräsentierten Erdkräfte zum Himmel. Sonne und Mond, Tag und Nacht stärken und reinigen ihre Gestalten im Heim der Sonnenvögel, der Adler, die Bilder des Zweiten Gesichts darstellen. Die Schlacht der Zwölf hatte sich von der Burg des Myrddin, wo der Seher diesen magischen Streit heraufbeschworen hatte, bis zum schmutzigen Berg ausgebreitet. Denn Stärke und Herrschaft, Arth der Bär, müssen sterben, selbst wenn sie gut genutzt werden; doch die zwölf

Prinzipien können jederzeit zurückkehren. Sie schlafen nur, unbeschädigt.

Die weite Aussicht auf Wales, mit dem Glaslyn, dem winzigen, blaugrünen See direkt davor, bildet die Kulisse für das kosmische Drama der Höhen. Glaslyn, so harmlos er wirkt, ist in Wirklichkeit bodenlos tief und wurde so zum Verderben des bestialischen, zerstörerischen Avanc, des Riesenbibers, der in diesen See gestoßen wurde und durch die Welt hindurch sank. Der Avanc scheint die Gewalt der Flut zu repräsentieren, doch mehr noch scheint er eine Personifizierung von Wellen der Hysterie zu sein (siehe auch Seite 325).

Die Kraft der walisischen Mythen umfängt alle, die in ihre Reichweite geraten. Kein Wunder, daß sich eine der Hauptstätten der Feen, hier als *Tylwyth Teg* bezeichnet, am Fuß einer Eryri-Wand befindet – wenngleich sie ihr wirkliches Hauptquartier bei den Undinen in einem großen Teich in Creuwyrion hatten. Dort wurden große Tänze abgehalten, um junge Menschen dazu zu bringen, Tylwythmädchen mit ihrer Mitgift magischer Rinder heimzuführen. Doch es war äußerste Vorsicht geboten, denn wenn eine Tylwythfrau je mit Metall in Berührung kam, löste sie sich in Luft auf und konnte den Unglücklichen mitnehmen zu ihrer unterirdischen Festung, und was wäre dann? Das alles klingt nach einem kleinen Volk, das inmitten einer größeren, unbedarfteren Bevölkerung weiterbesteht.

Über allem erhebt sich der gelblich-weiße Eryri Gwyn, eine mächtige Pyramide für den Gott des Lichts. Auf der einen Seite liegt die Höhle des praktisch letzten Helden von Wales gegen die Engländer, Owen Glyndwr, die Höhle (*Ogof*) von Rhyd Ddu, am Ende des Pfades, der am Tarn y Dywarchan beginnt, wo, in Gerald von Wales' Worten, »das Land auf den Fluten treibt«: eine neun Meter lange, vom Boden gelöste Insel, die *Puca Trywn*, Feen, beherbergt.

Nach zuverlässigen Berichten kann man im Krater des Eryri Gwyn unter bestimmten Bedingungen einen vollständigen Ring hoher Steine erkennen. Auf Landkarten scheint dies noch nicht aufzutauchen …

Aus dieser verschollenen Höhle im Lliwydd wird Arthur einst wiederkehren, denn er wird niemals sterben. Wie Karl der Große und seine Zwölf Ritter wird er sich wieder erheben, sobald diese Welt seiner wert ist. »Ist die Zeit schon gekommen?«, fragen die Ritter, wenn sie mit Bauern der Gegend zusammentreffen, und wir müssen mit ihnen antworten: »Nein, noch nicht.«

### Fruchtbarkeit allgemein

Arthur ist auch der Gott des Korns, der mit der Ernte stirbt. Wenn er nicht da ist, liegt das Land brach. Er kommt übers Wasser wie das Korn in Ägypten, wo es den Nil heruntergeflößt wird, oder in Glastonbury mit seinem Binnenmeer. Merlin setzt ihn auf seinen Thron. Sein Ruhm ist vergänglich; er empfängt die schwere Wunde, doch er wird nicht umgehauen wie John Barleycorn und nicht wie Osiris von einem dunklen Bruder zerstückelt, sondern von vier dunklen Königinnen unter Führung von Morgan le Fée übers Wasser hinweggetragen, zu dem Land fern im Westen, aus dem er einst zurückkehren mag.

In den Einzelheiten entspricht Arthur Osiris in solchem Maße, daß man ihn für eine Version des ägyptischen Grundmythos halten kann. Die exoterischen Mysterien von Osiris, Isis und Horus standen auch tatsächlich während der Jahrhunderte oder gar Jahrtausende, in denen sie in Abydos zu finden waren, jedem Besucher offen – und in Ägypten herrschte einiger Reiseverkehr. An Alter wird der Kult nur vom Ra-Kult am anderen Ende Ägyptens übertroffen.

Arthurs Geburt wird von Myrrdin in die Wege geleitet, als Uter Pendragon Gorlios von Cornwall mit seiner Gattin Igerne betrügt. Auf ähnliche Weise hintergeht Geb Ra mit Nut und zeugt so Osiris, dessen ägyptischer, korrekterer Name eher wie ›Ausor‹ klingt. Nach seinem Tod von Händen seines Bruders Set wird Osiris zusammen mit seinen weinenden Schwestern Isis und Naphtys auf der üblichen Totenbarke über den Nil geschifft, nach Aalu im Westen, einem Ort des Überflusses, wo ihn eine glorreiche Wiedergeburt erwartet.

Arthur wird von seinem Neffen Mordred verwundet und von seinen Schwestern, mit Morgan le Fée an der Spitze, auf

204

einer Barke zur Apfelinsel Avallach auf dem westlichen Binnenmeer gebracht. Dort wartet er auf den Tag, an dem er gebraucht werden wird.

Osiris dringt auf seiner Barke in die niedere Welt Amenti ein und schlägt sich mit Wasserdämonen, während Arthur auf seinem kristallenen Schiff nach Annwn hinabfährt, um den magischen Kessel zu rauben.

Vergleichen wir Arthur mit Horus, dann sehen wir, daß beide eine Gruppe von Kriegern um sich scharen, die sich der Vernichtung von Ungeheuern widmen. Betrachten wir weiter den Gral oder Kessel als Gefäß der Fülle und im besonderen als den Blutkelch von Glastonbury, dann sehen wir, daß sich Osiris als Korngottheit in Ägypten am roten Wasser des Nil erfrischt, dem tatsächlichen Lebensblut jenes Landes. Der mythische Nil entsprang aus zwei Brüsten in einer Höhle; Hapi, der Nilgott, ist eine männliche Figur mit Brüsten. Der Gral gilt ausdrücklich als Quelle von Nahrung und Wohlstand. Der ›Fischerkönig‹ oder ›reiche Fischer‹ sind Arthurs Namen in seinem Zustand zwischen Leben und Tod in Avallon oder Avallach.

In vielen Fällen sind die Quellen von Flüssen als Kessel bekannt. In Caer Pedryvan entdeckt Arthur eine Form des Grals – nach Sir John Rhys die ursprüngliche Form.[52]

So fanden einige der Hauptmerkmale des fast universalen osirischen Mysteriums ihren Weg nach England, entweder schon früh – etwa zwischen 3000 und 2500 v. Chr. während der Wanderung der Rasse – oder später im Rahmen der neoplatonischen philosophischen Verschmelzung. Angesichts der, trotz mancher Ähnlichkeiten, starken Unterschiede in Stil und Empfinden erscheint die frühere Datierung als die wahrscheinlichere.

### Die Sidhevision

In der anderen Dimension taucht Arthur mit den größeren *Sidhe* in deren Häusern in den Bergen auf. Dort liegt er mit Guinevere, beide festlich gekleidet, still wie Statuen, und wartet darauf, daß jemand kommt, der würdig ist, sie zu wecken. Sie sind die Urbilder des Keltentums.

Als solche sind sie für die nationale Psyche viel wichtiger als der gleichnamige historische Heerführer des fünften Jahrhunderts, obwohl auch dieser, wie angedeutet, von Bedeutung ist, da durch ihn Britannien zu einem mindestens halb keltischen Königreich wurde statt zu einem sächsischen. Es gibt jedoch noch weitere Aspekte.

### Arthurs Begräbnis

Wales war, zumindest zum Teil, ein erobertes Land. Heinrich II. hatte ein riesiges Reich zu verwalten. Zusammen mit Eleonore von Aquitanien, die über den großen südlichen Bereich des Rittertums und der Romantik gebot, herrschte er über das größte Gebiet seit dem Römischen Reich. Doch an der Einheit haperte es gewaltig. Konnten all diese Troubadoure nicht irgend etwas tun? Warum verfaßten sie kein nationales Epos? Auf diese Weise hatte der weise Augustus sein Reich gefestigt – indem er Virgil mit einem Epos über einen äußerst nebulösen Volksgründer namens Äneas beauftragte. Die Geschichte war in allen römischen Schulen gelehrt worden und hatte ihren Zweck erfüllt. – Was war mit Arthur?

Schließlich fand man Chrétien de Troyes (welch passender Name), der einen großen Teil der Gralssage schrieb, bevor er starb. Doch selbst Könige können keinen Virgil auf die Weltbühne kommandieren, und während Augustus einer der größten Poeten aller Zeiten zur Verfügung stand, waren Chrétiens Möglichkeiten recht bescheiden. Als mittelalterlicher Romantiker war er ganz brauchbar, doch das war auch alles. So welkte Heinrichs Reich bald dahin, hauptsächlich dank seiner aufsässigen Söhne. Doch ob irgendein Werk der Dichtung, selbst ein großartiges, die Angevins und die Engländer lange zusammengehalten hätte, ist mehr als zweifelhaft.

In der Zwischenzeit war auf einer mehr materiellen Ebene etwas Seltsames geschehen: Arthurs und Guineveres Körper waren gefunden worden, jedoch nicht im wilden Wales, sondern im nüchternen Glastonbury. Heinrich war auf der Suche nach Arthur gewesen, um zu beweisen, daß dieser wirklich tot war und nicht nur eingelagert, um irgendwann wieder aufzutauchen, wie seine walisischen Feinde immer wieder behaupteten. Das hätte der Moral der Engländer gutgetan, und genau das geschah dann auch. Ein mysteriöser walisischer Mönch erschien und verriet Heinrich, wo er zu suchen hatte, und der fand prompt einen Sarg. Die Namen des Königs und seiner Königin waren freundlicherweise auf einem Bleikreuz darüber vermerkt. Das klingt alles etwas verdächtig, auch wenn Giraldus Cambrensis es gesehen und geglaubt hat – doch es ist wahr; das können wir heute besser beurteilen als die, die das Grab gefunden haben. Wir wissen, daß es Begräbnisse in ausgehöhlten Eichen nur im fünften Jahrhundert oder noch früher gab, in Schleswig-Holstein schon in der Bronzezeit, wie Christopher Hawkes (*Foundations of Europe*) betont hat. Auch die latinisierten Inschriften passen in die Zeit. Und vor wenigen Jahren wurde uns zu einem gewissen Grad ein direkter Beweis beschert.

Edward I. ließ die Leichname in einen prächtigen Schrein vor dem Hochaltar der Abtei in Glastonbury überführen. Während der Reformation führte die Gründlichkeit Heinrichs VIII. bei der Bestrafung der großen, rebellischen Abtei dazu, daß die Überreste des Paares in alle Winde verstreut und der letzte Abt gehängt wurde, wahrscheinlich nicht auf dem Tor, sondern auf Chalice Hill. Wir haben jedoch immer noch William von Malmesburys Bericht über die Entdeckung Arthurs zur Zeit Heinrichs II. Nach seiner Darstellung war er »zwischen zwei Pyramiden«[53] begraben. Das Grab sollte soundso viele Meter vom ersten Fenster der St.-Josephs-Kapelle entfernt liegen. Bligh Bond, der berühmte Spiritist, der aufgrund von Durchsagen verstorbener Mönche genau vorhergesagt hatte, wo eine östlich ausgerichtete Kapelle zu finden war, grub an der Stelle und fand nichts, doch später hatte Dr. Raleigh Radford, der Exkavator der Archäologischen Gesellschaft von Somerset, eine andere Idee: Er erinnerte sich, daß Kapellen oft Vorkapellen besaßen, die das erste Fenster belegten. So nahm er vom zweiten Fenster aus Maß, grub und fand die zwei ›Pyramiden‹, Steinsarkophage mit Giebeldach. Der Autor hatte das Privileg, die entsprechenden Erläuterungen des Entdeckers an Ort und Stelle zu hören. Wir verfügen damit über einen konkreten Beweis für den Ort, wo Arthur und seine Königin begraben waren – die einzige greifbare Verbindung zu Arthur überhaupt. Und diese befindet sich im keltischen England, nicht in Wales.

Mehr könnte natürlich in Cadbury zu finden sein, das dem Anschein nach Arthurs Burg Camelot gewesen sein könnte. Nach mehreren Ausgrabungsperioden ist es jedenfalls als wahrscheinlich zu erachten, daß es in der entsprechenden Zeit die Feste eines großen Führers gewesen sein muß.[54]

### Der Arthur der Romantik

Zu diesem Zeitpunkt hatte die wundersüchtige Welt des Mittelalters bereits ihr Bestes getan, um Arthur in der Fasson des Rittertums neu zu erschaffen. Man umgab ihn mit einem bunten Haufen von ›Rittern‹, von denen manche ganz authentisch klangen und auf lokalen Legenden basierten, wie König Mark von Cornwall oder Tristan. Die Zahl der Ritter war ungewiß und wechselte stark, wenn auch das astrologische Muster die Zahl Zwölf vorschrieb.

Es kamen immer neue Geschichten auf. Liegt der Ursprung in der Bretagne, die den Wald von Broceliande und den Brunnen von Barentin vorweisen kann, wo Vivienne, die ›Frau im See‹, Merlin in ihrem Bann hielt? Andererseits scheint einiges walisisch-englisch zu sein. Es wurde wahrscheinlich in die Bretagne und anderswohin exportiert und dort bereichert, bevor es zurückkehrte.

Die Vorstellung einer runden Tafel kam auf, materialisierte sich und kann heute in der Kathedrale von Gloucester besichtigt werden. Die ganze Angelegenheit war christianisiert worden. Arthur, von dem man mit gutem Grund annehmen kann, daß er der Kirche seiner Zeit feindlich gesinnt war, wurde zum viktorianischen Ideal des perfekten Gentleman und für manche spätere Autoren zu einer Art Verteidiger des katholischen Christentums. Aller Wahrscheinlichkeit nach war er jedoch ein harter General und Kavallerieführer, dem für seine Verteidigungszwecke jedes Mittel recht war und der für Abteien und Mönche wenig Respekt hatte.

Noch weniger Verbindung haben wir heute zu Arthur als Retter des Glasschiffes, auch wenn diese Geschichte immer noch ein echtes Gefühl von Macht vermittelt.

Doch heben wir nun unseren Blick von Gräbern und sagenumwobenen Tafelrunden zum sternenbedeckten Himmel. Dort finden wir die großen Symbole, die wahrscheinlich der Ursprung der ganzen Arthur-Vorstellung sind. Und der Himmel verändert sich nicht stark und erfindet keine fadenscheinigen Legenden.

## Arthur als astronomisches Prinzip

Die vierte der traditionellen astronomischen Jahreszeiten ist Alban Arthuan, das Licht in der Dunkelheit, denn Arthur befindet sich an einem Ort, wo die Sonne nie hinkommt, in der Gegend des Polarsterns. Dort befindet sich die mystische Himmelsregion des Arthur, der Kreis *Gorolad*. Arthur heißt Bär, und er ist sowohl der Kleine als auch der Große Bär. Sein Reich ist die Himmelszone der zirkumpolaren Sterne; seine Seele, sein höheres Selbst zeigt auf den Polarstern, den Angelpunkt unseres Universums. Als fester Maßstab unveränderlicher Wahrheit strahlt das Licht der *Stella Polaris* in die Stirn jedes Menschen, der Interesse an der Wahrheit hat. Der Große Bär ist als sein Wächter eingesetzt, der Kleine Bär als sein Herold. Im anderen Bild, wo der Bär ›Pflug‹ genannt wird, ist Arthur Aradr, der Pflüger des Himmels, der die Saat der Wahrheit in den dunklen Boden sät.

Auf diesen Ideen ist eine ganze nördliche Kosmologie gegründet, und dieser nördliche Arthur wird heute als der vorherrschende angesehen. Mit Sicherheit ist er der beständigste. Arthur reitet hoch in den Lüften, immer rund um das Apogäum, den höchsten Punkt des nördlichen Sternenhimmels, und begleitet uns als unser Führer, Wächter und womöglich unser Retter.

Arthur hat auch noch eine andere, mehr keltische und vorstellungsreiche Gestalt: Er ist Airem, ein junger Sonnengott, der Aran der Aran-Inseln, und am 20. Dezember wartet die lange Nacht auf Aran, die neue, junge Sonne. Artor heißt auch ›der Arbeitsmann‹ und könnte mit Aries, dem Widder – und also dem Goldenen Vlies der Widdersonne – in Verbindung stehen. Wenn er zur Sonne gehört, kann man auch akzeptieren, daß er der Sohn Uthers, des Drachen, und der Königin der Schönheit ist. Und wenn wir hören, daß er drei Gattinnen hat, von denen Hades eine für sich nimmt, dann scheinen wir wieder beim jährlichen Vegetationszyklus und bei den Mondphasen zu sein – die Geschichte der Persephone, ihre Entführung und ihre Rückkehr aus Plutos Reich.

Neben dem männlichen, intellektuellen Dreigestirn Aradr, Myrddin und Bedhwyvar könnte es auch eine Triade geben, die Morgan la Fée, Aradrs Schwester, einschließt: Arthur, Merlin und Morgan.

## V. Fünf Aspekte des Grals

Der Gral – walisisch *Pair*, Sanskrit *Pithara* – als Symbol und Begriff hat sich entwickelt. Er ist nicht mehr der große Kochtopf des Häuptlings; auch nicht der unerschöpfliche Kessel des Dagda. Er ist zum Initiationsgefäß der Mutter Ceridwen geworden, erwärmt vom Hauch der neun Jungfrauen:

> Der Kessel von Annwn,
> sanft erwärmt vom Hauch der neun Jungfrauen,
> denn ist es nicht der Kessel des Häuptlings von Annwn?
> Sein Rand ist verziert mit Perle an Perle.
> Er speist nicht den Feigling noch den Verräter.[55]

Preiddeu Annwn

Die neun Jungfrauen lassen sofort an die neun Musen denken – und an die neun Priesterinnen/Druidinnen der Seine-Insel. Dieser Kessel trifft also moralische Entscheidungen und ist wählerisch darin, wen er nähren will. Er vergiftet jeden, für den er nicht gedacht ist. Er gehört dem Herrn der Anderswelt. Das ›Wort aus dem Kessel‹ wird wohl dasselbe sein wie die drei Tropfen, die ihm entspringen: die essentiellen Namen Gottes. Perlen erscheinen als eine recht unpraktische Verzierung für den Rand eines Kochgefäßes, doch die kleine Bronzeschale von etwa 900 v. Chr. – also aus der Zeit, als die großen Bronzekessel zum ersten Mal auftauchten –, die man in Glastonbury gefunden hat, weist gleich unter dem

Rand ein Knopfmuster auf, das durchaus einem perlenbesetzten Tonpokal nachempfunden sein könnte.[56]

Betrachtet man den Kessel als einen magischen Zaubertiegel, dann wird es wahrscheinlich, daß der Inhalt des Kessels den Ingredienzen des Initiationswassers bei den Ceres-Mysterien entspricht, wobei es sich um ein Gebräu aus Wasser und Kräutern handelte. Taliesin braut einen Sud aus Lorbeer (jenem uralten magischen Blatt, das man kaute, um Inspiration zu gewinnen), Meerschaum, Kresse, Wurz und vor Mondschein behütetem Eisenkraut. Ein anderes Rezept aus dem alten walisischen Gedicht *Der Stuhl des Taliesin* scheint für das Bad des Initiierten gedacht zu sein. Neben den normalen Zutaten wie zum Beispiel Weizen und Honig gibt es mystische wie Weihrauch, Aloe und Myrrhe und besondere Pflanzen: ›kostbares Silber‹ ist ein Name für Wolfsmilch und ›rotes Juwel‹ für die Heckenbeere mit Namen *Borues y Gwion*, während ›Taliesins Kressen‹ Fabazeen sind. Eisenkraut ist eine besondere Pflanze der Druiden, die stets beim Aufgang des Hundssterns Sirius gesammelt wird.

Der Kessel ist auch das Bad, in das der Neophyt getaucht wird, wozu die Pflanze *Selago*[57] zugesetzt wurde. In Griechenland benutzte man eine Mischung aus Lorbeer, Salz, Gerste, Meerwasser und Blütenblättern.[58] Nach der Initiation genehmigen sich die Erwählten einen interessanter erscheinenden heiligen Trunk. Bei den britischen Ceridwen-Mysterien bestand er aus Wein, Honig, Malz und Wasser, beim Ceres-Kult aus Wein, Gerste, Malz und Wasser. Beides klingt nach einer Art Met.

Der Kessel der Weisheit gehörte Ceridwen, und in ihm braute sie Leben und geheimes Wissen. Sie ist eine häßliche alte Hexe und zwingt den kleinen Gwion dazu, den Kessel für sie zu hüten. Der Kessel kocht über, und drei Tropfen spritzen auf seinen Daumen. Als er sie ableckt, erfährt er viele Dinge; als erstes, daß ihre Rache folgen wird und er sich besser davonmacht. So beginnt die Verwandlung des Gwion (siehe Seite 232 ff.).

Mit der nächsten Verkörperung des Grals begeben wir uns an einen seltsamen Ort, Camelot, wo er kurz auftaucht. Zwei Sonnen scheinen durch die Fenster des Saales. Eine Jungfrau bringt den Kopf des Lohot, Arthurs Sohn, herein, der von Kay, Arthurs Seneschall, getötet wurde, nachdem Lohot den Riesen Logrin erschlagen hatte.

Später wurde der Gral zum Symbol der geheimnisvollen ketzerischen Messe der Albigenser.

Ernsthaft begonnen hat der Gralsmythos, dieses brythonische Füllhorn, das mit seinen Suchen und seltsamen Ereignissen zugleich visionär und nebelhaft ist, mit Chrétien de Troyes. Christianisiert wurde er offenbar in der ketzerischen Form, die von den adligen Sponsoren und vielleicht auch vom Königshaus in diesem Zeitalter populärer, sensationeller Abweichungen vom Orthodoxen bevorzugt wurde. Die Kultur der albigensischen Troubadoure stand in voller Blüte, und die Tempelritter ergingen sich in ihren geheimen Praktiken. Königin Eleonore pflegte die provencalischen Höfe der Liebe, und ungehindert kursierten die seltsamen Prophezeiungen Merlins von Geoffrey von Monmouth. Es schien neben der normalen Messe eine andere, mysteriöse Feier zu geben, die Messe der Mutter Gottes. Der christianisierte Gral war ein Kult des Erwählten Gefäßes, das heißt des heiligen Leibs der Jungfrau Maria, symbolisiert durch und identifiziert mit einem geheiligten Kessel.

Hatte dies etwas mit dem früheren rituellen Druidenkessel in Frankreich zu tun (siehe Seite 111)?

Die Poeten des zwölften Jahrhunderts hatten endloses Vergnügen an einem zufälligen philologischen Wortspiel, da das walisische *Pair*, Kessel, sich gemäß den walisischen Ausspracheregeln in *Mair*, Maria, verwandeln kann.

Doch war der Gral auch etwas anderes, eine Art übersinnliches Kraftzentrum, ein Werkzeug der Vorhersage? Man denke an die Kristallkugel der Lady Flavia Anderson[59] und an das Ei der Druiden. Wenn man ihn anschaute, stellten sich jedenfalls Visionen ein. Die *Perlesvaus* oder ›Hohe Geschichte‹ stellt es so dar:

Darauf wurde Herr Gawain in den Saal geführt und findet zwölf alte Ritter. Sie lassen Herrn Gawain an einer wohl reichen Tafel Platz nehmen ... worauf, gewahr, zwei Jungfrauen aus einer Kapelle treten, von denen die eine den Heiligsten Gral in Händen hält und die andere die Lanze, von deren Spitze Blut dareintropft ... Herr Gawain schaut auf den Gral und meint, den Kelch darin zu sehen, obwohl keiner da war, und er sieht die Spitze der Lanze, von der das Blut dareintropft, und es scheint ihm, er sähe zwei Engel, die goldene Leuchter tragen mit Kerzen daran ... Die Jungfrauen aus der Kammer treten wieder vor Herrn Gawain, und es scheint ihm, als wären sie nun zu dritt und als sähe er die Gestalt eines Kindes in der Mitte des Grals ... Herr Gawain blickt vor sich hin und sieht drei Blutstropfen auf den Tisch fallen. Er kann seine Augen nicht davon wenden, doch als er sie küssen will, verschwinden sie ... Er schaut auf und sieht den Gral ganz im Fleische, und er sieht vor sich einen gekrönten König, an ein Holz genagelt, die Lanze noch tief in seiner Seite ... Herr Gawain ist still und hört keinen Ritter sprechen ... die Ritter lassen Herrn Gawain ganz allein ...[60]

Man erkennt starke Anzeichen eines Trancezustands. Der ›Gral ganz im Fleische‹ fällt besonders auf, und niemandem kann die Parallele zwischen den drei Blutstropfen mit den drei Tropfen aus dem Kessel der Ceridwen entgehen, die Gwion in die Weisheit einführen.

Ein anderes Initiationsgefäß ist das Korakel[61], in dem der Novize zu einer Prüfung ausgesandt wird. In einem Gedicht mit dem Titel Gwydne (der ›Gatte‹ der Ceridwen) ruft ein Herold Novizen zur Initiation auf dem Meer zusammen. Er eröffnet ihnen, daß sich »die aufragenden Steine der Barden als der Hafen des Lebens erweisen werden«, und »das Verhalten des Wassers wird euer Verdienst verkünden«. Der Kandidat scheint auf dem Boden eines Korakels – eines ›Hautsacks‹ – festgebunden und der Strömung überlassen worden zu sein, die in der Cardiganbucht wirbelt.

Ein anderes Gedicht spielt auf drei geheimnisvolle Gestalten an – den Wächter, Ciradr und Kai – und auf drei Priester, die die Rollen von Gottheiten spielen könnten. All dies ist den klassischen Mysterien sehr ähnlich. Auch in den niederen Mysterien von Eleusis mußten sich die Novizen einer Meeresinitiation unterziehen. Das heilige Schauspiel ist offenbar Teil der arthurischen Mystik. Gwydno ist der Vater von Eidiol, wiederum einer Form des Ambrosius.

Die Legenden wuchsen weiter. In mancher Hinsicht hat Glastonbury/Avalon in seinem Verfall eine größere Bedeutung gewonnen, als es in seiner Blütezeit hatte. Die intensive Heiligkeit dieses Platzes, selbst in Ruinen, macht Glastonbury zum einzig möglichen Zentrum einer nationalen englischen Mystik. Das hat Blake instinktiv begriffen, als er seine Nationalhymne *Jerusalem* auf die noch extremere Legende gründete, Jesus sei nach Glastonbury gekommen und hätte das alte Haus gegründet:

> Sind jene Füße in uralter Zeit
> einst über Englands grüne Hügel gewandelt?
> Und war das heil'ge Lamm Gottes
> einst auf Englands freundlichen Weiden zu sehen?

John Cowper Powys fand hier im älteren Kessel die Inspiration für seinen großen Roman *Glastonbury Romance*.[62] Eine Anhäufung übersinnlicher Ereignisse, Phantasien und wilder Einbildungen haben Glastonbury auf vielleicht nicht ganz respektable Weise im Gespräch gehalten, wobei der Reverend Bligh Bond und Mrs. K. Maltwood ihre eigenen, persönlichen Visionen beigetragen haben.

Hier sind die hauptsächlichen Quellen dieser Sagen und Legenden und ihre Daten, sofern verfügbar: Gildas, ca. 540 n. Chr., *Die angelsächsische Chronik*; Nennius, *Historia Brittonum*, um 800 n. Chr.; *Annales Cambriae*, zehntes Jahrhundert; William of Malmesbury, *Acts of the Kings of England* und *Concerning the Antiquity of the Church of Glastonbury*, ca. 1125; Geoffrey of Monmouth, *British History*, ca. 1135–1140; Robert Wace, *Chronicle*, um 1150; *The Grand Saint Graal* (basierend auf Robert de Borron), ca. 1200; *The Quests of the Holy Graal* (Mallorys Quelle), 1200–1210; Wolfram von Eschenbach, *Parzival*, ca. 1210; *Perlesvaus* (*High History of the Holy Graal*), 1225; John of Glastonbury, um 1390.

Soweit der christliche Gral mit einem bestimmten Gefäß identifiziert werden kann, besitzt die Kathedrale von Valencia angeblich das authentische Exemplar – einen roten, orientalischen Kornelbecher aus römischer Zeit mit Zusätzen aus dem neunten Jahrhundert. Er ist von frühen Päpsten benutzt worden, bis Sixtus II. ihn während der valerischen Verfolgung von 258 über seinen Dekan St. Laurentius nach Huesca schickte. 713 wurde er in den Bergen von San Juan de la Pena versteckt, wo er bis 1399, also während der Hauptperiode der Mythenentstehung, in legendärer Abgeschiedenheit verblieb. Nach Valencia gelangte er schließlich im Jahre 1424.

Der Gral ist ein Symbol für den zunehmenden Mond und ist untrennbar mit dem Kult der Großen Göttin und der Geburt verknüpft. Er mußte gefüllt werden, damit Leben aus ihm entspringen konnte.

Den Mond aus seiner Sphäre herbeirufen heißt, die Große Mutter zu beschwören, in Gestalt der Priesterin oder der Jungfrau zu erscheinen. In der Position der Gottheit im Norden blickt die Priesterin nach Süden, und der Priester gibt ihr den fünffachen Kuß – in der modernen Version

durch Samen und Wurzel, durch Knospe und Stamm,
durch Blatt und durch Blüte und Frucht.

Die Priesterin formt dann ein Pentagramm, indem sie mit gespreizten Beinen und weit ausgebreiteten Armen steht, und ruft die Göttin an, in sie herabzusteigen.

Es würde überraschen, wenn nicht irgendein derartiges ›Hexenritual‹ im Großen Hufeisen von Stonehenge abgehalten worden wäre und wenn der Große Trilithon kein Tor zum Tod wie auch zu neuem Leben wäre. Die Priesterin stand jedoch vermutlich der nordöstlichen Dämmerung zugewandt und nicht dem südlichen Mittag.

Nur sehr langsam hat dieses große Sinnbild einen christlichen Anschein angenommen. Es ist die große Schüssel der Nacht, der Kessel der Sterne, und man erinnert sich, daß das Innere einer chinesischen Schale die Himmelskuppel ist und sein Drachenmuster die Wolken. Es ist der Kelch der wundersamen Tränke, die einen verwandeln. Was hat man im Laufe der Zeit nicht schon in ihm gefunden? Vielleicht allen Zauber der Circe oder der Hexe von Wookey Hole, alle Verwünschungen und Träume des Menschen.

In Glastonbury ist er nicht nur der traditionelle Kelch des Abendmahls, den Josef von Arimatäa gebracht hat. Er wird unter dem Chalice Hill vergraben und ist der Ursprung des roten Wassers, das diese einzigartige Quelle auszeichnet. Auch wurde kürzlich auf geheimnisvolle Weise in der Nähe von Glastonbury eine Schale gefunden, offenbar aus dem ersten Jahrhundert – eine Schöpfkelle, wie man sie beim griechischen Freundschaftsfest verwendete –, die nun in Chalice House aufbewahrt wird. Gehört es zu einer verborgenen Absicht, daß diese Schale, die beim Abendmahl benutzt worden sein könnte (falls einer der Jünger wohlhabend genug war, sie zu besitzen), zu diesem heiligen Ort gelangt ist?

Während der Gral widerstrebend in das Licht des Christentums rückt, geschehen noch andere seltsame Dinge: Er wird nicht nur zu einem schlichten Kommunionskelch, er ändert auch seine Gestalt. In wenigstens einer der Gralsgeschichten wird das Gefäß zu einem heiligen Stein.[63] Was kann das bedeuten?

Anscheinend heißt es, daß die Sterne uns einen weiteren Schimmer der Weisheit geschenkt haben; daß ein zweites, passendes Symbol herniedergekommen ist, um sich mit dem alten, dunklen Becher zu vereinigen; und daß Feuer das Wasser erlöst. Lange Zeit hatte man das heilige Feuer für die verschiedenen *Teine*-Zeremonien durch Reibung entfachen müssen, ähnlich wie die Indianer mit ihren Zunderstöckchen. Dies war der alte Brauch. Dann kam der Feuerstein, die keltische Tradition. Doch schließlich erschien der Kristall mit seinem Brennstrahl, und dies war tatsächlich ›Feuer vom Himmel‹. Das Medium, durch das es kam, war ein Kristall. Flavia Andersons Gralbuch ist hier sehr aufschlußreich.

Wir stehen vor dem arthurischen Rätsel: Was ist wichtiger, das Schwert oder der Knauf? Die Antwort ist: der Knauf, denn der Kristall im Griff lenkt das Schwert des Lichts und des Feuers. Die drei Tropfen aus dem Kessel werden zu drei Lichtstrahlen aus dem Kristall. So schließt sich der Kreis.

# VI. Das Ei und die Schlange der Druiden

Man sagt, ein ovaler Ball – anscheinend aus Kristall, doch zuweilen auch einfach als ›rot‹ bezeichnet – hing als Zeichen seines Amtes um den Hals des Druiden.

Ein Knäuel von Schlangen verspritzt Speicheltropfen, die sich zu einer Kugel vereinigen, welche die Schlangen zischend emporschweben lassen. Nach Owen Pughe tun sie dies nur einmal im Jahr unter einem besonderen Mond. Der Ball muß dann in einem Tuch aufgefangen und sofort zu Pferde fortgebracht werden, denn die Schlangen werden einen verfolgen, bis man einen Wasserlauf überquert hat. So hören wir es von Plinius dem Älteren, und seine Darstellung ist durch keltische Worte und Ortsnamen belegt: Das keltische *Glain-non-Druidhe* bedeutet ›Glas der Druiden‹, welches, als Amulett getragen, jede feindliche Beschwörung abwehren konnte.

Die Schlange ist einer von mehreren symbolischen Namen für den Druiden. Durch ihre Häutung und Erneuerung symbolisiert sie Metamorphose. Walisische Barden bezeichnen Druiden recht vage als ›Nattern‹ (*Nadredd*), womit sie wahrscheinlich ›Schlangen‹ meinten.

Nun treffen sich Druiden tatsächlich zu festgelegten Mondperioden während des Sommers. Vielleicht haben sie sich dabei der Glasbläserei gewidmet, möglicherweise auf rituelle Weise. Die sehr druidische Insel Bardsey wird nach dem alten walisischen Poeten Meilyr die Heilige Insel des Glain oder Druideneis genannt.

Nach Kendrick werden in Cornwall, Wales und Schottland grüne oder blaue Glasamulette als Schlangensteine oder Druidenglas bezeichnet.[64] Viele davon sind sehr alt und werden auf mehrere Jahrhunderte vor Christi Geburt datiert.

Die Kristallkugel erweist sich also als buntes Glas, grün, blau oder gar rot, womöglich Produkte zeremonieller druidischer Glasbläserei bei sommerlichen Versammlungen. Das Druidenei war in Gold gefaßt und wurde am Gürtel oder um den Hals getragen. War es aus klarem Glas, dann könnte es als Kugel für Zwecke der Zukunftsvorhersage benutzt worden sein. Ob gefärbtes Glas ebenso nützlich war, ist zu bezweifeln, doch solche Objekte können – wie alle Dinge – auf ihre Weise der Konzentration dienlich sein.

## VII. Mystische Bäume und Heilpflanzen

*Duir, die Eiche*

Der blendende, dreizackige Blitzstrahl des Zeus kam durch seinen heiligen Baum hernieder, dessen geschmeidige Härte so beeindruckend war wie sein Alter. Er war auch der Baum jener alten keltischen Gottheit, des Dagda. Zum Gott der Hebräer gehörte er insofern, als dieser auch El hieß.

Nach Fraser wurde der Eichenkönig zu Mittsommer im heiligen Hain von Nemi geopfert oder lebendig verbrannt und stieg empor zur Aurora Borealis. Zu allen heiligen Festen der Kelten wurde Eichenholz in den Notfeuern verbrannt, von denen eines im Mittsommer stattfand. Die Bezeichnung für ein solches Feuer ist *Bel-teine.* Daher bezeichnet Beltane nicht nur ein bestimmtes Fest, sondern jegliches solches *Teine*. In Südschottland ist Beltane das weit verbreitete Mittsommerfest.

Im heiligsten Tempel Roms, dem Tempel der Vesta, wurde ständig ein Eichenfeuer am Brennen gehalten. Dafür war eine der jungfräulichen Vestalinnen zuständig.

Im mediterranen Bereich war die Eiche im allgemeinen die immergrüne Steineiche, der Baum der Ewigkeit. Der Lebenszyklus von Eichen umfaßt gewöhnlich 500 Jahre des Wachstums, 500 Jahre der Reife und 500 Jahre des langsamen Niedergangs, an deren Ende die Eiche jedoch oft immer noch sehr lebendig ist.

Eber und Sau, die sich von den heiligen Früchten der Eiche nähren, waren verkleidete Gottheiten der Weisheit. Und eine der Hauptformen der Großen Mutter Ceridwen Cariadwen ist die Sau mit ihren Frischlingen, welche die Anhänger des Kults darstellen. Solche weisen Schweine wiesen auch den Weg zu den Heilwassern von Bath.

Nach dem alten Kalender des Baumalphabets ist die Eiche (gälisch *Duir*, lateinisch *drus*) Zentrum und König der Bäu-

218

me, an der Spitze des Trilithonbogens. Die Eiche ist der Baum der mystischen Manifestation des Hu-Hesus, der Baum, auf dem die geheimnisvolle Mondmistel wuchs, die mit dem Sonnen- und Mondwerkzeug geschnitten wurde. Sie trägt auch den Gallapfel und das *Kermis*insekt in ihren Blättern, beides Symbole des roten Merkur.

Abraham saß unter den Eichen von Mamre, und unter einer Steineiche (›Terebinth‹) erschien Gideon der Engel. Es war die Eiche, die über Absalom das Urteil sprach, indem sie seinen Kopf zwischen ihren Ästen festhielt. Propheten sitzen gewöhnlich unter Eichenbäumen (1. Könige 13,14). Im Alten Testament wird die Eiche etwa fünfzigmal erwähnt.

In Dodona offenbarte Zeus sein heiliges Orakel durch das Flüstern der Blätter, das von Sehern interpretiert wurde. Das gälische Wort *Duir* ist in vielen Sprachen mit dem Wort für ›Tür‹ verbunden, und der Mittelpunkt des Jahres im Juni, den Duir, die Eiche, beherrschte, wurde als deren Angelpunkt angesehen – so wie der Januar der Riegel war (Janus). So formen Janus und sein Geselle Cardea, das Scharnier, die Achse des Mühlsteins des Sonnensystems oder ›Universums‹ hinter dem Nordwind. Der Mühlstein dreht sich schicksalhaft, angetrieben von der Kraft der beiden Bären des Himmels.

Britanniens vielleicht berühmteste Eiche steht im Wald von Windsor und gehört Herne, dem Jäger, Anführer der Wilden Jagd. *Gospel Oak* in Highgate ist die Eiche, unter der Edward der Bekenner schwor, die alten Gesetze und Rechte Englands zu halten und zu verteidigen. Daneben gibt es unzählige andere herausragende Eichen, denn sie gelten im Denken der Menschen allgemein als die großartigsten aller Bäume.

Eichenholz ist wegen seiner Dauerhaftigkeit äußerst wertvoll beim Bau von Fahrzeugen und Häusern. Der trostlose Zustand der wichtigsten Eichenwälder Englands geht auf ihren Einsatz zur Verteidigung des Vaterlands zurück. Sie lieferten das Baumaterial für die britische Marine, besonders für die großen Flotten der Ära Lord Nelsons, als Invasion drohte. Seitdem stammt Englands Bauholz hauptsächlich aus dem Ausland.

Bestimmte alte Würdenträger, etwa Oberdruiden oder Könige, wurden in ausgehöhlten Eichenstämmen beerdigt, die man als Boote für die Reise ins Unbekannte betrachtete.

Eichenalleen wie auch Eibenhaine weisen oft auf das Wirken von Druiden hin. Noch im achtzehnten Jahrhundert führte eine solche Allee zur Spitze des Glastonbury Tor. ›The Grove‹ (der Hain), der Name von Coleridges Haus in Highgate, deutet wahrscheinlich darauf hin, daß dort um den Teich oder die Quelle der Göttin einmal die Eichen- oder Eibenpflanzung einer Druidenschule gewesen ist. Am Fuße des Glastonbury Tor steht ein Paar bemerkenswerter alter Eichen, Gog und Magog. Über 1500 Jahre alt, scheinen sie immer noch etwas von der Heilkraft auszustrahlen, die dem Baum allgemein zugeschrieben wird.

Die Eiche liefert auch Tannin für die Lederherstellung und in südlichen Ländern Kork.

Doch für Druiden ist die heilige Eiche nicht nur der Baum, in dem das Kind enthalten ist, Maban, welcher Hu-Hesus, der ewig Kommende ist; sie ist nicht nur der Baum, auf dessen Ästen man die kraftvolle Mistel findet; der Baum selbst ist ein lebendes Gleichnis mit tiefer Bedeutung in seinem Wachstum. Der Grundstein okkulter Vorstellungen ist die antike Smaragdtafel des Hermes Trismegistos. So weit sich das Astwerk der Eiche nach oben ausbreitet, so weit ragt das starke Wurzelgeflecht in den Boden. Dies ist der Schlüssel: »Wie oben, so unten.«

### Iodha, die Eibe

Die immergrüne Eibe Iodha hat einen Lebenszyklus von mehreren tausend Jahren. Die genaue Lebensdauer ist unbekannt. Sie ist niemals sehr hoch, sondern dick und knorrig und besitzt hartes, schweres Holz. In Eibenwäldern kann man die Wachstumskurve unserer Hemisphäre klar beobachten. Die Eibe steht für die Todesperiode des Jahres, den Winter, wie der letzte Buchstabe ›I‹ in der Vokalreihe AOUEI im Kessel der Fünf Bäume.

*Taxus* (lateinisch, vom griechischen *toxon*, der Bogen) war der charakteristische Baum der griechischen Unterwelt und Hekate geweiht. Auch Merkur, der Bote der Toten, war mit der Eibe verknüpft, ebenso wie der kleine Finger im chiromantischen System. In die Eibenhaine bei Marseilles hat Lukan die furchtbaren Szenen druidischer Menschenopfer verlegt. In der klassischen Welt trug man Eibenzweige als Zeichen der Trauer.

Ohne Zweifel repräsentierte die Eibe in der druidischen Tradition das heilige Mysterium. Eiben wurden systematisch um die Orte gepflanzt, oft Quellen und Brunnen, die heilige Wahrheiten bargen – vielleicht nicht nur, weil die Bäume selbst etwas Heiliges darstellten, sondern auch, um die Anhänger zu beeindrucken. Für Tiere sind ihre Blätter tödlich, und Potter betrachtet die Eibe einfach als giftig und den medizinischen Nutzen ihrer weißen oder roten Beeren als ›unsicher‹. Doch Evelyn widerspricht bezüglich der Giftigkeit. Die Iren mischten jedenfalls Eibenbeeren, Nieswurz (*Helleborus*) und Teufelsmilch, um ihre Pfeile zu vergiften. In kleinen Dosen regt Eibe das Herz an und ist so wertvoll wie Fingerhut (*Digitalis*).

Die Eibe ist einer der sieben Bäume der Häuptlinge, deren Fällen im Brehon-Recht unter Todesstrafe steht. Ihr Holz wurde für ›Haushaltsgefäße und Brustpanzer‹ benutzt, die einiges aushalten mußten.

Die eindrucksvollste Eibenpflanzung Englands, mit großer Sicherheit druidischen Ursprungs, ist *Great Yews* in der Nähe von Salisbury. Lange Alleen treffen sich in einem runden, offenen Raum, der eine wundervolle Kulisse für einen Kreistanz oder vielleicht auch andere Feierlichkeiten abgab.

Shakespeare spricht von der »doppelt tödlichen Eibe« und »Eibensplittern, in der Mondfinsternis geschnitten«. Die Eibe ist stets unheimlich.

Versteinerte Eibenwurzeln wurden im Garten und in der Nachbarschaft von Chalice Well in Glastonbury gefunden. Sie formen ein Alleenmuster um den rötlichen Teich. Das Wasser des Teichs hatte sein Gegenstück in dem Bach aus dem Stalaktiten-Stalagmiten-Tunnel, der wenige Meter daran vorbeifloß. Das eine kam aus Wales, aus den Schwarzen Bergen, unter dem Bristolkanal hindurch; das andere kam aus der Höhle unter dem Tor. Die Eiben markierten hier offenbar einen kraftvollen und wichtigen Platz.

Einer der vier großen Bäume Irlands, der Große Baum von Ross, war eine Eibe, genannt ›die Berühmte von Banbha‹ – der Todesaspekt der dreifältigen Göttin. Youghal heißt in Wirklichkeit *Eocail*, der ›Ort der Eiben‹, und es gibt noch andere von dem Baum abgeleitete Ortsnamen, wo sich alte Kultzentren befunden haben könnten.

Die geläufige Theorie ist, daß die Friedhofskarriere der Eiben auf die Anordnung der Tudorkönige zurückgeht, auf Friedhöfen Eiben zu pflanzen, um Holz für die Bögen der Soldaten zu gewinnen. Es gibt jedoch allen Grund, dies zu bezweifeln und anzuerkennen, daß die Eibe immer schon der feierliche Baum des Todes war. Ihre Zweige wurden bei Begräbnissen getragen und auf die Särge geworfen. Eiben wuchsen an Begräbnisstätten.

Für den Druiden steht die Eibe jedoch – mit ihrem dunklen, immergrünen Laub und ihrer scheinbar unendlichen Lebensspanne – nicht für den Tod, sondern für die Ewigkeit. In der druidischen Baumsprache repräsentierte sie den Grad des Ovaten, der mit der Wissenschaft der Mysterien befaßt ist.

## Allheil, die Mistel

Cäsars Freund, der Druide Divitiacus, erklärte ihm alles über die Heiligkeit der Mistel. Sie durfte nur im Winter geschnitten werden, in einer bestimmten Mondphase, und mußte auf einer Eiche wachsen. Die Druiden waren mit einem eigenartigen Werkzeug bewaffnet, einer goldenen Sichel. Es wurden Hymnen gesungen, Gebete gesprochen und zwei weiße Stiere, also Mondgeschöpfe, geopfert.

All dies war offenbar symbolisch und ist mit anderen Volksweisheiten verknüpft. Das Fleisch der Mistelbeere wurde allgemein als eine Art Sperma betrachtet; die Mistel war also eine magische Pflanze der Fruchtbarkeit; magisch auch, da sie nie den Boden berührte – eine ›himmlische‹ Pflanze, deren Samen vom Wind oder von Vögeln verbreitet wurden. Nicht nur die druidische Tradition hat sie verehrt.

Unter Druiden hat die Mistel jedoch noch eine andere Bedeutung: sie ist das Allheil. Die medizinische Pharmakopöe weiß wenig davon. *Potter's Cyclopaedia* gibt ihren Nutzen lediglich als ein Nervin und Narkotikum, als krampflösend und stärkend an, nicht anders als viele andere Pflanzen. Es werden nur die gemahlenen Blätter erwähnt. Doch da sich überlieferte Eigenschaften so oft als wohlfundiert erwiesen haben, haben die Anthroposophen nach Angaben von Rudolf Steiner in einem Schweizer Zentrum vierzehn Jahre lang mit der Mistel experimentiert und sind zu bemerkenswerten Ergebnissen gekommen, die 1969 im *British Homoeopathic Journal* veröffentlicht wurden.

*Viscum album* ist eine sehr seltsame Pflanze. Sie blüht im Winter, und ihre Blütenknospen bilden sich nicht nur an den Spitzen neuer Triebe, sondern auch an den Ansätzen der Zweige des vorangegangenen Jahres. Sobald die Blüte eines Jahres vorüber ist, formen sich die nächsten Knospen. Die samentragenden Beeren sind erst im Dezember vollkommen reif. Im Winter trägt die Pflanze also gleichzeitig Blüten sowie reife und neue, unreife Beeren. Die Blätter sind immergrün, wenn es sich auch kaum um normale Blätter handelt, denn nach etwa vier Jahren fallen sie ab. In der kargen Jahreszeit ernähren sich Vögel, vor allem die Drossel, von den reifen Beeren und verbreiten so die Samen in den ersten drei Monaten des neuen Jahres.

Steiner wies darauf hin, daß die beiden Sonnenwenden die Perioden größter Wirksamkeit sind, und die Forschung hat dies bestätigt. Im Dezember tragen die Triebe zahlreiche Blüten. Die Beeren zeigen eine goldene Färbung, und in den geschlossenen Blüten sind starke Mondkräfte am Werk. Zur Zeit der Sommersonnenwende erreicht die Kraft des Saftes ihren Höhepunkt, nun rosarot und voller Sonneneinfluß.

Extrakte aus Misteln, die in diesen beiden Perioden geerntet und nach Steiners Anweisungen verarbeitet wurden, zeigten eine heilende Wirkung bei vielen rheumatischen Erkrankungen und bei Krebs. Potenzierte Auszüge helfen bei verschiedenen anderen Störungen des Gleichgewichts im Körper. Alle Teile der Pflanze, Wurzeln, Triebe, Blüten und Beeren, werden benutzt. Ihre Anwendung verlangt jedoch größte Sorgfalt und ist eine höchst individuelle Angelegenheit. Wenn diese Heilkraft bei zahlreichen Störungen im Altertum bereits bekannt war, dann war die Bezeichnung Allheil keine Übertreibung, sondern ganz exakt.

Die Mondnatur der Pflanze wurde von denen, die sie zur Zeit der Wintersonnwende sammelten, klar erkannt. Die weißgoldene Farbe der Beeren war dann am kräftigsten. Die weißen Rinder repräsentierten die Sterne unter der Herrschaft des Mondes. Die goldene Sichel symbolisierte die Form des Mondes und die Substanz der Sonne, verband so die beiden Lichtspender, welche die druidische Tradition verehrte, und weist auf die beiden Sonnenwenden hin.

Die Wintersonnenwende leitete den alten Jahresbeginn ein, zu dem die Pflanze feierlich als Allheilmittel unter die Bevölkerung verteilt wurde. Der moderne Orden folgt diesem Brauch, ohne jedoch auf die Heilkräfte besonders einzugehen. Ein anderes Datum für den Beginn des neuen Jahres war Anfang Februar, und nach einer anderen Kalenderauslegung erfolgte dann auch die Mistelernte.

### Beith, die Birke

Ebenso wie die Eibe wird auch die Birke allgemein mit dem Druidentum in Verbindung gebracht. Die Silberbirke symbolisierte den jungen Druiden, den Barden in der Ausbildung. *Beth* oder *Beith* (die Birke) stand für Anfänge. Ihre Äste dienten traditionell als Grenzpfähle englischer Gemeinden, und sie vertrieb das Böse und den Geist des alten Jahres. Die römischen Lektoren trugen Birkenstäbe. Die Birke ist der erste Baum im Beith-Luis-Nuinn-Alphabet.

Die Silberbirke stand also für den Beginn der Druidenlaufbahn, für den jungen Anfänger. Über das Wort scheint einige Unklarheit zu herrschen. Für Graves ist es *Eodha*, was jedoch durch gälische Quellen nicht unterstützt wird. Der Orden wurde durch die Eiche (den Druiden), die Eibe (den Ovaten) und die Birke (den jungen Barden) dargestellt – ein Dreigestirn von Bäumen entsprechend den drei Säulen der Weisheit.

Die Silberbirke ist neben der Eberesche der schönste Baum der weniger bewaldeten Gebiete, die gewöhnlich mit den Kelten in Verbindung gebracht werden. Die graziösen, zierlichen Konturen, die zarten Zweige und die silbrig schimmernden

Stämme machen den Besuch eines Birkenhains zu einer fast spirituellen Erfahrung. Die Birke markiert den Lauf so manchen Flusses, wobei sie sich vor dunklen Tannen und fernen Bergen abhebt.

### Andere zeremonielle Pflanzen

Mistel (Wintersonnenwende) und Eibe (Allerheiligen) haben wir behandelt. Nun folgen noch Schneeglöckchen (Imbolc), Klee (Frühlingstagundnachtgleiche), Hagedorn und Weißdorn (Beltane), Eisenkraut (Sommersonnenwende) und Apfelbaum (Herbsttagundnachtgleiche).

*Das Schneeglöckchen* des Februarfestes hat schon immer für Reinheit gestanden. Da es mitten im Schnee blühen kann, wird es als Symbol für die Zeit der Reinigung der Erde nach dem Winter angesehen.

*Der Klee* ist eine der symbolischen Frühlingspflanzen, die in den Fußstapfen der Göttinnen Ceridwen und Olwen in ihren jugendlichen Gestalten erscheinen. Schlüsselblumen, Veilchen und Butterblumen tauchen ebenfalls in verschiedenen Varianten des Mythos auf. Die dreizählige Form des Kleeblatts war immer schon von besonderer Bedeutung.

*Das Eisenkraut* (*Verbena*) ist eine bescheidene Pflanze mit sehr ausgeprägtem Aroma. Wie es in klassischen Zeiten zu seinem Ruf kam, ist schwer zu sagen; jedenfalls wurden dieser Pflanze große Kräfte zur Wiederherstellung oder Verbesserung des Augenlichts zugeschrieben, wenn man die Augen in Eisenkrautwasser badete. Die Wirksamkeit dieser Behandlung hat sich nicht bestätigt, doch so erklärt sich die Zuordnung der Pflanze zum Höhepunkt des Sommers.

Der Falke mit seinem scharfen Auge hat jahrtausendelang die weitreichenden Strahlen der hohen Sonne symbolisiert. In Ägypten wurden die Sonnengötter Ra und Horus mit Falkenköpfen dargestellt, während nach walisischem Mythos der Ritter, der weitsichtig genug ist, um den Gral zu erringen, Gwalcheved oder Galahad heißt, der ›Falke des Sommers‹. Wenn ein scharfer Blick aus großen Höhen den Gestalten des Sommers zugeordnet wird, dann betrifft diese Zuordnung auch die Pflanze, die den Blick schärft. Das Augenlicht gehört zum Element Feuer, und die Blüte des Eisenkrauts ist gewöhnlich leuchtend rot.

*Der Apfel* ist die Frucht des Herbstes, die sich in nördlichen Ländern am besten über den Winter einlagern läßt. Frühere Generationen hatten im Winter fast kein Obst, und der Apfel besaß wie der Granatapfel des Südens ein spirituelles und mystisches Image als Nahrung für die tote Zeit des Jahres und damit Nahrung der Toten. Außerdem war er immer schon eine mythische Frucht – niemand scheint bei der Übersetzung des Alten Testaments je auf den Gedanken gekommen zu sein, das allgemeine hebräische Wort für ›Frucht‹ anders als mit ›Apfel‹ zu übersetzen.

Zusammen mit dem Fleisch der heiligen Schweine wurden den Menschen, die sich dem Sidhevolk in Eire anschlossen, Äpfel und Nektar versprochen. Vielleicht war diese seltsame Diät angemessen für das himmlische Verdauungssystem der Sidhe, doch die Menschen können einem leid tun.

Es gibt zahlreiche Bäume und Pflanzen unterschiedlicher Grade der Heiligkeit und des Symbolgehalts. Eine komplette Liste aufzustellen wäre unmöglich. Das Baumalphabet mit Konsonanten und Vokalen stellt eine ziemlich repräsentative Auswahl dar.

*Die Eberesche* war – abgesehen vom Ginster – die strahlendste Erscheinung auf dem herbstlichen Moorland. Ihre Beeren wurden in Schottland dazu benutzt, Wolle rot zu färben.

*Die Esche*, besonders die Traueresche, ist immer der Baum der Mutterschaft und der Wiedergeburt gewesen – eine Vorstellung, die in der skandinavischen Weltesche Yggdrasil gipfelt. Die Esche beschützt vor Hexen und wird nach dem Chronisten Evelyn in Wales als heilig angesehen. Man hat druidische Zauberstäbe aus Eschenholz gefunden. Doch andererseits haust auch ein böses Weib in der Esche, und zuweilen wird sie als Aufenthaltsort von Hexen betrachtet.

*Die Erle* ist ebenfalls ein Baum in rotem Kleid, doch hier ist es die Rinde. Krieger bemalten sich ihre Gesichter und Körper mit ihrem Saft, um den Feind in Schrecken zu versetzen; sie ist also der Baum des Bran, des Raben des Schlachtfelds, einer uralten Gottheit, die später in St. Brandon anklang. Aus den Blüten läßt sich auch ein grüner Farbstoff gewinnen.

*Die Weide* scheint das Thema der Mutterschaft zu wiederholen, diesmal in Form der Wassermutter. Weidenrinde hilft gegen Fieber.

*Der Weißdorn* ist heilig wegen seiner üppigen weißen Blüte zu einer magischen Zeit des Jahres. Er beherbergt verschiedene Geister, doch kein böser wagt es, ihm nahe zu kommen.

*Die Stechpalme* liefert ein weiteres eindrucksvolles Rot – das Blut des Winters. Mit ihren spitzen Stacheln scheint sie den Kämpfer symbolisiert zu haben.

*Die Haselnuß* gehörte ebenso zur Anderswelt wie zu dieser Realität, denn ihre eßbaren Früchte nährten den Lachs der Weisheit. Die Haselnuß ist auch ein Baum der Weissagung; aus ihrem Holz werden gewöhnlich Wünschelruten gemacht.

*Die Weinrebe* repräsentierte Inspiration, während zu einem Getränk verarbeiteter Efeu Wahnsinn oder Ekstase bedeutete.

*Das Schilfrohr* symbolisierte Gelehrtheit und Ordnung.

*Der Holunder* – mit seinen weißen Blüten und schwarzen Beeren – war ein Hexenbaum. Die Holundermutter kannte sämtliche Heilpflanzen. Holunderbeeren töteten Schlangen, und ein Stock aus Holunderholz war eine Art Zepter.

*Der Ginster* oder Stechginster verbreitete ein himmlisches Gelb, das mit der Sonne verbunden war.

*Das Heidekraut* liefert eine weitere Moorfarbe, das Purpur, in das sich das Land im September und Oktober hüllt. In Schottland wurden die Richtung und das Amt des Ostens mit leuchtendem Purpurrot bezeichnet = *Airt*, was wahrscheinlich ›hell‹ bedeutet.

*Die Espe* zittert in unablässiger Furcht vor der nahen Geisterwelt.

*Die Pappeln* vergießen Bernsteintränen, weil sie Phaetons Schwestern sind, die die Pferde der Sonne in die Irre führten und im Feuertod endeten.

*Die Ulme*, ursprünglich aus Italien, genießt einen zweifelhaften Ruf. Ihr Holz wird vornehmlich für Schiffskiele und Särge benutzt, und ihre Angewohnheit, zuweilen ohne jede

Vorwarnung schwere Äste abzuwerfen, fordert Jahr für Jahr mehrere Menschenleben. Ihre Rinde eignet sich gut als Schreibmaterial.

Freundlicher ist dagegen die Apollo geweihte Pflanze, der immergrüne *Lorbeer*, der den Dichtern heilig ist und aus dem bei Musikwettbewerben die Siegerkronen geflochten wurden.

# VIII. Die magische Beschaffung der Blausteine

Die Geschichte der ›Blausteine‹ von Stonehenge, der eher grau erscheinenden, kleineren Steine im inneren Teil des Bauwerks, die von Besuchern gewöhnlich kaum bemerkt werden, verdeutlicht, wie wertvoll unabhängige Forschung ist und wie vorsichtig man in einem nur halb wissenschaftlichen Bereich wie der Archäologie mit dem Urteil der offiziellen Experten sein muß.

In Wales ansässige Archäologen wiesen darauf hin, daß die oberen Steinbrüche bei Mynydd Preseli, nördlich von Milford Haven in Pembrokeshire, die nächstgelegene Quelle für körnige Diorite vom Typ der Blausteine sind. Sie erarbeiteten eine Theorie, nach der die Steine auf waghalsige Weise mit Flößen abtransportiert und dann, noch gefährlicher, durch die tückischen Strömungen des Bristolkanals zur Mündung des Avon gebracht wurden, dessen Lauf nicht einmal sehr nahe an Stonehenge herankommt. Keiner dieser Archäologen war in der Seefahrt bewandert.

Der verstorbene T. C. Lethbridge, ein hervorragend qualifizierter, wenn auch eigenwilliger Archäologe, aufgrund seiner Marinezeit und seiner Erfahrung mit kleinen Booten berufener als jeder andere Kommentator, sich in solchen Dingen zu äußern, war mit dieser Theorie höchst unzufrieden. Er nahm eine wilde Geschichte von Geoffrey von Monmouth, fügte eine unabhängige Beobachtung hinzu und kam so zu einer viel wahrscheinlicheren Lösung als die, welche immer noch im offiziellen Stonehengeführer publik gemacht wird. Es folgt – in leicht gekürzter Form – die betreffende Passage von Geoffrey:

Er [König Ambrosius Aurelianus] begab sich zum Kloster in der Nähe von Kaercaradoc, welches nun Salisbury genannt wird und wo die Grafen und Prinzen begraben liegen, die der verfluchte Hengist betrogen hatte ... Er war tief bewegt, und Tränen begannen zu fließen, und schließlich dachte er darüber nach, in welcher Weise er den Ort am besten zum Denkmal machen könnte ... Worauf Tremounos, der Erzbischof von Caerleon, zum König kam und sagte:

»Wenn es irgendwo einen Menschen gibt, der stark genug ist, diesen Auftrag auszuführen, dann lasse Merlin, den Propheten des Vortigern, seine Hand daran versuchen ... Bitte ihn, hierher zu kommen und seinen Geist ans Werk zu setzen, und ich garantiere, er wird ein Denkmal von Dauer errichten!«

Sie fanden ihn im Land der Gewissi am Brunnen von Galabes, an dem er sich gern aufhielt, und brachten ihn, nachdem sie ihm gesagt hatten, was sie wollten, vor den König ... Und Merlin sprach zu ihm:

»Wenn du den Grabplatz dieser Männer mit einem Werke ehren willst, das ewig währen soll, dann schicke nach dem Tanz der Riesen auf dem Killaraus, einem Berg in Irland. Denn dort steht eine Steinstruktur, wie sie heute niemand errichten könnte, es sei denn, er wäre ebenso klug wie geschickt. Denn die Steine sind groß und von höchster Qualität, und wenn sie hier zu einem Kreis aufgebaut werden, so wie sie dort stehen, werden sie dauern für alle Ewigkeit ...

Lache nicht, König, denn diese Worte sind nicht leichthin gesagt. Diese Steine bergen ein Geheimnis und Heilkräfte gegen viele Gebrechen. Riesen der alten Zeit haben sie einst von den fernsten Enden Afrikas herbeigetragen und in Irland aufgestellt, als sie dort wohnten. Und das taten sie zu dem Zweck, daß sie mit ihnen Bäder bereiten konnten, wann immer sie an irgendeiner Krankheit litten, denn sie wuschen die Steine und gossen das Wasser in ihre Bäder, wodurch, wer krank war, gesund wurde. Sie mischten auch Kräuter in dieses Wasser, wodurch, wer verwundet war, Heilung erfuhr, denn keinem der Steine dort fehlt es an Heilkraft.«

Zu jener Zeit war Gilloman König in Irland ...

Die Briten obsiegten und zwangen Gilloman, nachdem alle seine Iren niedergemetzelt waren, zur Flucht um sein Leben. Als sie die Schlacht gewonnen hatten, stürmten sie weiter zum Berg Killaraus, und als sie den Steinring erreichten, frohlockten sie und staunten sehr ... Dann machten sie sich auf Merlins Anordnung mit allen möglichen Werkzeugen gemeinsam ans Werk und taten ihr Äußerstes, um den Tanz den Berg hinabzubefördern ... und als sie alle müde und erschöpft waren, lachte Merlin laut und baute seine eigenen Gerätschaften zusammen. Als schließlich alles fertig war, was benötigt wurde, legte er die Steine mit solcher Leichtigkeit nieder, wie keiner es geglaubt hätte, und als er sie hingelegt hatte, forderte er sie auf, sie zu den Schiffen zu tragen und in deren Mitte zu legen, und so segelten sie freudig nach Britannien zurück, mit günstigem Wind, und brachten die Steine zur Grabstätte ...

Aurelius bat Merlin, die Steine, die er aus Irland geholt hatte, um den Grabplatz aufzustellen. Merlin gehorchte dem Befehl und stellte sie rund um die Grabstätte auf, genau wie sie auf dem Berg Killaraus in Irland gestanden hatten, und zeigte aufs neue, daß Geschicklichkeit mehr zählt als Kraft.

Buch VIII, Kap. 9–12

Die wesentlichen Punkte dieses Mythos sind die folgenden:
1. die Verbindung zu den ›fernsten Enden Afrikas‹,
2. der Name ›Tanz der Riesen‹,
3. die magischen Steine kamen aus Irland,
4. die Steine heilten mit Wasser und Kräutern,
5. der ursprüngliche Kreis war auf einem Berg namens Killaraus.

Körnige Diorite finden sich, wenn auch nicht häufig, außer in Wales auch in Irland, nämlich nördlich von Dublin und westlich von Tipperary. ›Killaraus‹ ist offenbar eine latinisierte Form von Killaradh. Giraldus Cambrensis ist nicht sehr hilfreich, wenn er dies zu ›Kildare‹ werden läßt. Killaradh oder Killary heißt ›die Kirche am Fluß Ary‹, also Tipperary, und in der Nähe befindet sich ein Steinbruch. Man denke auch an die wilden mittelalterlichen Legenden, nach denen der Teufel die Steine aus Irland gebracht haben soll.

Auch mit den gigantischen Steinen früher mykenischer Architektur in Griechenland waren stets Riesen verbunden. In der klassischen Überlieferung waren dies die Zyklopen. Auf einem der Sarsensteine in Stonehenge sind die Umrisse eines Dolches mykenischen Stils eingeritzt. Mykene ist zwar nicht gerade Afrika, doch immerhin befindet es sich im östlichen Mittelmeergebiet, nicht weit von der afrikanischen Küste.

Die den Zyklopen entsprechenden Figuren sind in Irland die Fomorier, eine der frühen Invasionsrassen. Wie wir heute wissen, gab es in der Bronzezeit enge Verbindungen zum Mittelmeerraum. Wasser, das über bestimmte Steine, zum Beispiel die *clach dearg* (Zaubersteine), geflossen war, galt im schottischen Hochland als heilkräftig.

Lethbridge versuchte die Stätten auszupendeln und erhielt erstaunliche Resultate. Das Pendel schwang stark über Stonehenge und in der Nähe von Tipperary, doch nicht im geringsten über Mynydd Preselli. Nach dem Alter befragt, bestimmte das Pendel das Jahr 2650 v. Chr. als Datum des ursprünglichen Bauwerks.

Die Fahrt auf dem kleinen Ary wäre nicht allzu schwierig gewesen. Er fließt in den großen Fluß Suir, der bei Waterford im Meer mündet. Von dort ist es eine direkte südöstliche Passage nach Land's End. Das rechteckige Segel, das damals verwendet wurde, konnte für westliche Winde gesetzt werden, und von Cornwall aus war es eine einfache Reise vor dem Wind entlang der Südküste, bis der Avon bei Christchurch Zugang nach West-Amesbury gewährt – nicht weit von der heutigen Stätte, da der Fluß früher höher im Tal floß.

Sie könnten Boote ähnlich dem *Umiak* der Eskimos benutzt haben, ein mit Häuten bespannter Holzrahmen, leicht und geschwind, fast unsinkbar mit aufgeblasenen Harnblasen an den Seiten. Man könnte zwei solcher Boote mit Planken verbunden und die Steine daran ins Wasser gehängt haben.

All dies ist in Lethbridges letztem Buch, *The Legend of the Sons of God*[65], dargestellt, aus dem diese Beschreibung entnommen ist.

So war es wahrscheinlich Myrddin, der mit seinem technischen Geschick für den skeptischen Ambrosius Aurelianus oder Emrys die Blausteine besorgte. Ambrosius gilt heute als historische Figur mit einer Herrschaftszeit nach 470. Er war also ein Zeitgenosse Hengists und möglicherweise Arthurs.

›Myrddin‹ steht hier für den Zauber überlegener Technik, was immer die wirklichen Daten gewesen sein mögen.

Die Geschichte scheint also aus arthurischen Zeiten zu stammen, wenn auch der Transport der Blausteine um vielleicht 1500 Jahre verschoben und mit den größeren, viel mehr ins Auge fallenden Sarsensteinen durcheinandergebracht wurde. Sie sagt einiges über Myrddins Ansehen aus, der als mythische Figur untrennbar mit Arthur verbunden ist. Ambrosius Aurelianus war wie Artorius (Arthur) ein römisch-britischer Name.

Sobald man sich von den sächsischen Verwüstungen erholt hatte, regten sich wieder die alten römischen Organisationskräfte, und ein Königreich oder ›Imperium‹ formte sich, das stark genug war, für einige Zeit in einem recht ausgedehnten Gebiet einen zivilisierten Frieden aufrechtzuerhalten. Das ambrosianische Königreich stand wahrscheinlich in einem Zusammenhang mit dem arthurischen.

Geoffrey erweist sich schließlich als gar kein so großer Aufschneider. Er spinnt eine historische Fabel, die jedoch auf einer Mischung von Fakten beruht, die uns von unschätzbarem Nutzen sind.


## IX. Der Mythos von Gwion/Taliesin

Die keltischen Länder besitzen viele Mythen, die in zahlreichen Büchern angemessen behandelt worden sind, wenn es auch manchmal an der Interpretation hapert. Einer davon ist jedoch insofern von zentraler Bedeutung, als er in allegorischer Form einigen Aufschluß über die Natur der kymrischen Initiationsriten liefert. Er handelt von der Entwicklung des Meisterbarden Taliesin und ist in einem Manuskript aus dem siebzehnten Jahrhundert zu finden, wenn auch die überlieferte Weisheit darin viel älter ist.

Avagddu war der häßliche Sohn der Alten Mutter Ceridwen und ihres Gatten, des Seegeistes Tegid Voel von Pennllyn. Ceridwen kochte ihm nach Anleitung des Buches von Feryllt (Virgil, auch die Feen) einen Kessel der Weisheit und fügte von Zeit zu Zeit die nötigen Kräuter hinzu, um ihr

Kind für seine Häßlichkeit zu entschädigen. Der Kessel mußte ein Jahr und einen Tag lang kochen, und in nur drei Tropfen davon lag die magische Essenz des Gebräus.

Der kleine Gwion (*Gwion Bach*) und der blinde Morda hatten die Aufgabe, das Feuer und den Kessel zu hüten. Als das Jahr sich dem Ende zuneigte, spritzten drei Tropfen des Zaubertranks auf Gwions Finger, und als er diesen Finger an seine Lippen führte, kam er sofort in den Genuß der Weisheit des Kessels. Er erkannte, daß er von Ceridwen gehaßt und vernichtet werden würde, da er empfangen hatte, was für Avagddu bestimmt war. So floh er in sein Land Llanfair. Da der Kessel nun seine heilige Essenz gespendet hatte, enthielt er nur noch Gift, das ihn sprengte, in einen Fluß lief und die Pferde des Gwyddno Garanhir vergiftete.

Ceridwen schlug Morda nieder und verfolgte Gwion, der sich dank seines neuen Wissens in einen Hasen verwandeln konnte, worauf Ceridwen zu einer Windhündin wurde. Dann wurde er zu einem Fisch und sie zu einem Otter, dann er ein Vogel und sie ein Falke. Schließlich verwandelte er sich in ein Weizenkorn, das sie in Gestalt einer schwarzen Henne verschluckte. Nach neun Monaten gebar sie ihn wieder. Sie wollte ihn töten, brachte es jedoch nicht fertig, da er so schön war. So ließ sie ihn in einem Ledersack an einem Seewehr zurück.

Der unglückliche Gwyddno, dessen Pferde vergiftet worden waren, hatte auch einen glücklosen Sohn namens Elphin, was ›Mensch‹ oder ›Menschheit‹ bedeutet, und ein recht unergiebiges Lachswehr zwischen Dyvi und Aberystwyth. Eines Tages fischte Elphin den Ledersack aus dem Wasser und fand das Kind darin. »Schau nur dieses strahlende Antlitz an!« sagte Gwyddno, und Elphin erwiderte: »Er soll also Taliesin heißen.« Sie zogen ihn mit großer Sorgfalt in ihrem Hause auf, und er wurde der hervorragendste aller kymrischen Barden. Sein erstes Gedicht war eine Lobpreisung seiner Zieheltern, die daraufhin bald reich wurden.

Elphin begann zu prahlen, er hätte eine tugendhaftere Gemahlin und einen feineren Barden als irgend jemand sonst an Arthurs Hof. Dafür wurde er eingekerkert, und die Tugend seines Weibes wurde auf die Probe gestellt. Als diese sich bewährte, mußte Taliesin seine Überlegenheit als Barde bewei sen. Zuerst zeigte er sich als Meister der Magie, indem er die anderen Barden stumm machte, und dann sang er als die Verkörperung des ewigen Geistes der Poesie.[66] Ein Sturm erhob sich und ließ die Burg erzittern, und während er sang, fielen die Ketten von Elphin ab. Fortan wurde Talisien als der große, übernatürliche Barde anerkannt, der die vielen Gedichte sang, die ihm zugeschrieben werden.

So geht die Geschichte, und sie enthält viel uraltes Wissen. Ceridwens Verfolgung des Gwion enthält die Motive der vier Elemente und den Gedanken der Initiation durch Prüfungen. Wie Grainne in Irland begeht sie schreckliche Taten, die Gwion auf eine höhere Ebene tragen, indem sie ihn auf die Probe stellen.

Der Hase ist für die Kelten eine höchst erhabene Figur. Er hockt, springt und tanzt und ist die Verkörperung der externen Seele. Der Windhund erscheint auf vielen Tafeln als das heilige Tier neben Néhellania, einer anderen Form der Ceridwen. Der flinke Fisch, wahrscheinlich eine Forelle, ist stets die Wassergestalt des Hermesgeistes. Der Otter wird als der Architekt unter den Tieren bewundert. Der Vogel, vermutlich ein Zaunkönig, ist das spirituelle Prinzip im Reich der Intelligenz (Luft), und der Falke besitzt das scharfe Wächterauge des Horus.

Jedes der drei Paare für sich ist ein göttliches Prinzip, und die letzte Verwandlung entspricht der Ankunft dieser Weisheit auf der Erde. Das Weizenkorn ist ein Synonym für den Samen der Weisheit. Der übernatürliche Vogel, vielleicht die Geiermutter Ägyptens, ist die geduldige Lehrerin, welche die jungen Initianden ausbrütet. »Neun Monate war ich im Bauch der Hexe Ceridwen«, singt Taliesin; neun Monate könnte auch die Schulung in den Höhlen oder Zellen eines frühen Ordens gedauert haben.[67] Am Ende wurde der Postulant in einem Ledersack ins Meer geworfen: die Prüflinge wurden, auf dem Boden von Lederbooten gefesselt, den schäumenden Fluten der Cardiganbucht überlassen – die sie jedoch stets an derselben Stelle wieder an Land setzten, so daß die Prozedur zwar beängstigend, aber nie wirklich gefährlich war.

Man empfindet Mitleid für Avagddu, so häßlich er sein mag, und Morda, der mit (moralischer) Blindheit geschlagen ist.

Wer übernatürliche Eigenschaften erkennt und pflegt, wird reich werden, und sogar menschliche Prahlerei kann dazu dienen, übernatürliche Kräfte zum Vorschein zu bringen. Jedesmal, wenn ein Unrecht geschieht, endet es in etwas Gutem. Wenn jemand in weltlichen Dingen vom Pech verfolgt scheint, könnte dies ein Zeichen sein, daß ihm, wie Gwyddo, ein halbgöttliches Schicksal vorbestimmt ist. Dies sind einige der Lehren, die man aus dieser Fabel ziehen kann.[68]

# Bedeutende Stätten in Großbritannien

*Vorbemerkung*

Wählt man, vielleicht willkürlich, zehn Zentren und ihre Anlagen aus, die megalithisch-druidische Kultur zu repräsentieren, dann wird offenbar, daß viel weitere bedeutungsvolle Beziehungen zwischen den Stätten hergestellt werden können, wenn es hier auch an Platz mangelt, darauf einzugehen. Es gibt eine bestimmte Polarisation der mystischen Zentren. Wollte man eine Reihe von kraftvollen Zentren auf den Britischen Inseln nennen, dann kommen einem Namen wie Glastonbury, Walsingham, Iona, Anglesey, Penmaenmawr (Meini Hirion) und die Black Mountains in den Sinn. Im folgenden werden daher viele dieser weiteren Beziehungen nicht berücksichtigt, obwohl sie sehr vielsagend und plausibel sind.

Alle Hauptmonumente und die Gebiete, in denen sie zu finden sind, haben auf die eine oder andere Weise Verbindungen zu druidischen oder zumindest keltischen religiösen Praktiken. Alle diese Stätten zeigen klare Anzeichen für Himmelsbeobachtungen und eine Beschwörung der Erde, mit jährlichen Ritualen, die von Priestern abgehalten werden, die eine Wissenschaft ausüben und eher an Propheten als an Schamanen erinnern. Ihre Bestimmung scheint meist auf der druidischen Linie zu liegen, obwohl es auch zwei Ausnahmen gibt: Die *Rollright Stones* gehören eindeutig zu einer anderen Kultur, und die *Merry Maidens* von Lamorna in Cornwall, offenbar eine vollständige Gruppe, zeigen überhaupt keine kultische Bedeutung.

Zwischen den Stätten gibt es bestimmte Beziehungen, worüber weitere Studien wünschenswert wären. Manchmal hat man nur ein mystisches Indiz, das sich dann aber als belegbare Tatsache erweist.

# I. Der Avebury-Komplex

Silbury, der Langhügelgrabtempel, der Tempel von Sanctuary Hill, die Allee (*Avenue*), große und kleine Kreise.

Cabiri = nordafrikanischer Name der Dioskuren oder himmlischen Zwillinge.

Abri = ein Unterstand, vielleicht der *Cove*.

Aburi = der Ort der Zwillingskräfte, Sonne und Mond.

Silbury = der Ort oder die Grabstätte der Göttin Sil oder Sul: vgl. Silchester und Sul von Bath.

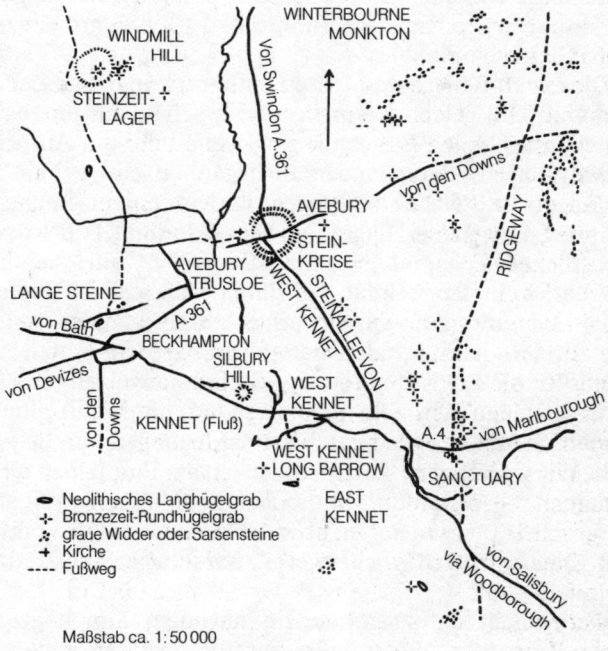

Das Gebiet um Avebury und die Beziehung zwischen Avebury, Windmill Hill, Silbury Hill und West Kennet Long Barrow

237

Als die neolithischen Wandervölker aus Syrien über Nord-
frankreich und die Bretagne nach Britannien kamen, hatten
sie schon viel geschaffen – oder, wenn man einer anderen
Datierung folgt, waren sie Zeitgenossen anderer, die viel geschaffen hatten. Die meilenlangen Alleen von Carnac, der
gigantische Menhir von Men Er' Broec'h oder Er Grnh und
vielleicht auch der Tempel der Muttergöttin, der heute als
*Table des Marchands* bekannt ist, sind etwa vom selben Alter
wie Avebury mit seinem ersten Erdring, die Aubrey Holes und
der Heol-Stein von Stonehenge. Vielleicht waren die britan-
nischen Vettern nicht ganz so künstlerisch; jedenfalls haben
sie nicht so viele symbolische Formen hinterlassen. Der entscheidende Punkt ist jedoch, daß sie alle mit der Planung großer Strukturen vertraut waren und daß sie wußten, wie man
große Steine handhabt.

Die ersten Bauern und Hirten hatten schon einige Zeit am
Windmill Hill gelebt, bevor sie – wahrscheinlich unter dem
Druck einer neuen Einwanderungswelle oder auf Anregung
von Mystikern – daran zu denken begannen, einige ihrer Vorstellungen in Stein zu verewigen. Ihr von einem dreifachen
Steinring umgebenes Lager auf dem Windmill Hill war ein
herbstlicher Versammlungsplatz. Mit einiger Wahrscheinlichkeit war es ein Sammelplatz für Stämme aus weitem Umkreis,
wie es Avebury später mit Sicherheit war. Neben der Haltung
von Rindern und Schafen hatten sie mit dem Anbau von
Flachs für die Bekleidung sowie von Emmerweizen und Gerste ägyptischen Typs begonnen. Man hat ihre Mühlsteine gefunden. Sie haben Wald geschlagen. Sie gingen auf die Jagd,
vielleicht wegen der Häute. Davon zeugen ihre kunstvoll ge-
fertigten Pfeilspitzen und glatt polierten Axtklingen. Sie stellten grobe Töpferwaren her, schnitzten rituelle Phalli, Tassen
und Kugeln, und möglicherweise kannten sie Menschenopfer.

Wahrscheinlich begannen sie mit dem Langhügelgrab
(*Long Barrow*), in dem sie ihre Vorfahren zu Rate zogen. Sie
errichteten ein längliches Gebäude mit einer Innenhöhe
von anderthalb bis zwei Metern und einem Korridor mit
fünf Kammern, 13 Meter lang und der menschlichen Gestalt
nachempfunden, mit dem Kopf nach Nordwesten und dem

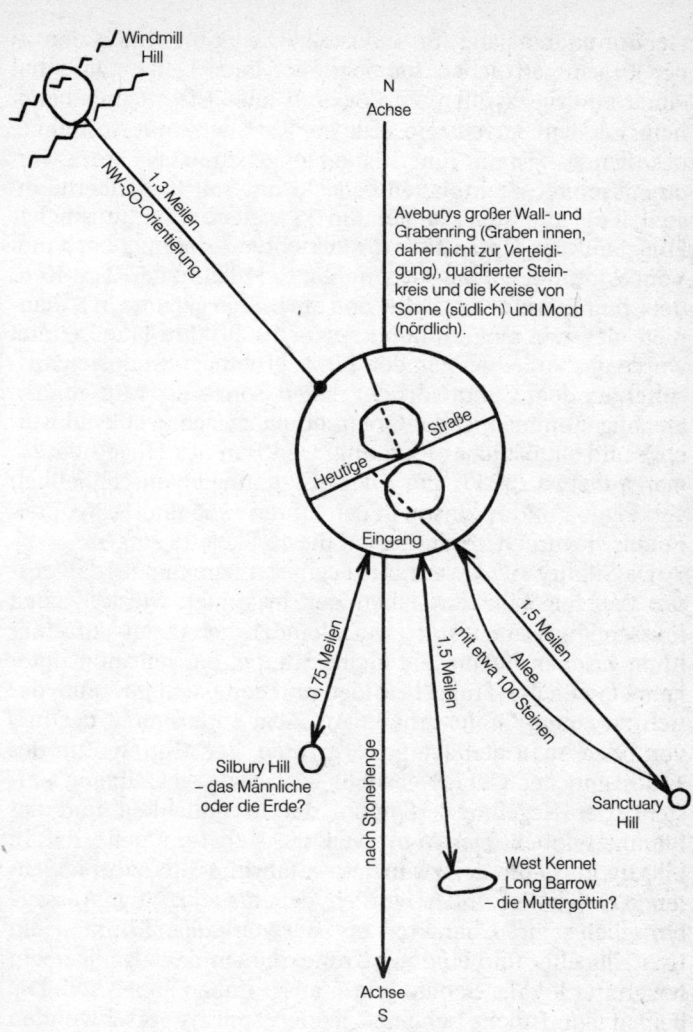

Windmill Hill

N
Achse

1,3 Meilen

NW-SO-Orientierung

Aveburys großer Wall- und
Grabenring (Graben innen,
daher nicht zur Verteidi-
gung), quadrierter Stein-
kreis und die Kreise von
Sonne (südlich) und Mond
(nördlich).

Straße

Heutige

Eingang

0,75 Meilen

nach Stonehenge

1,5 Meilen

mit etwa 100 Steinen

Allee

1,5 Meilen

Silbury Hill
– das Männliche
oder die Erde?

Sanctuary
Hill

West Kennet
Long Barrow
– die Muttergöttin?

Achse
S

**Avebury – allgemeines Schema**

Gebärmuttereingang im Südosten. Die Form ähnelt den in den Felsen gehauenen Tempeln auf Malta. Der Eingang hat einen eindrucksvollen Vorhof, und alles ist aus unbehauenem, lokalem Sarsenstein. Jede der Kammern, mit Ausnahme des ›Kopfes‹, ist aus fünf Steinen aufgebaut. Das Ganze wurde mit großen Steinplatten bedeckt und mit Erde überhäuft, so daß ein 100 Meter langer und 25 Meter breiter künstlicher Hügel auf der Spitze einer prominenten Erhebung entstand. Vom Windmill Hill aus liegen Silbury Hill und der West Kennet Long Barrow, der größte und am besten gebaute in Britannien, der, wie man annimmt, etwa 1000 Jahre lang benutzt wurde, fast auf einer geraden Linie, grob nach Südosten ausgerichtet, dem Geburtsort der neuen Sonne des Mittwinters. Genaugenommen ist die Orientierung zwischen südsüdöstlicher und südöstlicher Richtung. Den Bau des Hügels datiert man auf etwa 2500 v. Chr. Die Ausgrabungen, die schließlich von Piggott und Atkinson in den Jahren 1955 und 1956 unternommen wurden, förderten um die 46 Skelette zutage.

Da Silbury auf dieser Linie liegt, ist anzunehmen, daß dessen Bau ungefähr zur selben Zeit begonnen wurde. Zuerst müssen die Baumeister zwei kleine Erhebungen auf einer Linie gesehen haben: die kleine Kuppe, die sich nun unter dem künstlichen Hügel befindet, und den flachen Kamm, der sich zu einem Gipfel erhebt. Auf dem entfernteren der beiden baute man den Tempel der Toten, der Muttergöttin des Todes und der Geburt geweiht, und auf dem näheren entstand der Kegelhügel, Symbol der Männlichkeit und der Stammeseinheit. Der Autor weiß aus sicherer Quelle, daß in Silbury im Laufe des zwanzigsten Jahrhunderts zwei bedeutende Objekte gefunden wurden, die eine endgültige Aussage bezüglich seines Charakters als ›Bury‹ erlauben könnten: ein Kristallbecher und eine Art Krone, die ein damals allgemein bekannter lokaler Schuldirektor ausgegraben haben soll. Die beiden Fundstücke scheinen jedoch spurlos verschwunden zu sein, und die Archäologische Gesellschaft von Somerset, welcher der Finder angehört hat, streitet jedes Wissen darüber ab. So bleibt die Theorie, daß es sich um das Grabmal eines Häuptlings handelt, bis heute unbewiesen.

Eine andere Vermutung betrifft die Verwendung der Hü-

Ross Nichols.

*(Philip Carr-Gomm)*

William Stukeley, wird als erwähltes Oberhaupt des Ordens von 1722 bis 1765 angegeben.
(*National Portrait Gallery, London*)

William Blake, dem Vernehmen nach erwähltes Oberhaupt des Ordens von 1799 bis 1827.
(*National Portrait Gallery, London*)

Augusta, Prinzessin von Wales, Schutzherrin des Ordens und Stukeleys »Veleda, Erzdruidin von Kew«.
(*National Portrait Gallery, London*)

Edward Vaughan Keneally, Rechtsanwalt und Autor okkulter Bücher, Ordensführer von 1874 bis 1880.
(*National Portrait Gallery, London*)

Das gegenwärtige erwählte Oberhaupt, Philip Carr-Gomm, während seiner Initiation durch Ross Nichols anlässlich der Beltanezeremonie auf dem Glastonbury Tor im Jahre 1969. *(Brian Peacock)*

»Auf diese Klinge schwört, daß die Erde, unsere Heimat und Mutter, beschützt und erleuchtet werden soll durch die Schwerter unseres Geistes und unseres Willens.« – Das Dreigestirn aus erwähltem Oberhaupt, Pendragon und Schreiber berühren das Schwert. Frühjahrstagundnachtgleiche 1967, Parliament Hill, Highgate. *(Philip Carr-Gomm)*

Die Lady Ceridwen Cariadwen schließt sich der Prozession zum Stein der Freien Rede auf Parliament Hill an, wo sie dem Oberdruiden Getreidekörner und Wein überreicht, mit den Worten: »Wenn Tag und Nacht gleich sind, bringe ich den Samen und den Wein der Erde aus den vergangenen Jahren. Sie sind Geschenke für euch, die Ältesten und Wächter, die ihr den Samen des Wissens und den Wein der Weisheit bewahrt und gespendet habt.« Frühjahrstagundnachtgleiche 1972. *(Stuart Photographic)*

Ein formloses Druidenritual in einem Wald bei Utrecht, Holland 1989.

*(Theo Steur)*

Alain Stivell, ein druidischer Barde aus der Bretagne, spielt auf dem Ordensfest der Wintersonnenwende in London, 1967.
(*Philip Carr-Gomm*)

Oft werden Vertreter verschiedener Glaubensrichtungen zu Ordensfestlichkeiten eingeladen. Hier nehmen buddhistische Mönche an der Herbsttagundnachtgleiche im Jahr 1973 auf Parliament Hill teil.
(*Philip Carr-Gomm*)

Silbury Hill. (*Janet & Colin Bord*)

Stonehenge. (*Janet & Colin Bord*)

Die Steinkreise von Callanish auf den Äußeren Hebriden sind die klarsten Beispiele für die Vermessungskünste unserer Vorfahren.

(*Janet & Colin Bord*)

Cashel Aenghus, das Haus des Liebesgottes, in New Grange, Irland. Der magische Dämmerungsstrahl wurde fast neun Meter weit vom mittleren Tor aus in die Kammer geführt. (*Janet & Colin Bord*)

Die Rollright Stones. *(Janet & Colin Bord)*

Die Merry Maidens, ein vollständiger Kreis aus 19 Granitblöcken, über dem Meer bei Land's End in Cornwall. Sie zeigen mindestens acht Sternorientierungen, unter anderem auf Capella, Antares und Arktur.

*(Janet & Colin Bord)*

gelseiten für Kalenderzwecke, wie es von prähistorischen Völkern in Nordeuropa bekannt ist. Doch warum sollte man den größten künstlichen Hügel Europas errichtet haben, wenn ganz in der Nähe natürliche Hänge zur Verfügung standen, die dafür genauso gut zu gebrauchen gewesen wären?

Den bei weitem wahrscheinlichsten Hintergrund für dieses riesige Erdwerk findet man in einem außerordentlichen Befund, der bisher nur aus einem Zeitungsartikel bekannt ist, in dem es um halboffizielle Ausgrabungen vor einigen Jahren geht, über die immer noch kein offizieller Bericht vorliegt. Wie in der *Times* zu lesen war, fanden sich in verschiedenen kreisförmigen Schichten des künstlichen Hügels unterschiedliche Erdarten aus vielen Teilen des Landes. Die Identifikation der Erdtypen stellt für heutige Ausgräber kein Problem mehr dar. Wir haben also einen klaren Hinweis darauf, daß Stämme aus verschiedenen Richtungen ›Erdbeiträge‹ herbeigeschafft haben, die auf symbolische Weise in dem Hügel vereinigt wurden. Am Ende war er vielleicht 40 m hoch (heutige Höhe: 38 m), mit einem Basisdurchmesser von 168 m und einem Gipfelplateau von etwa 30 m Durchmesser. Zweifellos wuchs er langsam von Jahrhundert zu Jahrhundert, eine runde Erdschicht über der anderen, und der Gipfel hat ungefähr die gleiche Fläche wie New Grange in Irland.

Wir wagen also die These, daß dies die erste Struktur des alten Langhügelvolkes war: die Ausrichtung des Zentrums von Windmill Hill mit dem Hügeltempel und mit den Anfängen der Erdbruderschaft der Stämme in Silbury.

Bei ihren herbstlichen Versammlungen auf Windmill Hill entstand dann wohl die Idee für einen großen Freilufttempel am Fuß des Hügels, etwas wirklich Großes für sie und ihre Kindeskinder. Die größte Struktur, die sie bis dahin kannten, waren die zwölfreihigen Orientierungsfolgen – oder Windungen des Lebens nach dem Tod – von Carnac, doch ihre Vorstellungswelt und ihre Mathematik waren der Aufgabe durchaus gewachsen. Sie würden die Niederkunft des Lebensgeistes aus einer höheren Dimension darstellen, indem sie einen Tempel der Muttergöttin auf einem Hügel errichteten und eine Lebenslinie zeichneten, deren Enden sich zu einem großen Kreis treffen würden, der den Horizont dieser Welt symbolisierte.

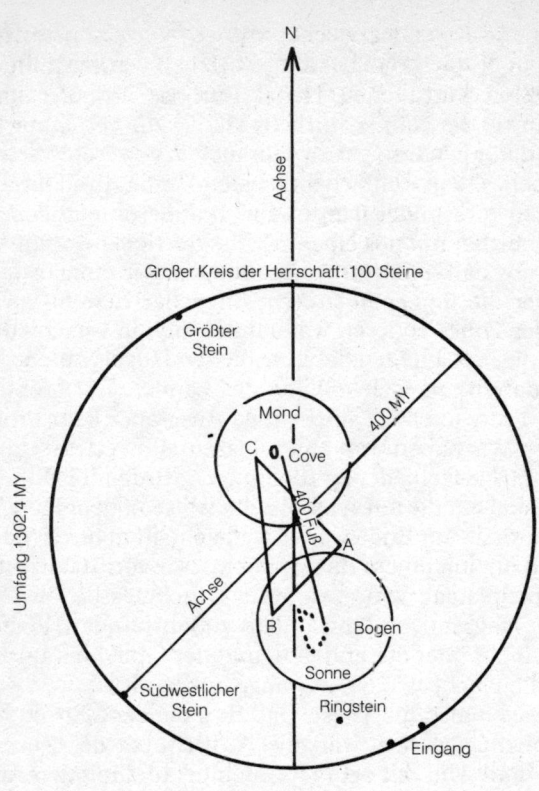

Großer Kreis der Herrschaft: 100 Steine

Größter
Stein

Mond

C **O** Cove

400 MY

Achse

400 Fuß

A

B        Bogen

Sonne

Südwestlicher
Stein

Ringstein

Eingang

Umfang 1302,4 MY

Achse

Mondkreis          Gesamtumfang 1302,4 MY
                   Diameter 400 MY oder 1066,5 Fuß
Abstand zwischen den Kreismittelpunkten = 400 Fuß
        Das Dreieck     A C = 100 MY
                        B C = 125 MY
                        A B =  75 MY

Durchmesser des inneren Kreises = 125 MY

Bögen über A, B und C wurden benutzt, um Abschnitte eines bauchigen Rings zu konstruieren; andere Bögen basieren auf den südlichen und westlichen Eingangssteinen. Ein südwestlicher Stein markiert eine Achse. Der größte Stein markiert einen von mehreren anderen Steinen flankierten Eingang und ist ein geometrischer Schlüssel.

## Die Avebury-Kreise

Nicht mehr dem einfachen Kreis – den man zog, indem man ein Seil an einen Pfosten band und mit dem anderen Ende darum herum lief und die Erde ritzte –, sondern dem ersten pythagoräischen Dreieck (von achten) galt ihre Verehrung. Nach Angaben Professor Thoms[69] bearbeiteten sie die Seiten 3, 4 und 5 in Blockeinheiten von 25 MY (megalithischen Yards). Die Seiten des Dreiecks sind AC = 75, AB = 100 und BC = 125. Der bauchige Kreis, zusammengesetzt aus Segmenten von 260 MY um die drei Punkte, hat mehrere Winkel und mindestens eine abgeflachte Seite im Südwesten. Der wirkliche Radius um einen zentralen Punkt ›I‹ ist etwa 200 MY. Ein Punkt auf dem Umfang, an dem der Abstand zu B 200 MY beträgt, war besonders markiert (von Thom als Punkt ›S‹ bezeichnet). Er fällt mit dem größten der riesigen Steine zusammen, dem zur Linken, wenn man den Kreis durch den Nordeingang verläßt.

In diesem sorgfältig geplanten und auf geometrischer Basis gestalteten Muster zeigt sich, daß die Positionen der Hauptsteine mit bedeutungsvollen Punkten zusammenfallen. In allen sechs noch erkennbaren Segmenten – über die Hälfte des Kreises ist zerstört – entsprechen die Längen (in MY) Vielfachen von 2,5 oder 5, bei den größeren Längen von 25. Dies ist eine allgemeine Regel für den Umfang neolithischer Kreise. Der innere Durchmesser beträgt 335 m oder genau 400 MY.

In diesem großen Maßstab arbeiteten also die neolithischen Menschen und warfen gemäß den striktesten Anweisungen mit Schulterblättern und Geweihschaufeln bewaffnet einen Runddamm auf mit Eingängen in Richtung Nordosten, Südsüdost, Ostnordost und Westsüdwest, dessen Durchmesser inklusive Graben 400 m betrug. Vom Grat des Walls bis zum Grund des Grabens waren es fast 17 m. Am Umfang dieses so geometrisch aufgebauten Kreises wurden etwa 100 sehr große lokale Sarsensteine aufgestellt.

Es gibt zwei innere Kreise mit auffälligen Eigenschaften, die nach Stukeley gewöhnlich als der Kreis des Mondes (nördlich) und der Kreis der Sonne (südlich davon) bezeichnet werden. Beide haben nach neueren Berechnungen einen Durchmesser von genau 125 MY und einen Umfang von 392,5 MY. Man bemerke die Einheiten von 25 oder 2,5 in den

Zahlen und auch im Abstand zwischen den Mittelpunkten der beiden Kreise: 145 MY.

Etwa in der Mitte des Mondkreises befand sich ein Paar sehr hoher, dicht zusammenstehender Steine und möglicherweise ein dritter, der inzwischen verschwunden ist – vielleicht ein grobes Trilithon, wie man sie in der Bretagne findet, oder

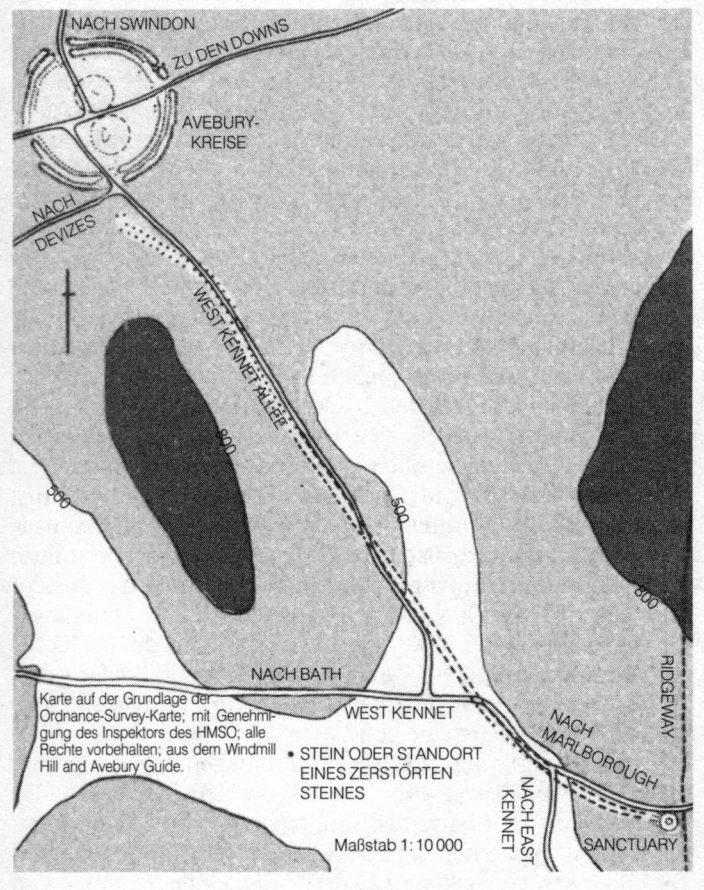

Avebury und das Sanctuary

einfach ein Paar. Stukeley nannte diese eindrucksvolle Stein-gruppe sehr treffend ›the Cove‹.

Der Sonnenkreis hatte ursprünglich einen 7 m hohen Obe-lisken in der Mitte. Westlich davon liegt ein Muster wie ein nach Osten gewandtes großes ›D‹ aus Steinen unterschiedli-cher Größe.

Der Tempel der Muttergöttin, heute als ›Sanctuary‹ be-kannt, wurde von Anfang an als Lebensquelle für den großen Kreis angesehen. Er liegt auf einer Anhöhe, die Teil eines wei-ten Kalkkammes ist, des Ridgeway, und ist, wo die heutige Hauptstraße nach Marlborough vorbeiführt, durch eine Reihe von Rundhügeln gekennzeichnet. Er liegt etwa ostsüdöstlich von der Mitte der Aveburyanlage. Heute sind Markierungs-pfähle aus Beton in seine Pfahl- oder Steinlöcher eingelassen. Vielleicht gab es einmal einen Mittelpfosten, doch ganz sicher bestand der innerste kleine Kreis aus sechs dicken Pfählen. Nach außen folgten zwei Steinringe mit 8 beziehungsweise 12 Steinen, und dann ein sehr dichter, vielleicht abwechselnd mit Holz und Stein abgesteckter Ring von dreißig Einheiten – ver-mutlich ein Zaun oder gar eine Mauer. Etwas weiter außen fin-den sich 36 Vertiefungen wie für kleinere Steine, aber mit zwei größeren Löchern für die Eingangssteine im Nordwesten. Noch weiter außen befindet sich eine Art Einfriedung: ein Kreis von 40 m Durchmesser mit 44 Steinen, wobei drei Linien aus einigen Steinen, die nach Nordwesten ausstrahlen, einen Doppeleingang ähnlich wie den zum Langhügel bilden. Man beachte, daß Pfosten im heiligeren inneren Teil stehen: In frü-hen Perioden war Holz geheiligter als Stein.

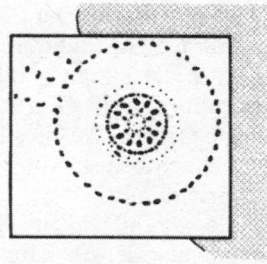

DETAIL DES SANCTUARY

Maßstab etwa 1:1500

Das Sanctuary

Wir tun gut daran, die Numerologie dieses Tempels näher zu betrachten, da sich Zahlen in Avebury als so bedeutungsvoll erweisen. Zunächst bemerkt man, daß wir es ausschließlich mit weiblichen oder geraden Zahlen zu tun haben, wobei die ersten drei Reihen der Progression 6, 8, 12 folgen. Bis dahin könnte alles überdacht gewesen sein. Erst in den äußeren Teilen kommen ungerade, männliche Zahlen dazu – 30 ist 5 mal 6, 36 = 9 × 4 und 44 = 11 × 4. Im Zentrum befindet sich die Zahl des Gleichgewichts, die Sechs. Im Zaun oder Wall mit der Zahl 30 findet sich die Aveburyzahl 5, die wahrscheinlich die Energie auf der greifbaren, materiellen Ebene darstellt, multipliziert mit dem Gleichgewicht, 6. Außerhalb davon steht die Zahl der äußeren Vollendung, 9, multipliziert mit der weiblichen 4. Die 44 der äußeren Einfriedung zeigt wieder die weibliche 4, doch was die 11 bedeutet, ist unklar und vielleicht ohne Signifikanz. Möglicherweise benutzte man bereits die magische Addition (Quersumme). Wenn das der Fall ist, ist 11 nichts anderes als die weibliche Basiszahl 2.

Zwischen dem Tempel und dem Großen Kreis der Herrschaft (*Great Circle of Dominion*) befindet sich die Allee, der gekrümmte Pfad der Geburt, der vom Heim der Göttin ausgeht. Wieder haben wir die Einheit 100 vor uns – offenbar die beherrschende Zahl und sehr bedeutsam. Der Weg hinab spiegelte sich genau in der Welt unten wieder. Dürfen wir dies schon mit der Smaragdtafel des Hermes Trismegistos in Verbindung bringen: Wie oben, so unten? Diese Steine sind in ihrer Gestalt zweifellos abwechselnd weiblich und männlich, worin sich die Idee der Fortpflanzung ausdrückt. Die Paare haben jeweils 15 m Abstand zueinander und sind 24 m weit vom nächsten entfernt. Der Plan bestätigt sich, sobald die Allee eine Kurve zieht und abrupt in den Hauptkreis mündet. Dies ist eines der klaren neolithischen Symbole, die Rachel Levy vor Jahren in *The Gate of Horn* entschlüsselt hat. Es steht für die Geburt. Welches Prinzip es auch immer war, das vom Tempel herabstieg: Nun wird es nach demselben Muster von 100 verwirklicht.

Stellt dies die allgemeine Schöpfung dar, die Geburt des Sonnensystems oder der Himmelskörper, dann ist auch die Zuordnung der inneren Kreise zu Sonne und Mond gerechtfertigt, denn nach allgemeinen Vorstellungen kamen die Lichtspender zuerst. Um sie herum wurde der Kreis der Herrschaft erschaffen. Dann kam die Erde. Das Symbol dafür gab es bereits in Silbury. Es paßte nicht ganz zu den neuen Symbolen, doch es tat seinen Dienst, genau wie der alte Langhügel, der auch besser mit dem Sanctuary in Beziehung gestanden hätte. Doch das war nicht so entscheidend – dies war ein größeres und besseres Schema.

Was war nun der Mond, und wofür stand er oder sie mit seinem/ihrem ›Cove‹? Nicht weit entfernt hatte man möglicherweise bereits die Aubrey Holes von Stonehenge geschaffen. Es existierte also schon eine Kalkulationsbasis für den Mondzyklus; man brauchte keine zweite. Doch sie verharrten noch bei den Vorstellungen von der Alten Mutter und dem Langhügel, denn das mathematische Zeitalter war erst halb angebrochen. Der Mond besaß einen starken Zauber und hing mit Fruchtbarkeit zusammen, mit dem Eintritt ins Leben und mit dem Tod. Zuweilen wurde man aus dem Leben und wieder zurück gezaubert, und dies geschah stets an Eingängen oder zwischen zwei Bäumen oder Büschen – und vor allem zwischen Steinen. Stand man zwischen zwei großen Steinen, dann konnte plötzlich ein Dunst erscheinen, und man war nicht mehr da. Solch uralter Glaube existiert in Eire noch heute. Zwischen diesen beiden düsteren Ungeheuern könnte sich also der Eingang zur Welt der *Sidhe* befunden haben. Daß der Mond zwischen ihnen zu sehen ist, ist von großer Bedeutung …

Und was ist die Sonne, er oder sie? Denn Sonnen können sowohl männlich als auch weiblich sein. Im Zentrum dieses südlichen Kreises stand ein großer Stein, Stukeleys ›Obelisk‹, der inzwischen verschwunden ist. Er war 6,4 m hoch, vielleicht 8 m lang und ragte 1,5 m tief in die Erde. In diesem Kreis befindet sich auch das oben erwähnte D-Muster. Die größeren Steine bilden den Bogen, und die gerade Linie besteht aus sehr kleinen Steinen. Der Obelisk stand im Zentrum des Bogens.

Niemand hat bisher eine Bedeutung für dieses einfache Muster vorgeschlagen, obwohl sie ganz offensichtlich erscheint, vielleicht zu offensichtlich – ein Bogen mit einem

Pfeil. Wir wissen, daß die Menschen von Windmill Hill Pfeile mit sehr feinen Spitzen besaßen. Um die Sehne darzustellen, hätte man natürlich die kleineren Steine benutzt, und warum als Pfeil nicht einen Obelisken? Pfeil und Obelisk sind in Ägypten und auch sonst im allgemeinen eindeutige Sonnensymbole.

Ist es ein Bogen, dann zielt er fast genau nach Osten, nur ein klein wenig nördlich davon, etwa Ostnordosten. Er ist also auf die aufsteigende Frühsommersonne gerichtet. Der Mensch zielt auf die Macht der Sonne. Vielleicht will er sie abschießen und vom Himmel holen wie einen Vogel. Man erinnere sich, daß Akhnatons Sonnenstrahlen Hände an ihren Enden haben, das heißt, sie waren gebend. Doch hier ist die Richtung umgekehrt: Wir zielen auf das Geschenk.

Ob man dem zustimmt oder nicht, jedenfalls scheint es einen wirklichen Peilstein für die Sonne gegeben zu haben, den Stukeley den ›Ringstein‹ genannt hat und der nicht so vollständig verschwunden ist wie der Obelisk; wir sehen noch seinen Stumpf. Er steht auf einer wichtigen Linie, die, im Nordwesten mit dem Mittelpunkt des Großen Kreises verbunden, parallel zu der Linie verläuft, welche die Zentren der Sonnen- und Mondkreise verbindet. Sie liegt gerade südlich des Sonnenrings. Nach Stukeley hatte der Ringstein ein Peilloch, das, wie man annehmen kann, nach Südosten ausgerichtet war. Welche Neigung mußte es aber haben, da es von jenem hohen Wall umgeben war?

Die von der Mutter der Nacht wiedergeborene Wintersonne ist der übliche Orientierungspunkt in der Zeit vor der Orientierung nach Nordosten, die auf die Verehrung der Sonne im Höhepunkt ihrer Macht hinweist. Wir können nur raten, da Stukeley solch präzise Informationen nicht hinterlassen konnte. Man kann lediglich sagen, daß dieser Stein eventuell das Gegenstück zum Heol-Stein in Stonehenge war, jedoch auf die Wintersonnenwende gerichtet.

Wir wollen nun rekapitulieren und die Interpretation ausweiten. Die Schöpfung läßt sich über die rechtsläufige Kurve des Wachstums von der Ebene der Göttin herab. Die Allee aus männlichen und weiblichen Steinen mündet in einer übernatürlichen Geburt, die vielleicht die menschliche Geburt versinnbildlicht, bestimmt aber die Geburt von Sonne und Mond. Der große Kreis mit zwei oder mehr Kreisen in seinem Inneren wird später wahrscheinlich, wie in Stonehenge, seine Entsprechung im *primum mobile* und den Kreisen der Fixsterne finden, wenn er auch hier noch nicht so bestimmt ist. Tauchen irgendwelche Planeten auf? Bestimmte Zahlen könnten zumindest eine Vorahnung verraten: 5 ist das aktive, materielle Prinzip und die Zahl des Mars; 6 ist die Zahl der Sonne, des Gleichgewichts.

Der Raum zwischen den Kreisen der Sonne und des Mondes wäre ein Ort intensiver Kraft, besonders für Heilungen. Der Durchgang zwischen den zwei Feuern von Bel oder Beli – einer der Namen der Sonne – verspricht starke Heilwirkung. Bei den beiden Kreisen der Grey Wethers auf Dartmoor kann man die starken Schwärzungen erkennen. Sollte hier je wieder ein Ritual stattfinden, dann würde es sich größtenteils dort zwischen den Kreisen vollziehen, am Ort des Gleichgewichts. Man beachte den druidischen Katechismus in *Barddas*:

Woher kommst du? Was ist dein Anfang?
Ich komme von der Großen Welt. Mein Anfang war in Annwn.
Doch wo bist du jetzt, und wie bist du dorthin gekommen?
Ich bin in der Kleinen Welt; ich bin durch die Kreise
von Abred gekommen.
Nun bin ich ein Mensch, fast am Ende meiner Reise.
Und was warst du im Kreis von Abred, bevor du
zum Menschen wurdest?
Ich war in Annwn (der mineralischen Welt), was gerade noch
lebt und dem Tode so nah ist, wie es nur sein kann.
Ich kam in jeder Form, zu der Körper und Leben in der Lage
sind, zur Stufe des Menschseins,
den ganzen Kreis entlang …

Wie alt oder jung diese Worte auch sein mögen und wie sehr sie auch auf die poetische Phantasie von Iolo Morganwg zurückgehen mögen (zumindest verkörpern sie ältere druidische Ideen), so kann man kaum die Erhabenheit bestreiten, mit der sie diesen Platz der Schöpfung beschreiben, der zwischen den Kreisen der angepeilten Sonne und des geheimnisvollen Mondes innerhalb 4000 Jahre alter Erdwälle liegt.

### Der Drache und die Stonehenge-Avebury-Achse

Breitet sich die Schöpfung aus, nachdem sie in den Kreis herabgestiegen ist? An dieser Stelle tritt Stukeleys Drache auf die Bühne. Der Drache oder die Schlange ist ein uraltes Symbol schöpferischer Kraft und Weisheit, was dem zweiten Oberdruiden wohl bewußt war. Das *Sanctuary* war offensichtlich der Kopf des Drachen, die Allee sein Hals, der Kreis sein Körper, und sein Schwanz verlief Richtung Norden. Niemand scheint jedoch eine überzeugende Steinstruktur am Ende des Schwanzes angeben zu können, weshalb dieses ansonsten so saubere Schema nicht ganz befriedigen kann. Sicherlich findet man Drachensymbole in der Gegend. Man braucht sich nur das großartige Drachenbecken in der Kirche von Avebury, direkt außerhalb des großen Kreises, anzuschauen.[70]

Eine neue Interpretation des Drachen als ein fast universales Symbol des frühen Menschen ist hier der Erwähnung wert.[71] Nach viel praktischer Forschung sind F. W. Holiday, Lionel Leslie und andere zu dem Schluß gekommen, daß die Wasserdrachen, sowohl in Loch Ness als auch in irischen Seen, so wirklich oder unwirklich sind wie fliegende Untertassen. Beides hinterließ beträchtliche Spuren im menschlichen Glauben und gehörte zu den Grundlagen von Religionen. Die Windungen der Seeschlange wurden zur Knotenreihe, die auf so vielen vorgeschichtlichen Zeichnungen zu sehen ist, und zum Perlenband, das häufig um Kreise, besonders geviertelte Kreise, erscheint. Dazu gehört auch die Zickzack- oder gewinkelte Linie der frühen Kunst. Holiday geht weiter zu einem Vergleich von Rundgräbern und Augenformen, die gewöhnlich als Sonnen interpretiert werden, mit Darstellungen fliegender Untertassen, die als ›alles sehend‹ betrachtet werden. *The Dragon and the Disc* ist ein wichtiger Beitrag zur möglichen Interpretation solcher Formen und auch des Symbols der Feuersäule.

Inigo Jones hatte bereits im siebzehnten Jahrhundert in einer faszinierenden Studie eine Verbindung zwischen Stonehenge und Avebury hergestellt. Stonehenge ist nach der Überlieferung ein Tempel des Saturn und der Zeit, was durch die neuere Numerologie bestätigt wird. Die beiden Strukturen liegen fast genau auf einer Nord-Süd-Achse, 17 Meilen voneinander entfernt. Hat nicht vielleicht ein Weg, eine Allee die Heiligtümer verbunden? Tatsächlich gab es das. Etwa 7 Meilen nördlich vom Tanz der Riesen (Stonehenge) liegt das quadratisch angelegte Casterleylager. Dies könnte Jupiters Quadrat sein. 3 Meilen weiter über dem Tal von Pewsey findet man Marden, was Mars sein könnte. Geht man noch einmal 4 Meilen weiter, so stößt man auf den bemerkenswerten Knop oder Milk Hill; und *Cneph* ist ein ägyptischer Name für die Gottheit, die mit Merkur verknüpft ist. Doch hier gerät Ptolemäus' Planetenordnung durcheinander: Anstelle von Merkur sollten wir hier Sonne/Erde finden. Die Erde erscheint auch nicht weit von der Achse in Silbury, doch Venus befindet sich laut Inigo Jones weitab bei Winterton Bassett, wodurch sich die Achse um 7,5 Meilen auf 24,5 Meilen verlängern würde. Dort gibt oder gab es bestimmte Steinkreise. Um die Sache glaubwürdiger zu machen, plazierte Jones Silbury als Erde im Zentrum, und indem er Kreise darum schlug, konnte er nachweisen, daß die Venusbahn zwischen Mars und Merkur lag. Dann zeigte er die Kreise von Mond und Sonne dicht bei der Erde.

Selbst wenn man berücksichtigt, daß die Ordnung der Planeten von manchen Astrologen in dieser Weise verändert wurde – sie verlegten die Lichtspender direkt um die Erde und die fünf Planeten dahinter –, erscheint all dies recht weit hergeholt, besonders da wir inzwischen die Stätte auf Windmill Hill, den West Kennet Long Barrow und das Overton Hill Sanctuary kennen, von denen Inigo Jones nichts wußte. Als Venusstätte würde man heute entweder das Sanctuary oder den Long Barrow betrachten, und ob Cneph/Knop oder Marden wirklich einer Überprüfung standhalten, ist zweifelhaft, sosehr Casterley auch im Bereich des Denkbaren liegen mag. Doch sicherlich war der große Architekt völlig im Recht, als er Silbury als Erde interpretierte und ins Zentrum legte.

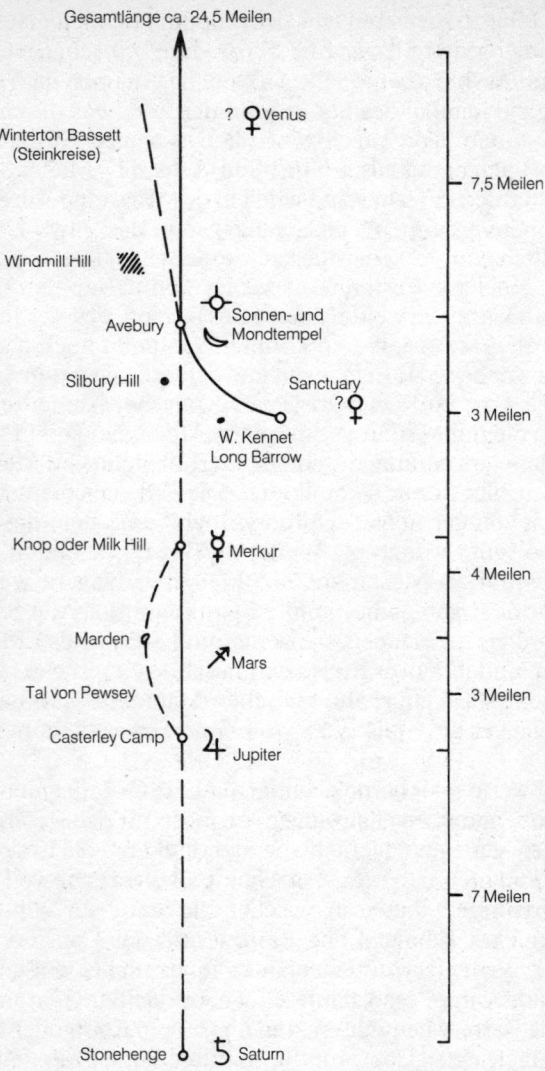

Die Stonehenge-Avebury-Achse

Es sollte auch erwähnt werden, daß die Lokalbevölkerung den Brauch gepflegt zu haben scheint, am Palmsonntag den Hügel zu erklimmen und Hydromel oder ›Honigwasser‹ zu trinken, was man als Met deuten könnte.

Daß es eine Verbindung zwischen Avebury und Stonehenge gibt, erscheint als erwiesen, und es gibt auch eine alte Straße zwischen den beiden Stätten. Als Kraftlinie scheint sie voller Energie zu sein. Der Achsengedanke verdient also neuerliche Forschung.

Nach einer Schätzung ist Avebury 800 bis 1000 Jahre älter als Stonehenge, das nun auf vor 2000 v. Chr. datiert wird. In der Entwicklung der Ideen erscheint diese Ordnung vollkommen plausibel. Die kurze Entfernung zwischen den Monumenten macht es unwahrscheinlich, daß sie von zwei vollkommen verschiedenen Rassen hervorgebracht worden sein sollten. Dies ist natürlich Spekulation, doch die Entwicklung der Ideen zwischen den beiden Heiligtümern ist manifest.

Von all diesen frühen Datierungen muß gesagt werden, daß sie, bei allem Respekt vor der Sorgfalt der Archäologen, ganz und gar falsch sein könnten. Die Radiokarbondatierung verlegte Stonehenge in eine 500 bis 1000 Jahre frühere Periode als Atkinsons Datierung. Solches könnte auch anderswo der Fall sein, und Avebury mag noch einmal 1000 bis 1500 Jahre älter sein, vielleicht aus der Zeit um 3400 v. Chr. Wir wissen es einfach noch nicht. Die Datierungen scheinen jedoch weiter und weiter in die Vergangenheit zu tendieren.

Avebury ist doppelt oder dreifach auf die wiedergeborene Sonne des Mittwinters ausgerichtet, wodurch die Muttergöttin ins Spiel kommt, die Gottheit des Hügels, von dem das Leben hundertfältig in die Schöpfung hinabsteigt, die Hundert der hundert Steine.

In Stonehenge haben wir anstelle eines Hügels die mentale Struktur einer Pyramide, errichtet auf den Schnittlinien des Kreises der Aubrey Holes und entworfen nach den Proportionen der Großen Pyramide. Von hier gingen die Kräfte der Planeten aus. Die Dreiecke von Stonehenge entwickeln die pythagoräische Basis wie in Avebury und, wie Thom gezeigt hat, in vielen anderen Kreisen.

Die Kreiszahlen von Stonehenge deuten klar auf Mondberechnungen hin – 56 und 19. Avebury hat nur einen separaten Mondkreis mit dem mystischen *Cove*, dessen tiefes Geheimnis für manche ebensoviel wert ist wie all die Rechenknechterei in Stonehenge.

Die Sonne ist in Stonehenge ein umfassender Kreis. 370 ist die Summe der Umfangszahlen des magischen Quadrats der Sonne. Sie ist auch der Sonnenaufgang, der bei der Sonnenwende durch mehrere Eingänge den zentralen Sonnenstein oder Altar beleuchtet. In Avebury scheint es zwei Symbole zu geben: Pfeil und Bogen im Sonnenkreis – die Entschlossenheit des Menschen, die Kraft der Sonne auf die Erde zu holen – und der Stein mit einem Loch, wahrscheinlich um den Sonnenaufgang zur Wintersonnenwende zu beobachten.

Aus den Umfangsmessungen von Stonehenge ergibt sich in numerologischer Betrachtung mehrfach, daß der große Sarsenring aus 30 Bögen mit der Erde zu identifizieren ist. Avebury hat in seinem frühen Schema die klarste Darstellung der Erde, da es mit seinem Hügel aus Tributerde sicher die Einheit der Menschen repräsentiert, die die Erde bewohnen, Stamm für Stamm.

Aveburys Größe läßt vielköpfige Versammlungen mit Kreistänzen und Spielen vermuten. In mystischem Sinne verurteilten die riesigen Dimensionen zum Mißerfolg, denn die Kraft, die eine kleine kreisförmige Gruppe erzeugt, wird nicht verstärkt, wenn man den Tanzkreis über eine vernünftige Anzahl von Tänzern, etwa 50, hinaus vergrößert. Man kann sich kaum vorstellen, wie gigantisch die Kreistänze in Avebury gewesen sein müssen. Es war für die Stämme sicherlich ein großes Vergnügen, doch die für die mystisch-übersinnliche Seite Verantwortlichen müssen den Mangel an wirklicher Kraft erkannt haben. Vielleicht waren die Sonnen- und Mondkreise tatsächlich wirkungsvoller. Dem Autor ist kein einziges Medium bekannt, das von einem der Monstersteine von Avebury irgendeinen Einfluß gespürt hätte, ausgenommen ein wenig Kraft, die im Großen *Cove* des Mondes ruht.

Da sie das Versagen dieser Massen-Methode erkannten, machten die Astronomen/Wissenschaftler/Priester Stonehenge offenbar zu einer spezialisierten Struktur, einem physikalischen Laboratorium. Möglicherweise gab es zu bestimmten Jahreszeiten Feste, etwa um die Aubrey Holes, doch man darf sicherlich vermuten, daß Köpfe vom Kaliber der Mathematiker-Druiden, die sich ständig mit abstrusen Problemen beschäftigten, niemals einem Haufen Bauern erlaubt hätten, in ihr inneres Heiligtum einzudringen. Sie stellten jedoch eine gute zeremonielle Allee zur Verfügung, und in einiger Entfernung befand sich eine schöne, große Bahn, wo alle herumrennen und sich nach Herzenslust vergnügen konnten.

So findet man viele Ideen von Avebury in Stonehenge von weit überlegenen Köpfen zur Blüte gebracht. Es zeigt sich hier der Unterschied zwischen dem Intelligent-Barbarischen, das sich in manchen Strukturen von einem mathematischen Geist leiten läßt, und einer Art Wunderland der Mathematiker, einer klaren Elite, deren Ideen weit über jene der Allgemeinheit, so intelligent diese auch sein mag, hinausgehen.

### Stonehenge und Avebury

Da Avebury das einzige Kreismonument Englands ist, das in Komplexität und Größe Stonehenge nahekommt, erscheint ein Vergleich nach bestimmten Kriterien unvermeidlich. Nimmt man an, daß die äußere Graben- und Wallstruktur von Stonehenge einer schöpferischen kosmischen Kraft entspricht, dann steht dem in Avebury ein 100-Steine-Kreis gegenüber, der ›Kreis der Herrschaft‹ – vielleicht ein Himmelsdom, dargestellt durch die Zahlen extremer Reichweite und Wiederkehr: $10 \times 10$. Doch dieser geht auf eine frühere oder höhere Ursache zurück, denn die höchste Macht, die im *Sanctuary* repräsentiert ist, sendet ihre Kraft über die schlangengleiche *Avenue* nach unten, die sich verengend in den Geburtseingang windet. Es wirkt, als kommuniziere eine Große Mutter des Himmels durch einen langen Kanal mit der materiellen Welt und erschaffe dort in mystischer Geburt. Die Zahlensymbolik des Tempels ist überwiegend weiblich.

Innerhalb dieses Bereichs erscheinen Sonne, Mond und Erde, und in annäherndem Gleichgewicht zur Erde (Silbury) steht der prächtigste Mutterschrein Englands, der West Kennet Long Barrow. War dies ein viertes Element derselben Ordnung? Ich glaube, er könnte mit seiner humanoiden, fünffachen Gestalt den Menschen repräsentieren – ein Körper aus vier Kapellen (vier Glieder, vier Elemente etc.) und ein größerer Kopf in südöstlicher Richtung. Die Form der Höhle entspricht den fünf Trilithen von Stonehenge.

Die Menschheit ist also einerseits in der Großen Mutter verkörpert, andererseits in Silbury, dem Kegel aus vielen Erden, erhoben zum Symbol der Menschheit als Phallus der Macht. Dem entsprechen auf der inneren (höheren) Ebene Sonne und Mond. So unterscheidet sich Avebury tatsächlich vollkommen von Stonehenge, doch es zeigt sich darin eine Art Vorläuferform mit denselben Grundgedanken.

All dies erklärt sich durch die allgemeine Umwälzung der Ideen zwischen den Zeitaltern der beiden Strukturen. Die eine gehört im wesentlichen zur Langhügelkultur, die andere zur Ära der Rundgräber. Die Trennung ist nicht vollkommen, denn über dem *Cursus* von Stonehenge thront ein Langhügel, und auf dem Windmill Hill gibt es auch Rundhügel, doch der Unterschied zwischen den beiden Denkweisen ist klar.

Im Langhügel werden die Toten gemeinsam begraben, wobei mit den verehrten Stammesältesten sorgsamer umgegangen wird. Die Angehörigen dieser Hirtenvölker kehrten von Zeit zu Zeit zu den Gräbern zurück und zogen ihre Vorfahren zu Rate, weshalb sie die Grabkammer nur provisorisch versiegelten. Die Betonung lag auf Erde, Dunkelheit und Geheimnis. Erst Jahrhunderte später wurde der Hügel im Innern aufgefüllt und fest verschlossen. So fand man sowohl den Hügel von Bryn Celli Ddu als auch den von West Kennet vor. West Kennet ist, wie man heute glaubt, etwa 1000 Jahre lang offen gewesen.

Die Vorstellungen über die Toten verbanden sich mit den Leichnamen und dem *Kas*, das sie bewohnte und von Schamanen befragt wurde. Dies alles ist oft bei primitiven Kulturen anzutreffen. Doch als der Kreis mit seinen psychischen Kräften entstand, muß früher oder später jemand auf den Gedanken gekommen sein, sich dabei auf den Geist eines Verblichenen zu konzentrieren, was ebenfalls funktionierte. War es also unnötig, sich an die Finsternis und die Knochen zu klammern? Der Geist schien in einer anderen Welt zu leben, die nur locker, wenn überhaupt, mit der materiellen verbunden war.

Bei neuzeitlichen Séancen sind solche Ideen selbstverständlich, und unsere Vorfahren waren nicht weniger experimentierfreudig und neugierig. So erschien es dann recht altmodisch, ein großes Haus für die Toten zu errichten. Bestimmt wäre es besser, sie wären frei von ihrem zerfallenden Fleisch ...

Seit den ersten Anfängen der Zivilisation hatte Feuer eine mystische Bedeutung. Es ist der große Umwandler, das Zeichen Gottes. Feuer wird vom Himmel herabbeschworen, um das Opfer zu verschlingen. Es ist gewissermaßen, zusammen mit der Luft, das Heim des Geistes. Feuer und Luft sind die Medien des Wandels.

Heute hält man nicht mehr viel von der Idee einer neuen Welle der Rasse, die, aus der Schweiz oder ursprünglich aus dem östlichen Mittelmeerraum kommend, langsamer über den Balkan nach Mitteleuropa gelangt sein soll, während andere auf Schiffen früher auf die Inseln kamen. Die Völker um 3000 v. Chr. werden nun allgemein für keltisch gehalten. Aber es entstanden neue Ideen über Feuer und Rundgräber, die von den späteren Völkern vom Festland kamen. Sie hatten auch Aristokratie und Häuptlingstum; sie waren sehr klassenbewußt. Man bringt sie mit der Feuerbestattung in Verbindung, und die Rundgräber waren vermutlich für die Asche der Führer bestimmt, nicht für das gewöhnliche Stammesvolk. Ob nun ein ganzes Volk auf Wanderschaft ging oder nur einige Menschen mit neuen Ideen, die sich dann ausbreiteten, spielt im Endeffekt keine große Rolle.

So begann das Feuer als wahre Heimat der Toten die Erde zu ersetzen. Betrachtet man die vier elementaren Methoden, durch die man sich der Toten entledigen kann,[72] so repräsentiert das Feuer sicherlich einen großen Fortschritt im Denken. Feuer ist mit Licht verknüpft, mit der Sonne, und die Sonne beginnt in der Religion die führende Rolle zu übernehmen. Ihre winterliche Wiedergeburt betonte noch einmal die Dunkle Mutter – eine Verbindung zur Vergangenheit des großen Grabes –, die das strahlende Kind gebar. Die Sommersonnenwende ist neu, wobei Magie und Macht allein in der höchsten Erhebung der Sonne beruhen, die nun wahrscheinlich als männlich betrachtet wird. So gelangte man teilweise zu einem natürlichen Monotheismus, zusammen mit dem Patriarchat. Monotheismus war nie Teil des Kultes der Muttergöttin, da sie stets mit Liebhabern oder Söhnen verbunden war.

Dieser Übergang wurde teilweise als religiöser Kreuzzug betrachtet, als neolithische Revolution, und der Wechsel war zweifellos elektrisierend. Man wünscht, es wäre mehr über die damaligen Ansichten bekannt. Die Archäologie muß hier als Hilfsmittel intelligenter Spekulation dienen.

### Historische Bemerkung

Die Begeisterung für landwirtschaftlichen Fortschritt hat zuweilen bizarre Formen angenommen. Für mehr Ackerland und Baumaterial haben Bauern und Grundbesitzer gemeinsam den größten Teil der Aveburyanlage zerstört. Stukeley hat nach seinen jährlichen Besuchen zwischen 1694 und 1724 ein bitteres Zeugnis davon abgelegt. Er hat uns eine lebhafte Darstellung der Brände und Gruben hinterlassen, mit denen man damals zu Werke ging. Erst lange nach 1724 fand der Vandalismus ein Ende. Das Profitstreben wurde teilweise mit der Idee verschleiert, daß die Steine irgendwie böse seien – eine Ansicht, die noch heute in der Region zu finden ist.

Die Rettung vor der fast vollständigen Zerstörung verdankt das Bauwerk den selbstlosen Bemühungen Alexander Keillers, der als Eigentümer jahrelang Ausgrabungen, Markierungen und intelligente Restaurierungen durchführen ließ, bis der westliche Bereich des Kreises in recht gutem Zustand war. 1942 kam der *National Trust* in den Besitz der Anlage, und das Bauministerium wurde zu ihrem Schutzherrn. Wieder wurde wertvolle Arbeit geleistet. Die Sammlung des Museums von Avebury besteht immer noch zum größten Teil aus Keillers Fundstücken.[73]

# II. Der Tanz der Riesen: Stonehenge

Cor Gaur (großer Kreis, altkymrisch).
Cathoir Ghall (Chor der Riesen, gälisch).
Chorea Gigantum (lateinische Übersetzung des letzteren).
Claudair Cyfrangon (Alte Walisische Triaden).
Stonehenge (sächsisch, ›Steingehänge‹).

Die Lage von Stonehenge ist astronomisch berechnet. Nur im engsten Umkreis seiner geographischen Länge und Breite können die Winkelausrichtungen der Jahreszeiten das symmetrische Muster bilden, das wir hier vor uns haben. Es zeugt von langer Erfahrung in der Positionierung von Pfählen oder Steinen, daß solch ein Kalendertempel offenbar ohne jedes Herumprobieren geplant werden konnte. Er wurde vergrößert und weiterentwickelt, mußte jedoch nie geändert werden. Das viel ältere Woodhenge ist nicht weit entfernt.

Das ganze Gebiet ist mit Grabstätten übersät, offenbar weil viele an diesem heiligen Ort beerdigt werden wollten. Wiltshire besitzt etwa 2000 Rundhügel (Round Barrows), von denen sich 300 in der Nähe von Stonehenge befinden. Die meisten davon sind jünger als Stonehenge. Von den 86 Langhügeln (Long Barrows) in Wiltshire liegen nur zwei in der Nähe des Heiligtums. In ihnen fand man große Mengen wunderschön aus Feuerstein gearbeiteter Pfeilspitzen. Einer der Long Barrows ist besonders wichtig. Er thront über der Wagenrennbahn hinter Stonehenge, wie das Grab des Hektor die Begräbnisspiele in der Odyssee anführt und das Grab von Tailte, Lughs Pflegemutter, die Spiele zu Tailtin (Teltown) in Eire.

Bell Barrows sind charakteristisch für Wiltshire. Jedes liegt unter einem kegelförmigen Hügel von 15 bis 45 Metern Höhe und besitzt einen grasbewachsenen Kreis und einen kreisförmigen Graben von 30 oder mehr Metern Durchmesser. Disk Barrows sind um Stonehenge herum häufiger als irgendwo sonst. In vier von fünf dieser Gräber ist Asche beerdigt, nicht mehr die hockenden Leichname, die man in den Hügelgräbern früherer Generationen gefunden hat.

In weniger als einer halben Meile Entfernung sieht man von Stonehenge aus vor dem nördlichen Horizont sieben Rundgräber, von denen sechs Glockenform haben (Bell Barrow). Im Süden, etwa eine Meile entfernt, finden sich zahlreiche Gräber auf Normanton Down, 28, um genau zu sein, und ein weiteres Langhügelgrab.

Die archäologische Geschichte von Stonehenge umfaßt, wie wir gesehen haben, drei oder vier Kulte und Kulturen. Die Stätte wurde über 500, vielleicht über 1000 Jahre hinweg geschaffen und ausgestaltet. Die Bewohner Britanniens, die um 2300 v. Chr. seit vielleicht 1000 Jahren da waren, widmeten sich bereits dem Ackerbau. Es ging auf das Ende der megalithischen Ära zu, und man begann in kleinem Maßstab Bronze zu nutzen. Der alte Langhügelkult war weiterentwickelt worden, große Steineingänge waren eingeführt, dann Rundgräber für Einzelbegräbnisse oder kleine Gruppen und schließlich die Mystik des großen Steines, manchmal einzeln, doch gewöhnlich in Kreisen oder Dolmen. Zahlen hatten eine große Bedeutung gewonnen. Ihre Experten stellten bereits recht komplexe Berechnungen an.

Das einzige Monument, das irgendwie an Stonehenge erinnert, ist der große, runde Steintempel in Odilienburg im Elsaß, der zerstört ist und über den wir nur bruchstückhaft Bescheid wissen. Er zeigte eine Baukunst, die auf die Kenntnis mediterraner Strukturen schließen läßt, mit Zapfen und Löchern wie in Stonehenge, und er befindet sich im Zentrum eines großen Gebiets voller Überreste der La-Tène-Kultur. T. D. Kendrick[74] brachte beide Monumente mit der klassischen Kultur in Verbindung und stellte zur Debatte, Stonehenge sei ein druidisches Bauwerk, eine britische Antwort auf die fast völlige Vernichtung des Druidentums durch die Römer in Gallien – was zeigt, wie wenig manchmal selbst angesehene Gelehrte von Datierungen wissen. Eine weitere Erforschung der Odilienburgrelikte ist seit langem überfällig.

Neuzeitliche Druiden haben Stonehenge immer vor allem als Sonnentempel betrachtet. Daneben haben sie auch die Verbindung zum Mond gesehen, wenn sie auch weniger offensichtlich ist. Sie zeigt sich in den beiden Hufeisenformen in der Mitte: den Trilithen und dem Hufeisen aus Blausteinen. Nach verschiedenen Schemata ist Stonehenge ein Tempel des Saturn, wobei eines ihn mit Avebury verbindet, und nach einem klassischen Mythos und nach griechischen Berichten ist es der Tempel des Apollo als Sonnengottheit. Darüber hinaus zeigt die Art, wie die zentralen Trilithen und der Blausteinkreis, soweit er noch da ist, zum großen Trilithon (von dem ein einzelner Lith verblieben ist) im Nordwesten hin an Höhe zunehmen, daß ein Mittwintertodeskult gepflegt wurde. Ein früherer Wächter des Monuments hat in einem der alten, vergriffenen offiziellen Führer darauf hingewiesen. Daneben gibt es auch Frühlings- und Herbstorientierungen zum Sonnenauf- und -untergang sowie zum Mond.

Für viele Menschen steht das Druidentum in direkter Verbindung einerseits mit Stonehenge und andererseits mit den Walisern. In beidem hat die Öffentlichkeit sowohl recht als auch unrecht. Wer Stonehenge dem Ursprung nach für das Druidentum beansprucht, schwenkt ein rotes Tuch, auf das sich sofort alle dogmatisch gesinnten Archäologen (und die meisten sind sehr dogmatisch) stürzen werden, und wer den Walisern erzählt, es gäbe so etwas wie einen englischen Druiden, provoziert einen noch wütenderen Ausbruch von Rhetorik. »Nur ein Waliser hat das Recht, sich als Druide zu bezeichnen«, hat ein Erzdruide dort kürzlich verkündet.

Jedoch kann man nicht abstreiten, daß sich in Stonehenge ein Kult der durch Sonne und Mond repräsentierten Naturkräfte ausdrückt, ein Kult also, den man normalerweise als druidisch bezeichnet, und wenn die numerologischen Hinweise, die wir hier darlegen werden, irgend etwas bedeuten, dann gab es auch eine Verbindung zu anderen Himmelskörpern, jeweils ersichtlich aus besonderen Einzelheiten. Und wenn in jenen Zeiten die kymrischen und gälischen Völker oder noch frühere Rassen Avebury oder Stonehenge als Kultzentren nutzten, dann waren Waliser, Iren und Engländer damals jedenfalls noch nicht zu unterscheiden, und der ganze spätere Nationalismus erweist sich als absurd. Was immer die Waliser behaupten, sie können doch Stonehenge nicht nach Wales verlegen, wenn auch die frühen Waliser durchaus in Wiltshire gewesen sein könnten. Dies war seinerzeit auch Iolo Morganwg und David Samwell bewußt, die offenbar weiser waren als ihre Nachfolger.

Stonehenge ist mit Recht eines der Hauptsymbole des Druidentums. Die verschiedenen wichtigen Studien über das Heiligtum, die in jüngerer Zeit gemacht wurden, sollten von heutigen Druiden möglichst bald anerkannt und ihre Schlußfolgerungen angewendet werden. All diese Studien münden in der Bestätigung der traditionellen druidischen Auffassung, daß in Stonehenge alte druidische Weisheit und wahrhaftige Mysterien bewahrt sind.

Um die Bedeutung der genauen Messungen, die in letzter Zeit in Stonehenge durchgeführt wurden, richtig einzuschätzen, ist ein bestimmtes Vorwissen vonnöten.

Anscheinend sind die ptolemäisch-kopernikanischen Zahlen und Ideen, die unter Mystikern allgemein bekannt sind, sowie die pythagoräischen und kabbalistischen Modelle viel älter, als man für möglich gehalten hätte. Angesichts der laufenden Rückdatierung der menschlichen Zivilisation und des neuen, revolutionären Verständnisses neolithischer Fähigkeiten durch Hawkins und Thom kann man nicht mehr ausschließen, daß bisher meist als klassisch und mittelalterlich erachtete Anschauungen zwei- bis dreitausend Jahre früher vorhanden waren. Das pythagoräische System wird als eine meisterhafte Weiterentwicklung viel früherer Ideen erkannt, und man erinnert sich, daß Pythagoras in Marseilles, wo Abaris aus dem Land der Hyperboräer (der Briten?) ihn besuchte, in den Druidenorden aufgenommen worden sein soll. Abaris soll ausgezeichnet Griechisch gesprochen haben und »bereit für das Empfangen der Weisheit« gewesen sein (Herodot).

Daher erscheint es notwendig, für den allgemeinen Leserkreis die Bedeutung der Zahlen in ihrer Verbindung mit der Natur der Planeten und Lichtspender darzulegen, wobei wir annehmen, daß die Eigenschaften, die man heute diesen Numerationen zuschreibt, bereits zwischen 3000 und 2000 v. Chr. bekannt waren. Es folgen also die geläufigen Bedeutungen kabbalistischer und ptolemäischer Zahlen sowie einige Zusammenhänge mit den Merkmalen von Stonehenge:

Eins   Der eine Ursprung, die höchste Macht, ursprüngliche Kraft, das Männliche; steht mit Sicherheit mit dem Zentralstein und dem Heol-Stein in Verbindung, vielleicht auch mit den äußeren Erdwällen – der Kreis des Ursprungs.

Zwei   Die erste Teilung, die Säulen des Eingangs, männlich und weiblich; auch das Weibliche allgemein, im Gegensatz zur männlichen Eins.

| Drei | Das Ergebnis der Addition von 1 und 2. Die Drei steht also für allgemeine schöpferische Energie, das Dreieck oder drei Strahlen. Der Beginn des Offenbarten, identifiziert mit den ersten Formen von Materie und ihren Regeln. Sie ist daher in der Kabbala die Mutter, Binah, und in der Astrologie Saturn. Sie darf als die Zahl der äußeren Erdwerke angesehen werden, deren Innendurchmesser 333 ist, eine Zahl, die in zwei anderen Kreisen nochmals auftaucht. |
|---|---|
| Vier | Die Zahl des Gleichgewichts, ausgeprägt weiblich, $2 \times 2$ oder $2 + 2$. Die vier Eigenschaften oder Elemente, daher Stabilität, das Quadrat. Oft die Zahl der Erde und im kabbalistisch-astrologischen Bild die Zahl des schöpferischen Vater-Mutter-Jupiter. Der Sarsenkreis in seiner Identität mit der Erde ist Jupiter. |
| Fünf | Wenn Vier der vollständige Körper ist, dann besitzt Fünf zusätzlich Intelligenz; Fünf ist also im wesentlichen der Mensch, seine Sinne, seine Finger und Zehen. Ebenso ist es die Zahl intelligenter Energie, Mars, die Energie der Drei in vollkommener Ausrichtung. Manchmal bedeutet dies Kampf, doch nicht notwendigerweise; Mars kann auch idealistisch und ritterlich sein. Die Fünf steht in Verbindung mit der Großen Pyramide. Pythagoras macht sie zur pyramidischen Dreiecksform selbst. |
| Sechs | Sechs ist offenbar ein doppeltes Dreieck oder zwei Dreien in irgendeiner Anordnung. Das übliche Symbol ist das verflochtene Dreieck oder der Schild des Daoud (David): der Davidsstern. Die Sechs steht für Gleichgewicht und die Vereinigung von Männlichem und Weiblichem. Im kabbalistischen System ist sie die Sonne oder das Herz. In Stonehenge als einem Sonnenheiligtum mißt der wichtigste Kreis, der den großen Trilithen am nächsten ist, ein Vielfaches der Sonnenzahl, 666, was nicht überrascht. Nach einer Aufstellung besitzt Stonehenge 6 Kreise, und es hat 6 Eingänge, durch die das Licht den Zentralstein erreicht. |

**Sieben** 7 ist 4 + 3, die Summe aus Basis und Schöpfung. Die göttliche Form, die Pyramide, wurde in späteren Zeiten stets mit dieser Zahl belegt, welche die Summe ihrer Basis- und Seitenkanten darstellt. Man könnte die Große Pyramide mit dem Steinrechteck in Stonehenge in Verbindung bringen, wenn man dessen Seitenfläche als Dreieck (3) hinzunimmt. Nach späterer Astrologie ist 7, im Widerspruch zum übrigen elementaren Zahlenschema, die Zahl der Venus. Als solche steht die Sieben dann für die Muttergöttin in verschiedenen Formen. Vielleicht ist die Pyramide deshalb weiblich. Materie (*materia*) wird gewöhnlich als weiblich erachtet, weshalb die Pyramide die vollkommene Materie darstellen könnte. Multipliziert man 4 mit 3, so kommt man zur 12, die auf der materiellen Ebene etablierte Formen repräsentiert.

**Acht** 4 + 4 oder 4 × 2. Im astrologischen, kabbalistischen Schema repräsentiert sie Intelligenz, Merkur, den schnellen Reisenden; zuweilen als Christuszahl bezeichnet. Doch wenn 7 göttlich ist, dann ist 8 das Göttliche mit einer hohen Form des Femininen. Sie könnte, wenn man nach einem Namen sucht, als Pallas Athene betrachtet werden, die maskulinoide Intelligenz der Schutzgöttin Athens. In späteren mittelalterlichen Betrachtungen wird sie auch als die Zahl der Wiederkehr erachtet, oder als Seele und Körper, und anderswo als Reinkarnation. Die Fläche des Sarsenkreises beträgt 888 Quadratyards.

**Neun** 3 × 3, Energie mit sich selbst multipliziert, daher Kraft, oft als magisch betrachtet und mit Hexenkraft identifiziert, vor allem aber mit dem Mond. Die Gesamtfläche von Stonehenge beinhaltet die Mondzahl, 999. Der Mond erscheint auch in den astronomischen Zahlen 19 (die Anzahl der Jahre, die der Mond braucht, um zu seinem Platz am Himmel zurückzukehren) und 56 (die Periode der Mondfinsternisse und viermal die 14 Nächte zwischen Neumond und Vollmond). Allgemeiner bedeutet 9 auch den Abschluß der Schöpfung, die letzte Zahl, denn 10 ist das Ende und der Anfang im primären Zehnersystem.

Zehn Hier endet die elementare Numerologie, denn 10 = 1 + 0, und wir beginnen den nächsten Zyklus. 10 ist jedoch auch die höhere Oktave der Eins und wird deshalb oft als Sonne gesehen, die machtvollste Form der Eins.

Um die antike Zahlenmystik weiter zu entschlüsseln, muß man wissen, daß jede dieser Zahlen/Planeten ein magisches Quadrat besaß. Diese beginnen gewöhnlich mit dem Saturnquadrat, mit 3 Ziffern in einer und 3 in die andere Richtung. Die Definiton eines magischen Quadrats lautet, daß die Summe jeder Reihe dieselbe Zahl ergibt, sei es horizontal, vertikal oder diagonal. Nur in einem Quadrat ist die Summe aller Zahlen dreimal die Zahl des betreffenden Himmelskörpers: das magische Quadrat der Sonne, deren Zahl 6 ist, ergibt insgesamt 666. Auch die Summe der Zahlen am Rand des Quadrats war zuweilen von Bedeutung, wenn man Quadrate mit Kreisen in Verbindung bringen wollte.

Das magische Quadrat der Sonne oder der 6 sieht zum Beispiel so aus:

| 6  | 32 | 3  | 34 | 35 | 1  |
|----|----|----|----|----|----|
| 7  | 11 | 27 | 28 | 8  | 30 |
| 19 | 14 | 16 | 15 | 23 | 24 |
| 18 | 20 | 22 | 21 | 17 | 13 |
| 25 | 29 | 10 | 9  | 26 | 12 |
| 36 | 5  | 33 | 4  | 2  | 31 |

Man sieht, daß die Summe aller Zahlen 666 beträgt und die der Zahlen am Rand des Quadrats 370; jede Zeile, Spalte und Diagonale addiert sich zu 111.

Da man eine mystische Identität zwischen Quadrat und Kreis annahm, betrachtete man beide als in ihrer Substanz identisch, sobald ein Kreis in Umfang, Fläche oder Durchmesser

265

mit den Zahlen eines magischen Quadrats in Verbindung gebracht werden konnte, besonders wenn das Umfangsmaß eines Quadrats mit dem eines Kreises zusammenfiel.

Es gibt magische Quadrate für die Zahlen zwischen 3 und 9, das heißt für Saturn (3), Jupiter (4), Mars (5), die Sonne (6), Venus (7), Merkur (8) und Mond (9). Die ersten drei sind die Planeten, deren Bahnen außerhalb der Erdbahn liegen. Nach der Sonne kommen die beiden Planeten mit engeren Bahnen als die Erde, die daher höhere Zahlen haben, und die höchste Zahl gehört dem Mond, welcher der hohen Form der Sonne am Himmel am nächsten steht; denn die Sonne, in der Mitte der Zahlenreihe, ist das, was in unmittelbarer Beziehung zur Erde steht, das Herz im Körper; der Mond stellte den Geist dar, als 9, der höchsten Zahl der Vollendung. Vielleicht ist eine Tabelle mit den Eigenschaften der Quadrate von Nutzen:

### Analyse der magischen Quadrate von 3 bis 9

| Himmels-körper | Ptolemäi-sche Zahl | Spalten-summe | Gesamt-summe | Anzahl der Zellen im Quadrat | Summe der Rand-zellen |
|---|---|---|---|---|---|
| Saturn | 3 | 15 | 45 | 9 | 40 |
| Jupiter | 4 | 34 | 136 | 16 | 102 |
| Mars | 5 | 65 | 325 | 25 | 208 |
| Sonne | 6 | 111 | 666 | 36 | 370 |
| Venus | 7 | 165 | 1155 | 49 | 580 |
| Merkur | 8 | 270 | 2080 | 64 | 934 |
| Mond | 9 | 369 | 8321 | 81 | 1333 |

Etwas anderes muß noch bedacht werden, nämlich die unterschiedlichen Maßeinheiten. *Fuß* und *Yard*[75] sind von ehrwürdigem Alter, wobei der Fuß jedoch von Region zu Region variieren kann. Die *Elle*[76] ist eine sehr alte Einheit, von der es ebenfalls verschiedene Versionen gibt. Der *megalithische Yard* (MY) ist eine Definition, die J. Eyre in Cambridge eingeführt hat. Seine Länge entspricht 2,72 Fuß.

Es hat den Anschein, als hätten die Baumeister antiker Monumente all diese geometrischen und arithmetischen Schemata und verschiedenen Maßsysteme im Kopf gehabt, so daß man Zusammenhänge zwischen verschiedenen Strukturen herstellen kann, die in verschiedenen Maßsystemen die gleichen Maßzahlen aufweisen. So mißt die Innenseite der äußeren Graben- und Wallstruktur in Stonehenge 333 Yard; der Schnitt durch die Aubrey Holes hat einen Umfang von 333 MY; und der äußere Umfang des Sarsensteinkreises mißt 333 Fuß. Diese Gleichheiten können kaum zufällig sein, und denen, die in diesen und anderen Zahlen mehr sehen als bloßen Zufall, ist schwer zu widersprechen, besonders wenn man sich erinnert, daß die Zahl 333 die Zahl des Saturn ist und daß Stonehenge traditionell als Saturntempel gedeutet worden ist.

### Die Struktur und ihre Interpretationen

Wir wollen Stonehenge nun wie ein Besucher betrachten. Es liegt auf einer Hochebene, wenn auch nicht sehr hoch oder dramatisch gelegen, nicht weit von Amesbury, das, wie wir gehört haben, ursprünglich ›die Stadt des Ambrosius‹ war; und da der moderne Ambrosius der alte walisische Emrys ist, bedeutet das nach allgemeiner Interpretation Merkur, der intuitive Geist.

Aus Richtung Amesbury, von wo aus wir uns dem Monument nähern, sollen die Blausteine des Rings und vielleicht auch die größeren Sarsensteine herbeigeflößt worden sein, wahrscheinlich auf breiten, flachen, lederbespannten Booten, wie sie, laut Brogger und Hänken, um 2000 v. Chr. oder früher für Fahrten entlang den westlichen Küsten Europas gebräuchlich waren. Man braucht walisischen Professoren nicht in der Annahme zu folgen, es hätte sich bei diesen Booten um walisische Korakel gehandelt; auch muß man nicht unbedingt glauben, die Blausteine wären aus Wales gekommen. Genausogut könnten sie aus Irland stammen, von wo eine natürliche Handelsroute nach Wiltshire führte (siehe Seite 231).

Professor Atkins, der vor einigen Jahren 16 Sonnen- und Mondorientierungen der großen Steine beschrieben hat, wo-

267

bei er die Himmelspositionen von etwa 1500 v. Chr. verwendete, bemerkt in seinem Buch *Stonehenge Decoded* (Souvenir Press, 1966), daß diese Orientierungen nur an diesem Längengrad zu einem funktionierenden System zusammengefaßt werden konnten. Man kann daher auf eine lange Erfahrung in der Vermessung von Himmelskörpern schließen, vermutlich mit Holzpfählen. In Stonehenge hat man auch zahlreiche Ankerlöcher solcher Pfähle gefunden, besonders in den ältesten Teilen in der Nähe des Heol-Steins.

Der Amerikaner Atkins und der Cambridge-Physiker und Mathematiker Fred Hoyle haben zusammen an dem Beweis gearbeitet, daß der Kreis der Aubrey Holes ein System zur Berechnung der Mondeklipsen war, die einem Zyklus von 56 folgen. Vielerorts neigte man dazu, Atkins' verblüffende Schlüsse anzuzweifeln. Sie enthüllten die enormen Rechenkünste von Menschen, denen man nach den Arbeiten von Professor Atkinson eine geringe Intelligenz zusprach. Die Skepsis ließ erst nach, als der bekannte und weniger anfechtbare Hoyle, der für seine BBC-Vorträge und seine radikalen Ansichten berühmt war, sein Wort in die Waagschale warf.

Später zeigte Thom, daß Stonehenge zu einem großen System orientierter Ovale und Ovalformen zählt, von denen er bereits einige in Schottland und anderswo untersucht hatte.

So kamen nach dem vorsichtigen Archäologen Atkinson, der in seinen Detaillangaben, Datierungen etc. einfach und zurückhaltend blieb, eine ganze Reihe wissenschaftlicher Autoren. Je genauer man die Steine studierte und vermaß, desto bemerkenswerter wurden die Resultate. Es wurde Zeit für weitere, vergleichende Studien, und die Arbeiten über die Maßeinheiten, darunter die Elle und den megalithischen Yard, ermöglichten Vergleiche von Avebury und Glastonbury Abbey mit übernatürlichen Systemen wie Hesekiels heiliger Oblation, dem neuen Jerusalem des heiligen Johannes und den Vorstellungen, die sich in der Großen Pyramide auszudrücken scheinen. Einige achtbare Versuche hatte es früher schon gegeben, doch nichts, was den gewagten Gegenüberstellungen und Vergleichen gleichkäme, die John Michell herausgestellt hat, dessen Werk heftige, nicht immer freundliche, aber stets respektvolle Kommentare hervorgerufen hat.[77]

Wie wundervoll die Struktur und die Einsichten, die ihr entsprangen, auch sein mögen, so ging offenbar vieles verloren oder verschwand in einer Welt der geheimen Unterweisungen. Die späteren Druiden hatten eine Tradition geheimer Lehren, in denen es nach Cäsars Worten besonders um Zahlen, um die Geheimnisse des Universums und die ›Natur der Dinge‹ ging. Die keltischen Ältesten scheinen hier die Nachfolger eines Systems uralter Wissenschaft gewesen zu sein, das viele Merkmale dessen trug, was später als Druidentum bekannt wurde.

Dies wollen wir jedoch vorerst zurückstellen und an diesem Punkt feststellen, daß die Geschichte von Stonehenge häufig eine Geschichte dumpfer Ignoranz war, die zuweilen ins Lächerliche versank. So hat doch tatsächlich jemand, der dabei vermutlich die fünf Trilithen vor ihrem Sturz im Sinn hatte, Stonehenge mit der ›Zahnprothese einer Riesin‹ verglichen. Die Neueinschätzung des Heiligtums wurde mit viel Phantasie angegangen. Der sonderbare Antiquarismus des siebzehnten und achtzehnten Jahrhunderts gipfelte in einem gelehrten Wälzer – einem der ersten Werke, die ernsthafte Aufmerksamkeit auf das Monument lenkten – des großen Architekten Inigo Jones, mit dem Titel *Stonehenge Restored to the Danes*. Wie in einem Geschichtsbuch für Kinder, das der Autor in jungen Jahren einmal gelesen hat, wird Stonehenge hier als ›nachrömisch‹ vorgestellt. Das zweite Oberhaupt der modernen Druiden, der ›einfallsreiche‹ Dr. William Stukeley, dachte, es wäre aller Wahrscheinlichkeit nach von intelligenten Elefanten erbaut worden. Immerhin war er einer der ersten, die das hohe Alter der Anlage erkannten. Nach seiner Schätzung war Stonehenge 10 000 Jahre alt. Nachdem Professor Atkinson das Heiligtum scheinbar definitiv in der Periode 1800–1500 v. Chr. angesiedelt hatte, was er später auf 1750–1450 revidierte, haben neuere Radiokarbonanalysen gezeigt, daß es etwa 600 bis 1000 Jahre älter ist, also etwa 5000 Jahre alt – erheblich näher an Stukeleys Schätzung als an *Little Arthur's History*. Und es ist durchaus nicht auszuschließen, daß es noch älter ist.

Trotz all dieser Wolken des Unwissens blieb jedoch eines stets erhalten: Immer hat man sich hier zur Sommersonnenwende versammelt und den Sonnenaufgang betrachtet, mit oder ohne Ritual. Indizien für den Kult existieren bis in römische Zeiten und vielleicht noch weiter.

Es lohnt sich, eine gute Luftaufnahme anzuschauen, bevor man Stonehenge besucht. Darauf sieht man den doppelten Wall und den Graben, die es umgeben und die den ersten Kreis darstellen: die Kuhle, in dem der ›Schlächterstein‹ oder ›Geneigte Stein‹ (*Slaughter Stone* oder *Recumbent Stone*) liegt, und der kleine Ring um den Heol-Stein. Ein weiterer Überblick zeigt die große Avenue zu dem geschrumpften Lauf des Avon hinunter und das Muster der Grabkuppen auf den Hügeln ringsum, was sehr aufschlußreich ist.

Vom Boden aus ist es leicht, die äußeren Erdringe zu übersehen. Die Archäologen sind sich einig, daß diese wie die Ringe in Avebury und auf Parliament Hill Kultzwecken gedient haben und nicht etwa Feinde fernhalten, sondern etwas einschließen sollten. Wir treffen auf Schotter (der hier gänzlich fehl am Platz und nur ein verzweifelter Versuch des Tiefbauamts ist, dem Getrampel Zigtausender von Besucherfüßen zu begegnen) und Stacheldraht, der Eindringlinge abhalten soll – was vielleicht nötig ist, wenn auch von zweifelhafter Rechtmäßigkeit, wenn man an das Recht auf Zugang zu nationalen Heiligtümern und Stätten besonderer Schönheit denkt, besonders an einem nationalen Feiertag wie der Sonnenwende.

Das Wort Stonehenge kommt aus der sächsischen Sprache. Die Sachsen wußten nicht mehr über diese Steine zu sagen, als daß sie aufgehängt waren, ein ›Gehänge‹ von Steinen wie etwa die Hängenden Gärten von Babylon. Es ist der *Cor Gaur*, der große Kreis, die *Chorea Gigantum* oder der Chor der Riesen; der Tanz der Riesen und, wie es scheint, für die Griechen der Tempel des Apollo und nach anderer Darstellung der Tempel des Saturn. Andere Namen sind das ›Große Ohr‹ und die ›Steine der Zeit‹.

Sämtliche Kreise erwecken eine Ahnung von Tanz oder Gesang. Die Steine haben oder hatten eine bestimmte akustische Qualität: Sprach man leise in eine Höhlung in einem bestimmten Stein, so konnte man auf der gegenüberliegenden Seite des Rings deutlich gehört werden. Das Bauamt hat diese Höhlung in seiner Weisheit inzwischen gefüllt, weshalb dieser spezielle flüsternde Riese nun verstummt ist.

Der zentrale Altarstein ist von anderer Qualität als alle anderen. Er ist aus seltenem, blaßgrünem, mikazäischem Sandstein, vergleichbar mit dem Krönungsstein, dem irischen *Lia Fail* oder Stein von Scone. Er lag nie flach, sondern stand immer aufrecht. Eine frühere Generation berichtete von dem wahrscheinlichen Loch, doch der Altar stand in jener Periode ohnehin immer hochkant. Romantische Bilder von Opfern – gewöhnlich schöne Jungfrauen, die auf einem längs liegenden Stein von bösen Druiden hingeschlachtet werden – sind ausgesprochen absurd. Wahrscheinlich waren Öl, Wein oder Weihrauch die Opfergaben.

Man sieht nicht fünf, sondern nur vier Trilithen, und der fünfte wird nur noch durch einen einzelnen, großartigen Stein repräsentiert. Das Ministerium hätte diesen Stein durchaus aufrichten können, wie es vor einigen Jahren mit einem anderen Trilithon geschehen ist, doch es scheint ein Dogma zu geben, nach dem Steine, die vor einem bestimmten Datum umgestürzt sind, nicht wieder aufgerichtet werden. Es wäre Zeit, dies zu beenden. Damit wäre der zentrale Stein wieder frei, und dieser ›Altarstein‹ könnte ohne weiteres wieder aufgestellt werden. Die Öffentlichkeit hätte dann ein viel getreueres Bild, was dieser große Tempel einmal gewesen ist und wie die Lichtstrahlen nicht nur im Sommer, sondern auch im Winter einfallen.

In einiger Entfernung neigt sich der Heol-Stein dem Zentrum zu. Jedem unvoreingenommenen Beobachter fällt wahrscheinlich das Fischgesicht auf, das auf beiden Seiten des unbehauenen Steins sichtbar ist. Dies ist der älteste und, wie man annimmt, heiligste Stein von allen, von eigener Qualität und anscheinend nach seiner Form ausgewählt. Nach allgemeiner Auffassung hat er sich im Laufe der Zeit zum jetzigen Winkel geneigt. Es könnte jedoch auch sein, daß er von Anfang an so gesetzt war, aus Respekt für den zentralen ›Altarstein‹. Zusammen mit dem äußeren Erdkreis entsteht ein offensichtliches Lingam-und-Yoni-Emblem. Fällt Licht über den oder ›vom‹ Kopf dieses aufrechten Phallus ein, dann wird es als eine sexuelle Essenz empfunden, die irgend etwas befruchtet.[78]

Auf dem Rückweg bemerken wir vielleicht auf einer Seite

einer Kuhle einen großen, flachen Stein von zirka sieben Metern Länge, den man als den ›Rekumbenten‹ oder Schlächterstein kennt, wobei der zweite Name aus der Periode im siebzehnten und achtzehnten Jahrhundert stammt, als man es darauf anlegte, den Mythos des Menschenopfers zu propagieren. Wir wissen, daß er im achtzehnten Jahrhundert aufrecht stand. Er scheint einer von einem Paar gewesen zu sein, von dem der andere verschwunden ist – zusammen mit etwa zwei Dritteln aller Steine des Monuments.

Zwischen dem Erdring und den großen Steinen sind eine Reihe weißer Scheiben auf den Boden gemalt. Diese markieren die Aubrey Holes, benannt nach dem Altertumsforscher und druidischen Gründer John Aubrey. Die Löcher, 56 an der Zahl, bilden ebenfalls einen Ring. Nach einer älteren Version waren sie Löcher für Steine, die nie aufgestellt wurden, doch heute nimmt man an, daß sie für bewegliche Steine oder Pfosten gedacht waren, die man für Mondberechnungen benutzte.

Was wir nicht sehen, sind die abgedeckten Ausgrabungen der Y- und Z-Fassungen, wo die Blausteine gestanden hatten, bevor die Erbauer des Sarsenkreises sie wegnahmen, um sie später, nach ihrer Bearbeitung, in ihre gegenwärtigen Blausteinkreis- und Hufeisenpositionen zu bringen. Der äußere Ring hatte 60 solcher Stecklöcher.

Um Stonehenge sind unzählige Funde, Bronzedolche, behauene Feuersteine und Töpfereien zutage gefördert worden. Bernsteinhalsketten, Goldmünzen und quadratische Teller zeugen von einer relativ wohlhabenden Gemeinschaft von Händlern, mit Besuchern aus großer Ferne.

Man kann sich Stonehenge über die alte Avenue nähern, was wahrscheinlich der beste Weg ist. Sie führt etwa 500 Meter aus dem Nordosten, bevor sie sich teilt und zur einen Seite auf die Avenue zuführt, über welche die großen Steine nach Stonehenge gelangt sind, nachdem sie aus Flachbooten ausgeladen und über Kalkschienen gezogen worden waren. Der andere Weg verläuft nördlich zur Rennbahn (*Cursus*), dem kaum noch erkennbaren, etwas entfernter gelegenen Gelände mit einem arg verfallenen großen Grabhügel daneben.

Kommen wir so aus dem Nordosten, dann bemerken wir,

daß der Bogen, durch den wir den Sarsensteinkreis betreten, weiter ist als die anderen – offenbar für den ehrenvollen Empfang der Sonnenstrahlen oder eines Kultpriesters, der diese repräsentiert. Unmittelbar innerhalb der Sarsenbögen befinden sich einige kleinere, eher schieferfarbene Steine. Diese, gewöhnlich wenig beachtet, regelmäßig angeordnet und halb bearbeitet, sind die älteren Blausteine. Dorthin haben die Sarsensteinsetzer, die auch für die Bearbeitung verantwortlich waren, sie verlegt, und obwohl nur noch wenige übrig sind, kann ihr Kreis genau berechnet und zahlenmäßig gedeutet werden. Auf jeden aufrechten Sarsenstein kamen zwei dieser Blausteine; es gab also 30 Sarsen mit den zugehörigen 30 Sturzsteinen und 60 Blausteine ohne Stürze.

Die ganze Anlage ist überhäuft mit umgestürzten Steinen in schrägen Winkeln. Da nun alle sorgfältig vermessen und protokolliert sind, könnten die meisten wieder an ihre Plätze zurückgebracht und aufgebaut werden, was nur von Vorteil wäre.

Man erkennt bald, daß die Trilithonsteine in dem einzelnen Stein des fünften Trilithon im Südwesten ihren Höhepunkt finden. Wüßten wir nicht, daß die Sonne im Sommer im Nordosten aufgeht, und hätte man uns nicht erzählt, daß dies der Punkt war, dann müßten wir annehmen, der Kult hätte in die andere Richtung geschaut – womit wir wahrscheinlich recht hätten, wie sich noch zeigen wird.

Vielleicht haben wir schon bemerkt, daß sich in einiger Entfernung zwei kleine Grabhügel und zwei recht unverdächtige Steine erheben. Ein Kompaß und ein wenig Rechnen genügen, um zu erkennen, daß dies die östlichen und westlichen Steine sind und der nördliche und südliche Hügel. Sie befinden sich zwar nicht genau in diesen Himmelsrichtungen, doch sie sind wohl Rechenmarkierungen und stecken ein Rechteck, kein Quadrat, mit geheimnisvollen Eigenschaften ab.

### Eine philosophische Numerologie

Nach dieser Führung ist es nun an der Zeit, die Funktionen der Kreise und anderen Figuren darzulegen, die uns jetzt vertrauter und verständlicher sein sollten.

Die Erdwerke bestehen aus zwei kreisförmigen Wällen mit einem Graben dazwischen. Sie können daher entweder als eine einzige Struktur betrachtet werden, deren Mittellinie man messen kann, oder als zwei getrennte Objekte. Faßt man sie als getrennt auf, dann mißt man einen Außendurchmesser von 1006 Fuß oder 370 MY und einen Innendurchmesser von 333 yds. Der innere ist mit Saturn verbunden, der äußere mit der Sonne. Die Innenfläche beträgt insgesamt 999 Quadratyards, was einer Mondzahl entspricht.

Der Ring der 56 Aubrey Holes repräsentiert den 56-Jahre-Zyklus der Mondfinsternisse und ein Schema, um sie auszuarbeiten, eine Art Gedächtnisstütze. Der mittlere Umfang beträgt 333 MY – wieder Saturn.

Auf diesem Lochkreis basiert das Rechteck der vier Kompaßpunkte, -hügel oder -steine. Wenn wir von Stein zu Stein oder Hügel zu Hügel schreiten, stellen wir fest, daß jede Diagonale – und damit natürlich auch der Durchmesser des Kreises – 227,5 Fuß mißt. Addiert man diese beiden Diagonalen, so erhält man 555, das Quadrat des Mars. Doch 227,5 MY ist auch die exakte Länge einer Seite (Basis) der Großen Pyramide. Kann dies Zufall sein? Vielleicht, aber es gibt noch einen weiteren solchen Zufall: Die Höhe der Pyramide, 176,5 MY, ist auf der Fußskala genau die Entfernung von der Mitte von Stonehenge zu einem Punkt kurz hinter dem äußersten Umfang der großen Erdkreise, wo man Pfahllöcher findet, die wahrscheinlich zu einem hölzernen Tempel gehören. Wir haben also ein Dreieck vor uns, das genau das Profil der Großen Pyramide darstellt.

Bisher haben wir drei äußere Erdkreise: einen aus Löchern (der Mond) und zwei aus Wällen (von denen einer der Sonne entspricht und der andere der nach innen wirkenden Energie).[79] Doch nun kommen wir zu dem größten und am wundervollsten strukturierten der noch vorhandenen Steinkreise: die hohen Steine des großen Sarsenrings mit ihren genau gearbeiteten Stürzen.

Der Außenumfang mißt 333 Fuß, ein drittes Saturnmerkmal. Das Flächenmaß ist ebenfalls bemerkenswert: 1080 MY², eine Zahl, die oft mit dem Merkurquadrat identifiziert wird, obwohl dieses 2080 ist. In Quadratyards kommt man auf 888, wiederum ein Merkurquadrat. Diese Zahl steht in Verbindung zum Mond, zum Wasser und zum spirituell-femininen Prinzip.

Indem er eine einfache Struktur der Kreise postuliert, findet Michell, daß der Durchmesser von 106 Fuß gerade ein Drittel des Gesamtdurchmessers von Stonehenge bis zu den äußeren Erdwerken ist.[80] Die Kreiskonstruktion bringt eine *Vesica*-Form zum Vorschein, die in der Überschneidung zweier Kreise von jeweils 666 Fuß Umfang sauber den Sarsenring einschließt. Hier taucht wieder die Sonne auf, die Zahl des Sonnenquadrats.

Weitere Versuche innerhalb des Sarsenkreises ergeben eine ähnlich geformte innere Vesica von 61,2 Fuß Länge und 35,3 Fuß Breite, in die ein Kreis von genau 111 Fuß Umfang paßt, der auch exakt das Hufeisen aus Blaustein ausfüllt. 111 suggeriert nun eine Art Quadrat der Einsen, und dies ist die innerste Kreisberechnung um den einzelnen, aufrechten Mittelstein, die denkbar ist. Das Karo der Vesica mißt 1080 Quadratfuß, die Merkur- oder Hermeszahl.

Das seltsamste Merkmal dieser Numerologie haben wir noch gar nicht erwähnt: Die Zahlen im Sarsenkreis machen ihn zu einem Modell der Erde selbst. Der Innenumfang des Sarsenrings beträgt 316,8 Fuß. Das Quadrat, das die Erde einschließt, mißt 31 680 Meilen. Der Kreis repräsentiert also den quadrierten oder spirituellen Aspekt des Globus im Maßstab 1 Fuß zu 100 Meilen.

Das Quadrat ist ›spiritueller‹, weil jedes Quadrat oder jede 4 sowohl ein doppelt feminines Prinzip, 2 × 2, als auch eine grundlegende Aufteilung in 4 darstellt, die vier Elemente – die vier ›Ursachen‹ des mittelalterlichen Gelehrten –, das Jupiterprinzip des Gleichgewichts, mit dem die Harmonie beginnt. Das Quadrat wird deshalb gewöhnlich als das Fundament der Erde oder das Gleichgewicht angesehen. Wie der Kreis das Zeichen der vollkommenen Natur ist, so ist das Quadrat Symbol des ausgewogenen Geistes.

Die Anwesenheit des Quadrats – und mehr noch des Würfels – bedeutet zunächst ein geplantes Gleichgewicht im Himmel oder auf Erden, und die Zahlen hier stellen die Identifikation mit unserer Erde, Terra, her.

Die Flächenzahl korrespondiert mit der ›Seelenzahl‹ des Merkur, des Hermes, des Führers der Geister und allen Geistes, seinerseits verbunden mit dem Wasser-und-Mond-Komplex.

Der nächste Kreis, die 60 Blausteine, liefert uns die logische Ergänzung zu Hermes und dem weiblichen Prinzip: die 12, die Zahl der äußeren Manifestation und von Tag und Nacht, multipliziert mit der starken Aktivität der 5. Wir haben einen Umfang von 144 Ellen, das heißt, es liegt eine Identifikation mit dem Himmlischen Jerusalem vor, dessen Fläche 12 × 12 Ellen ist, und die göttliche Gegenwart der Sonne (die Fläche in MY entspricht dem Sonnenquadrat, 666). Der Blausteinkreis aus den älteren Steinen der vorangegangenen Kultur ist also ehrenvoll in größter Nähe zu den Trilithen angelegt worden und repräsentiert die Sonne als kubischen Tempel, als Apollotempel der höchsten Form.

So haben alle Kreise quadrierte oder dreidimensionale Formen. Der innere Erdwall hat die Quadratform des grundlegenden, schöpferischen Saturnprinzips 333, das sich in den nächsten beiden Ringen fortsetzt. Die Aubrey Holes zeigen mit ihren Peilsteinen und -hügeln klar einen quadratischen Plan, der, wie sich herausstellt, mit der Großen Pyramide in Beziehung steht. Die Löcher selbst sind externe Mondkalender. Der Sarsenring ist der Tempel der Erde; die Blausteine, die heiligsten von allen, bilden den quadrierten Tempel der Sonne selbst.

Es fällt auf, daß die Zahl 5 bisher nur einmal erschienen ist, und zwar als der doppelte Durchmesser des Rings der Aubrey Holes, 555 Fuß, eine Betonung der entwickelten Energien, die die Aubrey Holes und ihre Pyramide repräsentieren könnten. Doch nun kommen wir zu dem Teil der Anlage, der der Mitte am nächsten ist; die 5 Trilithen, die Tore der Sinne oder die vierfältige Elementbasis plus menschliche Intelligenz, das Symbol des antiken Pentagramms oder des beseelten Menschen. Der große Trilithon könnte der des Geistes sein, im Südwesten, und durch diese Positionierung wird eine wirklich uralte Form geschaffen, das Hufeisen der Alten Mutter.

Dies ist eindeutig das Symbol in der Mitte des Sonnentempels aus Blausteinen. Ist es wieder der Mond? Der allgemeine

Symbolismus des Hufeisens läßt es vermuten, und wiederum brauchen wir nicht zu zweifeln, denn innerhalb des Hufeisens finden sich weitere Blausteine in einer Formation der Mondzahl 19, die wahrscheinlich den heiligeren Zyklus und die erste Idee des Mondes darstellt, da die Aubrey Holes die praktischere äußere Form lieferten. Das Mondthema wiederholt sich mit einer anderen Betonung; es geht hier nicht um Finsternisse, sondern um die Wiederkehr zur selben Himmelsposition, ein absolut fester Himmelszyklus, also wohl die ›spirituellere‹ Seite. Denn alle 19 Jahre kehrt der Mond zum selben Ort am Himmel zurück, wie damals jeder wußte (und heute fast niemand mehr). Mit anderen Worten: Das Blausteinhaus der Sonne beherbergt die *allgemeine* Muttergöttin als Herrscherin über die Menschheit und ihre Energien und nicht ihre spezielle Manifestation als Mond. Sie ist das Höhere, die ewige Wiederkehr.

Man bemerke, daß die Frau, die Schönheit, der Mond, im Prinzip also die Venus (jedoch nie mit ihrer Zahl 7 verknüpft), auf traditionelle Weise mit der Marsqualität der Zahl 5 im Gleichgewicht steht, so daß sich stets Krieger und Göttin, Tapferkeit und Schönheit, Sonne und Mond ergänzen wie in den meisten Mythologien. Dasselbe Gleichgewicht wird im Druidentum durch das Symbol der goldenen Sichel dargestellt, mit der nach Cäsars Angaben die Mistel geschnitten wurde. Ihre Form ist die des Mondes, ihr Metall das der Sonne.

Der aufrechte Obelisk im Zentrum, der Eine, Ursprung und Kraft, repräsentiert durch die Sonne – auch das Sonnenkind, Maban, das zu Og, der Sommersonne, heranwächst –, kann für sich genommen werden oder als sechstes und letztes der zentralen Objekte.[81] Wenn dem so ist, dann endet der Tanz der Riesen in der Mitte so, wie er außen begonnen hat, mit der Zahl des Gleichgewichts, die so eng mit dem Tempel verknüpft ist, mit dem doppelten Dreieck, dem männlich-weiblichen Gleichgewicht, dem Schild des Daoud. Oder er endet mit der Acht, einer möglicherweise noch heiligeren Zahl.

Niemand hat je einen ›Dämmerungsstrahl‹ etwas ›treffen‹ sehen; in der Morgendämmerung ist die Sonne ein vages, allgemeines Licht, das die oberen Teile von Objekten erglühen läßt. Das Licht streifte also den vermutlich gold- und silberbeschichteten Mittelstein und ließ ihn erglühen. Bei Sonnenaufgang, sobald das Sonnenlicht stärker wurde, breitete sich dieses Glühen den Obelisken hinunter aus, bis es am Mittag fast parallel zu der Säule einfiel. Der Obelisk wird damit zu dem Strahl, der in die Erde eindringt, so wie der Obelisk in jedem ägyptischen Tempel den Sonnenstrahl verkörpert, in verschiedensten Winkeln.

Der befruchtende Strahl vom Fischphallus hatte die Ringe der Schöpfung passiert, war zwischen den beiden flachen Steinen, die wahrscheinlich den Eingang in die Mutter darstellen, eingedrungen, trat durch das weite Tor des Sarsensymbols der Erde und schließlich in die offenen Hufeisen des weiblichen Mondes. Er hatte den Obeliskenstein erklommen, um in die Erde hinabzusteigen. Der zentrale Obelisk repräsentiert also den Samen, aus dem der Riese wächst, Maban, der zu Og wird.

Hat jemals jemand auf der prekären Spitze eines Monolithen geopfert? Ja, vielleicht Öl und Wein, wie in den Darstellungen der alttestamentarischen Patriarchen aus ungefähr derselben Zeit, doch selbst dafür hätte man ein Podest benötigt.

## Die unsichtbare Pyramide

Haben wir es mit Menschen zu tun, deren Bauwerke und Wissensstand so immens waren, wie es scheint, dann muß das Auftreten zweier proportionaler Seitenmaße und der Höhe der Großen Pyramide sicherlich mehr bedeuten. Wir haben hier tatsächlich den Aufriß für den Bau einer Pyramide vor uns. Man lege ein Quadrat von 227,5 Fuß Seitenlänge über den Stonehengeplan, Mitte auf Mitte. Dann hat man eine Basis, die etwas über den Rand der äußeren Erdringe hinaus reicht. Nun ziehe man den Mittelpunkt 176,5 Fuß in die Höhe, und die Pyramide erhebt sich, wobei eine Ecke auf den Heol-Stein zeigt und alle zusammen die Richtungen des Kompaß angeben, wie es bei der Großen Pyramide in Ägypten der Fall ist. Die Quadrate und Kreise des gigantischen

Plans, der innerhalb der Erdwälle liegt, wären in ihrer Höhe enthalten. Die Quadrate könnten sogar in ihr enthaltene, ineinander geschachtelte Würfel sein, wie ein chinesisches Kastenpuzzle.

Akzeptieren wir diese Vorstellung, dann interpretiert das philosophisch geschulte Auge die zwei Hügellinien mit dem Graben dazwischen als den großen Wirbel, die erste Bewegung, in der alle Dinge beginnen, und später als die Einstrahlung tatsächlicher Energie, vielleicht von den Himmelskörpern jenseits unseres Systems. Die fundamentale Saturnenergie am Mondkreis errichtet unmittelbar die vollkommene, kubische Form der Pyramide, welche die speziellen planetarischen Zahlengestalten, die wir gefunden haben, in sich trägt oder hervorbringt. In ihrem Herzen befinden sich die Formen von Sonne und Mond, die als weiter innen begriffen werden als die Erdoberfläche: die Himmelskörper im Menschen selbst, sein Herz die Sonne, sein Geist der Mond. Es offenbart sich also eine Konstruktion, für die Avebury mit seinem großen Kreis der Herrschaft, seinen Sonnen- und Mondkreisen, seinem Erdkegel und Muttertempel ein viel früherer Entwurf war.

Wenn unsere Spekulation bezüglich der Kreise tatsächlich gültig ist, sollten wir bei der Pyramide etwas finden, das die Wandelsterne oder Planeten darstellt. Sie können nicht so behandelt werden, als befänden sie sich in einer Sphäre, denn offensichtlich gibt es mehrere Sphären. Wir wissen, daß man in früheren Berechnungen von fünf Sphären ausging. Die Pyramide hat fünf Eckpunkte. Sicher, in traditioneller Mystik hat sie die Sieben repräsentiert, das Basisviereck plus die Seitendreiecke, doch diese Anschauung könnte durchaus späteren Ursprungs sein, da die Zahlen 4 und 5 als erste ins Auge springen, wenn man die Form der Pyramide betrachtet. Es gibt keinen Hinweis darauf, daß Pythagoras sie als 7 gesehen hat. Er hat die dreieckige Pyramidenprojektion mit 5 oder 55 verknüpft, und dem können wir folgen, doch vielleicht können wir auch die 4 hinzufügen. Die Drei ist uns mit Saturn begegnet, und die komplexe Struktur der Pyramide könnte sehr wohl die beiden folgenden Zahlen abdecken. Die Pyramide ist wahrscheinlich als Repräsentation der Großen Fünf, der

Planeten Merkur, Venus, Mars, Jupiter und Saturn gedacht. Sonne, Mond und Erde werden nach numerologischer Beweislage separat behandelt. Merkur (Hermes) steht wahrscheinlich an der Spitze, die vier anderen bilden die Ecken der Grundfläche.

Die Erde selbst berechnet sich wahrscheinlich aus der Form ihres Tempels, da der große Sarsensteinring der 30 Steine und Bögen, wie oben erwähnt, den Umfang 316,8 Fuß hat, welcher den 31 680-Meilen-Umfang des einhüllenden Quadrats der Erde repräsentiert.

## *Die Pyramide und die Planeten*

Nimmt man also die Spitze als den Götterboten, der die Zahl Acht hat, Saturn als materielle Basis im Norden und Mars als Energie im Süden, dann wäre Jupiter im Osten und Venus im Westen oder umgekehrt. Dies alles klingt abscheulich modern, und entsprechende Formen sind ohne weiteres in Gallien oder Eire zu finden, was für eine 4000 bis 5000 Jahre alte Anlage angemessener erscheint als die viel späteren astronomischen Namen der Römer.

Die Spitze der Pyramide könnte Lugh oder Lugaidh sein, der Licht und Weisheit repräsentiert, die Gottheit, die die Lebenden von Geburt zu Geburt führt, durch die Tore des Todes, entsprechend Hermes als Führer. Venus könnte man mit der gnädigen und würdevollen Dana identifizieren, der geistigen Mutter der vierten Rasse Irlands, der Danaan, mit ihrem langen blonden Haar, begleitet von Elchhunden und mächtigen Hirschen, oder mit ihrer früheren Form Ana. Saturn als Repräsentant der Materie dürfte der frühere Gott der Erde und der Nahrung sein, der einäugige Sonnengott, der Dagda, der Rassenvater. Jupiter wäre nicht mehr ein zweifelhafter Sultan des Himmels, sondern An oder Aesus, reines Sein, das von Osten erstrahlt, verknüpft mit dem Ahura-Mazda der Perser. Er könnte hier schon den späteren, keltisch-druidischen Namen Hu (Hé) getragen haben. Mars wäre Teutates, der Vater der Menschheit, der auch Thoth sein könnte, der Wesir des ägyptischen Ra, die große Stimme, der Verkünder göttlicher Dekrete. Die Sonne wäre Og, die Sonnenkraft, oder vielleicht Beli, die Sonnenscheibe, und Ceridwen der Mond. Die Erde könnte zum Beispiel als die vierfältige Ainé von Munster erscheinen.

Von außen nach innen haben wir also in Form aufeinanderfolgender Ringe und Objekte: *Saturn* als *primäre Schöpfungskraft*, dreimal markiert; der *Mond*, wie er am Himmel erscheint; möglicherweise die *Planetenbahnen* als Pyramide; die *Erde*, das Prinzip *Merkur/Wasser* und der *Jupiter*tempel; weiter innen *Apollo/Sonne*, die männliche Kraft und sein Tempel im Himmel; dann *Mars* und *Mutter/Venus* im Gleichgewicht der Trilithen; noch weiter innen die spezifische *Mondmagie* in Gestalt des Hufeisens; dann der *Eine*, der die zwei in sich vereinigt, oder der Eine mit den Fünf als höchstes Gleichgewicht. Damit haben wir das gesamte Pantheon der zwölf Prinzipien.

Wir haben also, von außen nach innen:

- Das *primum mobile*, die aktive Kraft der Schöpfung, repräsentiert durch das Sonnenquadrat.
- Das *Firmament* der Sterne, dargestellt durch den Mond, der in der Gesamtfläche erscheint.
- Der *dreifältige Saturn* als feste Form – vielleicht in drei Phasen der Verfestigung.
- Der *Mond* in seinen geheimnisvoll sich wandelnden und verschwindenden Formen.
- Vielleicht die *Pyramide*, die fünfeckige Figur, in der die fünf Planeten enthalten sind.
- Der vierfältige *Jupitertempel*.
- Das *Erdmodell* darin.
- Das *Merkurprinzip der Feuchtigkeit* und des *Geistes* in der Erde.
- Der *göttliche Tempel*, später das Jerusalem des heiligen Johannes.
- Vielleicht die Hauptgottheit, die *Sonne*, später mit dem klassischen Apollo identifiziert.
- Die maskulinen und femininen Kräfte in Gestalt der *Großen Mutter* oder *Venus* und als deren Gegenüber die männliche Energie des *Mars*.[82]
- Noch einmal der *Mond*, nun als *magische Mutter*.[83]

- Der Obelisk als *zentrale Sonne im Mittelpunkt*, im Gleichgewicht mit dem Kreis der Schöpfung und dem Hufeisenmond, wahrscheinlich männlich und weiblich in seinem goldenen und silbernen Kleid.
- Das zentrale Gleichgewicht der *Sechs* (oder *Acht*).

Die Sonne ist also von zwölf schematischen Symbolen umgeben, die an den Tagen der Sonnenwende, der Verwirklichung des Geistes auf Erden in ihrer höchsten Form, beleuchtet wurden. Sie sind vielleicht nicht genau dort, wo ein moderner Mystiker sie plaziert hätte, doch wir erkennen noch die Logik ihrer Formen.

Es liegt zuviel Numerologie vor, und diese ist zu exakt, als daß man sie als Zufall oder Wunschdenken abtun könnte. Und wenn man dies akzeptiert, dann erheben sich sonderbare Fragen bezüglich einer fast universalen Kultur, denn die Numerologie scheint die meisten der Plätze zu verbinden, an denen neolithische oder spätere Tempel existieren. Sollte es wirklich eine Überrasse oder eine Schule göttlicher Philosophen gegeben haben? Dies ist schon immer der Standpunkt des inneren Druidenordens gewesen.

## Stonehengepläne

*Die Dimensionen und einige ihrer Bedeutungen*
*Schlüssel zum Diagramm auf Seite 283*

A **Äußerer Wall und Graben**: Sonne, Saturn und Mond.
   *Äußerer Umfang:* 1666 Fuß oder 370 MY, d. h. die Summe der Randzahlen des Sonnenquadrats; also die Sonne in ihrer Form als äußerer Tempel.
   *Innerer Umfang*: 333 Yards oder 999 Fuß. Betonung auf der Grundzahl des Saturn, stoffliches Fundament und nach innen oder zum Mond (9) gerichtete Energie.
   *Kreisfläche*: 999 Quadratfuß. Betonung auf dem Mond als magische Geliebte des Lebens und ätherische Substanz.

B **Kreis der Aubrey Holes:** (1) Peilsteinrechteck; (2) Pyramidenumriß; (3) der Mond (sein Wirken), Saturn und Mars.
   (1) *Anzahl der Löcher*: 56 (14 × 4). Der Zyklus der Mondfinsternisse.

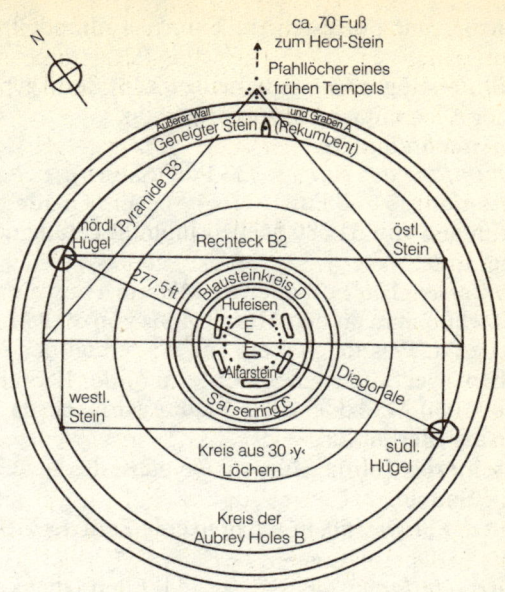

Schema des Stonehengekomplexes

*Mittlerer Umfang*: 333 MY; Betonung auf der Grundzahl des Saturn.

(2) *Rechteck*: 264 × 100,9 Fuß.

*Diagonale von Stein zu Stein oder Hügel zu Hügel*: jeweils 277,5 Fuß. In Einheiten von MY ist dies die Seitenlänge der Großen Pyramide. Die Summe der beiden Diagonalen ergibt 555 Fuß, die Zahl des Mars (Energie).

(3) *Pyramide*: Ist 227,5 Fuß die Seitenlänge der Großen Pyramide in MY, so ist 176,5 Fuß (der Abstand zwischen dem Epizentrum von Stonehenge zu den Pfahllöchern vor dem Eingang, die zu einem sehr frühen Holztempel gehören) ihre proportionale Höhe. Genau hier erscheinen die Y- und Z-Kreise aus Löchern, die aufgefüllt worden sind, jeweils aus 30 Stecklöchern bestehend, und betonen das 30-Motiv noch stärker.

283

C **Sarsenring mit Sturzsteinen:** Saturn, Erdmodell, Mond, Merkur.

*Anzahl der Bögen:* 30, eine heilige Zahl der Ägypter; die Zahl der Abschnitte im ägyptischen Jahr.

*Anzahl der Steine:* 60.

*Außenumfang des Ringes:* 333 Fuß (Saturn).

*Innenumfang:* 316,8 Fuß = 116,4 MY. Ein Quadrat mit einem Umfang von 31 680 Meilen umhüllt gerade den Umfang der Erde.

*Durchmesser:* 106 Fuß oder 39 MY; ein Hinweis auf den Mond, wenn man an den Mondzyklus von 39,8 Mondmonaten denkt. Was die 106 angeht, so beträgt der Abstand zwischen zwei Sturzsteinen, Mitte zu Mitte, 10,56 Fuß.

*Fläche:* 1080 MY$^2$ oder 888 Quadratyards. Beide Zahlen weisen auf Merkur hin.

D **Blausteinkreis (ohne Stürze):** Ägypten, das neue Jerusalem, die Sonne.

*Anzahl der Steine:* 60, in Ägypten eine Zahl der Zeiteinteilung.

*Mittlerer Umfang:* 248 Fuß = 144 Ellen, die Zahl des himmlischen Jerusalem.

*Fläche:* 666 MY, das Quadrat der Sonne.

E **Die Hufeisen, äußeres und inneres:**

**Sarsensteine:** Mondkessel, Mars, die Sinne, Quadraturen, Gleichgewichte.

*Steine, 5 Bögen:* Cove oder Pentagramm, die Sinne, der Mensch, Anwendung der Marskräfte.

*Anzahl:* insgesamt 15, also 6 in der magischen Summe (Quersumme), das Symbol des Gleichgewichts; kann auch als die sechste konzentrische Struktur aufgefaßt werden.

*Sichtungen:* Der achtfache Jahreskreis wird hier in seinen Quadraturen durch Beobachtungen bestimmt.

*Hauptsymbol:* Eindeutig das Mondhufeisen oder der Mondkessel, der das Licht der Sonnwendsonne empfängt.

**Blausteine:** Mond, Saturn, Mars.

*Anzahl der Steine:* 19. Ein dauerhaftes Symbol für den sonst wechselhaften Mond; die Anzahl der Jahre, die er benötigt, um an dieselbe Position am Himmel zurückzukehren.

*Kreisdurchmesser*: Ergänzt man das Hufeisen zum Kreis, so beträgt der Durchmesser 39,6 Fuß, also 13,2 × 3, die Anzahl der Mondmonate im Jahr multipliziert mit den 3 Aspekten des Mondes oder mit der 3 als Zahl der Schöpfung allgemein.

*Fläche*: 166,5 MY$^2$, fünfmal das Schöpfungssymbol des Saturn, 33,3; daher energiereiche Marsschöpfung.

**Mittelstein und Peilsteine:**

*Zentraler ›Altarstein‹*: etwa 16 Fuß lang; im Boden eingelassen vielleicht 12 oder 13 Fuß hoch.

*›Rekumbent‹-Stein*: 21 × 7 × 3 Fuß; fast sicher einer von einem Paar, das einmal ein Tor bildete (Atkinson), vielleicht 17–18 Fuß hoch, mit 3 oder 4 Fuß im Boden.

*Heol- oder Gnomon-Stein*: 20 Fuß sichtbar, doch wahrscheinlich 24 Fuß hoch, mit 4 Fuß im Boden. Von der Mitte der Anlage zum Heol sind es 256 bis 264 Fuß, je nachdem, wie man mißt. Es könnte von Bedeutung sein, daß 256 = 4$^4$, eine Zahl der weiblich-mütterlichen Schöpfungskraft. 264 ist eine Mischung aus 3, 11 und 8, was numerologisch ebenfalls sinnvoll wäre.

### Vesica und Raute

Die Schnittfläche zweier Kreise von jeweils 666 Fuß Umfang auf dem Durchmesser des Erdwalls, der 320 Fuß beträgt, hat die Form einer *vesica piscis* von 106 Fuß Breite und hüllt gerade den Sarsenring ein. Das innere Blausteinhufeisen ist ebenfalls in einer Vesica enthalten, 61,2 Fuß lang und 35,6 Fuß breit. Die Rautenform darin hat eine Fläche von 1080 Quadratfuß – wiederum die Zahl merkurisch-hermetischer Weisheit. Für die vollständige Numerologie ist hier auf John Michells Buch zu verweisen, in dem die Sonnen- und Merkurzahlen noch klarer zum Vorschein kommen. Allgemein scheinen die Messungen auszusagen, daß hier die männliche, schöpferische Sonnenkraft 666 in den Leib des weiblichen Merkurprinzips, dargestellt durch 1080 (oder 2080), eintritt. Dieser Umstand stützt klar und in Gänze die alte druidische Lehre, daß das Dämmerungslicht zur Sonnenwende den zentralen Kessel von Erde und Merkur (8) füllt, die weiblich sind.

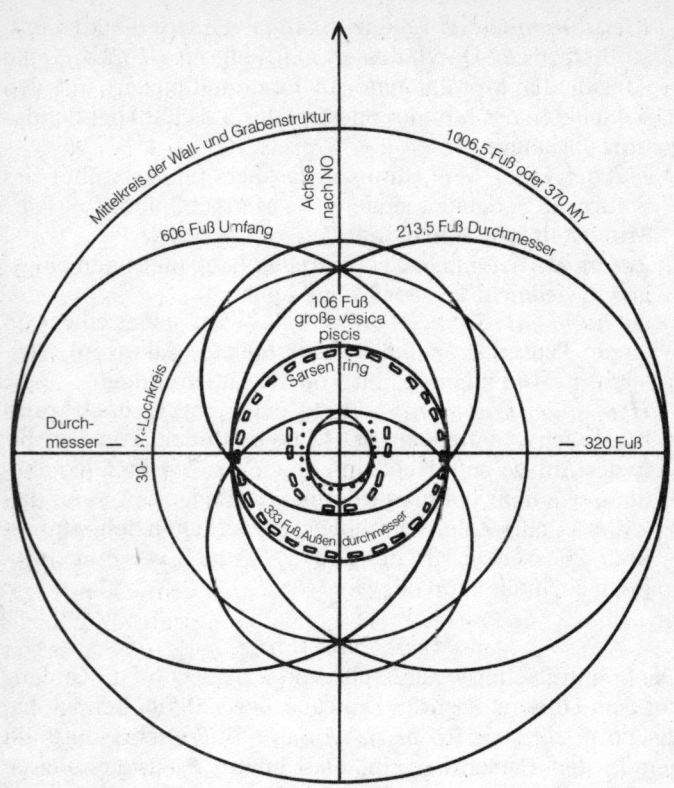

Es gibt drei *vesicae* innerhalb von Stonehenge: Die erste umschließt den Sarsenring, die dritte den Kreis innerhalb des Blausteinhufeisens. Diese dritte *vesica* mißt 61,2 × 35,24 Quadratfuß, und der Diamant (die Raute) hat eine Fläche von 1080 Quadratfuß, die Zahl des Hermes. Der Umfang zweier großer Kreise ergibt das Quadrat der Sonne. Der mittlere Kreis fällt mit dem Kreis der 30 ›Y‹-Löcher zusammen, der heute nicht mehr sichtbar ist. Zur Sommersonnenwende durchdringt die Sonne die erste und dritte *vesica* – die heilige Zahl 666 durchdringt die 1080 des Erdgeistes Merkur. Als Summe ergeben sie 1746, die Zahl der Vollkommenheit, die Perle der Weisheit oder das Senfkorn.

## Bedeutungen der Kreise und *vesica piscis*

Dies führt offenbar zu einer Neubetrachtung der Kabbala, in der Merkur (Hod) als männlich dargestellt wird. Kann die gegenüberliegende Zahl 7, die mit Netsach oder Venus identifiziert wird, männlich sein? – Man erinnert sich, daß Schönheit in Griechenland in gleichem Maße durch Apollo wie durch Aphrodite (Venus) verkörpert war.

### Die Zeitschemata von Stonehenge

Stonehenge ist vor allem ein Zeitmesser; daher seine Identifikation mit Saturn. Doch was waren die Maße?

19, die Zahl der Wiederkehr des Mondes zum selben Platz am Himmel, ist immer schon eine heilige Zahl gewesen. (Das heilige innere Oval besteht hier aus 19 Blausteinen.) Ebenfalls als heilig betrachtet wurde die 56, die Anzahl der Aubrey Holes, entsprechend dem Mondzyklus von $14 \times 4$.

Wie es scheint, bietet sich die 4 an mehreren Stellen als die Zahl der ›heiligen‹ verlorenen Tage im Hochsommer um die Zeit der Sommersonnenwende an, besonders im Tempel von New Grange in Eire, wo 4 Sonnen (d. h. Tage) in die Einfassungssteine auf der Außenseite des nordöstlichen Hügels geritzt sind. Nimmt man nun 19 als die Teilungszahl des Jahres – $19^2 = 361$ –, so bleiben 4 ›verlorene‹ Tage übrig, die nach dem Mondzyklus im Mittsommer liegen müssen.

Eine andere, gebräuchlichere Mondrechnung ist $28 \times 13$, wobei nur ein ›verlorener‹ Tag übrigbleibt. (Ein Jahr und ein Tag ist eine der althergebrachten rechtlichen Fristen, zum Beispiel bei Arbeitsverträgen.)

In Stonehenge standen 5 Trilithen mit jeweils 3 Blausteinen davor und 4 Steinen Platz zwischen den Trilithen. Es wurde auch Platz gelassen für 3 im Nordosten, in Richtung des höchsten Sonnenstands. Ist diese Anordnung ein Hinweis auf 3 oder 4 Mittsommertage? Die Lücke öffnet sich jedenfalls zur passenden Richtung, nach Nordosten, wie in New Grange. Das Jahr würde dann wie im alten Ägypten in 5 Jahreszeiten zerfallen. Jede wäre 72,2 Tage lang, womit 4 heilige Tage übrigblieben. Drei Steine vor jedem Trilithon dürften wohl bedeuten, daß jede der fünf Jahreszeiten in 3 Monate von jeweils 24,67 Tagen unterteilt war; es hätte also 15 Monate gegeben.

Diese Zahlen wären in Übereinstimmung mit unserem Wissen über antike Numerologie, denn 72 wurde als 9 × 8 geheiligt und 24 als 8 × 3, während 5 die fünf grundlegenden Jahreszeiten und den Menschen darstellt (5 Finger und Zehen, 5 Sinne), so wie 4 das Fundament und 3 die Schöpfung repräsentieren. 19 ist eine besondere, eine ›geheime‹ hohe Zahl.

Die Ägypter hatten ein Jahr von 30 Dekanen mit jeweils 12 Tagen, so daß 5 heilige Tage übrigblieben. Hier in Stonehenge haben wir zwei Ringe aus 30 Bögen beziehungsweise 60 Steinen, mit 5 Trilithen oder 4 Tagesbögen und einem großen Ausgangsbogen. Außerdem gibt es 60 Y-Löcher.

### Das sechzehnfache Jahr

Professor Thom schloß nach einer Untersuchung der Sonnendeklinationen und nachdem er in vielen Steinkreisen, vor allem in Stonehenge, Orientierungen zu dem einen oder anderen Himmelskörper gefunden hatte, mit großer mathematischer Wahrscheinlichkeit, daß das Jahr in 16 gleiche Teile aufgeteilt war. Nach seiner Rechnung gab es 4 Monate mit 22 Tagen, 11 mit 23 und einen mit 24 Tagen, wobei der ganze Zyklus mit der Frühlingstagundnachtgleiche begann. Jede der Marken am Horizont kam zweimal zum Einsatz, einmal in der Frühlings- und einmal in der Herbsthälfte des Jahres.

Das Erscheinen der Sonne kann auf verschiedene Weise berechnet werden, doch es scheint, als wäre das Erscheinen der Oberkante der Sonne als Sonnenaufgang und das Verschwinden dieser Kante als Sonnenuntergang definiert gewesen. Manche Berechnungen scheinen jedoch den Sonnenaufgang als den Moment betrachtet zu haben, wo der Sonnenball sich vollständig vom Horizont löst, und den Untergang als den Zeitpunkt, wenn die Sonne am Abend gerade den Horizont berührt. Weitere Forschung könnte durchaus zeigen, daß das Jahr in 32 Abschnitte von jeweils 11 oder 12 Tagen unterteilt war.

Zusammenfassend haben wir also ein mögliches Schema mit 24,2tägigen Monaten in 5 Jahreszeiten zu je 3 Monaten

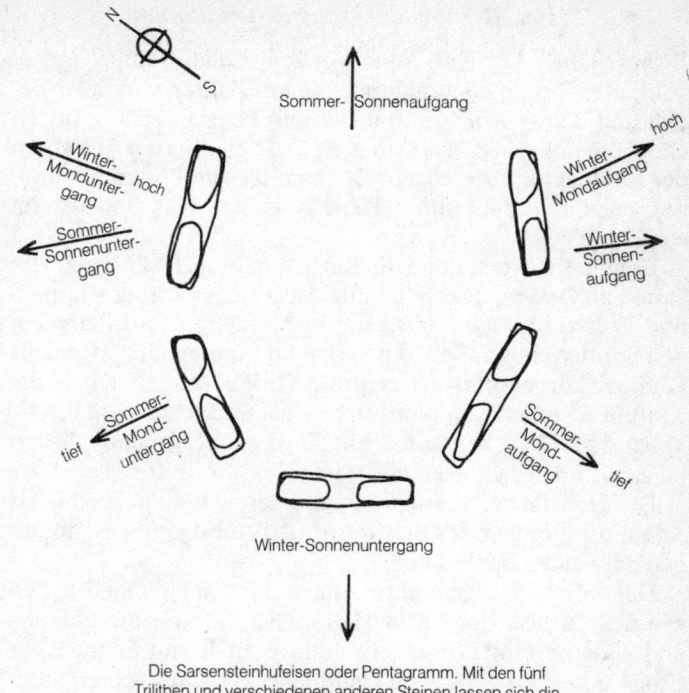

Die Sarsensteinhufeisen oder Pentagramm. Mit den fünf
Trilithen und verschiedenen anderen Steinen lassen sich die
angegebenen Beobachtungen machen.

Das Schema der Himmelsbeobachtungen von Stonehenge

und mit 4 heiligen Resttagen. Dies wäre dem numerischen
Schema der Periode ähnlich und würde zu einem gewissen
Grad mit dem ägyptischen System übereinstimmen, wenn es
auch eine intelligentere und akkuratere Adaption der ägyptischen Idee zu sein scheint: hier haben wir 4 oder 3 geheiligte
Tage, in Ägypten sind es 5; hier Perioden von 24,067 Tagen,
dort von 12 Tagen. Dies könnte sich nach weiterer Überprüfung ebenfalls als in Einklang mit Professor Thoms Vorstellungen erweisen.

Bisher haben wir eine Serie konzentrischer Tempel aufgebaut, kreisförmig oder quadratisch, mit Zahlen von tiefer Bedeutung. Diese Konstruktion könnte für sich schon ausreichen, um uns von den ernsthaften und detaillierten Absichten der Erbauer zu überzeugen. Doch an diesem Punkt aufzuhören hieße, den Stall ohne Pferde zu lassen. Was ging also im einzelnen vor?

Es gibt die Avenue und die Ringe mit ihren Traditionen von Tanz und Gesang. Das geschulte Auge sieht darüber Kuppeln und Würfel und ganz oben die Pyramide der fünf Planeten; den Sonnenkreis außen, die Sonne im Inneren, den Mond als Himmelskörper und als zentrale Große Mutter. Doch die Kraftlinie kommt von Nordosten – als Strahl aus dem Fisch/Vater, dem Heol, durch die Eingänge zum Sonnenobelisken im Zentrum des Ganzen und weiter ins Große Tor.

Der Heol ist der älteste Stein und der wahre Vater, eine Art Adam. In ihm war das Schwert rituell verborgen – es gibt einen passenden Spalt dafür.

Der aufrechte sogenannte ›Altarstein‹ war ein Obelisk, der, wie der Obelisk des Ra in Heliopolis, durch seine goldene und silberne Hülle das Licht einfing. In Irland kennen wir Crom, den alten Gott, einen goldbedeckten, aufrechten Stein in der Mitte eines Kreises aus 12 Steinen (wie in einer der Chroniken des St. Patrick dargestellt).

Die Sonne erscheint zuerst als Kind, Maban, die kindliche Form des Geistes An (oder später Hu), wenn das sanfte Dämmerungslicht die Spitze der Säule berührt. Dann wächst sie, wird stärker, bewegt sich den Stein hinab und beleuchtet nach wenigen Stunden dessen ganze Länge – jetzt ist sie Beli, dessen senkrechter Strahl aus dem Himmel sich in die Erde zu bohren scheint. So kommt die göttliche Kraft wie in Ägypten in Form eines leuchtenden Steins zum Menschen. Besaß er wie in Ägypten die drei Namen der drei Phasen, wie die inneren Formen des Mondes?

> Ich bin Khepera (der Sonnenkäfer) in meinem Aufgang;
> ich bin Amun in meiner Stärke;
> ich bin Atoüm in meinem Untergang.

Mit anderen Worten:

Maban oder Mabin-Og oder Hu (Hé) – aufsteigend.

Beli, die Sonnenscheibe, oder Og – der volle Mittag.

Lugaidh, Lugh, der Merkur von Licht, Leben und Tod – der in die Schatten hinabsteigt.

Diesem fünffältigen Auftritt schlossen sich als sechste Form die Priester an, die die Allee herabkamen, wobei sie wahrscheinlich Vögel auffliegen ließen, während die Sonne über der Spitze des Obelisken erschien – der flammende Phönix Ägyptens und Persiens? Harfenklang und Gesang erhoben sich, und ein feierlicher Tanz rings um den Sarsenkreis begann.

## Der geheiligte Tod

Der Hohepriester des Sommers kommt also von Nordosten. Doch dies ist nicht die Hauptorientierung von Stonehenge. Die Trilithen erheben sich zu einer Klimax im Südwesten, dem Ort des Todes zu Mittwinter.

Die sinkende Sonne des 21. und 22. Dezember verschwand hinter dem großen Bogen des Südwestens, der sich zu einer Höhe von sechseinhalb Metern erhebt, und einer weiteren, inzwischen zerstörten Steinausrichtung. Der letzte Strahl schimmerte auf der Spitze des Obelisken, die schwache, alte Sonne schien auf den *Stupa*-gleichen Stein. Die Finsternis ergriff ihr Opfer, Lugh war verloschen, der Lichtgott dahin. Wir finden nur noch Spuren davon, doch mit ziemlicher Sicherheit war dies eine Zeit des Opfers. Dies ist der Teil des Rings, der größtenteils zerstört ist. Immer wieder, wie in den Namen, die von der *Exmoor Dunkery* nach Nordwesten ausstrahlen, sehen wir dieses Muster des Todes wiederholt. War dies also eine Stätte des Grauens? War es nicht nur die Sonne, die verschwand? Fand etwa eine große Verbrennung statt?

Es deutet wenig darauf hin, daß die Winterwiedergeburt im Südosten gefeiert wurde, wie es auf dem Llandin geschah, dem Parliament Hill in Highgate, wo eine Erdlinie ein Indiz ist, oder in Cashel Aenghus, New Grange, in Irland. Der Winter bedeutete hier Tod; der Sommer war Kraft. Es gibt zwar Orientierungen zu allen Jahreszeiten – mindestens 16 –, doch nichts scheint den Südosten besonders auszuzeichnen. Nach Nordosten und Südosten gibt es nur offene Landschaft, sonst nichts.

Doch durch den größten der Bögen wird verdeutlicht, daß der Tod das Tor zum Leben war. Wir kehren in den Mutterleib des Geistes zurück. Der Trilithon ist die höhere Form des Dolmens, ein großer Bogen der Wiedergeburt und Erneuerung. In jenem Land halte ich mich für eine Weile auf, und nach sechs Monaten werde ich in voller Stärke wiedergeboren.[84] Die große Kraft schießt in die Erde; sie entfacht den Geist und gibt ihm Macht. Die Erneuerung könnte natürlich zur Frühlings-tagundnachtgleiche oder am Maifeiertag, jenem Tag immensen *Numens*, stattgefunden haben, doch als Gegenstück der einen Sonnenwende käme am wahrscheinlichsten die andere in Frage.

Allgemein gab es zwei Geisterreiche: das Reich der natürlichen Formen – Sonne, Mond, Sterne, Jahreszeiten, Tiere, Akkerpflanzen (wobei Sonne, Mond, der Himmel allgemein und die Erde durch die Struktur des großen Tempels symbolisiert waren) – und das Reich der Ahnengeister, das in stärkerem Maße von den früheren Langhügelvölkern kultiviert wurde, die ihre Ahnen verehrten und praktisch mit ihnen lebten, indem sie den großen Grab-/Erdtempel offenhielten.

Wenn die Toten, wie wir meinen, in späteren Zeiten verbrannt wurden, bedeuten Tod und Wiedergeburt weniger eine persönliche Verbundenheit zu den Toten als den Wunsch, ihre Geister freizulassen. Der Sonnenkult erhebt Herz und Haupt von der Erde und verlegt die Nacht-/Mondfruchtbarkeit hinauf in den Himmel. Zuerst war es ein Hirtenvolk, dann ein Volk von Ackerbauern, und beide beobachteten den Himmel. Im damaligen, mittelmeerhaften Klima war die Sonne ziemlich verläßlich. Sie war eine Wiedergeburtsform des Gottes.

Es gibt also den großen Tod, doch auch eine große Geburt und großen Kraftzuwachs. Der Sonnengeist erhebt sich täglich für sechs unserer Monate, also zweieinhalb von fünf Jahreszeiten. Dann ist er für zweieinhalb im Niedergang, und alles beginnt von vorne. So wie man ihn entlang jenem Bogen verschwinden sah, erscheint er wieder, aus sich selbst geboren, auf seinem Obelisken. Wie er kommt und geht, so kommen und gehen wir. Das Leben ist ewig.

Andere Bedeutungen bleiben im verborgenen. Sie sind Teil der druidischen *Mystique* und dürfen nicht niedergeschrieben werden. Doch nichts von dem, was hier geschildert worden ist, steht damit im Konflikt.

### *Die Stätte und ihre Eigentümer*

Über die Besitzverhältnisse in Stonehenge vor dem siebzehnten Jahrhundert wissen wir wenig. Das Gelände scheint offenes Gemeindeland gewesen zu sein. Die vollständigste Liste der Eigentümer, die man heute angeben kann, verdanken wir den Bemühungen von John Soul aus Amesbury (*Stonehenge and the Ancient Mysteries*):

| | |
|---|---|
| 1620 | Mr. Newduck |
| 1639 | Sir Lawrence Washington |
| (unbekannt) | Mr. Daubeney |
| 1643 | Lawrence Washington *Esq.* |
| 1655 | Lord Ferrars |
| (Lücke in den Angaben) | |
| 1723 | T. Hayward (möglicherweise Thomas Hayward, Autor von *A Life of Merlin*) |
| 1727 | Rev. W. Hyward, aufgrund seines Besitzerstatus als ›Erzdruide der Insel‹ bezeichnet |
| 1770 | Der dritte Duke of Queensbury |

Der Duke kaufte das Herrenhaus von West Amesbury einschließlich Stonehenge, und nach Auskunft Daniel Defoes plante er, das Heiligtum mit immergrünen Bäumen zu ›verschönern‹. Gnädigerweise ließ er von diesem Plan ab, doch er unternahm andere Bauarbeiten in der Umgebung. So markierte er die Hochwege über die Downs von Amesbury nach Stonehenge und baute eine Brücke über den Avon.

Seine Nachfolger scheinen Stonehenge stets frei zugänglich gehalten zu haben, bis Sir Edmund Antrobus, der vierte Baronet, Stacheldraht errichten ließ, offenbar um die Anlage zu schützen. Sein Vater hatte sich dagegen, als Altertumsforscher in dieser Sache an ihn herantraten, geweigert, »in das Privileg des freien Zugangs einzugreifen, dessen sich die britische Öffentlichkeit seit undenklichen Zeiten erfreut«.

Als Sir Edmund 1915 starb, wurde das ausgedehnte Gut der Amesbury Abbey zum Verkauf angeboten, wobei Los 15 Stonehenge mit 30 Morgen Land umfaßte. Ein lokaler Gentleman, Mr. Cecil Chubb, kaufte es für £ 6600.

Schon 1901 hatte die Regierung im Namen des Denkmalschutzes eine Kampagne gegen den freien Zugang begonnen. Das Monument wurde eingezäunt und ein Eintrittsgeld erhoben. Es kam auf die Liste des *Ancient Monuments' Protection Act* von 1882. Eine komplizierte, langwierige Klage folgte, in der der Oberdruide George Watson MacGregor-Reid und andere angesehene Männer, darunter Sir Oliver Lodge, Mr. Chubb gegen das Bauministerium unterstützten. Schließlich entschied der Richter zugunsten des Eigentümers und damit für das Recht auf öffentlichen Zugang.

1918 vermachte Mr. Chubb Stonehenge der Nation, und Sir Alfred Mond empfing die Besitzurkunde im Namen des Ministeriums. Erst nachdem das Bauministerium auf diese Weise zum Eigentümer geworden war, unternahm es von 1920 an eine wirkliche Untersuchung der Substanz der Anlage und andere Maßnahmen. Der Lokalbevölkerung wurden freie Zutrittsausweise ausgehändigt.

In der Nacht und am Morgen der Sonnenwende hatte jedoch jeder Zutritt, bis das Verhalten der Menschenmassen 1963 zu ihrem gänzlichen Ausschluß mittels elektrischer Zäune führte und nur noch Druiden bestimmter Richtungen Zutritt erhielten. Nach dieser Erfahrung lehnte es der Orden ab, unter Umständen aufzutreten, bei denen Menschen – so ungebärdig sie auch sein mochten – von dem in öffentlichem Besitz befindlichen, ältesten nationalen Heiligtum ferngehalten werden, und das an dem Tag im Jahr, der dessen Kult vorbehalten war. Die Antwort hätte natürlich ein etwas stärkeres Polizeiaufgebot sein sollen, nicht Stacheldraht.

# III. Der Llandin

*Parliament Hill, Highgate mit der Achse nach* Bryn Gwyn *(Tower von London), der Tumulus der Boadicea, die nationale Kultstätte der Großen Mutter*

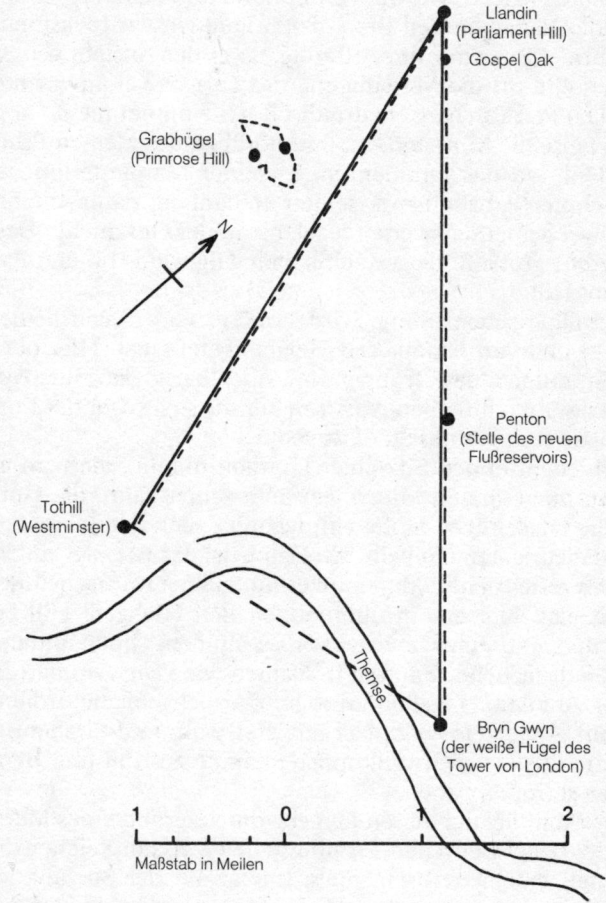

Das Dreieck der nördlichen Anhöhen von London (*Caer Llundain*)

Die beherrschenden Hügel des Londoner Raums geben ein faszinierendes Studienobjekt ab: Lud Hill ist der Hügel des Lugh, Gott des Lichts, und unter St. Paul's befindet sich ein beachtlicher Steinkreis, wie Sir Christopher Wrens Sohn berichtet hat. Dieser Kreis wurde während des Wiederaufbaus im Fundament der Kathedrale gefunden. Der *Bryn Gwyn* ist der weiße Hügel des Tower von London und beherbergte den Kopf der Rabengottheit Bran, der Britannien vor Invasionen bewahrte, bis Arthur ihn entfernte, da er der Ansicht war, er allein sollte für die Verteidigung des Landes verantwortlich sein. Der Pen Ton barg ein druidisches Steinmonument, möglicherweise die Muttergöttin, und nördlich des kleinen Primrose Hill, wo das Druidentum in seiner Manifestation des achtzehnten Jahrhunderts seinen Neuanfang nahm, finden sich zwei bemerkenswerte Hügel, die in der Geschichte Englands eine große Rolle gespielt haben: Highgate Hill und Parliament Hill.

In militärischem Sinne wird London von diesen beiden Hügeln und von Hampstead Heights beherrscht. Hier oben hielten ›ausgebildete Truppen‹ in Zeiten der Gefahr ihre Manöver ab. Zu nationalen Anlässen konnte sich sogar der Lord Mayor so weit aus der Stadt wagen.

Bei jedem hohen Sitz einer Gottheit nimmt, wie man an Stätten im gesamten Mittelmeerraum sehen kann, die Gottheit die tatsächliche Höhe ein, während sich der Tempel an einem niedrigeren Ort befindet. Delphi ist das Beispiel, an das man als erstes denkt. Man muß es für äußerst wahrscheinlich halten, daß hier eine Muttergottheit den Highgate Hill beherrschte, mit seinem ewigen Wasser auf dem Gipfel und den Spuren druidischer Zentren in Namen wie ›The Grove‹ (der Hain). Auf dem Hügel darunter lag der menschliche Erdtempel, ein großer Gorseddplatz mit drei Wall- und Grabenringen, ein Ort, wo sich vielköpfige Stämme zu Kult und Beratungen getroffen haben.

Die Wahl fiel auf diesen Hügel wohl aufgrund eines Merkmals, das den Menschen der Jungsteinzeit als ein Zeichen des Himmels erschienen sein muß: Immer auf der Suche nach Orientierungen, wie man es damals war, fanden sie hier drei oder vier Hügel in einer Linie, die in eine bedeutsame Richtung zeigte. Der Gipfel des Llandin, die Spitze des Pen Ton, ein Punkt namens Gospel Oak und der Bryn Gwyn oder Weiße Hügel des Tower von London zielen genau auf die aufgehende Mittwintersonne. Dies muß ihnen als ein wunderbarer Wegweiser erschienen sein, der in umgekehrter Richtung auf den Parliament Hill zeigt.

Damit kommen wir zu Geoffrey von Monmouth und der Landung der Trojaner. Geoffreys *History of the Kings of Britain*, die von nachfolgenden Generationen geglaubt und von Shakespeare benutzt wurde, wird nun allgemein als reine Phantasie betrachtet. Die Geschichte geht so:

Brutus war der Urenkel des Äneas, der mit seinem Vater Anchises auf dem Rücken aus dem brennenden Troja floh und nach den epischen Reisen, von denen in Virgils *Aeneis* erzählt wird, Rom gründete. Sein Sohn Ascanius gründete Alba Longa, und Ascanius' Sohn Silvius hatte einen Sohn Brutus, der sich unbeliebt machte, indem er aus Versehen seinen Vater umbrachte. Er reiste nach Griechenland und fand die Nachkommen des Priamos unter der Führung des Helenos als Sklaven eines Griechen, des Königs Pendrasus. Er gewann Ansehen bei ihnen, und als ihre Zahl schließlich auf 7000 angewachsen war, baten sie ihn, sie in die Freiheit zu führen. Er besiegte Pendrasus, heiratete dessen Tochter Ignoge und machte sich zu einer Insel namens Leogecia auf, wo er die Göttin Diana mit einem Trankopfer befragte, ob sie Segel setzen und sich ein Heimatland suchen sollten. Während er auf einer Hirschkuhhaut schlief, erschien ihm die Göttin und wies ihm den Weg zu einer Insel, die einmal von Riesen bewohnt gewesen, aber nun verlassen war; eine Insel jenseits der Säulen des Herakles und unter dem Sonnenuntergang. »Dort sollen deine Söhne Troja neu erbauen; dort sollen von deinem Blute Könige geboren werden ...«

Sie folgten dem Rat und entkamen – nach einem guten Raubzug in Mauretanien – den Sirenen vor den Säulen des Herakles (der Meerenge von Gibraltar). Sie fanden weitere Trojaner, mit Corineus an der Spitze, an der Küste des Tyrrhenischen Meeres. Über die Loire und Aquitanien und nach weiteren Schlachten landete Brutus schließlich bei Totnes in Albion, wo noch heute ein Brutusstein steht. Corineus übernahm die westliche Halbinsel und nannte sie nach sich selbst Cornwall. Und Brutus gab Britannien seinen Namen. Corineus vergnügte sich in Ringkämpfen mit den örtlichen Riesen, besonders mit einem gewissen, zwölf Ellen großen Geomagot, den er bei Plymouth die Klippen hinunterwarf. Das Blut des Riesen färbt die See dort an manchen Stellen immer noch rot.

So lustig ging es also bei der Gründung des dritten Troja oder Caer Llud zu. (Das zweite Troja war Rom.) Lud war ein Bruder des Casivelaunus. Es ist schwer zu sagen, ob das Gebiet des Parliament Hill in der Geschichte vorkommt oder ob es um das zukünftige London, die Quadratmeile der Stadt geht. Der ansonsten undatierten Erzählung kann man als Anhaltspunkt entnehmen, daß der Priester Eli in Judäa herrschte und die Söhne des Hektor in Troja, während in Latium Sylvius Äneas als dritter der latinischen Könige an der Macht war.

Auf diese Weise entstand das Britannien des Brutus. So wurde die Geschichte den Kindern unserer Vorfahren erzählt, doch die unseren dürfen sie nicht mehr kennen, um der angeblichen geschichtlichen Wahrheit willen.

Wie so oft sind in dieser scheinbar unglaublichen Fabel wahre Informationen verborgen. Zunächst war Troja in einer Welt marodierender Vatergottpiraten das letzte bedeutende Zentrum des Muttergöttinkultes. Daher stammt, so erkennt man heute, zumindest ein großer Teil seines Ruhmes und seiner Signifikanz, denn Trojas Fall bedeutete den Untergang einer ganzen religiösen Haltung und Kultur. Brutus transportierte also eine Muttergöttinreligion an einen vorbestimmten Ort in einem fremden Land – bezeichnet durch die wundersame, naturgegebene Südostorientierung. Die Daten gehen natürlich vollkommen durcheinander, und was wohl um 900 v. Chr. geschehen ist, wurde ins sechste Jahrhundert verlegt.

Zweitens hat ›Stadt‹ neben der buchstäblichen auch eine symbolische Bedeutung. Niemand hat das himmlische Jerusalem je als eine wirkliche Stadt gesehen, und daß man hier keine Spur von Gebäuden gefunden hat, heißt noch lange nicht, daß sich auf dem Llandin kein religiöser und politischer Versammlungsplatz hoher Bedeutung befunden haben kann.

Das weitläufige Gelände von Parliament Hill zeigt beacht-
liche Spuren von Einfriedungen mit Wällen und Gräben, von
innen nach außen gegraben in der Art, wie sie heilige Stätten
von militärischen Verteidigungsanlagen unterscheidet. Der
Blick über London ist immer noch großartig und muß noch
beeindruckender gewesen sein, bevor man ihn mit Bauwerken verstellt hat. Von hier aus konnte man auf den fernen
Schimmer der Themse hinabschauen und zu dem weißen Hügel hinüber, der das Ende der Kraftlinie bildete und über dem
die junge Wintersonne aufstieg.

Darauf, daß dies ein großes Zentrum für bestimmte Regie-
rungsgeschäfte wie auch für kultische Zwecke war, deuten
zweierlei Umstände hin: Zunächst ist dies einer von den halb
Dutzend Plätzen, die nach altem englischen Recht der freien
Rede vorbehalten sind und nicht eingegrenzt werden dürfen.
Ein kleiner Pfeiler am Südosthang des Hügels ist traditionell
als der ›Stein der Freien Rede‹ bekannt, und obwohl der Stein
selbst ein ziemlich vulgärer, viktorianischer Ersatz ist, bewahrt er zweifellos den Namen des früheren Steins. So markiert er die Stelle, wo in früheren Zeiten freie Versammlungen
abgehalten wurden – und wo sich heute mehrmals im Jahr
Druiden für Zeremonien zusammenfinden.

Der andere Umstand ist, daß die Wahl des örtlichen Parla-
mentsabgeordneten bis zum großen Reformgesetz von 1832
nicht unten im Dorf, sondern auf dem Parliament Hill abgehalten wurde. Diese Anomalie scheint von einer langen Tradition politischer Bedeutung zu zeugen.

Wir scheinen es hier oben also mit einem bedeutenden
Zentrum der umliegenden Stämme zu tun zu haben, wenn
auch vielleicht nicht in früheren, dann jedenfalls in späteren
neolithischen Zeiten; ein auserwählter Ort, der große Führer
gesehen hat, ein heiliger Ort, der der Wassergöttin geweiht ist,
die darüber wohnt und diese Hügel erschaffen hat, um den
Menschen zu zeigen, wo sie ihr huldigen konnten und aus
welcher Richtung sie erscheinen würde. Es ist durchaus möglich, daß diese Stätte vor der Besiedlung der Marschgebiete
Londons existiert und der Stadt ihren Namen gegeben hat:
Bis zum heutigen Tag ist London in Walisisch *Caer Llundain*,
die Stadt der Tümpel.

Die Landschaft des Parliament Hill mit ihren natürlichen Wäldern und Wiesen ist immer noch einer der unberührten Flecken in London. Lange Zeit hausten hier Feengestalten und sprechende Bäume, und der Schriftsteller Arthur Machen weiß von übernatürlichen Abenteuern, die sich hier zugetragen haben sollen.

In Römerzeiten scheint dies der Ort gewesen zu sein, wo Boadicea (Boudicca) ihre Streitkräfte aufstellte und ihren unglückseligen Angriff auf die disziplinierte Armee des Suetonius Paulinus an der *Battle Bridge* fünf Meilen den Hang hinab begann. Nachdem ihr Druide, dessen Name uns nur als Attribut überliefert ist, Swyedydd, ›der in den Mysterien Bewanderte‹, ihr nach der katastrophalen Niederlage Gift gegeben hatte, ist ihr Leichnam wohl der Tradition nach zum letzten Lagerplatz hinaufgetragen und dort dem Begräbnisfeuer übergeben worden.

Der *Order of Bards, Ovates and Druids* gedenkt dieser tapferen Königin und ihres Widerstands gegen unerträgliche Unterdrückung, indem er sich jedes Jahr vor dem Sonnwendfest zur Mitternachtsmeditation an ihrem Tumulus trifft.[85] Sie wäre eine viel bessere Britannia als Nelsons Mätresse: über eins achtzig groß, mit üppigem, rotem, die Taille umfließenden Haar und Stentorstimme. Sie stellte sich gegen die Macht des Nero, dessen Agenten nicht nur einen Teil, sondern den ganzen Besitz ihres verstorbenen Gatten an sich nehmen wollten und dabei der unter den Kelten üblichen matrilinearen Erbfolge jede Anerkennung verweigerten. Außerdem hatten sie ihre Töchter vergewaltigt – die Erbinnen des Thrones in den Augen der Kelten.[86]

Die Druiden unterstützten sie natürlich. Offensichtlich sollte ihr Aufstand in Wales und ihre Herausforderung von Mona (Anglesey) die römischen Armeen in jene Richtung abziehen. Der Plan funktionierte, und Boadicea fiel über eine römische Stadt nach der anderen her, bis hin zu Londinium.

In ihrer Angst vor den magischen Flüchen der Druiden hätten die Soldaten fast gemeutert. Sie wurden aufgefordert, unbewaffnete Oberpriester abzuschlachten, die keinen Widerstand leisteten und lediglich Flüche gegen sie aussprachen. Doch am Ende wurde jene Generation politischer Druiden tatsächlich ausgelöscht. Auf dem Rückmarsch hörten sie dann, daß Boadicea, der Racheengel, sich durchgesetzt und römische Städte niedergebrannt hatte. So strafte der Himmel.

Paulinus war ein weitblickender General. Er wußte, seine Truppen hätten auf offenem Feld kaum eine Chance gegen die feindlichen Horden, deren schnelle, auf sichelbewehrten Rädern rollende Kampfwagen eine tödliche Bedrohung waren. So wählte er mit großem Geschick seinen Standort in der Nähe von Islington, im Bereich von King's Cross, wo *Battle Bridge* noch heute daran erinnert. Dort, wo sich den britischen Wagen kein Manövrierraum bot, wartete er auf den Angriff.

Tacitus hat die irritierende Angewohnheit, Schlachten in großer Einzelheit zu beschreiben, ohne zu sagen, wo sie stattgefunden haben. Die Wälder von Hampstead und Highgate waren damals zusammen mit Epping Forest ein zusammenhängendes Gebiet, und dort in Essex war Boadiceas Festung. Ein kürzlich erschienenes Buch über sie siedelt die große Schlacht zwischen Boadicea und Suetonius ganz woanders, in Mittelengland, an, doch eigentlich gibt es kaum einen Grund, die älteren Ortsangaben zu revidieren. Danach führte sie ihre Truppen von Essex aus nach Westen und wählte aller Wahrscheinlichkeit nach Parliament Hill als Sammel- und Rastplatz. Von dort zogen sie Anfang August im Jahre 61 mit Kampfwagen und Karren die drei Meilen zu dem eingeschlossenen Terrain der Römer hinunter. Die Kelten waren so von ihrer Überlegenheit überzeugt, daß sie sogar ihre Familien mitnahmen, damit sie dem Sieg beiwohnen könnten.

Doch die römische Kriegsmaschine, unter fähiger Führung, setzte sich durch. Unter der ›Schildkröte‹ aus dicht zusammengehaltenen Schilden drangen die Lanzen und Schwerter der Römer erbarmungslos gegen die Kelten vor, die nun durch ihre nutzlosen Wagen am Entkommen gehindert wurden. Es gab ein großes Gemetzel, und die Niederlage war endgültig.

Danach würden die Kelten sich normalerweise zu ihrem Lager zurückgezogen haben, und Boadiceas Selbstmord, mit dem sie den Demütigungen entging, welche die Römer besiegten Feinden aufzuerlegen pflegten, hätte bedeutet, daß sie ein

Totenfeuer errichteten, entweder auf Parliament Hill oder schon auf dem Schlachtfeld, denn die Kelten verbrannten ihre Toten, um den Geist so schnell wie möglich aus seiner sterblichen Hülle zu befreien. Reinkarnation, genauer gesagt Seelenwanderung, kennzeichnete den keltischen Glauben: Wer in tapferem Kampf gefallen war, wurde ehrenvoll in das Land der *Sidhe* aufgenommen und würde bald in einer adligen Familie wiedergeboren werden. Ob der Tumulus auf Parliament Hill jemals wirklich die königliche Asche enthalten hat, ist sehr fraglich, da man, als man ihn ausgrub, keine Zeichen eines Begräbnisses fand. Dennoch trägt der Grabhügel Boadiceas Namen und mag so die Erinnerung an ihren Tod oder ihre Verbrennung an dieser Stelle verewigen.

Im Llandin haben wir also eine druidische Kultstätte als nationales Zentrum vor uns. Das spätere sommerliche Sonnwendfest, das hier abgehalten wurde, zeigte den Oberdruiden als Hohepriester und Vermittler zwischen Himmel und Erde, wie der Kaiser von China oder der Inka Perus, der Hohepriester der Israeliten oder, *mutatis mutandis*, der Erzbischof von Canterbury. Dieselbe universale Funktion wird dem Wintersonnwendfest zugeschrieben, das hier ursprünglich abgehalten wurde: als Vermittlung der Wiedergeburt aller Dinge im Licht, das neue Sonnenkind der Dunklen Göttin oder des Mondes.[87]

## IV. Glastonbury

Ynys Vritin = Isle of Woad
Avalon = Apfelhain (Gälisch *Avel* = Apfel)
Der Tor; Chalice Well; die Höhle; das Labyrinth;
Die Abtei der Zwölf Hufen.

Die komplexen Phänomene von Glastonbury Tor und Chalice Well, Blutbrunnen und Stalaktitenhöhle, ganz zu schweigen von dem tiefen Bewußtsein, das im Gebiet der Abtei zu spüren ist, bergen eine mystische und übersinnliche Kraft, welche die Stätte zum wahren Schrein britischen spirituellen

Lebens macht. Dies ist nicht zuviel gesagt über diesen außerordentlichen Ort, wo Naturkräfte und menschliche Frömmigkeit in vielfältiger Form ineinandergreifen.

Glastonbury ist eine Art weiter Kessel mit einem hügeligen Boden, ein großer Kreis mit Bergen ringsum, die eine Ebene umschließen, die sich bis zum Meer erstreckt. Der fischförmige Hügel, der einmal ein Landeplatz war, Weary-all Hill, der konische Tor und seine Geschwister, vor allem die Nachbarkuppe, Chalice Hill – alles ist von tiefer Bedeutung, verbunden mit den weiten, feuchten Niederungen zum Meer hin, die einmal ein Binnenmeer oder Lagunen waren. Noch im Mittelalter und zu Tudorzeiten fanden hier Entwässerungsmaßnahmen statt.

Rollen die Seenebel heran, dann ragen nur noch die Hügel aus diesem Wolkenmeer, die Inseln von Ynys Vritin, und man sieht die Uferlinie fast, wie sie war, als die Handelsschiffer sich den beiden Hafendörfern am See näherten, Meare und Godney mit ihrem Zinn- und Bleihandel. Dies waren bedeutende Marschsiedlungen, auf Pfählen errichtet. In Godney gibt es 70 Grabhügel. Hier wurde die berühmte kleine Bronzeschale gefunden, die offenbar lokalen Ursprungs war (denn man beherrschte viele Handwerke) und schon um 300 v. Chr. alt gewesen zu sein scheint. Sie ist wundervoll gearbeitet, aus zwei Teilen zusammengenietet, mit kleinen Zierknöpfen. In Asien benutzte man etwa 1000 v. Chr. ähnliche Gefäße für zeremonielle Weingaben. Ist also die Schale heilig, dann könnten auch die Zahlen etwas bedeuten: Die Knöpfe sind zu Gruppen von 5 und 3 zusammengefaßt, die Zahlen der Aktivität beziehungsweise der mystischen Schöpfung. Die drei Dreiergruppen ergeben 9, eine Zahl der Vollendung (und der Hexerei), die drei Fünfergruppen addieren sich zu 15; die Anzahl der Knöpfe auf jeder Seite der Schale ist also 24. Zählt man die drei am Boden hinzu, dann erhält man 27, 9 × 3. Hier haben wir also einen alten Kelch von Glastonbury, der mit religiösen Praktiken in fernen Ländern in Beziehung steht.

Selbst wenn das Land schon teilweise entwässert war, müssen die Wasserwege damals, als die Händler des späten Neolithikums und der Bronzezeit eintrafen, ausgedehnter gewesen sein als heute, denn die Dörfer hatten Häfen.

Man kann darüber streiten, ob das Druidentum hier je eine bedeutende Rolle gespielt hat, denn es findet sich keine Spur einer druidischen Siedlung. Doch im achtzehnten Jahrhundert führte eine Allee alter Eichen den Nordhang des Tor hinauf, und auf der Südseite gibt es alte Steine am Pilgerweg, die als Druidensteine bekannt sind.[88] Der allgemeinen Saga des britischen Mystizismus und den arthurischen Überlieferungen folgend, an denen die Druiden teilhaben, hat der *Order of Bards, Ovates and Druids* im Herbst 1964, den Wünschen seines verstorbenen Oberhaupts folgend, seine Verbindungen zu Glastonbury mit einem abenteuerlichen und etwas gewagten allgemeinen Gorsedd auf dem Tor begonnen.

Die Wasser des Mündungstrichters des Severn scheinen zu verschiedenen Zeiten jeweils über oder unter dem Meeresspiegel gelegen zu haben. Noch spät nach der Römerära war hier ein Binnenmeer, und Meare war ein Handelshafen für Zinn. Josef von Arimatäa landete an einem Liegeplatz auf dem Weary-all Hill, wo der Wunderstab, aus dem der Dornbusch von Glastonbury erwachsen ist, gepflanzt wurde.

Der heilige Dorn, eine Spezies aus Palästina, blühte jedes Jahr im Frühling und zu Weihnachten und tut es noch heute, doch nur in Glastonbury. Vielleicht war dies eine jüdisch-gälische Enklave in der romanisierten Brythonwelt. Es existieren Zeichnungen, auf denen Josef und seine Elf als ein mystischer Orden erscheinen, ziemlich im Gegensatz zu seiner konventionellen Rolle als Pflegevater des Gotteskindes. Das Zeichen des Fisches war präsent, sowohl als Tierkreiszeichen wie auch in christlicher Form, denn sie landeten am fischförmigen Weary-all Hill. Wo ist der Altar, auf den Josef das Kind gelegt hat? Man bedenke, daß es, wie man wohl wußte, das Zeitalter der Fische war, in das die Präzession die Welt damals führte.

Im Neolithikum oder früher kann der Mensch nur gestaunt haben über die beiden Hügelinseln, den Tor und den Chalice Hill. Der höhere der beiden Zwillingshügel war, zumindest von einer Seite betrachtet, ein symmetrischer Kegel; von der anderen Seite erinnerte er an ein kauerndes Ungeheuer. Der zweite Hügel war eine perfekte umgedrehte Schüssel. Zwischen ihnen sprudelte unaufhörlich gutes, rötliches Süßwasser – so gnädig war der Gott dieser salzigen Marschen. Das Wasser kommt von der anderen Seite des Bristolkanals, aus den Schwarzen Bergen, und hat das Gebiet in der Neuzeit wiederholt vor Dürre bewahrt. Dies war ohne jeden Zweifel heiliges Wasser, denn so lange man es auch aufbewahrte, es wurde niemals faul.

Ein anderer Bach entsprang einer Kaverne unter dem Tor und floß in einen nahen Teich. Die Hügel waren weibliche und männliche Formen *par excellence*. Unter dem Tor spendete die geheimnisvolle Kalksteinhöhle bläuliches Wasser und zeigte Stalagmiten- und Stalaktitenformationen von großer Schönheit. Der Eindruck der Heiligkeit wurde immer stärker.

Stellen die eigenartig geformten Hügel, Wälle und Entwässerungsgräben wirklich ein riesiges sumerisches Tierkreismuster dar? Man ist versucht, dies zu glauben. Wenn man Luftaufnahmen betrachtet, erscheint das Schema plausibel. Doch wenn die Entwässerung erst in relativ junger Zeit begonnen hat, dann kann das Muster kaum zur sumerischen Periode von 2300 bis 1300 v. Chr. gehören, es sei denn, das ganze Gebiet hätte sich wegen des fallenden Meeresspiegels viel früher erhoben. Der Stier, der Fisch, das Schiff Argo und der Zwerg/Riese sind dennoch sehr auffallend. Könnte doch etwas davon stimmen, könnten sumerische Motive später hierhergefunden haben und auf diese Weise dargestellt worden sein? Der Pfad der Gralssuche um diese Gestalten scheint diesen Angaben recht gut zu entsprechen. Ein großer Teil des Mystizismus von Glastonbury liegt in diesen Tierkreisstudien von Mrs. K. E. Maltwood. Wie dem auch sei, dies ist ein weites, kontroverses Thema, das sich in dieser Kürze schwerlich behandeln läßt.

## Das Labyrinth auf dem Tor

Hat der frühe Mensch den Tor mit Wällen zu einem Labyrinth geformt? In mancher Hinsicht drängt sich dieser Eindruck auf, obwohl das offizielle Urteil einer vom *Chalice Well Trust* berufenen Gruppe von Experten negativ war. Das Muster des berühmten kretischen Labyrinths, das wir ursprünglich von

Das kretische Labyrinth

einer Münze kennen, findet sich auch anderswo, zum Beispiel auf dem Boden des Hauptschiffes des Mailänder Doms, wo John Ruskin es ausgemacht hat, und in Felsen gemeißelt oder als Rasenmuster gelegt wie ein Spielplan, ein *Troy*, an mindestens zwei Orten in diesem Land. Es war also ein ziemlich universales Muster.

Numerologisch ist seine Botschaft als mystisches Muster klar. Auf der Basis der einfachen planetarischen Numerologie, wie sie hier bereits erklärt wurde, wird die Aussage des kretischen (oder früheren?) Labyrinths zu einer verständlichen, elementaren Lehre.

Man betritt ein Schema von acht Ringen im dritten Ring und wird nach außen geführt, bevor man in den vierten Ring gelangt. Dann läuft es 7-6-5, und man endet mit der 8 in der Mitte. Dies bildet offenbar ein ausgewogenes Zahlenschema, in dem sich jedes Paar zu 8 addiert. Es sieht einem Bogen oder einem hohlen Quadrat sehr ähnlich, und vielleicht können weitere geheime Zahlen eingefügt werden. Die Gesamtsumme ist 36 oder 9 × 4 oder, als Quersumme, 9. Acht ist die Zahl von Merkur (Hermes), Gott der Initiationen.

Durch suchende Energie kommt man also in den dritten

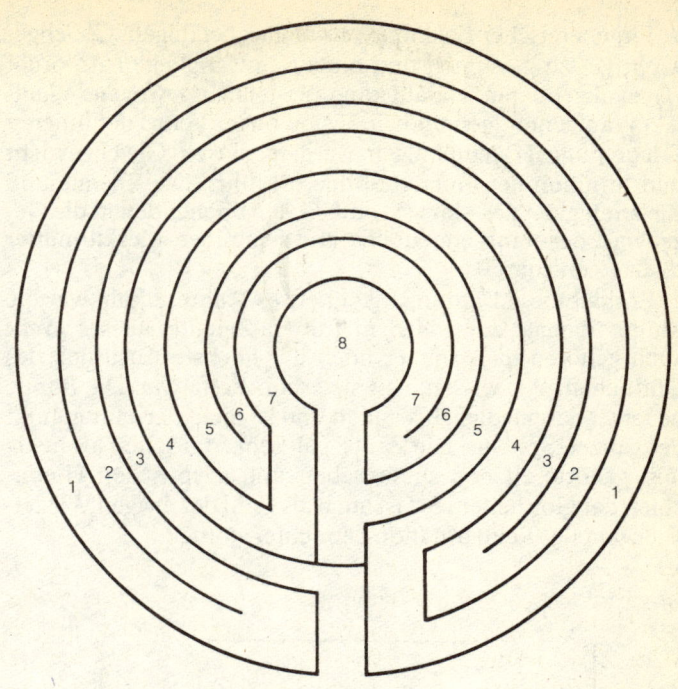

Anmerkung:
Ungerade Zahlen verlaufen *deosil* – 3, 1, 7, 5 – und gerade Zahlen *tuathal* – 2, 4, 6.

Das Schema des kretischen Labyrinths

Ring und von dort in den zweiten und ersten. Dann kommen wir zum vierten, dann zum siebenten, sechsten und fünften und schließlich zur Mitte, die man als achten Ring ansieht.

In allen Systemen der Sieben ist die Vier der Wendepunkt zwischen den Dreien. Zuerst muß man die äußeren drei Ringe durchlaufen, die langen und schwierigen, dann kommt die Wende in den vierten Ring, der einen als symbolische Basis sofort zum fast höchsten Ring führt, dem siebenten. Von dort aus begeht man die weiter außen liegenden Ringe sechs und fünf, und der fünfte bringt uns ins Zentrum, zur transzendentalen Acht.

Ein energischer Beginn (3) sollte uns befähigen, Gleichgewicht (2) zu gewinnen und ohne Schwierigkeiten Autorität (1) zu akzeptieren. Darauf kann Jupiters ausgewogene Vitalität (4) aufgenommen und die Vision in der Venus der inneren Erleuchtung (7) empfangen werden, die zu Gleichgewicht und Intuition der inneren Sonne (6) führt. Die Energie und Zielstrebigkeit des Mars (5) entläßt den Suchenden in die Gegenwart der transzendentalen und femininen Merkurmutter (8, das Zentrum).

Enthält diese Deutung irgend etwas Wahres, dann war die Mutter damals, zu welchem frühen Zeitalter dieses Werk auch gehören mag, immer noch der höchste Ausdruck des Göttlichen. Wir wissen, daß sie es auf Kreta war. Die Sonne bedeutet dann lediglich Vitalität und ist nicht der Mittelpunkt des ganzen Systems. Die Zahl 8 galt sehr früh schon als heilig und gehörte zu den sumerischen und ägyptischen Hierarchien der Gottheiten. Sie ist auch als Zahl der ewigen Wiederkehr und der Reinkarnation betrachtet worden.

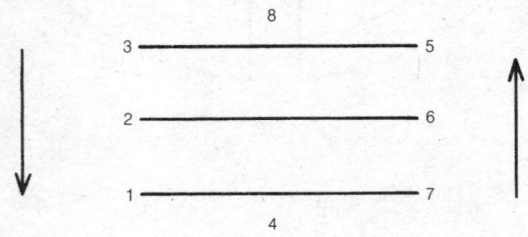

Das Zahlenschema

In naheliegender Weise als Ringpaare dargestellt, ist die Summe in jedem Paar 8; die 4 ist auf halbem Weg und die 8 in der Mitte. Acht ist daher die dominierende Zahl, nicht nur ein angenommener Mittelpunkt. Die mit ungeraden Zahlen belegten Ringe werden im Uhrzeigersinn (deosil) durchlaufen, die geraden Ringe entgegen dem Uhrzeigersinn (tuathal).

Stellt man sich nun dieses Muster nach Form des Tor in die Länge gezogen vor, wobei die eine Seite ziemlich zerstört ist, dann sieht man eine gute Übereinstimmung. Ein solches Muster stände für eine Initiation ›ersten Grades‹, da es ein einfaches Labyrinth mit einer einfachen Botschaft ist. Doch es endet auf dem Gipfel des Tor – oder nicht?

Verschiedene verstreute Indizien sprechen für die frühere Existenz eines Weges nach unten. Im neunzehnten Jahrhundert gab es auf dem Tor ein Loch im Boden, in das man Gegenstände fallen ließ und sehr tief unten aufkommen hörte. Man fand auch Stufen, die ein Stück in die Tiefe führten, was man jedoch nicht weiter verfolgte. Statt dessen schüttete man alles zu. Warum? Man hört auch von Geheimgängen und Tunneln, die von der Stadt zum Tor hinauf führen.

Die Kalkhöhle hat das örtliche Wasserwerk fest verschlossen, so daß jede Erforschung unmöglich ist. Sie haben sie mit Wasser aufgefüllt und reden von Wasserständen und Sicherheitsvorkehrungen.

Das gewöhnliche Schema der Initiation beginnt mit einer ersten, einfachen Prüfung (das kretische Labyrinth), dann eine ernste, erschreckende Erfahrung, bei der manche Kandidaten versagen – dies könnte der etwas beängstigende, steile Abstieg in den Hügel sein –, und dann schließlich eine wundervolle Offenbarung, zum Beispiel die Pracht beleuchteter Stalagmiten und Stalaktiten im Erdinneren. Ohne Zweifel wurden auch offenbarungsartige Unterweisungen gegeben. Dies wäre eine Parallele zu der Höhle auf Kreta, in der Zeus geboren wurde.

Die Höhle von Glastonbury war im achtzehnten Jahrhundert noch zugänglich, und sie wurde für ihre Schönheit gepriesen. Glastonbury erlebte in jener Periode einen Boom als ›Spa‹ – die große Mode damals –, der um 1751 seinen Höhepunkt erreichte. So gab es ein eigenartiges Bad mit senkrechten Wänden, wo die Leute ins Wasser gehen und es auch als Heilwasser trinken konnten. Anscheinend gab es auch einige Heilungen. Die große Zeit währte jedoch nur wenige Jahre. Bath ist nicht weit entfernt, und dort ist das Wasser heiß und übelriechend, was es viel attraktiver macht.

Die unheimliche, beunruhigende Kraft, die auf dem Tor und in seiner Umgebung herrscht – sei es nun statische Elektrizität oder etwas mehr Übersinnliches –, muß man selbst gespürt haben, um es zu glauben.

Als junger Mann kampierte der Autor einmal bei der großartigen Tithescheune. Er war zum Rutland-Boughton-Festival angereist, von dem man sich einmal versprach, es würde Glastonbury zu einem englischen Bayreuth machen. Obwohl er gut schlief, spürte er am nächsten Morgen ein unerklärliches Kribbeln, wie ein elektrisches Vibrieren. Er hatte damals nicht die geringste Ahnung von übersinnlichen Phänomenen. Erst Jahre später wurde ein Edikt der Äbte von Glastonbury bekannt, dem zufolge niemand auf dem Boden von Glastonbury schlafen dürfe, weil er von Teufeln bewohnt sei – was dasselbe in anderen Worten ausdrückt.

Der Teufel war im mittelalterlichen Christentum eine der Lieblingsgestalten. Sein Einfluß auf dem Tor war so überwältigend, daß man auf der Spitze eine Kirche oder einen Turm bauen mußte, um ihn zu unterdrücken und, wie man vermuten kann, den Zugang zu einer Initiationsstätte darunter zu blockieren. Doch der Teufel schüttelte sie ab, indem er ein Erdbeben heraufbeschwor. Dies geschah zweimal, und gegenwärtig steht dort nur noch der Turm von St. Michael, mit dem der Teufel sich bisher offenbar abfinden konnte – vielleicht weil die Symbole darauf von fragwürdiger Christlichkeit sind. Auf der einen Seite ist die Heilige Kuh zu sehen, eines der Symbole für St. Brighid, doch auch für die Muttergöttin. Auf der anderen Seite ist eine Waage abgebildet, die mit St. Michael, dem Engel des Gerichts, aber auch mit dem ägyptischen Thoth zu tun haben könnte. Michael ist natürlich der übliche Ersatz für einen heidnischen Hauptgott, möglicherweise Lugh oder Beli.

In diesem Turm geschehen sonderbare Dinge: Hippies schlafen und kochen ihre Mahlzeiten dort, und kürzlich wurde eine seltsame Figur in Weiß dort erblickt, während Mitglieder des Ordens nach traditioneller Art den Türeingang berührten, das Emblem der Luft.

Auch beobachtet man eigenartige Wetterphänomene um den Tor. Regenbögen und Lichtbögen tauchen auf, und Stürme scheinen von ihm abgelenkt zu werden. Manche Menschen sind absolut nicht in der Lage, den Tor zu besteigen, da sie sich von ihm zurückgeworfen fühlen. Und jemand hatte die Vision, die Menschen hätten den Hügel zu einem riesigen Löwen gemacht, der von Zeit zu Zeit aus der Tiefe der Höhle seine Stimme erhebt.

Solange diejenigen, die für die Anlage verantwortlich sind, kein größeres spirituelles Bewußtsein zeigen, hat man das Gefühl, es wäre ein Fehler, die Höhle unter dem Tor zu öffnen, denn wenn sie ist, wofür wir sie halten, dann müssen Jahrhunderte der Vernachlässigung die Kraft, die dort wohnt, erzürnt haben. Zuerst muß jemand, der sich in solchen Dingen auskennt, Frieden schließen mit dem, was inzwischen durchaus böse sein könnte, bevor eine Erforschung beginnen kann. Es ist deshalb nicht Sache der gegenwärtigen skeptischen und unausgebildeten Beamten.

Im Gegensatz zur Erfahrung einer großen neutralen Kraft, die auf dem Tor auf so beängstigende Weise zugegen ist, sind die Empfindungen auf Chalice Hill eindeutig angenehm. Es ist, als würden dort ständig Früchte reifen, und die Apfelbäume, die auf dem Hügel wachsen, sind bestimmt keine hinreichende Erklärung für dieses Gefühl. Wir erinnern uns, daß einer der Namen des Ortes ›Apfelhain‹ lautet.

Philip Rahtz hat auf der Spitze des Tor eine kleine Verteidigungssiedlung aus der arthurischen Periode (5. Jh. n. Chr.) ausgegraben. Die Überreste sind mediterranen Typs, ähnlich wie die Funde in Camelot, das nicht weit entfernt ist. Wenn dies – wie es nach den sorgfältigen Ausgrabungen, die seit 1966 Sommer für Sommer unter der Leitung von Leslie Alcock stattgefunden haben, erscheint – die Festung eines nachrömischen Häuptlings war, dann ist höchstwahrscheinlich auch der historische Arthur hier zu finden. Mit einer Wasserversorgung und möglicherweise Ställen, auf deren Überreste man gestoßen ist, stellt der Tor eine vorzügliche Verteidigungsanlage dar.

Noch vor diesen Ausgrabungen hatte der Orden in Camelot mit Hilfe eines erfahrenen Wünschelrutengängers eine Prozessionsstraße ausgemacht, die quer über das Gelände auf den südöstlichen Eingangsplatz zu führte, und eine ovale Form, bei der es sich um einen Turnierplatz gehandelt haben könnte. Diese Strukturen, die sich nur noch durch unterschiedliche Bodenverdichtung verraten, müssen aber aus einer Zeit lange vor Arthur stammen.

Glastonburys Verbindung mit Arthur ist jedoch viel direkter, denn hier befindet sich Arthurs authentische Grabstätte. Die eigenartige Geschichte ihrer zweimaligen Wiederentdeckung ist im Kapitel *Neun Aspekte von Arthur* beschrieben (siehe Seite 206 ff.).

Das archetypische Paar Arthur (Aradr) und Guinevere (Gwynhwyvar) stellt für Druiden einen Teil eines grundlegenden Rituals dar. Falls es überhaupt menschliche Gestalten gibt, die mit dem Druidentum verbunden sind, dann sind es diese beiden und nicht der allzu entfernte Pythagoras oder Abaris. Der mystische Merlin (Myrddin) steht für den mit magischen Kräften begabten Oberdruiden.

Arthur ist eine fest umrissene subhistorische Figur. Er ist aber auch eine mythische Fruchtbarkeitsform und als solche hier, nicht verwunderlich, mit dem Wasser verbunden. Er steht am Rande des Matriarchalischen, denn Gwynhwyvar ist viel bedeutender, als in der Liebesgeschichte zum Vorschein kommt. Arthur hat etwas von einem geopferten Gottkönig an sich: Er ist tödlich verwundet und liegt in einem Zustand von Leben im Tod, obwohl er von seiner tödlichen Wunde geheilt wird. Darin weicht der Mythos vom einfachen Opfer der hauptsächlich mediterranen Beispiele der Frazer-These ab.

Die Ritter sind ein bunt gemischter Haufen, teils uralt walisischen, teils wesentlich späteren französischen Ursprungs. Im Mittelpunkt stehen die Ritter der Gralssuche: Gwalchmai und Gwalchaved halten einander die Waage, und entweder Bedhwyvar oder Peredur (Parzival) beginnen die Suche. Lancelot ist ein Eindringling aus einer späteren Ära, wenn auch der gallische Name eine Umschreibung der alten Gottheit Lugh (›Lot‹) sein könnte. Gawain (Gwalchmai, der Falke des Mai) ist der Grüne Mann, der Heiler. Galahad (Gwalchaved, der Falke des Lichts) steht für die zweite Generation (Sohn des Lancelot), die bei der Suche Erfolg hat. Die ersten drei waren zu weltlich gewesen. Sie ergeben zusammen ein Schema von der Art eines quadrierten Kreises oder Kompasses.

Das System und die Namen sind mit dem ketzerischen philosophischen Hintergrund des Pelagius[89] verknüpft, einer

Doktrin der Numerationen und Sphären und eines Gleichgewichts zwischen Gut und Böse, gegen die im sechsten Jahrhundert mit der Mission von Gregor vorgegangen wurde. Die Unterdrückung war erfolgreich, doch in Wales könnte das halb heidnische Gedankengut überlebt und den Hintergrund für die mystischen Dichtungen Taliesins und Myrddins gebildet haben.

Die Kirche befand es in ihrer Weisheit für richtig, diese erste Grabstätte unseres Prototyps eines Königs vollkommen zu verbergen. Nicht einmal eine Tafel markiert heute die Stelle im Gras, wo es gefunden wurde.

Das Christentum in Glastonbury hatte geheimnisvolle Ursprünge, und seine Entwicklung war noch geheimnisvoller. Die Reise des Josef von Arimatäa nach Britannien, auf der er den Kelch des Letzten Abendmahls mitbrachte, gehört zu den Dingen, die man weder beweisen noch widerlegen kann. In der Hoffnung, dadurch das Ansehen der Abtei zu erhöhen, haben spätere wundersüchtige Mönche die Geschichte mit einigem Zierat ausgestattet, ähnlich wie heilige Relikte aus fragwürdigen Quellen auftauchten und in zahllosen Schreinen ausgestellt wurden, um die Anbetung – und die Spenden – der leichtgläubigen Christen zu gewinnen. Doch gibt es auch überprüfte frühe Berichte und Fakten.

Ist Josef hierhergekommen, vielleicht als Zinnhändler, denn er war ein Kaufmann, dann war er zuvor an der Mündung der Rhône gewesen, wo mit Les Saintes Maries de la Mer eine der seltsamsten Kirchen des Christentums zu finden ist. Gebaut wie eine Festung, dient sie der Huldigung der heiligen Anna, der Alten Mutter, und der Schwarzen Maria, einer afrikanischen Jüngerin oder Dienerin, in dem Teil der Kirche, wo auch die Heilige Jungfrau und Maria Magdalena zu finden sind. Später kam noch das Jesuskind hinzu. Sie ist eine Kirche der Fischer, deren Netze die Wände schmücken, und der Ort, wo sich alljährlich Zigeuner aus ganz Europa versammeln.

Von dort aus reiste Josef nach Nordsomerset, zu dem Hafen von Weary-all im Binnenmeer. Er pflanzte seinen Stab auf dem Hügel, und dieser gedieh; sein Abkömmling ist heute noch da. Auf der anderen Insel (wo heute die Abtei steht) baute er eine Kapelle aus Lehm und Flechtwerk – die erste Kirche Englands, wie man in späteren Jahrhunderten glaubte –, die in einer späteren Kapelle sorgfältig bewahrt wurde. Aus dem Stab wurde der palästinensische Dornbusch von Glastonbury.

Nach manchen Darstellungen fanden zwei Reisen statt: Zuerst erschien Josef mit dem heiligen Kind und dessen Mutter, und nach der Kreuzigung brachte er den Kelch und das heilige Blut. Der Kelch wurde auf Chalice Hill vergraben; daher die Rotfärbung des unerschöpflichen Wassers, das dort fließt.

Vor einigen Jahren empfing ein mystischer Reisender in Italien die Eingebung, einem bestimmten Markt beizuwohnen.[90] Dort fand und kaufte er ein Objekt, das wie ein Schöpfbecher griechisch-römischen Typs aussah, wie man sie auf Festen in die große Weinschale oder *Krater* tauchte. Sie war außerordentlich kunstvoll aus Glas und Silber in abwechselnden Schichten gefertigt, wie man es aus der frühesten christlichen Periode kennt. In Glastonbury ging sie dann verloren oder wurde versteckt, und erst viel später wurde sie nach einem übersinnlichen Hinweis gesucht und wiedergefunden. Ob dies die Schale ist, die beim Letzten Abendmahl benutzt wurde, oder nicht, sie war seinerzeit jedenfalls ein sehr teures Stück, und nach allgemeiner Auffassung waren die Jünger arme Männer. Sie hatten jedoch auch reiche Freunde.

### Stonehenge und die Abtei von Glastonbury

Die Überschreibung der Ländereien um Glastonbury an die frühe Kirche, vielleicht an Josef selbst, wie die Fabel sagt, geht auf ein unbestimmtes Datum zurück. Bligh Bonds Messungen zeigen eine starke Verbindung zur Numerologie von Stonehenge, als ob die Erbauer diese Zahlen als Teil eines universellen, göttlichen Plans anerkannten. Dies alles war den damaligen Kirchenoberen, besonders dem konservativen Bischof von Bath und Wells, viel zu mystisch, und Bligh Bond wurde zum Dank für seine Mühe als Ketzer und Spiritist bezeichnet, der sich ›mit teuflischen Geistern abgab‹, und aus seinen Ämtern entlassen.

Im zwölften Jahrhundert war die Abtei ein bescheidenes Bauwerk rund um die Lehmkapelle des Josef von Arimatäa. 1183 fiel die Kirche einem großen Feuer zum Opfer. Danach folgte ein Zeitalter großer Baukunst, und zwischen 1189 und 1303 erfolgte der Wiederaufbau der Hauptabtei nach mystischen Plänen. Die Marienkapelle unmittelbar um Josefs alte Kirche wurde von dem berühmten Hugh von Avalon entworfen, der später St. Hugh von Lincoln genannt wurde, da er die wesentlichen Anregungen für die Kathedrale von Lincoln lieferte. Ihm sind die Schöpfungen der zierlichen Übergangsperiode früher englischer Architektur zur Zeit von Heinrich II. zu verdanken.

Die Länge der Abtei, einschließlich der Kapellen von König Ina und König Edgar, betrug schließlich 630 Fuß. Sie wurde zur größten Abtei Englands, und ihr Abt war der höchste Abt im *House of Lords*.

William of Malmesbury berichtet von dem mystischen Plan, der sich im Bodenmosaik der Marienkapelle offenbart, welches ein ›heiliges Enigma‹ enthält, das den Tierkreis darstellt. Der ursprüngliche Grund wurde stets als 12 Hufen[91] angegeben, Geschenk eines geheimnisvollen Königs namens Arviragus. Der Grundriß der Abtei folgte in seinen Proportionen dem Neuen Jerusalem (Offenbarung 21,12 ff.), also 12 Achtelmeilen im Quadrat oder 1440 Morgen, denn da die Hufe 120 Morgen entspricht, ist die Fläche 144 × 10 Morgen, wenn man nach den im *Domesday Book* angegebenen 12 Hufen geht. Auf diesem Land war das königliche Gebot außer Kraft. Die Abtei war also eine heilige, unabhängige Stadt und zahlte keine Steuern.

Die Gnostik, der die keltische Kirche angeblich folgte, verstand das Neue Jerusalem als ein Zeitalter des heiligen Johannes, welches dem des Petrus folgen sollte. Der letzte Mönch von Glastonbury, Austin Ringwood, sagte auf seinem Totenbett voraus, die Abtei würde eines Tages repariert und erneuert werden ›für einen Gottesdienst, wie er nun nicht mehr stattfindet‹, und daß dann für lange Zeit Friede und Wohlstand herrschen würden. Ein gewisser Maelgwen oder Melkin hatte im fünften Jahrhundert die Entdeckung der Gruft des heiligen Josef prophezeit, in der man heilige Gegenstände finden würde, zwei Ölfläschchen, silbern und weiß, die mit dem Heiligen Gral verbunden sind.

In *The Gate of Remembrance* (1918) stellt Bligh Bond den Grundriß der Abtei auf der Basis eines Gitters von 36 Quadraten dar, von denen jedes die Seitenlänge 74 Fuß oder 888 Zoll hat.[92] Das Rechteck aus 9 × 4 Quadraten mißt dann 666 Fuß × 296 Fuß oder 26 640 MY$^2$, also 666 × 40 oder 666 000 Quadratellen. Es gibt 36 Quadrate, und die Summe der Zahlen von 1 bis 36 ist 666. Die Ellen könnten mit den ägyptischen Cubitmaßen der Steine des Brunnenhauses von Chalice Well zusammenhängen (siehe Seite 317 f.). Die Zahl 666, die Gesamtsumme im magischen Quadrat der Sonne, verbindet Glastonbury mit Stonehenge, dessen Sonnenkreise, wie wir gesehen haben, auf der wiederholt auftauchenden 666 basieren. Außerdem besteht auch ein numerologischer Zusammenhang mit der Heiligen Oblation des Hesekiel.

Es scheint also, als wären absichtlich numerologische Verbindungen eingebaut worden zwischen dem ehrwürdigen Tempel heidnischer Philosophie und der Kirche, welche die philosophisch gesinnten Mönchsgenerationen errichteten, die dem mystisch denkenden St. Bernard von Clairvaux folgten – dessen Interesse an der Kabbala und dem Plan des alten Salomontempels zu Jerusalem inzwischen bekannt ist. Sie spiegeln sich im kabbalistischen Mosaik und Fenster in Chartres und möglicherweise auch im Boden der St.-Josefs-Kapelle in Glastonbury wider. Die Beziehung zwischen den Abmessungen des Westfensters von Chartres und der Anordnung des Sephiroth auf dem kabbalistischen Baum im ›Labyrinth‹ des Bodenmosaiks ist eindeutig belegt.

Und selbst wenn man diese Zahlen ignoriert, bleibt die Genauigkeit der Standortwahl äußerst vielsagend. Die Achse durch die St.-Benedikts-Kirche, die Abtei, Dod Lane (ein erhöhter ›Geisterpfad‹, der sich mit dem Pilgerpfad zum Tor deckt), dem St.-Michaels-Turm und Gare Hill (wo sich früher eine Priorei befunden hat) verläuft exakt zum Zentrum von Stonehenge. Die Wahrscheinlichkeit, daß diese Ausrichtung zufällig ist, ist verschwindend gering. Die christliche Kirche stand also in Verbindung mit einem druidischen Tempel – durch eine Abteikirche, die zu Englands bedeutendster werden sollte und bereits damals als mystischste und heiligste von allen galt. So widerwärtig können die Druiden den Christen wohl nicht gewesen sein.

Man denkt dabei vielleicht an St. Columcilles ›Christus ist mein Druide‹ und erinnert sich, daß Columcilles Lehrer, St. Padraic, einige Zeit in Glastonbury verbracht haben soll. Eine sehr alte Kapelle innerhalb des Abteikomplexes ist nach ihm benannt.

Der *Chalice Well Trust* hat die Verwaltung des Chalice Well wie auch des Gartens vom verstorbenen Major Tudor Pole übernommen und seither gute Arbeit geleistet. Um den Brunnen herum hat man einen wunderschönen Garten angelegt, mit vielen symbolischen Kräutern und Blumen.

Für die Abdeckung des Brunnens selbst lieferte Bligh Bond einen angemessenen Entwurf: zwei sich überschneidende Bronzekreise, die eine *vesica piscis* bilden und von einem Speer durchstoßen werden, vom Scharnier bis zum Riegel. So formen die Sphären des Spirituellen und des Materiellen zusammen den Schoß der Zeit, die Inkarnation. Ein einziger göttlicher Wille durchbohrt sie – die Lanze der Wahrheit. In Glastonbury bilden die Kreise der uralten Vergangenheit und der Zukunft die halb legendäre Gegenwart, doch alles ist von einem machtvollen Einfluß durchdrungen, von der Magie des Tor.

Die Chalice-Quelle entspringt leicht erhöht an der Seite des Tor. Die Quelle stößt große Mengen eisenhaltigen Wassers aus, das aus einem Stratum stammt, das sich bis zu den Schwarzen Bergen in Wales erstreckt. Das Wasser sammelt sich in der Kuhle zwischen den beiden Hügeln, von wo es dann in den Brunnen sickert.

Betrachtet man den Stein neben dem Brunnen als Orientierungspunkt, so ist der Brunnen von Norden nach Süden ausgerichtet. Sein Wasserspiegel steigt und fällt, und auf einer Seite befindet sich eine Ausbuchtung, eine mannshohe Nische. Flinders Petrie gab ihm eine ägyptische Datierung, da die Steine wie bei den ägyptischen Pyramiden in einer Keilformation gesetzt und wie in Stonehenge nur mit Steinwerkzeugen behauen sind.

1962 wohnte im Little St. Michael's House in der Nähe des

Brunnens jemand, der Maßeinheiten erforscht hatte und den Unterschied zwischen dem normalen und dem königlich ägyptischen Cubit sowie zwischen dem Fußmaß Edwards des Ersten, der megalithischen und der keltischen Fußeinheit kannte. Seiner Aussage zufolge ist die seltsam geformte, fünfseitige Brunnenkammer in königlich ägyptischen Cubits bemessen. Nichts Derartiges hat man je in England oder Europa gefunden, bis auf ein einziges Gebäude in Südfrankreich.

Nach Einschätzung des *Chalice Well Trust* besteht eine Verbindung zwischen dem ältesten Abteiplan und Ägypten, da die Steine, aus denen Brunnen und Brunnenhaus im achtzehnten Jahrhundert gebaut worden sind, von der in Trümmern liegenden, verlassenen Abtei stammten. Das bedeutet wiederum, daß in Ägypten ausgebildete Handwerker an dem alten Bauwerk beteiligt waren, denn die Steine gehörten zum ältesten Teil der Abtei. Die Bearbeitung zeigt mit Sicherheit ägyptische Merkmale – Flinders Petrie hatte sich nicht getäuscht –, und die Maße waren, wie Eyre gesagt hatte, in königlich ägyptischen Cubits, die im Ägypten des frühen Christentums wohl immer noch gebräuchlich waren.

Die Untersuchung der Bodenarten durch den *Trust* offenbarte zudem einen Umstand, der im Zusammenhang mit Druiden immer wieder auftaucht. Im unteren Teil des Brunnengartens, wo im achtzehnten Jahrhundert ein ›Kurbad‹ war, muß sich bereits ein Teich befunden haben, lange bevor es den Brunnen gab. Man fand Wurzeln einer einzelnen Eibe, deren Analyse zeigte, daß der Baum schon in römischen Zeiten dort stand. Sie lagen in einer Linie mit noch existierenden Eiben, die eine rituelle Allee den Tor hinauf abzuzeichnen scheinen. Dies wäre ein antiker Hain, wie man ihn in größerem Maßstab in Great Yews in der Nähe von Salisbury sieht. Eiben zeugen nun aber klar von druidischem Mystizismus, wodurch es wahrscheinlich wird, daß hier schon sehr früh Druiden anwesend waren, die dieses alte Muster der Bäume des Todes und der Ewigkeit entweder angelegt oder übernommen haben.

Das Bild wird noch klarer, denn wenige Meter entfernt befindet sich der Eingang zu der alten Tropfsteinhöhle, die das Wasserwerk inzwischen zugemauert und vergittert hat. Es gab also zwei Teiche: einen mit dem geheimnisvollen roten Wasser, unversiegbar und aus unbekannten Tiefen, und einen anderen mit reinem, bläulichem Kalkwasser aus der Tropfsteinhöhle, deren Stalagmiten zweifellos große Ehrfurcht erregten und möglicherweise Teil eines Initiationssystems waren.

Der bläulich-weiße und der rötliche Teich, die offenbar aus einem männlichen und einem weiblichen Hügel stammen – dem spitzen, löwengleichen Tor und dem rundlichen, mit Apfelbäumen bedeckten Chalice Hill –, verbinden sich zu einer Vorstellung, die den weiseren vorkeltischen Druiden zu eigen war und mehrere Grade der Lehre beherrschte: die Prüfung der Standhaftigkeit im Labyrinth, die Prüfung durch Angst beim Abstieg in den Tor und schließlich die Erleuchtung in die Weisheit in der übernatürlichen Schönheit und den lichtvollen Tiefen der Stalaktitenhöhle.

Vielleicht ist es hilfreich, diesen Abschnitt mit einer persönlichen Erinnerung abzuschließen. Als der Autor zum ersten Mal Glastonbury besuchte, hatten sich die Botschaften, die Bligh Bond durch automatisches Schreiben angeblich von verblichenen Mönchen empfing, zu klaren Aussagen und Maßangaben über die Stelle entwickelt, wo König Edgars verschollene Kapelle zu finden sein würde, östlich vom Hochaltar. Der Platz wurde mit Bändern abgesteckt, und nicht viel später entdeckte man das alte Mauerwerk an der angegebenen Stelle.

Manche der Wurzeln unserer Rassenseele liegen hier in Glastonbury. Andere liegen in Stonehenge und Avebury. Hatte die Weltenesche nicht drei Wurzeln – eine Luftwurzel, eine Wasserwurzel und eine in *Hel*, der Anderswelt? Avebury mit seiner Weite und dem Hügel, der sich darüber erhebt, ist unsere Luftwurzel, Stonehenge mit seiner tiefen Mystik ist unsere Wurzel in der Anderswelt, und Glaeston ist die Wurzel des heiligen, ewigen Wassers.

### Sternenkanäle von Stone Down

Nordöstlich des alten roten Teichs und der Torquelle liegt ein Gebiet namens Stone Down. Offenbar stammt von dort ein

Teil der Kraft des Tor – oder der Kammer im Tor – und des ursprünglichen Chalice Well.

Der Standort des heutigen Brunnens ist, um es noch einmal zu betonen, nicht die Stelle, wo der Eisenwasserteich früher war. Zunächst, als der Wasserspiegel noch anders lag, sammelte sich das Wasser in einem Teich, wo heute das Bad aus dem achtzehnten Jahrhundert zu sehen ist – seltsam verändert, doch immer noch erkennbar –, vielleicht 100 Meter westlich des Brunnens.

Auf Stone Down standen drei Menhire in einer Reihe von Nord nach Süd. Westlich neben dem nördlichsten Stein befand sich ein weiterer Menhir und genau nördlich davon eine Hügelquelle. Dies alles ist auf einer alten Karte deutlich zu erkennen, wenn auch heute leider nur noch die Quelle zu sehen ist. Die Orientierungen sind verblüffend, denn der nördlichste Stein stand direkt nordöstlich vom Torturm (oder der Kammer darunter?), und exakt nordöstlich vom früheren Chalice-Teich liegt diese Quelle.

Offensichtlich kam der Kraftkanal von Nordosten, sei es nun für die Sonne der Sommerwende oder für andere Kräfte. Die Anordnung so vieler Monumente läßt keinen anderen Schluß zu. Unabhängig von den Sternbeziehungen, die man entdecken mag, ist dies der Pfad, auf dem ihre Einflüsse die beiden geheiligten Objekte erreichen. Damit soll nicht gesagt sein, daß Teich und Tor früher oder heute keine autonomen, eigenen Kräfte besessen hätten; es heißt nur, daß die neolithischen Weisen sie mit solchen Einflüssen verstärken wollten.

Das Wasser eines rötlichen Teiches war verschwistert mit dem weißen oder blauen Wasser einer magischen Höhle, der Stalaktitenkaverne unter dem Tor. Liegt hier schon die Vorstellung von zwei heiligen, mystischen Schlangen vor, der Zwillingsschlangen des Heroldstabs des Merkur? In Wales erschienen sie als ein roter und ein graugrüner Drache, *Ddrei Goch* und *Ddrei Glas*.

So muß es jahrhundertelang gewesen sein, und wahrscheinlich waren die als Druiden bekannten Mystiker hier, in diesem ehrwürdigen Eibenhain.

# V. Meini Hirion

*Die Penmaenmawr-Kreise: Die hohe Praxis des*
*Druidentums und die Geheimnisse von Eryri Gwyn*

Penmaenmawr ist ein Ausläufer des Eryri Gwyn oder Snow-donmassivs. Es thront über dem Meer und bietet eine großartige Aussicht auf Anglesey oder Mona – die alten Zentren des Königreichs Gwynedd – und jenes Meer, das im Herzen der keltischen Gebiete liegt. In dessen Mitte liegt die Isle of Man, die Insel des Mannanan und Lir oder Ler, der Meeresgötter. Der von Steinbrüchen angefressene Bergkamm erhebt sich 365 Meter über den Meeresspiegel und die kleine Stadt gleichen Namens, ›der Kopf des Großen Steines‹.

Meini Hirion, die Steinkreise auf dieser Erhebung, sind besonders bemerkenswert. Der größere Kreis hatte ursprünglich 19 oder 20 Steine, jeweils ein bis zwei Meter hoch. 8 davon stehen heute noch aufrecht, ein paar andere liegen flach. Etwas entfernt Richtung Nordosten befindet sich ein zweiter, kleinerer Ring. Zusammen bilden sie also einen deutlichen Hinweis auf die aufgehende Sonne der Sommersonnenwende, die Sonne als Kraft. Der kleinere Ring besteht aus 5, ursprünglich wahrscheinlich aus 6 Steinen. Hatte der größere Kreis 19 Steine, dann würde dies an die beständige Wiederkehr der Großen Mutter, des Mondes, erinnern; hatte der kleinere 6, so stand er für Gleichgewicht.

Der größere Ring ist ein wenig, wenn auch kaum bemerkbar, zu einer Ellipse gestreckt, die nach Professor Thom in ihrer Struktur ein perfektes Dreieck darstellt. Der Hauptring zeugt also von Baumeistern höchster Kunstfertigkeit.

Zwischen diesen Kreisen auf dem windigen Hochmoor, die auf den Höhepunkt des Sommers zeigen, stehen zwei Markierungssteine, einer direkt außerhalb des großen Ringes, der andere 113 Fuß vom Mittelpunkt des kleineren Kreises entfernt. Der Abstand zwischen den Ringen beträgt immerhin 829 Fuß (253 m).

Bedeutung und Status eines Heiligtums basierten auf dem Kreis, der in ihm Anwendung fand. Hier haben wir einen von vollkommener Symmetrie und beherrschend in Höhe und Ausblick. Er überschaut die üppigen Felder von Mona, des

›Mondlandes‹ der Großen Mutter, das zusammen mit den Eryri-Gwyn-Bergfesten das nördliche Hauptterritorium des nationalen Wales, des Landes der Cymru, der Bruderschaft, bildete. Diese Stätte hat deshalb jedes Recht, als die bedeutendste in der weiten Landschaft zu gelten, die sie von ihrer Pisgahhöhe aus überschaut.

Hier oben auf dem Penmaenmawr spricht eine phantastische Legende von hundert Türmen. Hier soll die große druidische Festung Braich y Ddinas (der Grat der Stadt) gewesen sein, die Sir John Gwynn von Gwedur lebhaft beschrieben hat:

Hoch auf dem Penmaenmawr steht ein Felsenberg mit Namen Braich y Ddinas, wo die Ruinen einer starken, unbesiegbaren Festung zu sehen sind, umgeben von einer dreifachen Mauer und dazwischen die Fundamente von wenigstens hundert Türmen, alle rund und von gleicher Größe, innen sechs Meter weit. Die Mauern von Dinas waren fast überall drei Meter dick. Diese Burg war einmal unbezwingbar und konnte von nirgendwo angegriffen werden, da der Berg so hoch war, senkrecht Fels, und die Mauern sehr stark ... Die Überlieferung sagt, dies war die letzte Zuflucht, das stärkste, festeste und sicherste Refugium, das die alten Briten in Snowdon hatten, um sich vor dem Eindringen und den Invasionen ihrer Feinde zu verteidigen, denn die Burg war so stark, so unbezwingbar, eine Befestigung, wie sie nirgendwo sonst in Snowdon zu finden ist; und die Pracht und Größe der Anlage zeigt, daß es eine fürstliche, königliche Burg war, befestigt durch Natur und Handwerk, auf der Spitze eines der höchsten Berge in Snowdon, nicht weit vom Meer und inmitten des besten und fruchtbarsten Landes in ganz Carnarvonshire.

In Wirklichkeit hat Penmaenmawr nie diese Rolle gespielt. Es gab einfach eine große Zahl solide gebauter neolithischer Hüttenringe, deren Fundamente zu der Legende Anlaß gaben. Das meiste davon hat man inzwischen fortgeschleppt. Dennoch war Penmaenmawr, wie der Llandin, ein großes Zentrum mystischer Kraft. Die Menschen begreifen das Spirituelle gewöhnlich anhand des Materiellen, und die lebhafte Metaphorik, die das walisische Denken auszeichnet, verstärkt diese Tendenz noch.

Hier oben war einst der Ort der Höheren Mächte, *Ddinas*

*Affareon.* Hier oben zogen die Drachen den Wagen der Ceridwen in ihren erhabenen Formen. Hier hauste jedoch auch die Alte Mutter in ihrer alten Saugestalt, die auf dieser Höhe einen kleinen Adler und einen Wolfswelpen aussetzte – der scharfe Blick und der wilde Geist, die für sie charakteristisch waren.

Arthur (Aradr) tritt in dieser Gegend in mehreren nebulösen, legendären Formen auf, die ihn mit den furchterregend malerischen Klüften des großen Berges in Verbindung bringen. Er ist einer von zwei ewig miteinander kämpfenden Riesen, Urgewalten der Höhen, Aradr und Rhita Gawr, vielleicht Licht und Dunkelheit, und weiter den Berggrat entlang, der wegen seiner Form als *Lliwydd,* der ›Kamm der brechenden Welle‹, bekannt ist, liegt ein uralter Grabhügel, der *Carnedd Aradr,* Arthurs Grab (siehe auch Seite 202). Nach der letzten Schlacht auf dem Berghang flehten seine besiegten Ritter die Mächte um ihren Schutz an. Eine große Höhle tat sich auf, und sie traten in den Berg, wo sich der Lliwydd über ihnen schloß, und dort liegen sie nun, die *Lanci Aradi,* Arthurs Kameraden, und warten auf den Ruf, wenn der Tag anbricht, da Arthur sich wieder erhebt, die kymrischen Lande wiedergewonnen werden und alles wieder gut wird. Mit leichtem Panzer und Leder gerüstet, wie in jener Periode üblich, erscheinen sie am Abend den Einheimischen dort, gewöhnlich auf der Halbinsel Lleyn im Westen Snowdonias, und fragen: »Ist die Zeit schon gekommen?«, worauf stets geantwortet werden muß: »Nein, die Zeit ist noch nicht gekommen ...«

Unterhalb davon liegt die Festung von Dinas Emrys, ein isolierter Felsen – eine gute natürliche Verteidigungsstellung – zwischen Beddgelert und Capel Curig, von wo aus Myrddin als Vertreter des Ambrosius Aurelianus herrschte. Von dort aus hatte er als Oberpriester der Mysterien die Phantasmagorie und die Suche des Heiligen Grals ausgerufen; von dort hat er die letzten Schlachten vorhergesagt und gesteuert und über die zukünftigen Könige entschieden ... so wie er die Geburt des Aradr eingeleitet hatte, ihn förderte und für die Königswürde prüfte. Als dann die Zeit kam, entfernte er ihn von der Bühne der Menschheit in der finsteren Barke über die Wasser des Todes.

Nach der abweichenden Version bei Nennius fand König

Vortigern, der sich wieder in Wales etablieren und eine Burg bei Dinas Emrys bauen wollte, einen höchst geeigneten und beherrschenden Standort, daß alles, was er aufbaute, erbebte und zusammenbrach. Der junge Myrddin, das ›Kind ohne Vater‹, den Vortigern ausfindig machen ließ, erklärte dann, daß kämpfende Drachen, weiß und rot, die Ursache waren. Ihr Verhalten brachte ihn zu weiteren Prophezeiungen, auf deren Basis er Vortigern die Flucht anriet. Vortigern vermachte Myrddin Dinas Emrys, bevor er selbst in der Schlacht umkam.

Als Myrddins Arbeit dort getan war, tauchte der ›Glasdom‹ oder das gläserne Schiff auf – Symbol einer anderen Daseinsebene –, auf dem er mit den dreizehn Schätzen Britanniens zur Insel Bardsey gebracht wurde, vor der Spitze der Lleynhalbinsel, Yns Enlli, einem unzugänglichen Eiland, später der traditionelle Zufluchtsort für Tausende von Mönchen.

An welchem Punkt in seiner Karriere Myrddin von Vivian le Fée gefangengehalten wurde, der Tochter eines Burgherrn an der Fontaine de Barentin im alten Wald von Broceliande in der Bretagne, ist nicht ganz klar. Anscheinend gibt es zwei unvereinbare Darstellungen, da er für eine Reihe von Jahren dort festsaß. Wir haben auch schon einen anderen Bericht zitiert, nach dem er mit Südschottland in Verbindung gestanden haben soll. Myrddin könnte eine Vielfalt von Figuren repräsentieren, die Mitglieder einer dynastischen Familie oder einer Klasse von Magiern – so gibt es in Nordwales ein Tal mit einem ganzen Taliesinklan –, oder vielleicht einfach alle, die einen bestimmten Grad erreicht hatten. Es war Taliesin, der durch seine ständigen Angriffe gegen andere und niedere Barden, die er aufforderte, zu zeigen, ob sie über tieferes Wissen verfügten, die Karten bezüglich der verschiedenen Bildungsstufen aufgedeckt zu haben scheint. In diesem offenbar sehr mittelalterlichen Stadium war es eine Frage des Prestiges und der adligen oder fürstlichen Gunst – eine sehr ›höfische‹ Atmosphäre. *Myrddin* bedeutet zunächst einmal ›Gelächter‹ und *Taliesin* ›Glanz‹ oder ›strahlendes Antlitz‹. Die Myrddin-Qualität, die man erwartete, könnte also Witz oder Magie bedeutet haben, während das Taliesin-Attribut Schönheit war, der ›Glanz‹ feiner Verse: zwei Säulen des Gesangs, zwei Säulen der Erleuchtung.

In dieser Version ist der walisische Arthur nur der nationalistische Held, nicht der frühere mystische Retter. Glastonbury und die englische Überlieferung fallen hier weg. Arthur kehrt nur zurück, um Wales wiederherzustellen. Myrddin ist offensichtlich das romantisierte Bild eines Oberdruiden mit Funktionen, wie sie die klassischen Autoren darstellen: Er ist Lehrer, religiöser Mentor und allgemeiner Berater des Herrschers und diesem ebenbürtig, wenn nicht überlegen.

Irgendwo in der Nähe des Penmaenmawr hat eine Hauptgruppe der *Pheryllt* gewirkt: derselbe Bund, der vor 1066 in Oxford bestand, und von letzterem nicht wirklich zu unterscheiden. Die Gerätschaften für Metallexperimente (*Ffer*) befanden sich wahrscheinlich nicht auf dieser Höhe, sondern in nahen Tälern. Der Kreis war ohne Zweifel ihr Tempel. Gewisse Geschichten klingen nach frühen Versuchen mit Dampfkraft. Manche Quellen benutzen den Ausdruck *Calvyddydon Pheryllt*, der sich sowohl auf Chemie als auch auf Metallurgie bezieht. Die Drachenfabel von Dinas Emrys hört sich nach Alchimie an. Drachen wurden häufig in den Cucurbiten der Alchimisten dargestellt – jenen Glasflaschen, in denen die Versuche unternommen wurden.

Dicht unter dem Gipfel des Eryri Gwyn fand man die Rettung vor einer der Hauptplagen von Wales: Das Flutungeheuer Avanc, manchmal auch als der Riesenbiber bezeichnet, wurde schließlich in den wunderschönen, winzigen blauen See namens Glaslyn gestürzt, der bis zum Mittelpunkt der Erde hinabreicht. So werden auch die Wogen der Emotionen, die in einem launischen Volk immer schwer zu bändigen sind, daran gehindert, den ganzen Lebensraum der Menschen zu überfluten, auf die Höhen der Vernunft gehoben und entlassen durch das Ventil der Schönheit.

Am Fuß des Berges befindet sich ein Zentrum der Tylwdd Teg, der Geschöpfe, die den *Sidhe* oder Elfen Irlands entsprechen, und nicht weit davon liegt ein Bauernhof an einem Fluß, wo auf den Feuchtwiesen Feste und Feentänze abgehalten werden. Sie versuchen, junge Männer dazu zu bringen, sich Tylwddfrauen zu nehmen, doch es ist ein gefährliches Spiel, eine Fee zu heiraten. Wird sie jemals mit irgend etwas berührt, das aus Eisen gemacht ist, dann findet sich der unglückliche Gatte für lange, lange Zeit in einem elfischen Kerker gefangen. Dies alles klingt nach der Anwesenheit einer vielleicht unterdrückten Minderheitsrasse.

Auch die Steine von Meini Hirion selbst sind von starken übersinnlichen Bildern umgeben. Selbst bei Sturm und starkem Regen (dies war das Wetter, als der Autor sie besuchte) kann man hochgewachsene, dunkel gekleidete Gestalten bei der Ausübung eines heiligen Ritual erblicken. Die Erscheinungen sind mit denen am Rollright vergleichbar, wobei die Figuren hier einem höheren Grad anzugehören scheinen.

In Snowdonia stößt man noch auf Geheimnisse, von denen das moderne Wales nichts weiß. Im mittleren Teil liegt ein kompletter Steinkreis, der nur unter bestimmten Bedingungen zu sehen ist. In einem der Vorberge findet man eine Schatzkammer mit Relikten der arthurischen Periode, vielleicht der Gruppe um Arthur selbst. Doch all dies läßt man, wie die Initiationskammer unter dem Glastonbury Tor, in dieser ahnungslosen Zeit am besten in Frieden, so wie die Antwort an die *Lanci Aradi* auch lautet: ›Nein, die Zeit ist noch nicht gekommen.‹

Der ganze Berg ist ein Ort der Visionen und Offenbarungen. Bei Tag und bei Nacht hält er uns seine riesigen Symbole vor Augen. Er ist Heimat der Adler, der Vögel des Zweiten Gesichts. Das Prinzip der Zwölf Ritter als Ordnung des Gleichgewichts kämpft ewig gegen die anarchische Kraft der Riesen. Im Augenblick mögen die Ritter geschlagen sein, doch sie leben fort und werden stets wiederkehren.

## VI. Die Sieben Stätten von Callanish: Der patriarchale Kult auf den Äußeren Hebriden

Land der Hyperboräer.
Die Häbuder (Plinius).
'E Βουδαι (Ptolemäus).
Ebudae (verschiedene Geographen).
Innse-Gall = ›die Inseln der Fremden‹ (gälisch), die aus Lochlann (Norwegen) kamen.

Norwegische Dynastien herrschten hier bis 1263, als Haco vor Largs geschlagen wurde und eine verarmte Zivilisation zurückließ. Norwegisches Blut zeigt sich noch in dieser hochgewachsenen, hageren, sensiblen und heute recht empfindlichen Rasse mit ihrer Anfälligkeit für Tuberkulose, ihrem zarten Knochenbau – und ihrem großen Gespür für Musik.

Leverhulme tat, was er konnte, für Lewis und Harris, die beiden Inseln, die er gekauft hatte, doch seine Fabrik scheiterte an den Vorurteilen der Lokalbevölkerung und dient heute als Erziehungszentrum. Die Bitterkeit der äußeren Inseln prägt unvergeßliche Poesie, wie zum Beispiel das kanadische Bootslied oder das Werk von Adam Drinan:

Von der einsamen Hütte und der nebligen Insel
trennen uns Berge und wüste See …
Niemand ahnte, daß Kinder verbannt würden,
von einem verkommenen Lord mit seinen Schafen …
Komm, fremder Zorn, laß Zwietracht zur Schlacht entflammen.

Die Äußeren Hebriden erstrecken sich über etwa 100 Meilen, mit nur zwei Seewegen dazwischen, und auch die sind wegen der schweren Atlantikseen oft unpassierbar. Landzungen ragen in den Ozean, und Bergkuppen an den westlichen Enden schirmen die Landstriche unmittelbar dahinter ab. Die westlichen Inselteile sind im großen und ganzen gutes, flaches Land mit weiten Stränden. Die warme Atlantikströmung bringt ein mildes Klima wie in Devon mit sich.

Alles ist unendlich fruchtbar. Alle erdenkbaren Saaten gedeihen wunderbar, und die Schafe entwickeln feinste Felle. Als Britannien noch ein Mittelmeerklima genoß, könnten die Inseln dank der zusätzlichen Wärme des Golfstroms fast subtropischen Charakter gehabt haben. Noch heute wachsen dort manche Mittelmeerpflanzen, und auf South Uist gab es bis vor kurzem üppige Wälder. Auch Scharen von Vögeln erfreuen sich dieses bevorzugten Klimas, und noch heute ist es eines der keltischsten Gebiete, wo man allgemein die schottische Form von Gälisch spricht. Die berühmten Lieder der Hebriden wurden von Margaret Kennedy-Fraser gesammelt, und auch ihre Harfen- und Dudelsackmusik stand in höchstem Ansehen.

Die Doppelinsel Harris-Lewis ist ein guter Kandidat für das glückliche Land des Gesangs, des Tanzes und des Überflusses, das als das Land der Hyperboräer bekannt ist. Die Griechen wußten davon, und im Sommer bereitete eine Reise dorthin keine besonderen Probleme. Erst als die Phönizier die Säulen des Herakles einnahmen und keinem fremden Schiff mehr die Durchfahrt erlaubten, verblaßten die Erinnerungen an Britannien.

Es kann daher nicht überraschen, daß die Kreise und Steine der Hebriden in ihrer Gesamtheit die bedeutendste Anlage Britanniens darstellen. Eine Gruppe aus nicht weniger als sieben Ringen liegt um den wunderschönen, weiten See Loch Roag, der sich nach Nordwesten erstreckt. Die wichtigste Stätte dieser Gruppe ist die, auf welche man als erste stößt, wenn man sich vom offenen Meer her nähert – Tursachan Callernish mit zwei Kreisen und einer Ellipse, einer Avenue und fünf Orientierungen und einem bemerkenswerten Menhir über einer Grabhöhle. Die anderen sechs liegen in Sichtweite, auf eine Weise, durch die Deklinationen gegeben sind. Es gibt vier Ellipsen und mehrere Linien. Bis heute ist dieses Gebiet nicht exakt vermessen worden.

Die anderen Monumente sind:

(i) *Cnoc Ceann*, eine Ellipse von 75 MY Umfang. Sie enthält den wahrscheinlich höchsten Stein Schottlands, *Clach na Truisel in Barvas* mit den Maßen 19 × 6 × 4 Fuß. Im Zusammenhang mit der Steincleit-Ellipse 1,5 Meilen nördlich zeigt sie vermutlich eine Deklination für den Stern Altair an.

(ii) *Cnoc Fillibhir Bheag*, konzentrische Ellipsen, umgeben von einem Kreis – ein einzigartiges Schema. Die Maße sind Vielfache von 2,5 MY.

(iii) *Ceann Thulabeg*, eine Ellipse mit einem Umfang von 422,6 MY. Eine Orientierung zu einem Stein eines anderen Steinschemas und zu zwei anderen Stätten, also zu insgesamt vier Objekten, zeigt eine sorgfältige Kalenderbeobachtung.

(iv) *Airidh nam Bidearn*, eine Steinanordnung für die Mondbeobachtung.

(v) Steinplatten in einer Position, welche die Beobachtung vier anderer Stätten ermöglicht.

(vi) Ein 10-MY-Steinkreis zwischen iii und iv.

Südlich davon, auf dem übrigen Harris-Lewis bis nach Taranshay hinunter, finden sich kaum Spuren alter Steinkreise. Die einsame, wundervolle Callanishgruppe am Loch Roag wacht über eine lange Vergangenheit. Mehrere Indizien deuten auf ein Alter von etwa 4000 Jahren und eine Datierung um 1800 v. Chr. hin.

Am großen Callernish bilden die *Tursachan*, die Trauernden oder Tänzer, eine Art unregelmäßiges keltisches Kreuz mit ineinandergelegten Kreisen um einen großen Stein. Nähert man sich von der Landseite, so erscheint eine eindrucksvolle Avenue aus etwa 10° nordöstlicher Richtung, mit acht Steinen auf jeder Seite, um die 10 Meter breit. Die Mittellinie läuft auf das Zentrum einer Grabhöhle zu, die offensichtlich einem Häuptling gehörte. Obwohl sie nicht groß ist, scheint sie durch Bodensteine in drei Kammern unterteilt zu sein. Die Avenue ist ein prachtvoller Zugang zu diesem Grab, der über offenes, ansteigendes Gelände führt. Irgendein ritueller Tanz scheint hier dargestellt zu sein.

Die Verlängerung der Mittellinie gibt eine exakte Mondbeobachtungslinie Richtung Süden, während sie im Norden auf den aufgehenden Stern Capella zu zeigen scheint. Auch dies spricht für eine Datierung um 1800 v. Chr.

Der große Ring (von Thom als ›Typ A‹ eingestuft) hat dreizehn Steine, wobei zweimal offenbar absichtsvoll Steine als Paare angeordnet sind. Von Osten aus betrachtet bildet eines davon ein Tor zu dieser mächtigen Gruft, wobei der Geist des Häuptlings offensichtlich den einzelnen großen Menhir westlich der Mitte bewohnt. Dahinter bildet ein weiter auseinander stehendes Steinpaar ein liebliches Bild mit einem Hügel und dem Meer im Hintergrund. Der Menhir scheint nach Osten auf den Begräbnisplatz hinabzuschauen.

In östlicher und westlicher Richtung liegen jeweils vier Steine, wie Querschiffe; ursprünglich könnten es auch jeweils sechs gewesen sein. Sie erweitern das Schema und

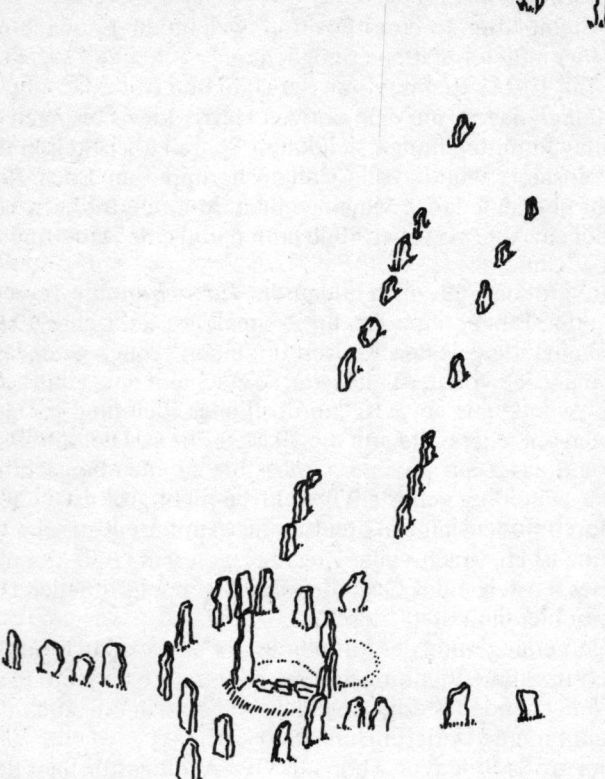

Tursachan, Callanish

setzen es mit der Landschaft in Beziehung; sie befragen Himmel und Meer. Um die Zeit der Tagundnachtgleichen führen sie entlang der Sonnenbahn hinauf und hinunter.

Nun könnten einem noch zwei andere Schemata auffallen, wenn man ein Auge fürs Detail hat: Nördlich der Grabhöhle liegt ein recht gedrängter Kreisbogen aus kleinen Steinen, die vermutlich einmal einen Vollkreis von 23 Fuß Durchmesser bildeten. Thom stellte fest, daß ihr Mittelpunkt auf der Mittellinie der breiten Avenue liegt. Diese Achse schneidet auch die durch die Steinreihen nach Westen und Osten bestimmte Linie in einem signifikanten Punkt, den er ›C‹ nannte, auf dem die Achse einer weiteren Formation konvergiert, einer nordöstlich orientierten Ellipse, dargestellt durch eine Reihe kleiner Steine, die man erst entdeckte, als man im letzten Jahrhundert die Torfdecke abtrug. Die Ellipse basiert auf dem pythagoräischen Dreieck der Proportion 3-4-5, wobei die Achsen 4 und 5 MY messen. Die Hauptachse zeigt zur Sommersonnenwende. Die Ausrichtung nach Westen zeigt präzise zu den Sonnenuntergängen der beiden Tagundnachtgleichen; nach Osten hin ist der Aufgang des Sterns Altair um 1800 v. Chr. markiert.

Direkt nach Süden verläuft eine Reihe von 6 Steinen, deren Achse den Hügel zum Meer hin trifft, den Cnoc na Tursa. Wiederum ist denkbar, daß hier einmal 12 Steine gestanden haben könnten.

Die Gesamtlänge des Tempelgrundes beträgt etwa 400 Fuß. Von der Hügelkuppe aus genießt man einen weiten Blick übers Meer, mit den Gestaden des Loch Roag in einiger Entfernung im Süden und der Kette von Buchten zwischen den Landzungen als prächtige Aussicht nach Osten. Von hier aus sieht man auch das Muster der 47 Steine von Callernish am besten: das gebogene Kreuz des größeren Monuments und weiter östlich die kleineren Formen.

Die Numerologie der Steine, wie wir sie heute sehen, ist eindeutig zweierlei Ursprungs. Der Sonnenkult zeigt sich in den Nordost- und Südostlinien, mit den dem Typ nach jüngeren Zahlen 6 und 12. Die 13 Steine des Hauptrings sind dagegen vom Mond geprägt, ebenso wie der nach Westen orientierte Plan der Grabhöhle.

Die 13 Steine des Mutterkreises sind sorgfältig verteilt und fest verankert. Sie sind gespalten, ansonsten aber unbehauen – im Gegensatz zum Beispiel zu den Steinen des Garyharmine-Kreises. Der große Stein des Vater-/Häuptlingsprinzips erhebt sich innerhalb des weiblichen Mondkreises, eine Art *lingam-yoni*-Verbindung, die an den Heol-Stein in Stonehenge erinnert.

Die ersten Siedler hier gehörten zu einer kleinen, langköpfigen Mittelmeerrasse. Sie waren es, die diese intelligente Huldigung an die westliche Große Mutter errichteten, vielleicht mit einer Geburtskammer der Initiation anstelle der Grabhöhle. Dann landete eine größere Seefahrerrasse mit Langbooten, Sonnenkreisen und Vatersteinen. Sie übernahmen die Vorstellungen des kleinen Volkes und paßten sie den ihren an. Die Vereinigung von zwei Kulturen ist hier wohl ebenso deutlich wie in Stonehenge, wenn man danach sucht.

Der Vaterstein und die östlichen und westlichen Steinanordnungen haben Callernish bereichert. Die Strenge des protestantischen Schottland ließ nicht zu, daß man die Steine als Tänzer sah – nur als ›falsche Menschen‹ – *Na Fir Bhreige*. Das Hauptmonument von Callernish wird richtig als eine Trauergemeinde betrachtet, doch früher gab es bei Totenwachen Tänze, eine Tradition, die auch in frühen katholischen Kreisen aufrechterhalten wurde.

Gab es hier einen Apollokult? Wo war der ›Rundtempel der Flügel‹? Flügel und Kreise gab es hier genug. Scharten sich die Vögel um den Kreis? Von wo sind die – ziemlich persisch anmutenden – Hekatomben wilder Esel hierhergelangt?

Das Häuptlingsprinzip scheint hier unangefochtener zu herrschen als anderswo, vielleicht mit Ausnahme von Rollright mit seinem Königsstein (der, wie zu bemerken ist, ebenfalls auf Capella zeigt). Die absolute Natur der Eins überragt die komplexe Initiationskammer oder -höhle, zwei Ringe und eine Ellipse und die exakt ausgerichteten Steinreihen. Nimmt man die anderen sechs Anordnungen hinzu, so sehen wir hier die Werkzeuge so komplexer Rituale wie in Stonehenge, mit einer Zugangsavenue für Sänger, Tänzer und Musikanten. Und ringsum das Meer, aus dem die Einwanderer auftauchten, auf dem sie sich frei bewegten – ihr vertrautes Meer.

Callernish ist das denkbar klarste Beispiel für die Vermessungskünste, über die unsere Vorfahren verfügten, als sie hier ankamen, direkt oder auf Umwegen aus dem Reifungsraum der Kultur in Syrien, etwa zur Zeit der israelitischen Patriarchen. Nach einer Legende heiratete die Tochter des letzten Königs von Juda einen Häuptlingskönig von Schottland und bewahrte so die geheiligte Dynastie, indem sie sie nach Britannien transportierte. Vielleicht war dies Wunschdenken eines Chronisten, doch auf den äußeren Inseln findet sich tatsächlich etwas von der Würde der Propheten und Patriarchen. Man denke an den größten der Steine, *Clach na Truiseil*, der in einsamer Pracht übers Meer blickt.

## VII. Das Iona der Taube:
## Die Vereinigung von Christen und Druiden

I, Ia = Land der I, die Insel oder *Inis*; auch die Familie mit Namen I.

Dûn I = der Inselberg oder die Insel selbst.

Icolmcill = die Insel der Taube (*Colm*) der Kirche (*Cill*), also von St. Colmcille.

Reilig Odhrain = die Grabstätte des Klans I, zu dem der Name Oran gehört, und dann der Häuptlinge und ersten Könige, 48 Schotten, 4 Iren und 7 Norweger.

Insel der Heilung; Insel der geschickten Handwerker; Insel der Druiden.

> »Wo ist Duncans Leichnam?« – »In Colme-Kill,
> dem heiligen Lager seiner Vorfahren,
> der Hüterin ihrer Gebeine.«
>
> *Macbeth*, II, 4

Es bestand immer eine mystisch-physische Einheit zwischen Eire und einem Teil der schottischen Westküste, besonders Iona, verbunden durch metamorphischen Fels, lange bevor das Leben begann. Die Verbindung ist von bemerkenswerter

Dauerhaftigkeit. In Irland findet man Ionas schimmernde Muschelstrände in Glencolumcille wieder – an beiden Orten herrscht dasselbe sonderbare Gefühl der Zeitlosigkeit und zugleich des Wissens um ferne Ereignisse. Es hat keinen Sinn, Zeitungen nach Iona zu bringen, denn was geschieht, ist dort gewöhnlich längst bekannt.

Dûn I ist die absolute Verkörperung der heiligen Insel, in ihrer Isolation wie auch in ihrer magischen Verbindung. Hier gibt es Feenhügel und Jungbrunnen ebenso wie die Zelle und den Fluchtturm. Der runde Grundriß der Steinhütten ist so druidisch wie christlich. Verschmolzen durch den gälischen Geist scheinen zwei Wertsysteme zu einem geworden zu sein.

Auf theologischem Feld sollte die Harmonie nicht von Dauer sein. In einer Sprache maßloser Gewalt verurteilte ein offizielleres Christentum im dreizehnten Jahrhundert alle druidischen Bräuche und verfolgte und tötete jene, die anderen Ideen anhingen als denen Roms. Dennoch überlebte die griechisch-keltische Form des Christentums in Schottland vielleicht länger als irgendwo sonst, denn sechs Jahrhunderte lang konnte Rom dort nicht durchsetzen, was die Kirche für Recht und Ordnung hielt. Sechs Jahrhunderte sind eine lange Zeit, lange genug, um im Denken der Menschen einen dauerhaften Eindruck zu hinterlassen. Und dieser Eindruck ist, wie in der Bretagne, druidischer Natur, voller Leben und Empfindsamkeit, dabei ernsthaft und visionär.

Nur zwei Zentren kann man sich für eine neue keltische Einheit vorstellen: die Isle of Man, in der Mitte der keltisch-kymrischen See und der skandinavischen Hegemonie, und Iona, ebenfalls zentral gelegen, doch näher am ausgedehnten schottischen Raum. Die Isle of Man war bereits einmal ein praktisches politisches Zentrum und könnte wieder zu einem solchen werden, doch es ist keine Frage, daß Iona, Dûn I von Columcille, größere spirituelle Kraft besitzt, damals wie heute. Jahrhundertelang war sie ein leuchtendes Bollwerk der Zivilisation und der Weisheit. Nicht nur Shakespeare kannte sie – in der Zeit von James VI. und Elizabeth I. genoß die Insel allgemeines Ansehen –, auch Samuel Johnson wurde vom rührigen Boswell, der ihm die Pracht seiner heimatlichen Heide zeigen wollte, dorthin geführt. Ihr Ruhm in Schottland war stets ungemindert; sie war immer ein Ort, den man besuchte und wo man verweilte.

Es gibt bestimmte Gegenden auf der Erde, wo der Geist hinter dem Sichtbaren näher zu sein scheint, wo man eine Kraft hervorquellen spürt, wo die Wände des Materiellen dünner zu sein scheinen – man kann es ausdrücken, wie man will, jedenfalls ist Iona einer dieser Orte. Die Atmosphäre ist nur mit der von Glastonbury oder dem Jordantal vergleichbar, und auf Iona existiert sie auf einer höheren Ebene. Man möchte meinen, die Ereignisse an einem Ort würden sich aus dieser Atmosphäre auskristallisieren, wie es am Jordan geschehen zu sein scheint. Man könnte dabei an den reinen kristallinen Stein denken, der Eire, Iona und die kaledonischen Gebiete verbindet.

Die kleine Insel ist seit langem ein mystisches Zentrum voller neolithischer und Bronzezeitrelikte, an einem Ende des Mull mit seinen druidischen Kreisen. Religion war hier nichts Neues, und Columcille war nicht der erste Missionar – das war Palladius, und dann ließ sich, bereits im vierten Jahrhundert, St. Ninian von Candida Casa (Weißdorn) hier nieder.

Der Wolf, wie Columcille zunächst genannt wurde, war 521 in Donegal geboren worden. Sein Vater war der Enkel des berühmten Niall von den Neun Geiseln, Hochkönig von 379 bis 405, der rund um die Küsten eine Schreckensherrschaft ausgeübt hatte. Seine Mutter, Eithne, war ebenfalls königlichen Geblüts. Sie hatte eine Vision von der Macht ihres Sohnes, in der sie sah, wie ein Engel ihr eine wunderschöne Robe von den Schultern nahm und damit ein riesiges Gebiet einschließlich Alban, wie Schottland damals genannt wurde, bedeckte.

»Warum entreißt du mir so rasch diesen herrlichen Mantel?«
»Weil dieser Mantel einem so Großen und Ehrwürdigen gehört, daß du ihn nicht länger tragen kannst.«

Columcille wurde unter Finian von Moville ausgebildet und studierte dann in Leinster keltische Literatur. Nach seiner Weihe in der Nähe von Dublin gründete er 545 ein Kloster in Derry, dessen Abt er wurde, wie es sich für einen Adligen gehörte. Er predigte, gründete an die 300 Kirchen und weitere Klöster, darunter Durrow und Kells. Doch er war eine bei weitem bedeutendere historische Figur als der einfache Missionar, als der er oft dargestellt wird. In seine Zeit fällt die Besiedlung Schottlands durch die Scoti, die Entstehung eines Königreichs aus zwei Völkern mit einem Zentrum und die Schaffung einer zivilisierten Tradition, der Tradition Ionas.

Columcille zählte zur Rasse der Eroberer. Er hätte selbst König sein können, statt nur Könige zu krönen. Zu Anfang hatte er ein grausames, anmaßendes Wesen. Bevor er Columcille wurde, die Taube der Kirche, war er Crimthan, der Wolf, und hätte Anrecht auf das Hochkönigtum von Tara gehabt, wie seine Vorfahren, wenn er sich nicht für die Kirche entschieden hätte. Das schottische Dalriada war ein ungezähmtes piktisches Gebiet, mehr oder weniger identisch mit dem heutigen Argyllshire, das seine adligen Verwandten seit etwa 500 als eine Ausweitung des irischen Dalriada (Antrim) zu erobern begonnen hatten. Von Küste zu Küste sind es schließlich nur 12 Meilen. Zuerst konnten sie ohne große Probleme siedeln und die heidnischen Pikten praktisch zu Sklaven machen, doch dann sammelte sich jenes gefürchtete Volk, das zuvor wesentlich dazu beigetragen hatte, daß die Römer aus großen Teilen Nordbritanniens vertrieben wurden, unter dem Kriegerkönig Brude und fügte den irischen Schotten im Jahre 560 eine katastrophale Niederlage zu, in der ihr König, Columcilles Verwandter, ums Leben kam. Dies scheint die Herausforderung gewesen zu sein, die Columcille zu dem Entschluß brachte, das Gebiet als Siedlermissionar zu zivilisieren und die Völker zu vereinigen – und natürlich die Souveränität seiner eigenen Rasse, der christlichen Scoti, wiederherzustellen.

In der üblichen Geschichte wird dies jedoch nicht als sein Motiv genannt. Columcille war ein kunstfertiger Schreiber und Gestalter von Büchern, und mehrere seiner Manuskripte scheinen bis heute überlebt zu haben. So kopierte er das Werk seines Paten St. Finian von Moville, der nicht mehr lebte, doch der Eigentümer forderte ihn zur Herausgabe der Kopie auf und beanspruchte, was wir heute als Urheberrecht bezeichnen würden. Die Rechtslage war jedoch unklar, und Columcille betrachtete seine Kopie als sein Eigentum. Als Diarmid, der Hochkönig von Tara, das Recht des Eigentümers aufrechterhielt – mit den Worten »jeder Kuh gehört ihr Kalb« –, stachelte Columcille seinen Klan, die Neills, an, gegen Diarmid in den Kampf zu ziehen. Es folgte ein großes Gemetzel, die ›Schlacht der Bücher‹, und eine Synode exkommunizierte Columcille als den Hauptverantwortlichen in der Affäre. Er und seine Freunde erreichten dann, daß das Urteil in eine Verbannung abgeändert wurde, mit der Auflage, daß er Buße täte, indem er außerhalb Irlands Seelen für Christus gewann.

563 machte er sich also mit 12 Mönchen von Derry aus auf den Weg, wobei auch die Küste und das Gebiet, das nach ihm Glencolumcille genannt wird, den Anspruch erhebt, der Ort seines Aufbruchs zu sein. Nachdem sie verschiedene Landeplätze versucht hatten, landeten sie mit ihrem Korakel schließlich auf dem strahlenden Sandhufeisen, das heute ›die Bucht des Korakels‹ heißt, *Port a Churaich*. Eine Gruppe von Hochdruiden, in dem Bericht als zwei böse Bischöfe mit Mitren aus Fischköpfen dargestellt, hieß sie willkommen und bot ihnen anscheinend die Nutzung eines Halbkreises ihrer Hütten an, die *Laraichean* oder Ruinen, die leicht zu verteidigen waren. Solch ein Angebot, das sechs oder sieben Steinfundamente für Reethütten und einen Brunnen umfaßte, kam den Missionaren wohl sehr gelegen.

Es scheint außer Frage zu stehen, daß Dûn I eine Druidenhochburg war. In der Nähe der Bucht der Jugend am anderen Strand liegen die Reste eines Steinrings, den spätere Christen niedergerissen haben. Andere Stellen mit Grundmauern von Gebäuden sind der Garten des Jungen Hektor, *Garadh Eachainn Oig*, am Ende des Meeresarms, und weiter östlich *Port Goirtein Oimhair*, die Bucht von Ivors Heimstätte. Beides könnte die Siedlung gewesen sein. Die kleine Insel besaß nicht weniger als 360 Menhire, sicherlich ein weiteres Zeichen ihres religiösen Status, doch fast alle sind inzwischen verschwunden.

Columcille gehörte fast sicher dem bardischen Orden an, und mindestens einer seiner Begleiter, Oran, war ein Druide, so daß das Angebot der ›bösen Bischöfe‹ ganz natürlich war. Nicht nur hier, sondern auch im Falle der späteren Abtei hat

Columcille druidische Stätten übernommen. Columcilles Christentum war von ganz besonderer, keltischer und recht individueller Art. Seine Siedlung bestand aus einer Gruppe von Rundhütten mit einer größeren Hütte etwas abseits für den Abt, einem Refektorium mit einem großen traditionellen Stein und einer Feuerstelle, einer aus Eichenholz gebauten Kirche mit Sakristei, einer Mühle, einer Scheune, einem Pferdestall (Columcille ritt ein weißes Roß), einem Brunnen und ringsum einem Wall mit Graben. Später entstanden dann verstreute, mehr oder weniger entfernte Hütten, sogenannte *Deserts*, wohin sich die, welche als Eremiten leben wollten, für eine Zeit oder für immer zurückziehen konnten.

Die Aufzeichnungen zeigen von Anfang an einen Widerspruch. Die Grabzone, die zuerst auf der Spitze eines nahen Hügels lag, jedoch später nach innerhalb der Mauern verlegt wurde, bekannt als *Reilig Odhrain*, Orans Grabstätte, war in Wirklichkeit der Friedhof der Familie Hy, deren Namen, einschließlich Oran, schon 15 Jahre vor jeder christlichen Ansiedlung auftauchen. Dieses ganze Oran-Element könnte also durchaus druidisch sein. Die Motive, mit denen die außerordentliche Geschichte des Oran ausgeschmückt ist, verschließen sich jeder Analyse. Warum sollte Columcille erzählt bekommen, sein Unternehmen könne keinen Erfolg haben, wenn er nicht jemanden lebendig als Opfer begraben würde? Würde er das getan haben? Es wird überliefert, daß Oran sich selbst für dieses Opfer zur Verfügung stellte und aufrecht stehend in seiner Kutte begraben wurde. Nach drei Tagen ließ Columcille ihn wieder ausgraben, um zu sehen, wie es ihm ging, worauf Oran christlichen Glaubenssätzen widersprach: »Der Tod ist kein Wunder, und die Hölle ist nicht, wie sie beschrieben wird.« Die Taube der Kirche rief darauf aus: »Erde auf Orans Augen, damit er nicht weiterplappert!« Der Wolf Crimthan scheint in dieser Geschichte wieder zum Leben erwacht zu sein.

Es scheint sich hier zu zeigen, daß man meinte, die Druiden wüßten mehr über das Leben nach dem Tode als die Christen, und wenn Oran ein Anhänger der üblichen druidischen Anschauung von der Seelenwanderung von Leben zu Leben war, dann würde es nicht wundern, daß er die Hölle nicht akzeptieren konnte, die damals wie später ein zentrales Angstbild der christlichen Religion war. Fiona Macleod vermutet in der Legende ein symbolisches Überleben, durch das ein elementares Geheimnis in Form eines Opferrituals gelehrt wird.

Akzeptiert man seine Zelle auf dem als *Tor Ab*, dem Turm oder Refugium, bekannten Hügel unmittelbar westlich der heutigen Abteikirche, als nachgewiesen, dann achtete Columcille auf feinste Nuancen der Orientierung, von denen hier drei vorhanden sind: Traditionell ist der Osten zu jeder Jahreszeit ein Ort des Gleichgewichts, der spirituellen Einsicht, der Urteilskraft und Kontrolle; der Südosten, wo sich die Wiedergeburt der Sonne im Mittwinter vollzieht, gehört zur Mutter; und der Nordosten ist der Ort maximaler Sonnenkraft und damit der höchsten Erleuchtung und Macht. Die Linie von der Mitte der Zelle zur Mitte ihres Eingangs zeigt genau nach Osten, von wo der Bewohner Einsicht und Urteilskraft bezieht; die Achsenrichtung der Abtei (wahrscheinlich heute wie damals) zeigt in südöstliche Richtung, da eine Kirche stets eine Mutter ist, die ihren in der Taufe Neugeborenen Schutz bietet; und die Richtung des Lochs, in dem das hohe Kruzifix gesteckt hat, ist genau nordöstlich, zum Ort der höchsten Inspiration.

Dieses Kreuz hat im Rahmen der damaligen Analogien die vier Symbole des vorchristlichen Ägypten und die vier Evangelisten mit einem Sonnenkreis oder Drachenschwanz zu einem griechisch anmutenden Ganzen verbunden: Markus, ein geflügelter Löwe im heißen Süden; Johannes, der Adler des aufsteigenden Lichts – oder irgendein anderer Vogel –, im Osten; das Schaf, manchmal auch der Fisch des Lukas im wäßrigen, brütenden Westen; und im Norden die materielle Seite, der Mensch, die gar zu irdische Kreatur mit dem Kopf des Matthäus, des Steuereintreibers. War der Stein, der in der Abtei ausgestellt ist, wirklich das Kissen des Heiligen, dann war er noch abgehärteter als die Japaner oder die barfüßigen Karmeliter mit ihren hölzernen Kopfkissen.

Iona war lediglich die Basis; das Ziel war das gesamte Piktenland. Das im Grunde nomadische Wesen der Kelten zeigt sich in den langen, abenteuerlichen Reisen dieser Mönche. Columcille machte sich mit Kenneth und Comgall als Dolmetschern zum Hof des Erzfeindes ihres Volkes auf, zum piktischen König Brude. In Iona mochten die Druiden Columcille freundlich gesinnt gewesen sein, doch das war nicht unbedingt überall so. Auf Anraten des Oberdruiden Broichan verwehrte Brude ihnen den Zutritt, doch sobald sie sich näherten, flogen die verriegelten Tore auf, und sie traten ein. Erschüttert durch dieses Zeichen ließ sich Brude von Columcille bekehren, und nach und nach auch seine Pikten.

Columcille stand immer sowohl für hohe Kultur als auch für politische Ziele: Frieden unter den Stämmen und die Vereinigung unter einem Monarchen. Man schickte stets nach dem prinzlichen Abt, wenn es Dispute beizulegen galt, so daß es nach Brudes Tod ganz natürlich war, daß er dessen Nachfolger Aidan auswählte und auf Iona einsegnete, vielleicht auf dem traditionellen Krönungsstein, der einer der ursprünglichen Schwarzen Steine von Iona sein soll – schwarz nicht wegen seiner Farbe, sondern wegen der gräßlichen Dinge, die denen widerfuhren, die einen Eid brachen, der auf ihn geschworen worden war.

Schließlich kehrte der missionarische Staatsmann anläßlich des Rates von Druimceat im Jahre 575 nach Irland zurück. Dort erreichte er sein Hauptziel, die Unabhängigkeit des Königtums Argyll-Dalriada von Irland. Außerdem wurden die Barden, sein eigener Orden, durch Gesetze geschützt, und die Frauen Irlands wurden vom direkten Militärdienst ausgeschlossen. (Man erinnere sich, daß die berüchtigte Kriegerkönigin Maeve bis zum Alter von 112 Jahren in Kämpfe verwickelt war und erst dann durch einen Pfeil ums Leben kam.)

Würde man die Reisen der Mönche aufzeichnen, würde ihr Netz den größten Teil des Hochlands und Gebiete des Tieflands bedecken. Überall scheinen sie furchtbares Elend, Unwissen und Unterdrückung durch die erobernden Iren vorgefunden zu haben.

Die Reisen keltischer Mönche führten jedoch auch in weitere Ferne zu Orten auf der ganzen Welt. Cormac segelte nach Orkney, zu den Shetlandinseln und wahrscheinlich auch nach Island. Brendan verbrachte den größten Teil seines Lebens auf See und landete wahrscheinlich, wenn man nach der Überlieferung der Neuen Welt geht, sogar an den Küsten Amerikas. Die Legende über seinen Aufenthalt auf einer fernen Insel, die sich dann als der Rücken eines Wales erweist, ist jedoch gewöhnliches Seemannsgarn. Die Verbindung dieser Mönche zu den Druiden war bei den Seeleuten sprichwörtlich: »Der weise Mann hat zwei Pinnen an seinem Ruder: die Kunst der Druiden für glücklichen Wind und den Glauben von Iona, der die Wellen besänftigt.«

Es wurde darauf geachtet, daß aus den verstreuten Einsiedeleien und den diversen Kapellen stets Orationen erklangen. Zu jeder Zeit hielten Mönche Messen ab oder beteten, damit der Rosenkranz der Kommunion mit dem Göttlichen niemals abriß. Ein Visionär wie Blake mochte die spirituelle Gestalt Columcilles in einer nie versiegenden Fontäne des Gebets sehen.

In späteren Jahren kehrte Columcille zu seinen ersten Lieblingstätigkeiten zurück, der Manuskriptillustration und der Poesie. Die beiden Manuskripte, die ihm zugeschrieben werden, sind der *Cathach* (Psalter) und das *Book of Durrow* (die Evangelien). Auch ein halbes Dutzend Gedichte, in Griechisch und in Gälisch, die von ihm zu stammen scheinen, haben überlebt. Er starb gerade zu dem Zeitpunkt, als Augustinus in Kent landete, als Abgesandter Roms und Agent einer auf Disziplin bestehenden, verständnislosen Macht, welche die zarte Blüte der keltischen Kirche schließlich ersticken sollte. Doch überlebte sie in Schottland länger als irgendwo anders.

Offenbar betrachtete Columcille das in seinen Augen Höchste als druidisch und identifizierte es mit Christus, wobei er jeden Aberglauben zurückwies:

> Kein *Streod* kann unsere Zukunft prophezeien,
> kein Vogel auf dem Zweig,
> kein knorriger Eichenstamm ...
> Ich bete nicht an die Stimmen der Vögel,
> noch das Glück, noch die Liebe von Sohn oder Weib –
> mein Druide ist Christus, Gottes Sohn.

Wörtlich lautet die letzte Zeile ›*mo drui, macDé*‹, was nicht nach einer Gegenüberstellung, sondern nach Identifizierung klingt.

Columcille benutzte die keltische Mystik und hob sie auf eine spirituellere Ebene. So besuchte er mit Sicherheit Feen-hügel. *Sithean Mor,* die Große Feenkuppe, ist einer von drei-en auf der Insel und liegt bei dem als *Machair* bekannten fruchtbaren Landstrich. In ihm wohnten die *Sidhe,* sie erhell-ten ihn von innen und ließen Musik aus ihm erklingen. Mön-che sollten nicht die Andachten ihres Abtes ausspionieren, doch einmal beobachtete einer, wie Columcille diesen Hügel erklomm und seine Arme ausbreitete:

Heilige Engel, Bewohner der Himmelslande in weißen Gewän-dern, flogen mit wundersamer Schnelligkeit zu ihm herab und standen um den heiligen Mann, während er betete; nach eini-gen Worten, als ob sie bemerkten, daß sie beobachtet wurden, stob sie davon, die himmlische Schar, zu ihren heimatlichen Höhen.

Adamnan, Life of St. Columcille

Sithean Mor war wahrscheinlich der Ort, wo sich immer am Michaelistag berittene Gruppen trafen, denn Michael ist zu-sammen mit der Mutter Maria und Columcille der große Be-schützer, zu Lande und zu Wasser. Diese Sitte hielt sich bis mindestens ins achtzehnte Jahrhundert.

Iona besitzt viele Brunnen, doch erhalten ist nur der bei der Abtei, der, wie man sagt, Columcille gehörte. Unter einem Nebengipfel des Dûn I liegt ein vollkommen naturbelassener Brunnen, der *Tobar Na h-Aoise,* der Quell oder Brunnen der Jugend. Dorthin hatten sich Pilger allein zu begeben, um den Segen zu empfangen, und es mußte bei Sonnenaufgang sein, wenn der erste Strahl der Sonne den Brunnen streift. Dies muß eine sehr alte Tradition sein.

Stein spielt natürlich eine große Rolle in der Mystik der Insel. Eine große, dunkle, quadratische Steinplatte, die heute noch zu sehen ist, war der Haupttisch des Refektoriums. Der typische Stein Ionas ist, wie schon erwähnt, von unglaubli-chem Alter und großer Härte, im Feuer gestählt vor den An-fängen des Lebens, ein archäischer Marmor. Die Verbindung zu Eire ist nicht nur eine mystische, sondern besteht auch in diesem Fels, der jede Erschütterung aufnimmt und überträgt.

Die Entstehung von Iona ist beinahe schon Teil der Entstehung der Erde selbst ... als die ersten Ozeane sich in den Senken der heißen Oberfläche sammelten. Zu jener Zeit bildeten sich die archäischen Felsen, aus denen Iona und die Äußeren Hebriden bestehen, auf dem Meeresgrund. Sie enthalten keine Fossilien ... da es noch kein Leben gab, als sie entstanden.

E.C. Trenholme, The Story of Iona

Etwas westlich von Monks' Fort lagen (nach der Chronik von 1695) die Schwarzen Steine – Schwursteine großer Heiligkeit und Macht, die jene, die ihren Eid brachen, furchtbar bestraften. Auf einem von ihnen krönte Columcille Aidan, den König von Argyll, den ersten ordentlich eingesegneten König Britanniens. Der Stein, der damals benutzt wurde, ist angeblich der heutige Krönungsstein. Ansonsten sind die Schwarzen Steine alle verschwunden, es sei denn, Columcilles Kissen wäre einer davon. Es gab auch Glückssteine (man rollte drei weiße Kugeln auf einer Steinplatte bei St. Oran's), bis die Synode von Argyll ihre Entfernung befahl. Einige der heiligen Steine der Druiden wurden christianisiert, indem man Kreuze auf ihnen einmeißelte. Die ursprüngliche Anzahl von 360 heiligen Steinen spiegelt sowohl die Zahl der Betten von Diarmid und Grainne in Irland als auch die Zahl der Steine um die Kaaba in Mekka wider.

Die druidischen Anschauungen und Volksbräuche wurden also von den Kelten griechischer Tradition nicht angetastet. Wie die frühen griechischen Christen, so waren auch die Kelten stets auf der Suche nach Harmonie.

Columcilles Geist gehörte immer der Natur. Eines seiner Gedichte beschreibt den Blick von dem Hügel, der den Hafen des Korakel überschaut. Er liebte Vögel, denen er ein großes, jährliches Fest widmete, und Pferde, besonders den Schimmel, der auf den Äckern der Abtei arbeitete. Die Knochen dieses geliebten Tieres wurden sorgfältig aufbewahrt.

Natürlich wurde aus ihm später die Legende einer Macht, hinter welcher der Mann zurücktrat. In seinem Namen konnte Segen gesprochen werden:

Möge Columcille euer Hirte sein,
euch hüten, wohin ihr auch geht,
durch Berg und durch Tal ...

Möge Columcilles Friede mit euch sein auf euren Weiden,
der Friede der Brighid auf euren Weiden,
der Friede Marias auf euren Weiden,
und möget ihr sicher zurückkehren.

Carmina Gaedelica

Sein Wochentag war der Donnerstag:

Der Donnerstag des gütigen Columcille,
der Tag des lammenden Schafes,
der Tag der kalbenden Kuh,
der Tag, den Webstuhl zu rühren.

Carmina Gaedelica

Er war ein freundlicherer Prophet als die älteren. In einer alten gälischen Weissagung heißt es:

Sieben Jahre vor dem Jüngsten Gericht
wird das Meer Eire überfluten
und das blaugrüne Isla;
doch die Insel des Columcille
wird auf den Wogen schwimmen.

Seine eigene Prophezeiung lautet dagegen:

Auf Iona von meinem Herzen, Iona, meiner Liebe
werden einst statt Mönches Stimmen nur Kühe zu hören sein;
doch bis zum Ende der Welt
wird Iona bestehen, wie es war.

Iona und sein keltisches Christentum wurden zu einem Symbol für die Einheit und den nationalen Stolz Schottlands. Kenneth MacAlpine, der erste König eines vereinigten

Schottland, liegt hier begraben, und mit ihm 48 weitere Könige von Schottland, 4 von Irland und 7 von Norwegen, die 1549 in getrennte große Grabfelder gebettet wurden: ›Tumulus Regum Scotiae‹, ›Hiberniae‹ und ›Norwegiae‹. Der letzte dieser Könige war Shakespeares Duncan. Noch heute sind diese Gräber auf unheimliche Weise eindrucksvoll.

Durch ständige Überfälle wurden Mönche getötet, Gebäude zerstört und das organisierte Leben auf Iona unterbrochen, doch der schöpferische Geist des Ortes sorgte immer wieder für Erneuerungen. Die bedeutendste war die Wiedergeburt der Abtei als benediktinische Gründung im Jahre 1200, zusammen mit einem augustinischen Nonnenkloster, die jedoch zugleich das Ende der keltischen Kirche markierten. Von 1499 bis 1578 war die Abteikirche eine Kathedrale. 1615 wurde sie dem protestantischen Bistum der Inseln einverleibt. In jüngerer Zeit vermachte sie der Herzog von Argyll der presbyterianischen Kirche von Schottland, und 1930 gründete George McLeod dort die Ionagemeinde. Der Zauber wirkte also, auf die eine oder andere Weise, durch die Jahrhunderte fort. Immer ging von Iona religiöses Führertum aus.

Auch die Magie der riesigen Staffaformation, der ›*Staves*‹ oder Basaltsäulen der Küstenhöhle, wahrscheinlich einer druidischen Initiationsstätte, war stets zu spüren. Sie regte Keats, der Iona sonst nicht erwähnt hat, zu einem Gedicht an und animierte Mendelssohn zu großartiger Musik. Seine Schwester bat ihn einmal, ihr über die Hebriden zu erzählen, und er antwortete: »Das kann nicht erzählt werden, nur gespielt.« Und dann spielte er das Thema, aus dem später die Hebridenouvertüre wurde.

Ionas bedeutendste literarische Würdigung wurde 1773 von dem großen Dr. Samuel Johnson verfaßt. Wenn auch wohlbekannt, ist sie immer noch wert, in voller Länge zitiert zu werden:

Wir wandelten nun auf jener berühmten Insel, die einst das Licht der kaledonischen Lande war, von wo aus wilden Klans und umherziehenden Barbaren die Wohltaten des Wissens und die Segnungen der Religion zuteil wurden. Das Empfinden des Ortes zu verdrängen wäre närrisch, selbst wenn es möglich wäre. Was immer uns der Macht der Sinne entreißt, was immer die ferne Vergangenheit oder die Zukunft über die Gegenwart herrschen läßt, dient unserer Würde als denkende Wesen. Fern von mir und meinen Freunden sei solch kalte Philosophie, die uns gleichgültig und unbewegt über einen Grund schreiten ließe, der durch Weisheit, Tapferkeit und Tugend geehrt worden ist. Nicht zu beneiden ist der Mensch, dessen Patriotismus nicht gestärkt würde auf dem Felde von Marathon oder dessen Frömmigkeit nicht erwärmt würde zwischen den Ruinen von Iona.

*Journey through the Western Highlands*

Der letzte Eindruck sollte nicht der Vergangenheit gehören, wie großartig sie auch sein mag, sondern der intensiven Lebendigkeit dieses typisch keltischen Landes, und stammt aus der Feder Fiona Macleods:

… Hier auf dem Hange des Dûn I klingt die verstohlene Welle wie das Seufzen der Muschel. Allein bin ich zwischen Himmel und Meer – nichts als ein einsamer, blauer Schatten, der langsam über den Hügel segelt. Das Blöken der Lämmer und Schafe, das Muhen der Rinder hallt von Machair empor … wie ein Dunst von Klang … Rings um die Insel ist ständiges Atmen … Die Robben auf Soa stemmen ihre Körper gegen die steigende Flut; Flossen blitzen auf, hier und da im Norden des Sunds und dort, auf den rötlichen Klippen des Ross, haben sich Seevögel versammelt, Tölpel und Lummen, Skuas und Silbermöwen, der langhalsige Steißfuß, die Meerschwalbe und der Kormoran. In der Sonnenglut wiegen die Wasser des Sunds ihre blauen Körper und wirbeln ihr blitzendes, weißes Schaumhaar … wie Kinder des Winds und des Sonnenscheins, rennend und springend auf ihren nassen Wiesen …

*Iona*

Jedes der Zentren neolithischer Druidenaktivität, die wir zu beschreiben versucht haben, hinterläßt seinen eigenen, besonderen Eindruck. Auf Iona verleiht die natürliche Elektrizität der Steine, zuerst bestimmt durch druidische Nutzung, in Verbindung mit dem Wirken zielstrebiger Menschen über viele Jahrhunderte der psychischen Qualität eine eigene Prägung: eine Leichtigkeit und Universalität, ganz anders als zum Beispiel die neutrale, gewichtige Kraft, die man in Glastonbury spürt, oder das Empfinden frenetischer Aktivität bei den *Merry Maidens*. Dies können nur Andeutungen sein, denn die Worte existieren nicht, mit denen man solche Unterschiede angemessen beschreiben könnte.

## VIII. Die Tempel der Großen Mutter an der Boyne

New Grange: Grainne (gesprochen ›Gronnje‹), die Sonnenmutter.
Bruagh na Boinne: der Palast oder die Siedlung an der Boyne.
Cashel Aenghus: das Heim des Aenghus mac-in-da-Og.
Dowth oder Dubadh: die Duma des Knochenhügels.
Knowth: die Duma des *Mound of Tresc*; auch Cnoc Bua, das Grab des Bua.
Diese haben Winkelausrichtungen mit:
Tailtin oder Teltown: der Grabhügel von Tailte.
Tara, Termuir oder Teamhair: ›Höhe‹; Sitz der *Bell-Branch*-Könige von ganz Irland; könnte auch ›Ort des Stiers‹ bedeuten, wie im gallischen Taranus.

### Das Land an der Boyne

*Bruagh-na-Boyne* ist die Siedlung oder das Haus an der Boyne, Boinne oder, als Göttin, Boanna. Es ist der östliche Teil eines größeren Gebietes. Weiter westlich liegt *Sliabh-na-Caillighe*, der Hexenberg, der Ort des Trios Banba-Fohla-Eire mit all ihren Mythen. In ihrer Eireform heiratete diese Dreiergottheit Lugh in Tailteann (Tailtin) oder Tailte. Das Hochsommerfest Anfang August, Lughnasad oder Lammas, ist ihr Hochzeitsjubiläum. Sie ist seine Schwester und Braut: Schwester als Mitglied der Götterfamilie, Jungfrau als Erde, die stets jungfräulich bleibt, da sie im Bad des Winters ihre Reinheit wiederherstellt. Als mystische Braut des Lichtgottes bewirkt sie die Fruchtbarkeit aller Dinge. Sie hat drei Gestalten: als Eire, die Braut, als Fohla, die reife Mutter, und als Banbha, die finstere Alte.

Diese Gestalten sind in drei Hauptbergen Eires repräsentiert. Die verführerische, trickreiche Form der jungen Göttin ist Grainne, die Diarmid auf solch katastrophale Abwege führt, wobei sich der Höhepunkt der Tragödie auf Ben Bulben abspielt. Brighid, die Gefährtin, Patronin der Künste und Mutter, Amme des Jesuskindes und Seelenfreundin des Padraic, wohnt am Mount Croaghpadraic. Die Form der ›alten Hexe‹ wird schließlich in Maeve (Medbh) sichtbar, der kämpferischen Königin von Connaught, die bis zum Alter von 112 Jahren von Knocknarea aus herrschte.

Diarmid hatte das Samenkorn der Liebe in sich. Er ist der Günstling des großen Gottes Aenghus Og, dem das größte Heiligtum, Bruagh-na-Boyne, die Burg oder Zuflucht am heiligen Fluß, gehört. Ihm verfällt jede Frau, weshalb es sein Schicksal zu sein scheint, von einer Göttin entführt zu werden und so dem Göttlichen zu begegnen. Seine Liebe bedrängte die Menschenliebe, und deshalb muß ihm eine göttliche Liebe aufgezwungen werden – was ihm fast als Bestrafung erscheint. Er sträubt sich dagegen, protestiert und versagt sich, und so kommt es zu einer Jagd durch die Jahre, jeden Tag ...

Die Nächte gehören den alten Vorbereitungsritualen für die Initiation, in den Dolmen, die wahrscheinlich jeder Mann für sich als seinen Wiedergeburtstempel in den Hügeln und Bergen des Westens errichtet hat, dem Einzugsgebiet der Boyne. Niemand konnte je den Überfluß an Dolmen hier und anderswo erklären. In Legenden wurden aus diesen Stätten der Vision und Verwandlung ›Betten‹ im Sinne von ›Ehebetten‹, doch dieser Ausdruck könnte auch eine tiefere Bedeutung tragen. Ein ›Bett des Diarmid und der Grainne‹ könnte die Schlafstatt sein, auf der dem pilgernden Diarmid allnächtlich die heilige Vision der Göttin erscheint, um ihn zu lehren. Sie war es schließlich, die ihn in die Wildnis geführt hatte.

Was er – oder sie – hinter sich ließ, war die konventionelle Vorstellung vom Krieger als einem, der wilde Feste und Hochzeiten feierte, den Materialismus des ältlichen Finn. Er war ordentlich verheiratet und selbstgerecht, und dann ganz konventionell eifersüchtig und rachsüchtig; er dachte, die Rache würde wirklich süß sein, doch das war sie nicht, kann es niemals sein. Er mußte ein anderes Prinzip begreifen: daß der Tod das Leben lehren kann. Grainne tauchte unbeschadet wieder als Finns Gattin auf, nachdem sie ihm eine Lektion erteilt hatte. Sie ist alterslos wie Helena von Troja, die nach mindestens zehn Jahren fröhlich und faltenlos zu Menelaos zurückkehrt. Man hat schon gemutmaßt, es könnte sich bei ihr in Wirklichkeit um eine kostbare Kultstatue gehandelt haben. Grainne ist unter den Feniern als unwürdig verrufen, und wir wissen nicht, wie sie darauf reagiert hat. Vielleicht hatte sie als Sonnengöttin einen natürlichen Rhythmus von Finsternissen.

Mit dieser Legende kommen wir zum Ende der langen Saga der Fenier, ihrer Kriege und Raubzüge. Der braune Stier, der schwarze Stier und bestimmte besondere Kühe waren vermutlich die Ursache der epischen Kriege zwischen Connacht und Ulster, mit der alten Königin Maeve auf der einen Seite und Cúchulainn an der Spitze der mit einer eigenartigen Impotenz geschlagenen Männer von Ulster auf der anderen.

## Eire als Erdmutter

Der ursprünglichen Erdmutter gehören eine Insel in der Bantry Bay und ein Hügel hinter den Zwölf Bens. Sie sprang auf die Lochcrewhügel und ließ Felsen aus ihrer Schürze fallen, aus denen dann Monolithe und Kreise wurden, so wie der Teufel die Steine von Stonehenge zur Erde fallen ließ. Oder sie verwandelt Menschen in ›tanzende‹ Steine. Auf dem Hexenberg steht Cailliagh Durras Haus, ein Megalith, und das ›Hexenbett‹ findet sich in der Nähe von Monasterboice.

Die Erdmutter verwandelte sich hauptsächlich in Beara, eine der Verunglimpfungen, die das Christentum mit sich brachte. Aus der unangenehmsten Form des ursprünglichen Trios wurden die drei Hexen Babh, Aine und Beara. Babh, die Kriegsspezialistin, spaltete sich in ein noch abscheulicheres Dreigestirn – Neman, Macha und die blutige Morrigan, die sich von Leichen ernährt und Gedärme spinnt. Wenn also jede der drei ursprünglichen Formen drei weitere gebiert und diese wiederum das gleiche tun, dann sollte es $3 \times 3 \times 3 = 27$ Formen der Göttin geben; doch die neun, die wir kennen, scheinen schon genug.

In jedem der Trios stellt eine die Jugend dar, eine die Mutterschaft und eine das Alter, und da die drei eins sind, ist zu erwarten, daß Beara ihre Jugend erneuert und aus dem alten Mond der neue wird, der sich dann wieder füllt. Siebenmal, das heißt im magischen Sinne unendlich oft, wird sie wieder jung, und dann wird sie umgetauft, legt den Schleier an und stirbt, wie die Schwanenkinder des Lir. Sie gehört zu den Stämmen, denn ihre Kinder sind Stämme und Rassen. Sie gehört zum Meer, da sie etwas von Aphrodite an sich hat. Man hört ihre Stimme in rauschendem Wasser und sieht ihr Gesicht, wenn man in Teiche blickt. Als ›Jungfrau‹ oder ›Großmutter‹ gehört sie zur Ernte und versteckt sich in der letzten Garbe.

Wenn diese Große Mutter so allgegenwärtig war, was ist dann mit ihrem Gatten? Läßt man ihren menschlichen Geliebten Diarmid einmal außer acht, dann handelt es sich wohl um Lugaidh oder Lugh, der in ganz Europa erscheint. Er ist der Lud von Ludgate Hill, der Lug des lateinischen *Lugdunum*, was der Name mehrerer römischer Städte ist; er ist Lugaidh, anscheinend derselbe *Dispater*, der Gott der Toten, den die Römer als Merkur kannten. Er ist die Kraft des Lichts und zugleich der Dunkelheit, und da er der Führer der Seelen ist, Merkur, die Gottheit der Unterwelt, scheinen diese stückhaften Beschreibungen auf eine Gottheit der Wiedergeburt hinzuweisen. Denn Cäsar und alle anderen haben berichtet, daß die Kelten auf sehr praktische Weise an Seelenwanderung glaubten. Was kann dann bei einem solchen Volk der Gott der Toten anderes sein als zugleich der Gott der Wiedergeburt? Eine solche Gottheit würde natürlich als eine des Lichts und der Finsternis charakterisiert.

Gewöhnlich wird er jedoch einfach als Licht aufgefaßt.[93] Er wohnt auf den großen Hügeln. Er beherrscht sowohl Paris (Montmartre, Hügel des Merkur) als auch London (Ludgate). Hier an der Boyne liegt das ›Grab‹ des Lugh, was wahrscheinlich nur Tempel bedeutet, ein Dolmen mit einem Steinkreis auf Kileen Hill in Louth mit, wie man sagt, eingeritzten Gravuren wie in New Grange. Weiter im Süden, in den Wicklow-bergen, befindet sich das ›Bett‹ des Lugh, ein Berg namens Lughnaquilla.

Dies sind also die zentralen Figuren, Juno und Jupiter der Götterrasse der Tuatha dé Danann, wobei der Liebesgott Aenghus der göttliche Sohn ist, dessen ›Haus‹ oder *Cashel* der große Tempel ist.

Im Bruaghgebiet selbst finden wir ein großes Dreieck megalithischer Grabhügel mit Kammern, eine deutliche Orientierungslinie und zahlreiche andere bedeutende Überreste. Nicht weit entfernt im Südwesten liegt Tara mit seiner berühmten Halle und Krönungsstätte, das, wie man heute weiß, ebenfalls neolithischen Ursprungs ist. Westlich davon haben wir Tailte, wo Lugh sich mit Eire verehelicht und wo auch die Begräbnisspiele für Lughs Gattin oder Amme stattgefunden haben sollen, wenn man dem *Book of Ballymote* glaubt. Es befindet sich genau auf demselben Breitengrad wie New Grange, und von Tara über Knowth zum Rundturm bei Monasterboice ergibt sich eine gerade Orientierungslinie nach Nordosten. New Grange, Knowth und Dowth bilden ein Dreieck, das ebenfalls nach Nordosten zeigt.

## *Cashel Aenghus, das Haus des Liebesgottes, New Grange*

New Grange ist eine äußerst oberflächliche Bezeichnung für eine Gruppe alter Schreine, und es müßte fast sicher Grainne heißen, die weibliche Sonnenform, nicht Grange. *Cashel Aenghus*, das Haus des Aenghus Og, des ewig jungen Sohnes des Dagda, der in der Manxversion Angus-mac-in-de-Oc heißt, ist ein besserer Name für dieses Heiligtum des Aenghuskultes, wo er den Geist zurück in den Leichnam des Diarmid O'Dyna, Grainnes Geliebten, beschwor, nachdem dieser vom mystischen Eber getötet worden war. »Ich werde eine Seele in ihn fahren lassen, auf daß er jeden Tag mit mir rede«, sagt Aenghus in *Die Verfolgung Diarmids und Grainnes*. Ein Dichter legte Finn Mac Cumhal vier *Ranns* (Rätselstanzen) vor und erlegte ihm die *Geisa*[94] auf, sie zu verstehen:

Es gibt ein Haus in diesem Land,
das kein König einnehmen kann.
Kein Feuer verbrennt es, und Plünderung bricht es nicht.
Mit Reichtum ist es gesegnet, das königliche Haus.

»Ich verstehe den Vers«, sagt Finn. »Es kann nicht niedergebrannt oder geschliffen werden, solange Aenghus noch lebt.«

Die Antwort scheint zu sein, daß es die Grabstätte des Dagda war, seiner Söhne Lugaidh und Ogma, des Etan (Etain) und in der Tat der meisten aus dem Zyklus der Tuatha de Danann. Spätere Überlieferung besteht darauf, daß es auch die Beerdigungsstätte der Hochkönige von Tara war.

Wendet man sich dem archäologischen Grundriß zu, dann ergibt eine Vermessung folgendes: Cashel Aenghus ist im Gegensatz zu anderen Tumuli nicht nur von einem Ring von Stützsteinen umgeben, welche die aufgeworfene Erde halten, sondern, in deutlichem Abstand, von einem zeremoniellen Kreis mit ursprünglich 38 großen Steinen. Der *Cairn* hatte einen Basisdurchmesser von 80–85 m, war unregelmäßigen Umfangs und erhob sich zu einem Plateau von vielleicht 62 m Durchmesser, wenn man früheren Darstellungen glaubt; er muß also recht steil gewesen sein. Ziemlich viel Erde ist abgerutscht. Lhwyd spricht von einem einzelnen großen Stein auf der Spitze. Die Höhe betrug vielleicht 12 oder 15 m.

Zwei Steine des zeremoniellen Rings bildeten einen hohen Eingang, und ein besonders großer, geritzter Stein blockierte den Eingang. Wenn wir wollen, kommen wir also auf 39 (13 × 3) Steine. Der Eingang befindet sich genau im Südosten. Außer dem Eingangsstein besitzen nur zwei weitere Steine Ritzungen.

Eine kürzliche, sorgfältige Rekonstruktion liefert einen zweiten rechteckigen Raum oder zweiten Eingang über dem normalen. Durch diesen oberen Eingang strahlte das magische erste Sonnenlicht. Die entsprechende Struktur in Griechenland ist dreieckig. Sollte das eine bestimmte Bedeutung haben? Wie wir uns erinnern, ist Irland die Insel der vier Burgen und der vier Distrikte oder Königreiche – Ulster, Leinster, Munster und Connacht.

Der Sonnenstrahl steigt dann etwa achteinhalb Meter

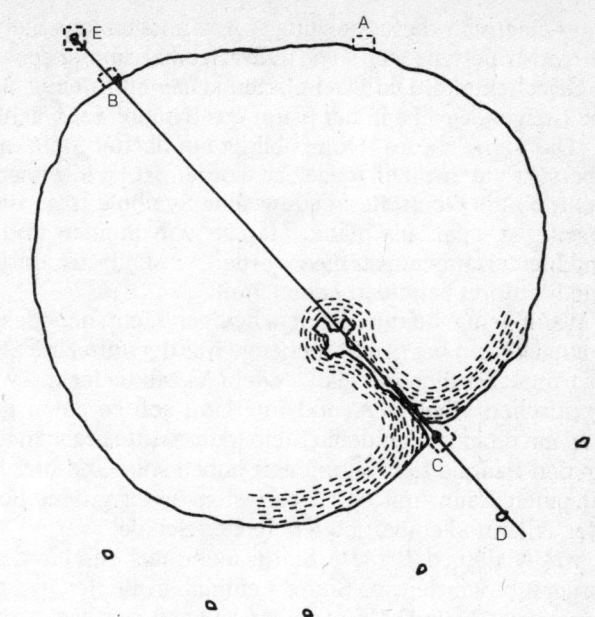

Konstruktion:

DC = 56,304 Fuß    CB = 256,496 Fuß    BE = 27,2 Fuß    DE = 340 Fuß

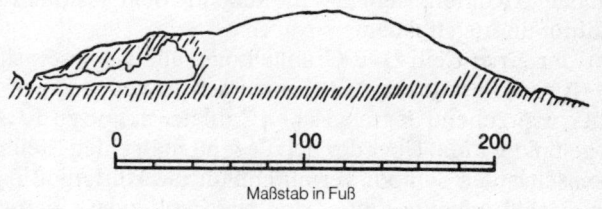

0          100          200

Maßstab in Fuß

Aus *New Grange* von Sean P. O.'Riordan und Glyn Daniel

## Cashel Aenghus, New Grange

unter einem für diese Steigung abgewinkelten, aus Steinplatten konstruierten Dach – wie in der Schatzkammer des Atreus in Griechenland. Die Dachplatten scheinen in einer Spirale anzusteigen, welche in der Natur das Symbol des Wachstums ist. Die Spitze dieses ›Doms‹ bildet ein flacher Stein, dessen Oberseite noch nicht freigelegt worden ist. Wir wissen also nicht, ob die Oberseite irgendwelche Symbole trägt; die Unterseite ist jedenfalls blank. Haufen von Steinen und Erde sind hier zusammengetragen worden, weshalb sich dort oben eine Plattform befunden haben muß.

Was macht man nun mit dem heiligen Licht, nachdem man es eingefangen hat? In Stonehenge war der aufrechte Steinaltar wahrscheinlich mit glänzendem Metall bedeckt – wie die ägyptischen Obelisken, und in Irland soll es einen großen Ring mit einem vergoldeten Stein in der Mitte gegeben haben, um den Padraic sich gekümmert haben soll. Und hier haben wir einen Raum mit den Überresten dreier großer Schalen oder Teller und einer intakten flachen Schale.

Wir wissen, daß diese Stätte mehrmals geschändet und ausgeraubt worden ist. Sie soll einmal große Schätze geborgen haben. Vielleicht hing ein Kristall von der Decke, der das Licht einfing und nach unten lenkte, doch dafür gibt es keinen Beweis. Wir haben jedoch die Schalen, die auf Wasser oder einen heiligen Trank hindeuten. Der intakte Teller hat zwei flache Kuhlen, vielleicht für heilende oder Visionen herbeiführende Augenbäder.

In der Bryn-Celli-Ddu-Grabkammer auf Anglesey stand eine Tonschale auf der Mittsommerachse, von der aus das Licht entsprechend der magischen Zahl der Sonne zu 12 Steinen gelenkt wurde. Über der Schale fand man einen Stein mit einem seltsamen Symbol, vermutlich für die Muttergöttin.

In Cashel Aenghus gibt es drei Nischen – oder vier, wenn man den Eingang dazunimmt –, von denen die wichtigste nach Nordosten geht. Es gibt vier Teller. Man sollte annehmen, der Strahl, der so sorgsam in die Kammer gelenkt wurde, wäre irgendwo aufgefangen worden – in einem Stein oder einer aufgehängten Wasserschale – und seine Kraft auf drei oder vier Teller verteilt. Die Böden der drei großen, länglichen Auffänger maßen vielleicht 75 × 45 cm und der kleinere, flache Teller mit den Augenkuhlen etwa 60 × 40 cm, wobei die Kuhlen 6,5 cm Durchmesser hatten.

Mehr können wir nicht sagen. Wir könnten höchstens raten und darauf hinweisen, daß die Idee des heiligen Wassers, das Sonnenkraft speichert, sehr alt ist. Auch die Bach-Blütentherapie dieses Jahrhunderts beruht darauf: Wasserschalen, die mit verschiedenen Blütenblättern bedeckt und dem Sonnenlicht ausgesetzt werden. Und bei ägyptischen Sonnenopfern wurde wiederholt Wasser ausgegossen. Vermutlich wurde Wasser der Boyne benutzt – das ganze Bruaghgebiet ist die Überflutungszone des Flusses. In einer Ära mittelmeerartigen Klimas könnte es hier sehr staubig gewesen sein. Wir finden dort mindestens drei Tempel und zahlreiche Grabkammern. Das Gebiet zeigt einige Parallelen zum Nil: ein heiliges Grabgebiet mit Großstrukturen wie Pyramiden und ein Fluß, der das nötige Wasser und Fruchtbarkeit brachte.

Die Achse der langen Kammer verläuft von Nordwesten nach Südosten, doch von den Querkammern ist die rechte größer und offenbar bedeutender und zeigt nach Nordosten. In dieser Kammer hat man zwei der Steinbecken gefunden, was die Vorrangigkeit der Richtung Nordosten betonen dürfte. Während das Zentrum diesen bemerkenswerten, aufwärts strebenden Dom besitzt, der, wie man nun weiß, aus einer sorgfältig konstruierten Spirale besteht, so ist der Ostteil auf seine Weise ebenso erstaunlich mit seinem Reichtum an eingeritzten Formen. Insbesondere findet man dort Rauten und acht Kreise.

Da dies der am reichsten dekorierte und offenbar heiligste Teil des Tempels ist, sollte man darauf hinweisen, daß die Acht im Mittelalter und vielleicht auch früher schon stets als heilige Zahl gegolten hat: das Rechteck der Materie, überlappt von den beiden Dreiecken des Geistes, nach unten und oben:

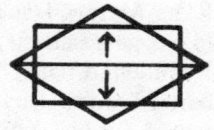

Dies ist natürlich die Philosophie des Plotinus, doch die Figur könnte ebenso eine ältere Anschauung repräsentieren. Der frühe Mensch kannte bereits acht ›Kompaßpunkte‹.

Oder sind Kreise, die anscheinend Sonnen darstellen, nach Art der nordamerikanischen Indianer als Tage zu verstehen?

Von den beiden beritzten Steinen des äußeren Rings trägt der, welcher diesem Nordostaspekt entspricht, zwei große, verbundene Spiralen mit Rauten. Stehen diese mit den Spiralen in der Kammer in Verbindung? Das Paar sieht ziemlich den Glyphen ähnlich, die man in Frankreich als Zeichen der Muttergöttin auslegt, und genau das könnten sie darstellen, wenn auch unter einer späteren Kultur zu einer bedeutungslosen Formel verkommen. Man darf nie vergessen, daß die Hauptkultur der französischen Vorgeschichte viel früher kam. Es könnte etwas bedeuten, daß der äußere Stein, der die Nordwestachse markiert, eine ähnliche Zeichnung zeigt, wenn man die Steine als Repräsentanten von Sonnenaufgang und -untergang im Mittsommer versteht.

Kann es nun von Bedeutung sein, wenn wir in entgegengesetzter Richtung, am Ort der sinkenden Mittwintersonne, ein Schiff und mehrere kreisförmige Labyrinthe entdecken? Das Schiff könnte das Schiff des Todes sein. Es mutet ägyptisch an, mit der Sonne der Unterwelt über dem Mast. An der Kante zur zentralen Kammer hin ist ein Farnwedel eingeritzt. Nun waren Farne immer schon äußerst magische Embleme der *Sidhe*. Auch dies könnte eine Bedeutung haben.

Cashel Aenghus war nicht gerade mit Gebeinen vollgepackt, als man es entdeckte; man fand nur wenige eingeäscherte Überreste. Es könnte sich also durchaus um einen Tempel der Initiation oder der Vorbereitung darauf gehandelt haben. Man hat diese Becken und ein sehr weites, flaches ›Bad‹ gefunden, und noch heute nennt man einen großen Hohlstein den ›Schoß der Maria‹. Das äußere Dach scheint mit Quarzkieseln gespickt gewesen zu sein, was ihm einen besonderen Schimmer verliehen hätte. Vielleicht ist dies der Ursprung der sonderbaren Phrasen über ›Glasdome‹, die im Walisischen vorkommen. Heute ist man dabei, diese Kieselschicht wiederherzustellen.

Von den drei großen Tumuli wird nur der von Aenghus von den frühen Autoren als *Cashel* bezeichnet; die übrigen sind *Dumas*. Doch trotz des Totenschiffes und der Spiralen wächst der Eindruck, Cashel Aenghus könnte, trotz überlegener Baukunst, weniger bedeutungsvoll sein als Dowth. Dowth ist älter und deshalb viel näher an dem bedeutsamen Symbolismus, den wir aus Frankreich kennen. Knowth ist sogar noch früher und besitzt faszinierende geritzte Steine.

So wenden wir uns den beiden anderen großen Hügeln zu, die das Dreieck nach Norden hin vervollständigen, die Duma des *Mound of Tresc* (Knowth) und die Duma des Knochenhügels (Dowth, auch Dubadh genannt).

### Knowth

Tresc, das sich nun in der Obhut der Ausgräber befindet, erschien mir bei einem Besuch als der bedeutsamste der drei Tumuli. Irgend etwas gab es dort; man hatte den Eindruck, er wäre von ›Feenkräften‹ durchdrungen, ganz anders als bei den anderen beiden Hügeln. Er ist grob in die übliche Richtung, nach Nordosten, orientiert. Es könnte von Bedeutung sein, daß er auch als das Grab des Bué, *Cnoc Bua*, bekannt ist.

Am Haupthügel in der Mitte von Knowth hat noch keine Ausgrabung stattgefunden, nur an den Randsteinen, von denen zwischen einer früheren (Macalister) und der kürzlichen Ausgrabung 34 freigelegt worden sind. Der Haupthügel hat einen Durchmesser von 100 Yards und ist 36 Fuß hoch.

Der Hügel, auf dem der Tempel steht, ist etwa 200 Fuß hoch, und das Alter des Monuments wird heute auf 3000 bis 2500 v. Chr. geschätzt, extrem früh also, vergleichbar mit den Funden in der Bretagne. Ringsum gibt es elf kleine Gräber, die inzwischen ausgegraben sind, und ihre Eingänge sind alle der Hauptstruktur zugewandt.

Der Haupttumulus ist aus abgeschlossenen Schichten konstruiert und von dekorierten Randsteinen umgeben. Der Eingang ist mit sieben konzentrischen, von einer senkrechten Rille durchschnittenen Rechtecken markiert, ähnlich wie in New Grange. Durch vier der Rechtecke ist auch eine Querfur-

che auszumachen. An anderen Stellen findet man Schmuck-
kreise und Wellenmotive – vielleicht die Schlange. Außen herum liegt eine Art Tanzfläche mit langen, in manchen Fällen
20 m weiten Steinbögen und einer kleinen, runden, mit Quarz
gepflasterten Fläche.

Der Eingang des Bauwerks schaut nach Westen. Die Gruft
war einmal 40 m lang, doch 5 m sind zerstört. Es gibt 81 Orthostaten und 33 Schlußsteine. 25 der Orthostaten sind mit
Ritzungen verziert, und auch sonst gibt es reiche Verzierungen. Die Kammer ist etwa zweieinhalb Meter hoch und von
quadratischem Grundriß. Es gibt nur ein Steinbecken.

Die Überlieferungen und Bräuche sind hier noch wichtiger
als anderswo. Soweit man nach Namen gehen kann, war dies
die Hauptburg der Hauptdynastie der Könige von Nordbrega,
eines ausgedehnten Gebiets, zu dem auch Tara gehörte. Die
Monarchen hier waren also die Gastgeber der regelmäßigen
Versammlungen auf Tara. In den Annalen und Chroniken
heißt Knowth *Cnodba* (›nova‹), und allem Anschein nach benutzten die Nordbregakönige die Burg als ihren Stammsitz
vom achten Jahrhundert bis zur Invasion der Normannen, die
sie dann zu ihrer eigenen Festung machten.

Bisher hat man sechs kleinere Grabtempel und Gänge von
unterschiedlicher Vollständigkeit ausgegraben, zwei unterir-
dische Räume mit kuppelartigen Deckenkonstruktionen, die
New Grange vorwegnehmen, und fünf Feuerstellen. Man
fand die Werkzeuge einer fortgeschrittenen Zivilisation, einer
Stadt mit Werkstätten und einer recht großen Bevölkerung
schon um 3000–2500 v. Chr.

Ein großer aufrechter Stein bildet die Südostwand der
Kammer. Eine Kante des Steins zeigt also nach Nordosten
und die andere nach Südwesten, während die Außenseite
nach Südosten zeigt und die Innenseite nach Nordwesten.
Die Außenseite ist demnach der aufgehenden Mittwintersonne zugewandt.

In dem scheinbaren Sammelsurium von Kreisen, Kuhlen,
Wellenlinien, Dreiecken und ›Tannenbäumen‹ fällt besonders
eine Reihe von Verzierungen auf. Fast am unteren Rand befinden sich zwei konzentrische Kreise (A) mit einem Punkt in
der Mitte. Darüber ist ein viel größeres Muster aus drei kon-

zentrischen Kreisen (B) zu sehen. Noch höher findet man C, eine Struktur von vierfacher Konzentrizität. Rechts von B ist eine Spirale etwa der gleichen Größe. Teils rechts darunter, teils zwischen B und C, sind sechs Wellenlinien, manche davon mit Köpfen, also Schlangen, wenn man der üblichen Interpretation der Bretagnefunde folgt.

Schlangen könnten zur Magie der Sonne gehört haben oder ihre (beziehungsweise seine) Feinde gewesen sein. Allgemein sah der frühe Mensch Schlangen als weise, geheimnisvolle Geschöpfe, eine zwiespältige Einstellung, die besonders in Ägypten zum Vorschein kommt, wo Schlangenungeheuer die Reise des Ra durch die Unterwelt gefährden und wo zugleich die göttliche Kobra eines der höchsten Embleme der Weisheit des Pharao ist.

Die Symbolgruppe scheint die zunehmende Größe der Sonne darzustellen, entweder beim Sonnenaufgang oder wenn das Jahr vom 21. Dezember an fortschreitet und die Sonne für immer längere Zeit groß am Himmel steht. An anderen Stellen finden wir eine Reihe von drei Sonnenformen, zum Beispiel an einem Randstein in Dowth; und in Knowth selbst gibt es Spuren eines noch kleineren vierten Kreis-Mittelpunkt-Bildes unter A, was ohne weiteres auf vier spezielle Tage in der betreffenden Jahreszeit hinweisen könnte.

Neben der Geburt der kleinen Wintersonne scheint auf diesem Stein auch die Sonne in ihrer Mittsommerpracht abgebildet zu sein, denn genau an der nordöstlichen Spitze befindet sich eine bemerkenswerte Figur aus acht Strahlen, die von einem Punkt ausgehen, und darüber sind vier halbrunde Punktreihen eingeritzt: wieder die 4 und 4 × 2 Strahlen. Achten und Vieren stehen in dieser Kultur immer für die Sonne. Die Ritzung ist in diesem Bild viel feiner als in jedem der anderen. Wenn diese Interpretation berechtigt ist, dann sollten wir vielleicht an der anderen Ecke Symbole der Dunkelheit finden, den Mittwintersonnenuntergang im Südwesten – und wirklich: Dort haben wir, im Gegensatz zu den Kreisen und deosilen (gegen den Uhrzeigersinn verlaufenden) Spiralen deutliche, abwärts zeigende Dreiecke und Hinweise auf Rauten und weitere Dreiecke. An der Südwestspitze finden sich auch eine tuathale (im Uhrzeigersinn verlaufende) Spirale und das ›Tannenbaum‹- oder Fischgrätenmuster, welches, falls es sich um einen Baum handelt, Schatten bedeuten könnte.

All dies befindet sich auf der reich dekorierten Außenseite, doch innen ist der Stein fast ebenso voller Symbole. Die Innenfläche steht nach Nordwesten, zum Teil also zum Norden, wo die Sonne nie erscheint und der deshalb der Ort der Finsternis und des bösen Omens ist, und zum Westen, wo die Sommersonne untergeht.

War der Südosten durch die unten am Stein erscheinende junge Sonne gekennzeichnet, dann sind für diese Seite im unteren Teil eher Wasser- als Schlangensymbole bezeichnend. Wasser war, wie wir uns erinnern, stets das Gegenteil von Feuer. Der offizielle Bericht der *Royal Irish Association* sieht hier einen auf dem Kopf stehenden Mann dargestellt – die sinkende Sonne oder gar der ›Gehängte‹ der späteren Tarottradition?

Besonders auffällig ist auf dieser Seite eine raffinierte Gruppe konzentrischer Kreise, wie ein Labyrinth, und quer hindurch und darüber hinaus scheint ein Weg nach unten zu führen. Dieses Kreismuster ist einzigartig. Könnte es sich wirklich um ein Labyrinth handeln, mit diesem Weg als Notausgang? An diesem Ort der Dunkelheit, in diesem Irrgarten der Seele führt der einzige Ausweg nach unten ... denn dies ist der Ort des Todes. Auf derselben Fläche finden sich Rauten, möglicherweise Symbole für die mehr materielle Seite der Dinge, während Kreis und Spirale den spirituellen Aspekt darstellen.

Nimmt man beide Seiten und alle Ornamente dieses bemerkenswerten Steins zusammen, dann scheint sich das Schema der Interpretation zu bestätigen, das aus anderen dieser Bruaghtempel gewonnen wurde.

Anscheinend haben später Bronzezeitmenschen dort gelebt und sich bis in die römische Zeit gehalten. Danach scheinen herumziehende Gruppen regelmäßig dort gehaust zu haben, doch wahrscheinlich hat auch eine andere Nutzung stattgefunden, denn es gibt einen Fußboden und Spuren häuslicher Aktivitäten. Es gibt mehrere Gräber mit Perlen und anderen Gegenständen.

1175 haben die Normannen den Stützpunkt befestigt, und

damals wurde das Ganze bereits als Teil des *Grange of Melli-
font Abbey* betrachtet.

Ein Barde des zwölften Jahrhunderts sah Knowth als einen
der großen Eingänge zur Unterwelt: »Es gibt drei große Geheimnisse in Irland: die Höhle von Knowth, die Höhle von
Slanga (Slieve Donnard) und die Höhle von Fern« (wahrscheinlich die Höhle von Dunmore, nicht Wexford).

Schließlich gibt es noch die Aussage, Knowth wäre das
Heim des Königs der Katzen. Katzen sind eng mit magischen
Kräften verbunden ... in Ägypten gab es die mächtige Katzen-
gottheit Bastet.

### Dowth

Dubadh oder Dowth, der Knochenhügel, hat einen kerzener-
hellten Zugangsweg. So eng waren der Eingang und die lange
Kammer, daß man sich ducken muß, und nicht nur die Kerzen, auch die Wände tropfen. Die ganze Angelegenheit ist
kleiner und primitiver als Cashel Aenghus, doch dafür ist man
auch viel näher an der früheren Tradition.

Hier finden wir offenbar einen Haupttyp des Initiations-
oder gar ›Taufbeckens‹, aus einem einzigen edlen Stein gehauen: ein echter ›Schoß der Maria‹. Als es gefunden wurde, lag es in Trümmern, und nun ist es rekonstruiert, so daß
seine Position nicht mehr authentisch ist. Ein weiteres,
kleineres Initiationsbecken befand sich in einer anderen
Kammer.

Die lange Kammer ist ›korrekt‹ orientiert, das heißt nach
Nordosten. Die Spuren, nach denen man sucht, wurden gefunden. Der innere Stein an der Südwestseite der achteckigen
Kammer, also der Stein, der dem Nordosten zugewandt ist,
wo die Sonne im Sommer ihren höchsten Punkt erreicht,
trägt ein Zeichen, das nirgendwo sonst zu sehen ist, eine aufwärts zeigende Säulenreihe, die durchaus eine andere Art der
Darstellung von Strahlen sein könnte. Ganz in der Nähe gibt
es auch ein dicht gesponnenes Labyrinthmuster. Die Spiralen,
die man ebenfalls findet, könnten die Identifikation bestätigen. Ein ähnlich orientierter Stein in der linken Kammer trägt
quadrierte Kreise als Zeichen.

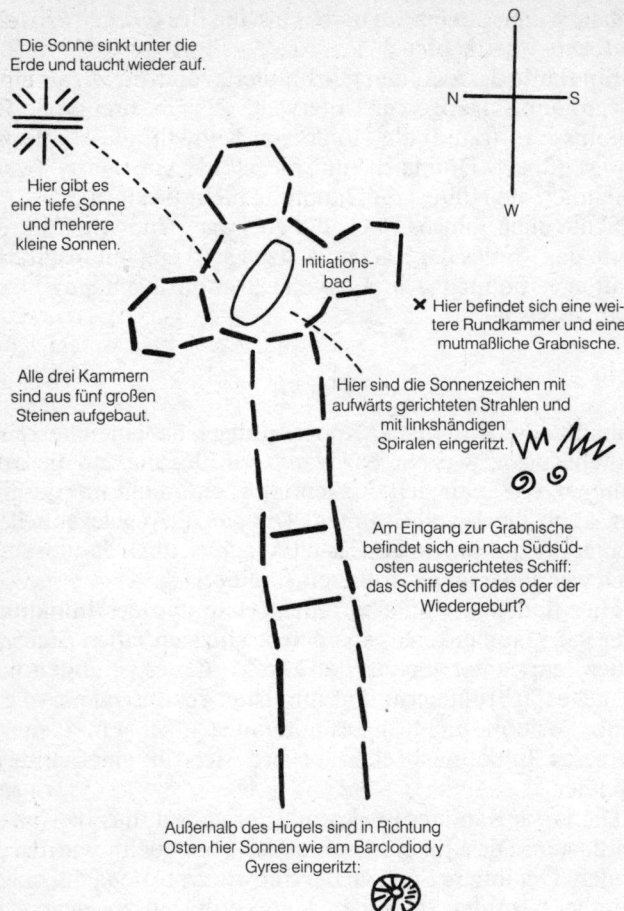

Die Sonne sinkt unter die Erde und taucht wieder auf.

Hier gibt es eine tiefe Sonne und mehrere kleine Sonnen.

Initiations-bad

✖ Hier befindet sich eine weitere Rundkammer und eine mutmaßliche Grabnische.

Alle drei Kammern sind aus fünf großen Steinen aufgebaut.

Hier sind die Sonnenzeichen mit aufwärts gerichteten Strahlen und mit linkshändigen Spiralen eingeritzt.

Am Eingang zur Grabnische befindet sich ein nach Südsüdosten ausgerichtetes Schiff: das Schiff des Todes oder der Wiedergeburt?

Außerhalb des Hügels sind in Richtung Osten hier Sonnen wie am Barclodiod y Gyres eingeritzt:

O · N · S · W

Dowth oder Dubadh

Gegenüber, nach Südwesten gewandt, auf der Innenseite, die zum Mittwintertod und der Wiedergeburt der Sonne schaut, befindet sich ein sonderbares, doch, wie ich denke, verständliches Symbol:

Man braucht kaum die amerikanisch-indianischen Zeichen ⟂ und ⟂ anzuschauen, die Sonnenaufgang und Sonnenuntergang bedeuten, um zu erkennen, daß dies ein Doppelemblem für das Erscheinen und Verschwinden der Sonne ist – im Grunde ein genaues Bild der Mittwintersonne. Rund herum ist eine linkshändige Spirale gezeichnet, passend zur ›finsteren‹ Jahreszeit. Das Ganze ist, wiederum passend, tief unten in den Stein gemeißelt, neben anderen kleinen Sonnen und geviertelten Kreisen.

Draußen ist der einzige Stein der Stützmauer, der graviert ist, der nach Osten gerichtete, und er ist mit vier Sonnen gezeichnet, ganz ähnlich wie im Ganggrab von *Barclodiod y Gyres* auf Anglesey: zwei mit Ringen, zwei ohne. Die Sonne zieht auf ihrer jährlichen Reise zweimal über den Osten, und es gibt zwei Arten von Sonne …

Eine größere, runde Kammer, die nichts Tempelartiges an sich hat, besitzt eine Nische, die in etwa nach Südosten geht und ein Ruheplatz für Tote sein könnte. Am Eingang hat sie ein formaleres, jedoch erkennbares Schiffssymbol, wiederum das Schiff des Todes.

Was macht man nun aus dem Ganzen? Die Tuatha übernahmen die prähistorischen, initiatiorischen Funktionen dieser drei edlen Bauwerke, wozu auch Totenzeremonien gehört haben könnten. Für sie wurde es zu einem magischen Ort, wo man die Geister der Toten beschwor, und zu einer heiligen Stätte, wo die Heldengötter des Götterrings schliefen.

Und was bedeutete Tod oder Schlaf oder ›Haus‹? Das größte Haus, das mit dem Steinkreis, ist das Haus oder *Cas-*

*hel* des Gottes der Jugend, der über Tir-na-n'Og, das Land der ewigen Jugend, herrscht. In einer anderen Version, die wahrscheinlich auf ein noch älteres Volk zurückgeht, ist er der Sohn Gottes, des Dagda, der dem Gefühl nach eine äußerst alte, ganz und gar nicht keltische Vorstellung zu sein scheint. Er besitzt einen gigantischen Kessel, einen Schmelztiegel primitiver Paarung – mit einem ›großen Löffel‹, in dem ein Mann und eine Frau Platz finden konnten. Der Kessel war eine große Kuhle in der Erde. Doch Aenghus ist kultivierter, die nächste Generation, ein Gott der Schönheit und des Keltentums, von wunderbarer Färbung. Er liegt nicht mehr in irdenen Löffeln. Mit seiner Gattin, der Schwanenjungfrau Caer, fliegt er über den See davon, zwei große weiße Vögel.

Wir könnten sagen, die Helden wohnten hier, weil jene, die das Licht suchten, hier schliefen. Es war ein Ort der spirituellen Befruchtung, wo der heilige Traum zu den Aspiranten kam. Auch verbrannte man hier die Körper und verwahrte die Gebeine verehrter oder heiliger Verwandter, damit sie sich in der geheiligten Atmosphäre befänden. Über ihnen wand sich die heilige Spirale der Kuppel gen Himmel, denn Erinnerungen an Kulturen, die in den Bergen hausten – die tatsächlich künstliche Hügel errichteten, um darin zu wohnen, mit Ein- und Ausgängen auf der Spitze –, hatten eine Vorstellung von künstlich geschaffenen Wegen nach oben hinterlassen. Man denkt an die babylonischen Ziggurats. War die ursprüngliche Jakobsleiter ein ›Kamin‹? »Sie erklommen den steilen Aufstieg zum Himmel« ist keine ausschließlich christliche Aussage. War es eine Wendeltreppe zum Himmel?

Und was waren diese vier großen Spiralen und anderen Muster, die vielleicht früher über dem Eingang waren, und die fünf großen Steine davor? Vielleicht steinerne Wächter, wie wir noch heute unterbewußt zu empfinden geneigt sind (und wie wir sie in Korsika sehen, wo sie Gesichter haben), während uns ein Gefühl aus der phallischen Periode an Vorfahren denken läßt. Was ist mit den Spiralen? Vielleicht stellen sie nur allgemeine Zeichen des Geheimnisvollen dar, denn anscheinend waren die präziseren Bedeutungen der Symbole verlorengegangen. Kreisförmige Gravuren auf den Bauwerken könnten mehreres bedeuten: Augen, Symbole der

›Augengöttin‹ des östlichen Mittelmeerraums, oder die Sonne, den Tagen entsprechend. Kreislabyrinthe, Spiralen, haben Konnotationen von Glück, vielleicht von Wegen der Geburt, des Todes und der Initiation. Manche dieser Bedeutungen mögen früher existiert haben, doch hier scheinen sie nur einen allgemeinen Sinn behalten zu haben und hauptsächlich zur Dekoration benutzt worden zu sein.

Was ist mit den Zahlen 4 und 5? Vier Spiralen wiederholen das Motiv der vier nach Osten schauenden Sonnen. Vielleicht ging es um vier besondere Tage im hohen Zentrum oder den Zentren des Jahres. Vier ist eine Zahl der Basis, was zu dem Gefühl von etwas Fundamentalem an einem zeremoniellen Eingang passen würde, und die Spirale selbst könnte immer noch von den früheren ›Mysterien‹ umwoben gewesen sein. Die fünf Steine stellen wiederum eine Zahl dar, die mit den Sinnen und der Mutter verknüpft ist.

Die Rauten, die man überall sieht, könnten ein Auf und Ab bedeuten, Aufgang und Untergang der Sonne, Leben und Tod und vor allem Mittsommer und Mittwinter: das allgemeine Prinzip des Gegensatzes. Sie könnten auch eine Formalisierung der Kraft der Schlange darstellen.

Man würde gern wissen, was medial begabte Menschen spüren würden, wenn sie in diesem Schrein schlafen. Welche Schatten aus dem wunderbaren Land des Aenghus Og könnten dort den entspannten Geist besuchen? W. B. Yeats hat einige Zeit darin verbracht. Knowth ist spürbar feenhaft und unberührt. Die anderen Stätten sind vergleichsweise turbulenter. Knowth gehört eindeutig zu einem viel älteren Volk, das noch etwas über seine eigenen überlieferten Symbole wußte und sie sinnvoll plaziert hat, während Dowth den Übergang zu New Grange repräsentiert.

### Teltown und Tara

Von Cashel Aenghus aus befinden sich zwei Stätten auf deutlichen Kraftlinien und bilden einen Pfeil. Man darf daher annehmen, daß beide in ihrer Essenz von Bedeutung sind für den Tempel der Alten Mutter und des Liebesgottes.

In Griechenland zeigt jede nennenswerte Stätte mehrere

Ausdrucksformen: das Theater; das Gymnasium und Plätze für athletische Wettbewerbe aller Art; der Versammlungsplatz für philosophische und politische Debatten, die Agora; der Tempel, der mit allem verbunden ist und ihm Sinn gibt, denn jede Aktivität wird von der einen oder anderen Gottheit geleitet. So war es auch bei den Danann, die eine sehr ähnliche Kultur besaßen: Wettspiele, Politik, Debatten, Huldigung der Götter und Tanz bildeten ein Ganzes, das nicht so klar artikuliert war wie bei den bewußteren Griechen, jedoch ähnliche Elemente aufwies, obwohl wir im Falle des Schauspiels über weniger Spuren verfügen. Auf Tara haben alle fünf Jahre Sportwettkämpfe und Versammlungen der *Bell-Branch*-Könige stattgefunden, in Tailtin die großen Rennen unter dem Vorsitz der Pflegemutter des Lugh.

In Tailtin oder Teltown befindet sich der *Rath* der Lughnasadhspiele, eine ausgedehnte Fläche, auf der man unter landwirtschaftlich genutztem Gelände Spuren von Spielfeldbegrenzungen nachverfolgen kann. An einem Ende thront der lange Hügel, der Lughs ›Amme‹ oder Pflegemutter zugeschrieben wird, nach der alten keltischen Tradition, wobei Knaben in fremden Haushalten großgezogen wurden. Begräbnisspiele, die hier abgehalten wurden, ähnelten denen des Hektor, wie Homer sie beschreibt und wie sie vermutlich auch auf der großen Rennbahn mit Langhügel in der Nähe von Stonehenge stattgefunden haben. Alles spielt sich zum Fest des Hochsommers ab, den Feiern des Lugh oder Lichts, nach heutigem Kalender am 1. August. Dies ist die Zeit des Opfers, der ersten Ernten und der zerstörerischen Kraft der Muttergöttin, doch auch der Hochzeit der Erde – Eire – mit dem Lichtgott Lugh und eine Heiratssaison im ganzen Land. Die Festlichkeiten sind höchst komplex und Thema eines umfangreichen und gründlichen Buches.[95]

Der ungeöffnete Hügel verläuft ziemlich genau von Ostnordosten nach Westsüdwesten, entsprechend dem Sonnenaufgang Anfang August. Es dürfte sich um einen Schrein handeln. In jüngerer Zeit haben um Tara Wettspiele und Fahrradrennen stattgefunden. Der Zauber wirkt weiter.

Obwohl sie als Termuir und Teamhair (sprich ›Taiouar‹) bekannt ist, was ›Höhe‹ bedeutet, ist diese Bastion irischer Geschichte in Wirklichkeit nicht sehr hoch (512 Fuß oder 156 m). Doch sie gewährt einen weiten Ausblick über die Ebene von Tara. Vielleicht war der Hügel früher einmal höher, was nicht ungewöhnlich wäre. Die Erhebung war recht lückenlos von einem Graben und Wall umgeben, mit frühen Holzwehren darauf. Auf dieser heiligen Akropolis gab es Heiligtümer vieler Epochen …

Fangen wir mit den wohl ursprünglichsten Dingen an, so begegnen wir der Muttergöttin, dem Homunkulus und dem Ungeheuer. Der Homunkulus in der Maske des ›Adamnan‹, der wie eine Mischung aus dem gehörnten Gott Cernunnos und dem keltischen Urkind Maban aussieht, ist auf einem Stein auf dem örtlichen Friedhof zu sehen und stand vielleicht am Eingang zu einem Felslabyrinth, das ungefähr dort begann. Ausgrabungen konnten dies noch nicht bestätigen, doch was man bis jetzt zutage gefördert hat, steht nicht im Widerspruch zu dieser Interpretation, welche eine Verbindung mit Funden auf Kreta herstellen würde. Wer weiß, vielleicht erweist sich der Stier von Eire einmal als Minotaur?

Das Felslabyrinth wurde ausgerechnet von Leuten entdeckt, die auf der Suche nach der Bundeslade waren, wobei sie die kostbare Stätte gnadenlos und mit vollem Einverständnis des einfältigen Eigentümers (trotz der Einwände der irischen Behörden) auf den Kopf stellten und prächtige Halsreife, Gebeine *in situ*, Megalithen und alles andere als wertlos hinauswarfen. Die Bundeslade sollte das Goldene Zeitalter einläuten und beweisen, daß die Briten das auserwählte Volk Israels sind. Und was wären dann die Iren? Vielleicht die Nachfolger der Kanaaniter. Das könnte man sogar ›beweisen‹, denn im Alphabet kommt nach ›C‹ (›Canaan‹) der Buchstabe ›D‹, und im Laufe der Jahrhunderte haben sie sich mit ihrem Anfangsbuchstaben natürlich um eins weiterbewegt. Ganz klar: erst ›Canaan‹, dann ›Danann‹. So einfach ist das.

Die Muttergöttin erscheint in einem mächtigen, kreisförmigen Erdwall von 220 Fuß Durchmesser, welcher der Göttin Grainne geweiht ist, sowie in einer Quelle etwas weiter bergab. Auf halber Höhe, auf Höhe des Wasserspiegels, ist der Hügel von Quellen regelrecht eingekreist. Und dann taucht die Fruchtbarkeitsgöttin noch in einem ›Haus‹ auf, wo sie als ›Bäuerin‹ bezeichnet wird und den sonderbaren Namen Mairisius trägt – eine männliche Form des Wortstamms ›Maire‹.

Sie hat eine Quelle Nemnach, die einen an den Hain Nemedh denken läßt. Eine andere Quelle heißt Caprach, was an den Wortstamm ›Capr‹ und den fruchtbaren Ziegengott erinnert. Diese Quelle wird auch als ›der Arzt‹, die Weiße Kuh und das Dunkle Auge bezeichnet – also Heilwasser, fruchtbar machende Quellen und die dunkle Schönheit, die Wasser und Augen gemeinsam ist.

Wir haben nun eine Reihe bekannter Embleme der Muttergöttin zusammengetragen: den Kreis (im Grundriß der Festung und des ›Hauses‹), die Quellen oder Brunnen, Hinweise auf heilige Haine und Fruchtbarkeitsziegen (die männliche Ergänzung der Göttin), trächtige Kühe (vielleicht auch Brüste als Hügelkuppen), und dieses nun dunkle Auge, das vielleicht ursprünglich hell gewesen ist, ein Zeichen der Sonne, oder stets dunkel, als Mond, das Gegenstück der Sonne. Man fragt sich, ob man bei Ausgrabungen auf geritzte Steine stoßen wird mit kräftigen Spiralen darauf, die oft für Augensymbole der Göttin gehalten werden, wie im Hal-Taxian-Tempel auf Malta. Bestimmte Spiralpaare scheinen jedenfalls Augen darzustellen; die Frage ist nur, ob dies bei allen der Fall ist oder ob die mystische Interpretation der größeren Spiralen als Labyrinthe des Todes und der Wiedergeburt, die Rachel Levy in *The Gate of Horn* vorschlägt, nicht ebenso wahrscheinlich ist.

Der Mata von Tara ist nicht als ein an einen Stein gekettetes Ungeheuer interpretiert worden, sondern als Krieger. In dieser Erforschung von Tara geht es vor allem um eine Neubetrachtung anhand von Vergleichen und durch Intuition. Ein vielarmiges Ungeheuer bringt uns zu anderen monströsen Geschöpfen: der große Eber von Wales, der durch die Lande tobte und aufs Meer hinausschwamm; der Riesenbiber Avanc, der in den Balasee plumpste und eine Weltflut verursachte; die als ›Grünes Euter von Eire‹ bekannte große Kuh; oder, viel einfacher, ein Oktopus.

Am Anfang haben wir also die Mutter, das magische Kind

und das Ungeheuer. Von dort kann man zum Grab von Maine weitergehen, wahrscheinlich ein frühes Heiligtum mit einem heiligen Stein. In der Nähe waren einmal drei Druidensteine, mit Namen, die sich unter Druiden vererbt zu haben scheinen, vielleicht drei Ämtern entsprechend, deren Träger Druiden verschiedener Generationen waren. Es könnten Grund- oder Initiationssteine gewesen sein, von denen jedoch heute nichts mehr zu sehen ist. Alles, was wir über sie wissen, stammt aus späterer Literatur.

Die anderen wichtigen Strukturen sind die Burg der Könige und der Hügel, den sie einschließt, der Versammlungssaal und die Burg der Synoden. Die Burg der Könige ist ein großes, von doppelten Rampen umgebenes Gelände, dessen längstes Innenmaß 775 Fuß beträgt. Sie ist vom großen König Cormac errichtet worden – dem Hauptbauherrn des gesamten Komplexes, etwa um 250 n. Chr. –, der die Einfriedung so in die Länge ziehen ließ, daß der Hügel der Gründerin oder Göttin innerhalb lag und die Festung so durch die gesegnet würde, die heute unter dem Namen ›Tea‹, also ›dea‹ bekannt ist, was nichts weiter bedeutet als ›Göttin‹. Innerhalb der Wälle befinden sich nebeneinander der Kreis, der als ›Sitz‹ bezeichnet wird und den Palast der früheren Könige darzustellen scheint, vielleicht ein Thronsaal mit etwa 10 m Durchmesser, und der zentrale, größere Kreis, der Cormacs eigenes ›Haus‹, wenn es ein solches war, repräsentiert, mit einer Grundfläche von 27 × 24 m.

Auf dem Hügel innerhalb der Festung sitzt nun der *Lia Fail*, der Schicksalsstein, wie Petrie behauptet, wenn auch durch eine neuzeitliche Gedenkinschrift entstellt. Wahrscheinlich ist er vom Hügel der Geiseln hergebracht worden, Nialls Gebiet, das nicht weit entfernt liegt. Andere sagen, dies sei nicht der Lia Fail, denn der sei nach Scone und später in die Abtei zu Westminster verschleppt worden, wo er heute als Thron und Krönungsstein dient.[96]

Dieser Fal- oder Failstein garantierte, daß stets ein Sprößling des Hauses Milesius herrschen würde. Er erhob Einspruch, wenn irgend jemand anderes versuchte, sich krönen zu lassen. Er gehört also zur milesischen Invasionsrasse, die vor dem Volk der Götter, den *Tuatha dé Danann*, kam.

In der Burg der Könige, vielleicht in seinem ›Haus‹, erschien König Cormac eine schöne Fee jenes Volkes und brachte ihm den klingenden Glockenzweig (*bell branch*), der ihm eine Vision der Welt der *Sidhe* gewährte. Als Prüfung forderte sie seine Liebsten und Nächsten für sich, die sie jedoch später zurückgab. Cormac hielt sich eine Zeitlang in der Welt der Sidhe auf, wo alles strahlt und überall liebliche Musik erklingt, doch dann kehrte er zurück, um sein irdisches Werk zu vollenden. Andere blieben für immer verschwunden. Die Tür zu diesem Land unter dem Meer, in den Bergen oder einfach außerhalb der alltäglichen Welt stand damals mehr oder weniger weit offen. Viele ließen sich verlocken, meist für neun Tage, Wochen oder Jahre – für eine magische Traumperiode. Wenn sie zurückkehrten, erzählten sie wunderbare Geschichten. Wie in England könnte die Anderswelt den vorherigen Bewohnern gehört haben, kleinen oder kleineren Leuten, die in der Erde zu wohnen pflegten und sich mit Kräutern oder Tieren auskannten. Im Ganzen paßt dieses Schema jedoch nicht so recht auf Eire, da die Sidhe oft als Geschöpfe von voller oder gar Riesengröße dargestellt werden, als meisterliche Musiker in glitzernden Gewändern. Wer ihre Musik vernahm, war schon dabei, verzaubert zu werden. Doch vielleicht war es mehr wie die ›Wilde Jagd‹, wobei man sich als die Göttin und ihr Gefährte verkleidete, in glänzender Rüstung, mit viel Geschrei und Geläut und vielleicht einer leicht hypnotischen Musik, die man heute wohl als östlich bezeichnen würde: eine hübsche Entschuldigung für jedes junge Mädchen und ihren Burschen, für eine Weile zu verschwinden und nach einer rituellen Zeitspanne wieder aufzutauchen, mit wunderbaren Geschichten, in deren Erfindung die Iren so begabt sind und denen dann alle verzückt lauschen konnten. Als Beweis für eine Reise in die Sidhewelt reichte, daß man nach der Rückkehr erschöpft, gealtert und – nun ja, ein wenig zerzaust aussah … Aber das sind wohl nur böswillige Vermutungen.

Als Cormac das Haus der Met-Runde, den Versammlungssaal, baute, ersetzte er damit vermutlich wiederum etwas Älteres. In diesem Fall haben wir Quellen, auf die wir uns berufen können: Zwei alte Werke, das *Yellow Book of Lecan* und das *Book of Leinster*, enthalten angeblich den genauen Plan dieser großen, 700 Fuß langen Struktur. Ritter, Sänger, Druiden, Diener und so weiter waren alle ordentlich längs der Halle aufgestellt, was mehr oder weniger der Anordnung der Kulthügel entspricht, die auf dem Hang zu finden sind. Der König saß nicht an einem Ende, sondern auf einer Seite, ungefähr in der Mitte, auf erhöhtem Grund, von wo aus er den Saal überschauen konnte.

Dieser großen Zeit des Heidentums dürften mit einiger Sicherheit Tieropfer in Form von Verbrennungen, heilige Feuer und auch Frühlingsfeste und Samhainfeuer zuzuschreiben sein. All dies zeigt sich in den Überresten. Leider haben wir nicht mehr.

Unter den erwähnenswerten Königen der Periode nach Cormac ragt Niall ›von den Neun Geiseln‹ heraus, der mit Geschick und Disziplin Feldzüge außerhalb Irlands führte. Bis dahin hatten sich irische Könige weitgehend mit Eire begnügt. Die Sicherung ihrer verschwommenen Grenzen und die netten kleinen Bruderkriege zwischen den Häuptlingen reichten ihnen vollkommen. Doch Niall fiel mit großem Elan über das römische Britannien und den Kontinent her. Er soll von 379 bis 405 gelebt haben, und den bemerkenswerten Stein in einer Kirche in Donegal, der katholischen Kirche in Glencolumcille, die der Autor besucht hat, hat er sich bestimmt verdient. Die Figuren auf diesem Stein tragen steife, spitze Kappen und steife Mäntel. Niemand schien etwas über das Denkmal zu wissen, und wahrscheinlich dachte man, es stamme aus einer späteren Periode. Nialls ›Geiseln‹ waren die Sklaven und jungen Edelleute, die er nach Irland verschleppte. Für solch ausgedehnte Operationen erscheinen neun Gefangene als ziemlich enttäuschend, doch vielleicht waren dies nur die besonders bedeutenden. Zu ihnen zählte bestimmt ein gewisser Succet aus Gallien, der adligen oder gar königlichen Geblüts war.

Der übernächste König war Laoghaire (Leary) MacNiall, dem hier ein Fort von 40 × 40 Fuß zugeschrieben wird, mit Toren in alle vier Himmelsrichtungen. Während seiner Herrschaftszeit landete Succet als der Missionar Padraic, und Laoghaire wollte ihn weder empfangen noch anhören. Sein Vater, so sagte er, hätte ihn gelehrt, Feinde zu hassen, und nun

371

dächte er nicht daran, sie lieben zu lernen. Dies war der Laoghaire, der den Männern von Leinster bei Sonne und Mond und drei anderen Elementen seine Treue geschworen hatte, und als er seinen Schwur brach und Leinster angriff, um es zu versklaven, nahmen die Elemente Rache: Er wurde vom Blitz erschlagen. Die Elemente waren also wirklich Gottheiten.

Die Burg der Synoden – von denen hier in großen Abständen drei abgehalten wurden; Padraics war nur die erste – ist durch die Suche nach der Bundeslade so zerpflügt worden, daß man kaum etwas von ihr erkennen kann, nur daß sie einen Durchmesser von 100 Fuß hatte. Patrick ging lediglich die bestehenden Gesetze durch, strich, was ihm als hoffnungslos heidnisch erschien, und behielt bei, was er konnte. Als keltischer Adliger konnte er nicht zu hart sein gegen die Gesetze seiner Rasse und Kaste. Die Barden setzten dann die neuen Teile in Verse um, damit man sie im Gedächtnis behalten konnte, denn alle Gesetze hatten poetisch zu sein.

Padraic hatte sicherlich ein fürstliches Leben. Die offizielle Geschichte, daß er in Italien erzogen worden sein soll, ist offenbar Unsinn. Weiter als Gallien kann er nie gekommen sein, sonst hätte man ihm die irischen Häuptlingsallüren sicherlich ausgetrieben. Er sammelte eine Schar von Anhängern um sich, genau wie ein Häuptling mit seiner Leibgarde, und begann sein Werk voller Schwung, indem er Götzen verbrannte und Schlangen vertrieb (ob es in Eire wohl je welche gegeben hat?), während die Druidenschulen, als schon organisierte Gemeinschaften, taktvoll seine Lehren akzeptierten. Er brauchte nur noch den existierenden Symbolismus zusammenzufassen (einen gallischen Esus gab es schon), Maban als Christuskind hinzuzufügen und die alte Göttin Maire als Maria und ihre energischere Form Brighid als die Amme des Christkinds zu adaptieren – und fertig war die irische Kirche.

Wer wirklich glaubt, ein Missionar, und sei er noch so tatkräftig, könnte selbst über einen längeren Zeitraum die Hunderte von Klöstern und Konventen gegründet haben, die man Padraic zuschreibt, der sollte in die späteren, realistischeren Chroniken schauen, die über die Jahrhunderte erschienen sind. Selbst der große Benedikt konnte auf der Höhe seines fabelhaften Einflusses kein solches Wunder vollbringen. Doch wenn Padraic lediglich bestehende Institutionen mit neuen Ideen versah, dann wird die Geschichte wieder glaubhaft. Vielleicht konnte er sogar eine kleine Armee von Helfern um sich scharen und diese Institutionen spürbar umformen.

So taucht alles in die christliche Ära und verfällt. Um 400 christlicher Zeitrechnung war der große Holzpalast, wo einst der Met herumgegangen war, so gut wie verschwunden, und die anderen Strukturen, ebenfalls aus Holz, überlebten nicht viel länger. Die große Vision von Cormacs Heidentum mit ihren strahlenden Farben, ihren Kriegern und Reitern, der offenen Tür zu den *Sidhe* und den Flüchen und Runen entschwand aus der Wirklichkeit, um in der Welt der Literatur wieder aufzutauchen. Aus Druiden wurden Culdees, und ein neuer Ernst legte sich über das Land.

### *Zusammenfassung: Das Trio*

In New Grange haben sich die alten Ideen, wie wir gesehen haben, auf Steinen verewigt. Es gibt Anzeichen von Bestattungen und Gottesdiensten, und der Weg nach oben ist ein Dach wie über der ›Schatzkammer‹ des Atreus in Mykene, das in der jungen Wintersonne glitzerte.

Auf Tara gab es, wenn überhaupt, nur wenige frühe verzierte Steine, obwohl der Hügel der Gefangenen, der nun offenliegt, einige spätere gravierte Figuren aufzuweisen scheint. Die Bauwerke und vielleicht auch die Kultfiguren waren meist aus Holz gewesen.

Tara war in erster Linie ein weltlicher Ort. Die Könige dort übten sich in politischer Macht. New Grange war ein großer Tempel. Und Tailtin war die heilige Wettkampfstätte – damit haben wir die kulturelle Dreifaltigkeit Griechenlands.

Der gleiche Unterschied ist in England zwischen Avebury und Stonehenge zu erkennen: Das eine ist für große, eher weltliche Tanzveranstaltungen, wahrscheinlich anläßlich irgendwelcher großer Spektakel; das andere ist der Schrein der Vater-Sonne und der Vieh-Hörner-Mutter-Gottheiten, deren Priester den Leuten sagten, wann sie zu säen und zu ernten hatten. Der Wettspielaspekt ist durch den nahen *Cursus* repräsentiert.

Solche Vergleiche können nur Anhaltspunkte liefern, denn wenn eine Aussage wahrer ist als alles andere, dann ist es die, daß jede megalithische Struktur einzigartig ist, mag sie auch noch so viele Merkmale mit anderen gemeinsam haben. Ein paar fest umrissene Götzen wären hilfreich, doch zumindest auf diesen Inseln scheint diese Religion außerordentlich ›götzenfrei‹, das neolithische Denken in seiner Struktur symbolbezogen gewesen zu sein. In Irland hört man von Idolen. Padraic hat welche verbrannt; sie werden daher aus Holz gewesen sein. Im Museum zu Dublin gibt es jedoch keine Götzenfigur. Leidenschaftliche Christen könnten sie in ihrem heiligen Zorn natürlich alle verbrannt haben; daß keine einzige überlebt hätte, muß dennoch als unwahrscheinlich gelten. Nach unserem begrenzten Wissen haben wir immerhin die Fruchtbarkeitsfigur Sheila Na Gig über Kirchentoren, eine degenerierte Fruchtbarkeits- und Glücksgestalt, die erst um die Mitte des neunzehnten Jahrhunderts von einer empörten Kirche verbannt wurde, aber hier und da noch zu sehen ist.

Mit Idolen könnten die Chronisten auch Menhire meinen, die zuweilen, wie auf Korsika, Gesichter eingeritzt hatten. Solche hätte man ohne weiteres umstürzen können, weshalb es überrascht, wie Menhire sich aufrecht halten konnten, selbst wenn kein irisches Exemplar die zwanzig Meter Höhe des *Men er Hroeck* erreicht hat, des großen männlichen Emblems in der Bretagne neben dem am klarsten markierten Schrein der Muttergöttin, dem *Table des Marchands*.

Wir wollen nun einen spekulativeren Interpretationsversuch dessen darlegen, was sich unsere fernen Vorfahren gedacht haben könnten.

### Cashel Aenghus: Eine freiere Interpretation

Am heiligen Fluß lag das Land der Götter, wo der Fels es leicht machte, Grüfte für die Leichname oder die Asche der Vorfahren zu erbauen – jener, die durch die Priester Prophezeiungen aussprachen. Doch die Zeit schritt voran, und irgendwann begriff man, daß es auch große Kräfte des Lichts von oben gab, ebenso wie heilige Bande mit Wachstumskräften, die aus der Erde und den Vorfahren kamen. Die davon wußten, hatten die Häuptlinge von der Notwendigkeit eines angemessenen Hauses an der Boyne überzeugt, ein *Bruagh na Boinne* für diese Großen, das ihrer würdig wäre, und eine abstrakte Kunst hatte sich entwickelt, die fähig war, die verschiedenen Seiten dieser Naturen zu repräsentieren.

Die finstere Welt der Labyrinthe, in der ein Teil der Seele verschwand, wenn man starb, wurde sicherlich erhellt durch eine Version der Sonne, auf der alles Leben hier zu beruhen schien. So vereinigte die Spirale beide Ideen: Sie war rund wie ein Auge, wie die Sonne, und doch trickreich wie die alten Geistervorstellungen mit ihren Labyrinthen. Das geschah der Sonne, wenn sie am Abend unterging, und einmal im Jahr drohte sie für immer gen Süden zu verschwinden; es wurde dunkler und dunkler. Man mußte einen Tempel bauen, um sie zurückzuholen, ihr zu huldigen und ihr Geschenk zu preisen, wenn sie schließlich auf ihrer Flucht innehielt und zurückkehrte. Im Südwesten verschwand sie, und im Südosten tauchte sie wieder auf.

Der Norden war der sonnenlose Teil, der vielleicht den Toten gehörte, die auf ihrer Ebene keine Sonne hatten. Sicherlich gehörte er aber zu den Wurzeln und Samenkörnern, die im Dunkeln wuchsen, und dem Wasser, das gewöhnlich tief unter der Erde war. Das richtige Zeichen schien ein Dreieck der Erde oder des Wassers zu sein, aufwärts oder abwärts zeigend oder in beide Richtungen.

Je größer die Sonne wurde und je länger sie am Himmel blieb, desto schlimmer erschien ihr täglicher und jahreszeitlicher Tod. Im Nordosten erreichte sie ihre größte Kraft, wenn das Licht im Sommer am höchsten stand und die wunderbarsten Dinge geschahen. Man konnte auf sie zeigen, um ihre Kraft zu empfangen. Ihr Tod war dann am schmerzhaftesten, und im dunklen Norden war der Nordwesten der tödlichste Teil des ominösen Gebietes.

So faßte man den Plan, eine Stätte zu errichten, wo der neue Strahl einfallen und, wie man glaubte, den jungen Leuten enorme Kraft verleihen könnte, indem er Wasser in ein Geistgeschenk verwandelte. Er konnte auch symbolisch in die Labyrinthe der Erde eindringen ... Die große Kraft des Sommers sollte unter anderem für die große Initiation des Mannes genutzt werden, wenn er etwa 25 bis 30 Jahre alt war. Die Sonnenkraft sollte und konnte auch in den Steinen gespeichert werden, wenn diese in die richtige Richtung schauten und durch Sonnenzeichen entsprechend geweiht waren; Kraft, die man später anzapfen wollte, wenn sie benötigt würde.

Für diese Zwecke wurde das Haus im Land der Götter gebaut. Es hatte einen großen Stein über dem Eingang, der es als Tempel einer unendlichen Zahl von Sonnen und Labyrinthen auswies und den Sonnenstrahl zeigte, wie er am Mittag senkrecht herniederscheint und in die Windungen der Geister eindringt. Der Eingang selbst war ein gewöhnliches, hohes Tor für die Menschen und darüber eine weitere Pforte für den Lichtgeist. Durch diese Pforte der Götter strahlte er zur Spiraldecke der großen Kammer empor und wurde von dort zu einer Schale geleitet, die einen Teil der Kraft zur Nutzung unten in der Kammer abzweigte. Licht war im Grunde ein Kind, das neu in die Gemeinschaft kam, und ein Bild an der Wand gegenüber dem Eingang zeigte ein schnelles Ruderboot wie das, mit dem es angekommen war.

Die Kraft wurde nach unten gelenkt und strahlte in eine spezielle Wasserschale, ein Bad der Erleuchtung, mit zwei kleinen Kuhlen darin, für das Wasser, das auf diese Weise gesegnet wurde. Darin badeten die Priester ihre Augen und empfingen so das Zweite Gesicht; anderen diente das Wasser zur Heilung ihrer Augen und gegen andere Gebrechen.

Dies fand am Wendepunkt des Mittwinters in der zentralen Kammer statt, wo es dann kalt und dunkel war. Doch in dem Bad in der Kapelle, die links dem Dunkel des Wintersonnenuntergangs zugewandt ist, wo das Boot und die Symbole einer größeren Sonne eingeritzt waren, wurden Knaben mit sieben Jahren ihrer ersten Initiation unterzogen. In dieser Richtung drang keine große Kraft nach innen, doch einige Dreiecke, zu Rauten verbunden, reflektierten die Idee der Taube mit Erde und Himmel oder Wasser, Ideen, die in diese Richtung gehören.

Der große Tod des Mittsommers war etwas anderes. Draußen befand sich an diesem Punkt die Skizze eines Höhlengrabes mit gebrochenen Kreisen und Knoten rundum, so wie das Leben unterbrochen war und der Geist gefesselt. Drei Becheraugen füllten sich mit den Todesstrahlen. Drinnen zeigte ein dreifaches Labyrinth drei Wege, die auseinander hervorgingen und auf denen die Seele wandern konnte.

Die größte Aufmerksamkeit galt im Mittsommer jedoch der Ankunft der höchsten Energie, des *Mana*. Zunächst wurde sie draußen durch den riesigen, aufrechten Stein genau im Nordosten auf magische Weise angezogen. Dann wurde sie während der beiden Tage, an denen sich fast nichts änderte, durch die beiden großen Augenspiralen beobachtet, während die beiden mit Wasser gefüllten Rauten zeigten, daß alles im Gleichgewicht war zwischen den Augen der Sommersonne und der Dunkelheit des Winters. Innen reckten sich all die großen Sonnenwirbel in diese Richtung und leiteten die Kraft in die nordöstliche Kapelle. Aus der gegenüberliegenden Kapelle strahlten drei Sonnen, ein halbes Dutzend waren auf den großen Eingangspfosten zur Zentralkammer geritzt, und auf der Steindecke oben waren Sonnenbilder und viele andere Dinge graviert.

Welch ein Fest! Die hohe Kraft wurde mit Gesängen und Gesten der Priester angezogen, während die höchsten Initiationen der Männer, die dafür bereit waren, auf der Nordostseite im größten der Bäder stattfanden. Nun wurden sie ganz in die obersten Ränge des Stammes aufgenommen, legten feierliche Eide ab und wurden mit Armbändern und Stirnreifen beschenkt.

Insgesamt gab es drei dieser Initiationsbäder und dazu, in der Mitte, ein Heilbad. Das dritte – oder das zweite im Leben eines Mannes – befand sich in der Nordwestkapelle, ganz am Ende des Tempels, und wurde von großen Rundaugen und den Farnwedeln der Feen beobachtet. Hier hatten die Jungen vorgetäuschte Tode zu sterben, wenn sie im Alter von 14 in die Gemeinschaft der Männer initiiert wurden. Sie wurden mit Messern geschnitten, ausgehungert und dann gezwungen, wochenlang mit bloßen Händen zu jagen, bevor sie halbtot in den Tempel gebracht wurden und die Feenheilung und die Aufnahme durch die Augen der Göttin empfingen.

Der Lichtgott oder die Lichtgöttin, die im Mittwinter erschien und zu Mittsommer den Höhepunkt ihrer Macht erreichte, war nur zum Teil herabgestiegen, um den Menschen zu helfen. Die Gottheit wohnte in den oberen Gefilden und in der Kuppel. Die Gottheit gehörte zum Himmel, zu einem der beiden großen Lichter. Nahm das Licht auf der Erde ab, dann fuhr die Gottheit wieder zum Himmel empor, die spiralige Treppe hinauf, die man in der Decke angelegt hatte, durch die Geistertür an der Spitze und an den Quarzkieseln auf dem Dach vorbei, die ihren Ruhm zeigten. Der Tempel wurde nun gereinigt und beleuchtet, bereit für die Wiedergeburt im Mittwinter. Der Teil der Gottheit, der zu den Fruchtbarkeitsgängen und dem Geisterpfad unten gehörte, versank in der Erde und bereitete das Erdschiff vor, mit Samenkörnern und kleinen Lichtern. Und schließlich erschien wieder der junge Maban von Og und machte sich auf ihm auf die Reise.

Wer waren die Gottheiten? Hatten sie Namen? Der Dagda ist ohne Zweifel der spätere Erdgott. Er hat eine Grube im Boden, welche der große Kessel des Überflusses ist. Doch ist er in anderer Erscheinung nicht auch die Sonne? Schließlich besitzt er das einzelne Auge des Sonnengotts. Der Dagda könnte beide Geschlechter haben, denn in dem großen Löffel haben eine Frau und ein Mann Platz, und Eire besitzt in Grainne eine Sonnengöttin. Dagdas Harfe ruft zur Schöpfung und steuert sie durch ihren Klang. Sein Sohn ist sicherlich ein höherer Geist; *Aenghus*, Sohn des Dagda, *Mac-in-da-Og*, Sohn der Jugend, und seine Gemahlin können sich in große weiße Schwäne verwandeln. Aenghus ist der Liebesgott, der denen, die ihm folgen, den Zauber der Anziehung verleiht. Doch er ist nicht mehr rein neolithisch; er gehört zur Bronzezeit und zur Ära der Kelten; er ist ein Danaan. Der primitive Dagda ist eher wie die frühere Gottheit von Bruagh-na-Boinne.

# IX. Die Finsternis von Rollright

Der Rollright-Komplex liegt an der Nordgrenze von Oxfordshire, drei Meilen nördlich von Chipping Norton auf einer Höhe über den Dörfern Great und Little Rollright, wobei letzteres vielleicht eine halbe Meile entfernt ist und direkt auf dem Gratweg liegt. Es gibt nur einen schmalen Hohlweg dorthin, weshalb die Stätte bis vor kurzem sehr abgelegen war und zum Mißbrauch einlud. Nicht nur organisierte Druiden und Hexenzirkel haben sich dort getroffen, sondern auch ganz anderes Volk und zu weit weniger ehrbaren Zwecken.

Früher wurde der Ort ›Rowldrich‹ genannt, was auf ›Rholdrwg‹ zurückgehen könnte, das ›Rad der Druiden‹. Dies ist Stukeleys vielleicht nicht ganz ernstgemeinter Vorschlag. Das *Domesday Book* führt ihn als Rollandri = Rollandright, das Recht des Roland, des berühmten christlichen Ritters, womit ein starker heidnischer Gegner ins Spiel käme. Auch in Deutschland gibt es große Rolandfiguren, die einen früheren, heidnischen Gott repräsentieren, der mit einem Rad zu tun hat – vielleicht Wedel, eine Gestalt, die ein Rad umfaßt.

Die gedrängte Enge der Stätte, mit dicht an dicht liegenden Steinen, manche halb unter der Erde, steht ganz im Gegensatz zu den meisten Arbeiten der neolithischen Druiden, die in der Regel sorgfältig vermessene und angeordnete Steine hinterlassen haben. Ist dies ein Steinkreis, dann muß er zu einer vollkommen anderen Kultur gehören.

Die Steine, so heißt es, kann man nicht zählen, wie auch im Falle des Castleriggkreises und des als ›Zahllose Steine‹ bekannten Rings 500 m südlich von Kit's Coty House. Dem ist auch so, denn jede Zählung hängt davon ab, wie man die vergrabenen, umgestürzten und überlappenden Steine rechnet. Wenn man Besucher belauscht, hört man alle möglichen Zahlen zwischen 70 und über 90. Man kann jedoch sagen, daß die Anzahl etwa 60 beträgt. Es gibt andere beengte Kreise, zum Beispiel Lounhead, doch die erwecken nicht diesen Eindruck der ›Geschäftigkeit‹ und absichtlichen Überladung.

Der Kreis hat einen Durchmesser von etwa 30 m. Die Steine sind meist niedrig, es gibt aber auch einige höhere: Genau im Norden steht einer von 2,25 m Höhe. Ungefähr 80 m entfernt Richtung Nordnordost (29°), schon in Warwickshire, findet man den isolierten, geschunden wirkenden Lith, den man *King Stone* nennt. Praktisch im rechten Winkel dazu, 200 m Richtung Westnordwest auf einem Grabhügel, stand *Gough's Stone*, von dem heute jede Spur fehlt. Mehr oder weniger genau im Osten (94° 9") in 360 m Abstand steht eine Gruppe von vier aufrechten Steinen einer Grabkammer mit einem heruntergefallenen Schlußstein: die vier ›Flüsternden

Ritter‹ hoch zu Pferde. Wahrscheinlich sind sie irgendwann näher zusammengerückt worden, da sie einem Bauern im Weg standen. Die etwa 60 Steine des Hauptringes sind als die ›Armee des Königs‹ bekannt.

Vielleicht sagen nicht nur die Steine, sondern auch die Umgebung etwas aus. Zwischen den Dörfern Great und Little Rollright liegt der Grat 700 Fuß über dem Meeresspiegel und überblickt zur einen Seite den Fluß Stour, zur anderen den Swere und im Nordosten Long Compton.

Geographisch ist das ausgedehnte Monument nicht nur zwischen Oxfordshire und Warwickshire aufgeteilt, sondern auch zwischen zwei Landeignern und durch einen uralten Weg, der von Westsüdwest nach Ostnordost verläuft und durch eine noch erkennbare Reihe von Menhiren markiert ist, die eine Art heiligen Weg zu einer alten Gräberstätte auf dem Hügelkamm abstecken. Die Begräbnisse dort datieren aus der späten Bronzezeit und waren Feuerbestattungen.

Die Anzeichen sprechen dafür, daß dies ein vorwiegend kymrisches Siedlungsgebiet war. Das Wort *Cotswolds* (wie die Region genannt wird) leitet sich von dem keltischen *Coed* = Wald ab. In alten Zeiten gehörte all dies zum Wychwood Forest und war Teil des *Wold* (der Wildnis). Es war ein typisches Grenzgebiet. Im Wychwood standen früher eine Anzahl bekannter Steine, die inzwischen verschwunden sind: *Frethurstone*, der ›*Hoar Stone*‹ und der ›*Hawk Stone*‹. Auf der Oxfordshire-Seite gab es einen Kreis so groß wie Avebury, 900 Yards im Durchmesser, dessen Überreste heute als die ›Teufelsscheiben‹ bekannt sind. Das ganze Gebiet war also einmal berühmt für aufrecht stehende Steine, und der ehemalige Name des nahen Dorfes *Stanton Village* war *stan tren*, die Steinanlage.

Camden kannte Rollright gut. Er hielt es für dänisch und nannte es das ›zweite Wunder des Landes‹ (Stonehenge war das erste). Stukeley, der das ganze Gebiet als Heideland vorfand, betrachtete den *King Stone* als Relikt des Hügelgrabs eines Erzdruiden. Damit hat er sich sicher geirrt, denn es handelt sich hier um einen isolierten Stein.

Die eigenartig gedrängten Steine, die Erosion der oolithischen Kalksteine und ihre seltsame Beziehung haben zu Legenden Anlaß gegeben, in denen es um vereitelten Ehrgeiz und wachsame Hexenkraft geht. Einem ehrgeizigen lokalen König (ohne Namen) wird die Herrschaft über ganz England versprochen, wenn er von Rollright aus Long Compton sehen kann. Als er mit seinen Männern zu der Stelle kommt, stellt er fest, daß Mutter Shipton (ein Synonym für alle Hexen) den Boden zu seiner heutigen Höhe gezaubert und ihm so die Aussicht versperrt hat. Während er noch frohlockte:

> Wenn ich Long Compton sehen kann,
> bin ich Englands mächtigster Mann!

rief sie:

> Erheb dich, Stock, steh grade, Stein,
> nie sollst du König von England sein!
> Zu Steinen ihr werdet, mit Zügel und Zaum,
> und ich selbst zum Holunderbaum!

Und da stehen sie nun, der *King Stone* und seine Männer in ihrem magischen Kreis, und die Feen tanzen um sie herum.

Die Erhebung eines ganzen Gebirgskammes ist eine Leistung, wie sie in anderen Legenden kaum oder überhaupt nicht vorkommt. Könnte es also nicht eine andere Erklärung geben? Wenn Professor Thom sich nicht irrt, konnte man von dem künstlich erhobenen Steinkreis aus einmal wirklich Long Compton sehen. Als der Hügel dann nachgab, mußte man dazu immer mehr den Hals recken, und schließlich konnte man das Dorf überhaupt nicht mehr sehen. Im Volksglauben ging es nur andersherum: Es hat sich nicht abgesenkt, sondern erhoben.

Zu dem König ist noch zu sagen, daß sich einige seiner Ritter in verschwörerischer Absicht ein Stück entfernt hatten. Auch diese wurden in Steine verzaubert, als die vier Ritter, die flüsternd zusammenstehen. Sie könnten auch finstere Prophezeiungen geflüstert haben …

Mutter Shipton ist wirklich ein Holunderbaum; davon gibt es einige in der Umgebung. In Sachsen hat man sie besser behandelt; dort ist sie als die respektierte und gefürchtete Holunderdame bekannt. In Irland wird sie dagegen als ganz und gar unheilig betrachtet. Am Vorabend der Mittsommerwende schneidet man nach altem Brauch den Holunder, worauf der König seine Hand bewegt, während die Feen um ihn herum tanzen.

Bis 1882 waren die Steine ohne jeden Schutz; Besucher konnten sich ungehindert Stücke abschlagen, was auch oft geschah. Heute sind sie unter der pfleglichen Obhut eines Eigentümers, der ihren Wert schätzt.

Für Professor Thom bedeuten die Eigenarten der Rollright-stätte, daß der Ring das Stützgerüst eines großen Erdhügels war, der wie gewöhnlich verschwunden ist, zerfallen und abgetragen. Doch was ist dann mit den üblichen Mittelsteinen der Grabhöhle, die normalerweise zu groß sind, als daß man sich die Mühe machen würde, sie wegzuschleppen? Thom meint, sie wären für den Straßenbau genommen worden, doch es müßte schon ein hartnäckiger Straßenbauer sein, der so schwere Steine benützen würde, wenn er auch kleinere nehmen kann. Es gibt keine Spur, daß sie aus dem Boden gezogen worden sind; das heißt, man müßte sie an Ort und Stelle gespalten haben. Und gibt es irgendwo anders ein Beispiel eines so großen Rundhügels?

Doch selbst wenn man diese Interpretation annimmt, stellt Rollright einen echten Ring dar, der dieselben Orientierungen zeigt wie der Hügel, bevor die Erde darüber verschwand. Nach einem Außenstein zu urteilen, ist er auf Capella ausgerichtet.

Es könnte Zufall sein, doch die Teile des Kreises, die in Richtung der Flüsternden Ritter oder von Gough's Stone liegen, stehen enger zusammen und aufrechter als die übrige Peripherie. Die zitierte Legende zeigt die Wahrscheinlichkeit eines matriarchalischen Kultes: Die Hexe bewacht ihre Steine.

Faßt man Orientierungen und andere Anzeichen zusammen, so hat der Kreis einen sicheren Markierungsstein Richtung Norden; der Königsstein weist nach Nordnordost auf Capella und liegt im rechten Winkel zu Gough's Stone westnordwestlich. Praktisch genau im Osten befinden sich das Häuptlingsgrab und die Flüsternden Ritter. Bedeutet dies ein

Orakel? Flüstern oder Murmeln deutet oft auf eine solche Nutzung hin.

Der von Menhiren bezeichnete Weg verläuft von Ostnordost nach Westnordwest. Professor Thom sagt vorsichtig, diese Orientierungen von Rollright könnten Eingänge sein oder einfach Markierungssteine. Es könnte eine Prozessionsroute zwischen dem Ring, der eine bestimmte zeremonielle Huldigung repräsentierte, und dem Häuptlingsgrab im Osten gegeben haben. Ebenso könnte der King Stone ein Objekt der Huldigung oder ein Kalenderstein für Capella gewesen sein. Etwa ein Dutzend vermessene Stätten benutzen den Stern Capella als Zeitmarke. Um 2000 v. Chr. war Capella auffälliger als heute, vom Spätherbst bis fast zum Sommer war er gut zu sehen. Die andere englische Stätte, wo Capella beobachtet wurde, ist Woodhenge, während die weiteren Beispiele meist in Schottland zu finden sind. Es ist also möglich, daß die Menschen, die beide Kreise errichtet haben, aus nördlicheren Breiten gekommen waren, wo Capella einige Tage länger als Kalendermarke dienen kann. Zwischen diesen beiden Orientierungen verlief ein heiliger Weg der Toten in die nahen Hügel.

Diese Umstände lassen darauf schließen, daß die Errichtung von Rollright im wesentlichen zwischen 2000 und 1800 v. Chr. stattgefunden haben muß, und obwohl es nach anderen Überresten so scheint, als wäre die Kultur der Belger, 300–200 v. Chr., hier gewesen, konnte jene Rasse mit Sicherheit etwas bereits Bestehendes übernehmen, wenn auch vielleicht schon in dem abgetragenen Zustand, in dem wir es heute sehen.

Rollright hat auch eine magische Verbindung mit Wasser, in diesem Fall mit der Furt über den Fluß Swere oder seine Zuflüsse unten im Tal. Um Mitternacht bewegen sich die Steine den Hang hinunter und trinken aus einem Bach nicht weit von der Grabkammer. König und Ritter begeben sich zur Spinneyquelle, so wie die Carnacsteine am Heiligabend zum Strand hinuntergehen. Soweit eine Verbindung zur Sonne besteht, könnte sie hier unten im Südosten liegen, dem Ort, wo die Große Mutter die junge Wintersonne wiedergebiert.

Das Trinken der Steine zeigt, daß sie von Menschengeistern bewohnt waren. Wenn eines klar ist, dann, daß die Toten durstig sind. In Tonsärgen beließ man Löcher, durch die man Getränke hineinschütten konnte. In Britannien goß man Bier in die Gräber der Toten, und Virgils schnatternde Geister sprechen nicht eher zu Äneas, als bis sie das Blut getrunken haben, das man ihnen in einen Graben gegossen hat. Keineswegs alle Menhire sind so vermenschlicht, doch die Erwähnung tanzender Steine ist ein unübersehbares Zeichen für solche Anschauungen, und hier sind es zur Abwechslung eine ›Armee‹ und ›Ritter‹.

Ein Hügelrund, das als Steinkreis benutzt wurde, in Verbindung mit einem auf geheimnisvolle Weise verschwundenen Höhlengrab, einer seltenen Orientierung (die Mehrheit der Ringe ist auf die Sonne ausgerichtet) und einer irrigen Nutzung durch eine spätere Rasse ergeben den verwirrenden Hintergrund, vor dem man die kultische Funktion dieser Anlage sehen muß.

Während seines dritten Besuches dort hatte der Autor die Vision eines recht dunkelhäutigen Volkes aus dem Osten, die große, belaubte Zweige zu rituellen Zwecken benutzten. Sie schienen nur für eine kurze Zeit hier zu weilen, doch ihr Leben war derart intensiv, daß sie das ganze Gebiet für immer prägten. Vielleicht sind sie mit denen verwandt, die man am Meini Hirion gesehen hat, ein minderer Zweig jener würdevollen, intellektuellen Rasse.

Aus diesen verschiedenartigen Anzeichen leitet man ab, daß der Standort später zu der magischen, naturverbundenen Kultur gehörte, die man von einem Volk, das seine Kraft aus dem Erdstrom des Nordens zieht, erwarten kann. Üppige, beengte Natur ist das Werk der Kraft Pan – expansiv, rücksichtslos und nur die natürlichen Formen und ihre eigenen Anhänger achtend. Im alten Arkadien tanzt Pan durch die Täler, macht die Ziegenböcke und Widder verrückt und zieht ein Gefolge junger Leute und ältlicher Matronen hinter sich her. Vernünftige Männer mieden Pan, weil sie dessen Wirkung auf ihre Frauen äußerst seltsam fanden. Sicher hat sich diese belgische Rasse (wenn es denn Belger waren) nicht den nächtlichen Berggelagen hingegeben, wie die Griechen sie kannten, wo die Feiernden – völlig außer sich – Zicklein und Lämmer zerrissen. Doch in ihrem hingegebenen Schwenken der Zweige zeigten sie denselben Trend, wenn auch auf ihre schwerfälligere Weise.

Dies ist, soweit der Autor weiß, die einzige Stätte, von der man sagen kann, sie wäre in konventionellem Sinne mit Hexenkraft verbunden. Alle Fruchtbarkeitskulte – und einen solchen haben wir hier sicherlich vor uns – haben etwas Dunkles an sich, denn der Mensch lebt nicht allein der Fruchtbarkeit, sondern folgt normalerweise einem höheren Antrieb, der den Trieb formt und im Zaume hält. Pan ist weder respektvoll noch respektgebietend, sondern leichtsinnig, überschwenglich und wild. Als ein Ventil für Spannungen mag er seinen Nutzen haben, doch ansonsten bringt er nur Unheil. Pan braucht einen Meister, der ihn zu einem starken Diener macht; seine Gedankenlosigkeit nützt nur bis zu einem gewissen Punkt.

Es wundert wenig, daß viele in Rollright den typischen Ort für Hexensabbate sehen, die oft eher sonderbar als authentisch sind. Es ist damit das exakte Gegenteil der kornischen *Merry Maidens*, eines planvollen rituellen Kreises, kaum berührt und noch mit viel Kraft in sich, die man nutzen kann – wenn die Schwingungen stimmen.

# X. Die *Dawns Myin* oder *Merry Maidens*

### *Die neunzehn lustigen Jungfrauen von Cornwall*

Über den westlichen Randgebieten, seien es die *Hielands* auf den Hebriden, die Lleynhalbinsel in Wales oder der geheimnisvolle Stein mit Säule am westlichsten Punkt Irlands, hängt ein fast greifbares Mysterium. In Cornwall ist dieses Gefühl noch stärker. Land's End selbst ist vielleicht nicht so eindrucksvoll wie der furchteinflößende Pointe du Raz der Bretagne, doch die Region westlich von Merazion steckt voller Geheimnisse und alter Monumente, von denen die meisten zueinander ausgerichtet sind, und trotz John Michells Studie *The Stones of Land's End* (1974) ist hier noch vieles unerforscht.

Über vielen dieser Täler liegt eine psychische Dunkelheit,

als hätten Generationen von Strandräubern etwas von sich hinterlassen. Es gibt aber auch Oasen des Lichts. Eine davon ist der vielleicht bekannteste Steinkreis Cornwalls. Er ist der Schändung entgangen, da die Menschen Cornwalls Respekt haben vor Steinen und sich nicht dem Fanatismus hingeben, dem ein großer Teil Aveburys und die meisten Ringe in Wales zum Opfer gefallen sind.

Bolerium ist ein Granitplateau, das sich über vier Meilen von Hale nach Marazion erstreckt. Von Südwest nach Nordost ist es zehn Meilen lang. Dies ist das Land der Riesen, die immer noch große Granitblöcke tragen. Über 100 Menhire, Steinkreise und andere riesenhafte Werke gab oder gibt es in den 14 Sprengeln von Western Penrith. Die schrofferen *Tors* und *Cairns* werden den Riesen zugeschrieben, denen erst Brutus' Trojaner den Garaus machen konnten. Ihnen folgten Druiden, Griechen und später die keltischen, gewöhnlich halb druidischen Heiligen, von denen es unzählige gegeben hat und die meist auch mit der Bretagne verbunden waren. Phönizier kamen wegen des Metalls und des weißen Tons und nach ihnen die Griechen. Dies war einer der Orte, wo sich griechische Philosophie und druidisches Denken vereinigt haben; vielleicht war es nicht einmal eine Wiedergeburt, sondern das letzte Wort der hermetischen Traditionen selbst. Heilige Bereiche, *Ilans*, behielten ihre Privilegien und unabhängigen Verwaltungen; so auch St. Buryans Gemeinde, zu der die *Merry Maidens* gehören, eines der reichsten Gebiete unter all diesen Monumenten.

*Boscawen-Uns* 19 Steine mit einem Mittelstein sind vielleicht der interessanteste Ring: ein abgeflachter Kreis, eine *vesica piscis*, im Zentrum eines großen Schemas von Orientierungen. Die Längsachse mißt etwa 30 MY, und der Umfang ist etwa das Dreifache davon, ein oft gefundenes Idealmaß der Kreisbauer. Der Mittelstein ist nach Osten geneigt. In den walisischen Triaden ist *Boscawen-Un* eine der 390 drei großen Gorseddstätten. Nach William Borlases *Antiquities of the County of Cornwall* (1766 und 1769) wurden am Zentralstein Prinzen gewählt oder Dekrete erlassen.

Heute sind jedoch die *Merry Maidens* (*Dawns Myin*, die lustigen Jungfrauen) mit ihren verschiedenen Steinformen in der Umgebung die bekanntere Stätte. Ein Rundgrab und, weiter entfernt, zwei hohe Steine (5 m und 4,5 m) bilden eine Linie nach Norden. Es gibt Steine mit Löchern (Peilsteine?) nach Nordosten und Westnordwesten. Zu den acht Ausrichtungen des Kreises gehören Capella, Antares und Arktur. Als Kalender markiert er das Maijahr mit zwei Peilungen auf einen Grabhügel, einen Fougou[97] und auf die St.-Buryan-Kirche. Capella zeigt den Februar an, Antares den Mai und Arktur den August.

Die neunzehn Ringsteine der Merry Maidens sind noch alle vorhanden und bis zu 4 Fuß hoch. Der Ring überschaut die Küste nicht weit von Lamorna, etwa zwei Meilen südöstlich von St. Buryan, in der Nähe des Weilers Boleit. Er liegt auf einem sanften Hügel und hat einen Durchmesser von 77,8 Fuß mit einem Eingang im Osten. Er hat Peilsteine im Westen und steht mit zwei weiteren Steinen von 12 beziehungsweise 16 Fuß, den *Pipers*, in Verbindung. Obwohl er nach einem Bericht von 1890 nur 15 Steine haben sollte, von denen einige umgestürzt waren, scheint die Rekonstruktion ziemlich korrekt zu sein und stört nicht den Eindruck, daß wir hier den unberührtesten Ring Britanniens vor uns haben. Seltsamerweise wird er von Borlase nicht erwähnt. Vielleicht war er zeitweise unter Büschen versteckt, wie es beim ›Langen Mann‹ der Fall war. Thom zählt ihn zu den echten Kreisen, auf einer Stufe mit Meini Hirion. Er sieht keine noch so schwache Andeutung einer Ellipse in ihm.

Die Erbauer könnten genau nördlich davon gelebt haben, denn um den Tumulus *Carn Kininack* scheint eine Siedlung piktischen Typs gewesen zu sein. Andere megalithische Bauwerke sind ganz in der Nähe. Nur eine Meile nördlich von St. Buryan findet man eine Ellipse mit wiederum 19 Steinen von durchschnittlich 1,4 m Höhe und einem exzentrisch angeordneten Menhir darin. Man erinnert sich, daß 19 die heilige Zahl des Mondzyklus ist. Anderthalb Meilen nordwestlich von Upton Cross befindet sich eine anspruchsvolle Struktur aus drei Kreisen in einer Reihe, die man als die *Hurlers* kennt. Obwohl hier viele der Steine fehlen, erkennt man die Linie Richtung Nordnordwesten. Der nördliche Ring mißt 100 Fuß Durchmesser, der mittlere 135 Fuß und der südliche 105 Fuß.

200 Yards westlich davon stehen zwei große Steine, die ebenfalls *Pipers* genannt werden.

Frühere Namen sind nicht sehr vielversprechend; ›Boleit‹ bedeutet angeblich ›Ort des Schlachtens‹, und der Kreis der Merry Maidens selbst hieß früher ›das Grab der Riesen‹. Die wiederholt auftauchenden Pfeifersteine erinnern uns jedoch daran, daß, wenn Leute um einen Steinring herum tanzen, gewöhnlich auch rhythmische Klänge zu hören sind, und daß die Hirtenflöte eines der frühesten Instrumente war.

Diese friedvolle, unberührte Stätte ist ein Beleg für eine Eigenschaft, die wahre Steinkreise immer schon hatten: die Fähigkeit, Energie zu speichern. T. C. Lethbridge spürte hier einen stärkeren Strom als an jeder anderen Stätte:

»Sobald das Pendel zu schwingen begann … spürte ich in der Hand, die auf dem Stein ruhte, ein Kribbeln wie von einem leichten elektrischen Schlag. Das Pendel schlug aus, bis es fast parallel zum Boden kreiste. Der Stein schien zu zittern, fast zu tanzen.«

*Legend of the Sons of God*, S. 15

Lethbridge war zugleich Wissenschaftler und ein echtes Medium. Seine Berichte sind vertrauenswürdig. Andere bestätigten seine Erfahrung an diesem Ring, wo die kornischen Barden mehrere Gorseddau abgehalten haben.

Interessanterweise hat Lethbridge mit seiner Pendelmethode das Entstehungsjahr des Rings auf 2540 v. Chr. festgelegt und das der *Pipers* auf 2610 v. Chr. Nach üblicher Schätzung sind die Monumente viel jünger.

Doch wie kamen die Steine zu ihren elektromagnetischen Schwingungen? Lethbridge betrachtet sie als Speicher für Bioelektrizität:

»Wenn eine Menge erregter Menschen im Kreis tanzen, entstehen natürlich große Mengen Bioelektrizität. Geschieht dies in einem Kreis aus Steinen mit Lücken dazwischen, dann haben wir eine Art Dynamo … Elektromagnetische Felder von Steinen, Bäumen und Wasser absorbieren Bioelektrizität von außen …«

Die so gespeicherte Energie kann von denen angezapft und

genutzt werden, die sich auf den Ring ›einstimmen‹. Wer mit dem Hexenkult vertraut ist, wird dies verstehen. Das Konzept der Bioelektrizität scheint mittlerweile wissenschaftlich anerkannt zu sein.

In den *Merry Maidens* haben wir also einen weitgehend unberührten Ring vor uns, der bis zum heutigen Tag die Fähigkeiten behalten hat, welche die neolithischen Kreiserbauer – und jene, die später in deren Tradition gewirkt haben – in ihn eingebaut haben. Der Granit speicherte die Energie, wie es Bäume nur über kürzere Zeiträume tun können. Daß die Kraft hier wohltätiger Natur war, ist Intuition und kann nicht bewiesen werden, doch das Gefühl ist ganz deutlich. Jenen, die empfänglich sind, schenken die Merry Maidens eine unvergeßliche Erfahrung friedvoller, schöpferischer Energie, wie sie kein anderer Ring in dieser Stärke bieten kann.

# Druidische Weisheiten

*Vorbemerkung*

Die druidischen Lehren stammen aus vielen Quellen. Ein Großteil dieser Weisheit findet sich auf der archetypischen Ebene und kann mit einer angemessenen Schulung erschlossen werden. Niedergeschriebene Weisheiten finden sich im Kurs des Ordens, in vielen der im Vorwort erwähnten Schriften und in frühen walisischen und irischen Texten, auch wenn diese oft schwer erhältlich oder schwierig zu interpretieren sind.

Der Autor hat hier eine Reihe von Auszügen aus diesen verschiedenen Quellen zusammengestellt, die den Leser befähigen sollten, einen Einblick in die Tiefe und den Reichtum druidischer Weisheit zu gewinnen.

*Der Herausgeber*

## I. Die frühen walisischen Himmel und die Ordnung der Welt

Das folgende basiert auf den gelehrten Artikeln von Alun Llewellyn im *Aryan Path*, für die er das schwierige Altwalisisch der alten Bücher, hauptsächlich des *Black Book of Caermarthen*, übersetzt hat.

»Vieles, was die Natur der Dinge betrifft, die Sterne und die unsterblichen Götter«, faßt Cäsar die druidische Weisheit zusammen, und sicherlich finden wir diese in den uralten Büchern von Wales. Darunter befindet sich auch ein beherrschendes Himmelsschema, vielleicht etwas verändert, doch eindeutig auf dem spätklassischen John Scotus Erigena basierend (John der Schotte, der eigentlich ein Ire war), dessen Werke von etwa 860 n. Chr. datieren. Seine Schrift *De Divi-*

*sione Naturae* stellt die nach innen verlaufende Entwicklung des Menschen durch die drei Sphären dar:[98]

Zuerst gab es Land und Wasser, *Tellus*, später irreführend als *Terra* bezeichnet, womit spätere Generationen versäumten, auch die Meere zu verbinden.

Dann kam alles, was sich bewegt unter der Herrschaft der Zeit: Sonne, Mond und Planeten, genannt *Mundus*.

Diese berühren die Sphäre darüber im Nachthimmel – die höchste Sphäre der Schöpfung, die *summa rerum*.

John Scotus Erigena beschreibt in seiner Aufstellung diese dritte Sphäre als die erste:

- Gott oder was nicht geschaffen ist.
- Dann die Ideen, die sich in Sternbildern ausdrücken und mit der Zeit die Welt der Planeten erschaffen.
- Als drittes kommt die örtliche Aufteilung von Raum und Zeit in Form von Sonne und Erde. Die Vereinigung des Einen mit dem Vielen war die Essenz des Göttlichen, der Logos oder die Weltvernunft.

Drei alte Bücher – *The Book of Aneurin*, *The Book of Taliesin* und *The Black Book of Caermarthen* – enthalten im wesentlichen ein präzises Vokabular, das sich aus Beobachtungen von Seefahrern ableitet, die die Sterne für Navigationszwecke gebrauchten. Sie zeigen einen im Denken geschulten Geist mit einem schon ausgeformten System, auf das sie das Schema des Erigena anwandten. Jeder Planet, jede Sphäre hatte einen festen Platz und einen genauen Namen. Die Gedichte, von denen manche auf die Zeit vor 800 n. Chr. zurückgehen, machen sich diese Philosophie zu eigen, die von 950 an vergessen und verloren war.

Vor 781 hatte sich der Mönch Klemens mit einigen Anhängern auf Einladung des späteren Kaisers Karls des Großen in Gallien niedergelassen. Klemens' Lehren sind zum Teil im *Book of Taliesin* (Fol. 79) dargestellt. Er schreibt in Begriffen der Seefahrer, die den Himmel brauchten und sich vom Polarstern und dem Meridian leiten ließen.

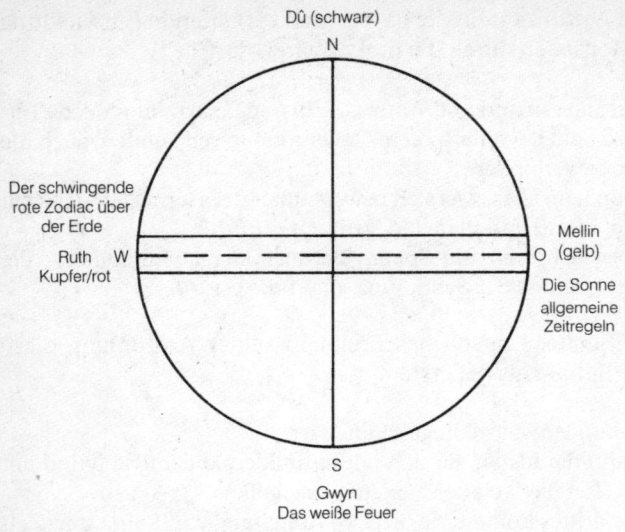

Der Mittag der bestimmten Zeit

Die kymrischen Himmelsrichtungen und ihre Auslegung

Der Tag hatte drei Teile: Der Morgen währte von vier Uhr früh bis Mittag und wurde *Asia* und Dämmerung genannt. Die Zeit zwischen Mittag und acht Uhr abends war *Africa*, das Land des Südens, der hohen Sonne. Und die Zeit von acht Uhr bis vier Uhr früh, in der die Sonne niemals zu sehen war, hieß *Europa*.

Der Süden ist *gwyn*, was ›weiß‹ bedeutet; der Norden ist *dû*, schwarz. Das kupferrote *ruth* ist der Westen und *mellin*, gelb, der Osten. Dazwischen liegt die ›Spindel der Notwendigkeit‹, um die sich die Planeten drehen, in den drei Abschnitten der Zeit, welche die klassischen Namen Clotho, Lachesis und Atropos tragen.

Durch das Kreisen des Pols gab die Sternennacht der Erde Gestalt. Der innere Stern, der die See regiert, ist Wega, und den Horizont markiert Sirius. Nun befindet sich Sirius zur letzten Stunde des Jahres am 21. Dezember im Süden, Wega im Norden, und genau zwischen ihnen liegt der

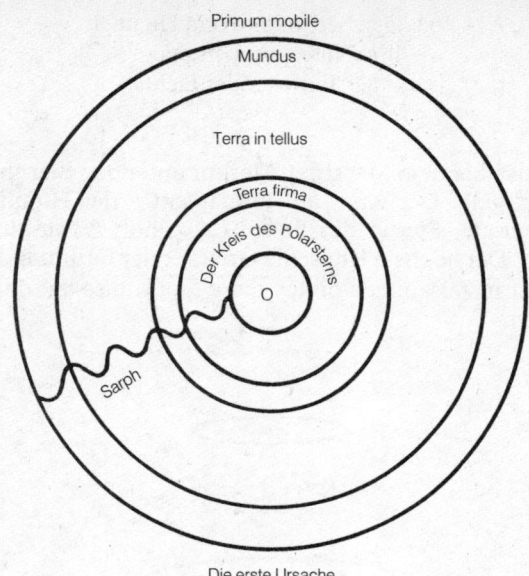

Die Sphären der Schöpfung

Polarstern. Dies ist das Gleichgewicht zum Wechsel des
Jahres.

Es gibt also fünf Sphären der Schöpfung: das *Primum mobile*, die erste Ursache; die *äußere Sphäre*, der Kreis des Polarsterns um die Erde; *Mundus*, das planetarische Bewe-
gungssystem; schließlich zwei Sphären der Erde – *Terra in tellus* und *Terra firma*, wobei zu ersterer Land und Wasser gehören und zu letzterer nur das Land, das von Menschen bewohnt wird.

Den fünf Planeten werden ganz bestimmte Funktionen zu-
gewiesen: Mars stand für Bewegung und Energie, Venus für
Licht, Merkur regierte die Meere, Jupiter war für Ursprung
und Kreisbewegung zuständig und Saturn für Begrenzung. Jeder Planet hat seine Note in der großen Oktave:

> Wie ein Liedgesang, wie ein Harfenklang,
> wie die Flöte zur Lippe, die Viola am Kinn,

so haben See, Strand und Himmel
ihre Noten im *Arpeggio,*
auf der Tonleiter des Lichts.

Alun Llewellyn

Der Kreis über dem Meer, den Merkur unter den Sternbildern zieht, ist gelb. Der Kreis am Firmament – der Himmel der Erde und die Sterne des Ozeans – gehört Venus und ist schwarz. Der höchste Kreis, die Grenze oder Ordnung, ist der rote Saturn. Zusammen bilden diese drei Kreise die *Zone der Planeten.*

Die Zone der Planeten

Die *Zone der Sonne* ist die Sphäre der Zeit, die im Osten beginnt, über dem inneren Ruhepunkt, der die Erde ist. Die innere Sphäre des Feuers, aus der die Erde, die Grenze des Ozeans und die Festlegung der Zeit hervorgingen, ist der *Mondmeridian*, welcher weiß ist. Die Jahreszeitenfolge der Erde unter den Sternen, die diese Welt vom *Zodiak* abgrenzt, schwingt zwischen Krebs und Steinbock und ist rot. Die Erde selbst und der Bogen über ihr, von Osten nach Westen, ist der tägliche Weg der gelben *Sonne.*

Jeder Lichtkörper und Planet stellt eine Abteilung, *diu*, dar:

| | |
|---|---|
| Y-eu | Jupiter oder Ursprung |
| Sad-URN | Saturn, ›der unter den Sternen wohnt‹ |
| Maurth | Mars, der innere Punkt eines wachsenden Himmels |
| March-YR | Merkur, der Rand des Ozeans |
| GUENER | Venus, Stern des Meeres, Lebensgeist des Ozeans und Führerin der Sonne |
| SUL | Die Sonne, der Brennpunkt der Meridiane am Pol |
| LLUN | Der Mond, das Maß der Sterne |

Nach innen vom Ursprung aller Dinge, dem *Primum mobile,* schlängelt sich die Sarph oder Sternenschlange, die sich in der Milchstraße zeigt, aus der Nacht durch die Sphären kommt und schließlich den Menschen und seinen Kopf erreicht, wo sie in der Intelligenz ihren Sitz hat.

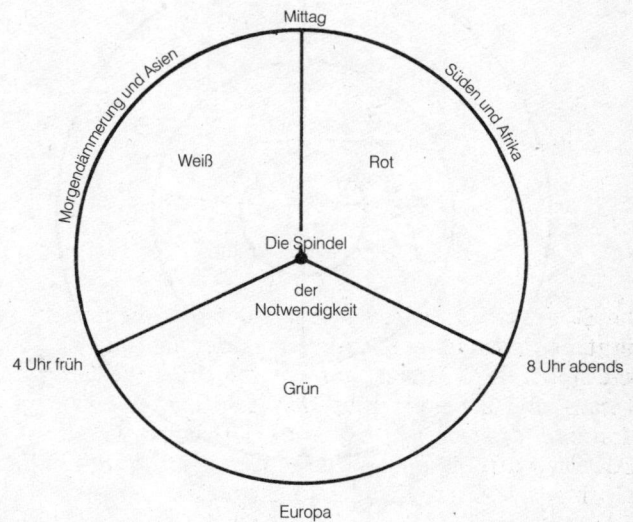

Das farbige Stundenglas

Der *Dreifache Sonnenkreis*, der Mikrokosmos des Erd-
systems, stellt sich wie folgt dar:

Die *Lichtordnung* erhebt sich als Dämmerung; der Ursprung des
Rundes ist der linke Viertelkreis, vier Uhr früh bis Mittag, und ist
weiß.

Die *Grenze* zur Weltstruktur, der Rand des Lichts, der untere
Sektor der Scheibe, der nie von der Sonne berührt wird, acht Uhr
abends bis vier Uhr früh, ist grün.

Die *Schwelle* der Jahreszeit, das Ende der Sonnenreise über
der Erde, ist der rechte Sektor, Mittag bis Abend, und ist rot.

Doch dies stammt nicht aus dem *Black Book*, sondern aus
dem *Red Book of Hergest*. Ein Hinweis findet sich in der Geschichte des Llew Lau Gyffes im *Mabinogion*. Er ist der zum
Tode verurteilte Herrscher, der noch einmal zurückkehrt,
als ›Löwe der langen Hand‹, also die langen Strahlen des
Sonnenuntergangs.

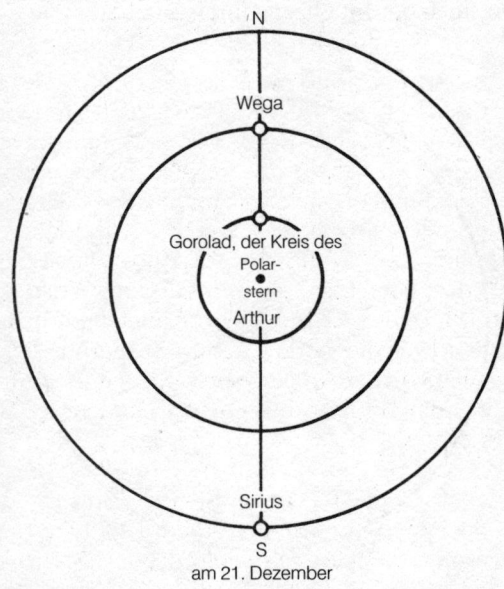

Die Himmelsachse

In diesen Himmeln gehörte zu Arthur der Polarkreis, der Herrscher der Welt, um den sich alles drehte und der niemals unter dem Horizont versank – *Gorolad*, der nie sinkende Sternkreis. Venus, der am wenigsten berechenbare Planet, wurde zu Arthurs drei Gemahlinnen, die alle Gwenhwyvar hießen. Sie verschwinden, sobald Mordred sie gefangennimmt, um später wieder aufzutauchen. Der Name ist eine raffinierte Steigerung: *Uen-er*, der Horizont des Ozeans, dessen Grenzen *Vyfar* sind. Zusammen wird daraus *Uen-vyfar*, die festen Grenzen des Meereshorizonts, und daraus wird dann *Gwynhwyvar*. Die andere Form der Göttin bezeichnet den inneren Kreis über dem Meer, also *Kyrrid*, der Kreis, über *uen*, dem Ozean, woraus sich *Kyrriduen* bildet – oder *Ceridwen*. Gwenhwyvar ist also der Horizont und Ceridwen der nähere Wasserkreis.

Das *Book of Taliesin* besagt, daß jede Abteilung des Druidentums ihre eigenen astronomischen Studien betrieb: die Druiden selbst studierten die Fixsterne, die Barden die Planeten und die Ovaten die spirituelle Intelligenz der Nacht.

In Wales sehen wir, daß nach dem Verschwinden der Römer eine Kultur blieb, in der sowohl klassische Lehren als auch druidische Überlieferungen weiterbestanden. Das Druidentum mag in den Untergrund gegangen sein, doch in den meisten Regionen der Britischen Inseln war es durchaus vorhanden, besonders in Irland, Wales und Schottland, welche die Römer nie erobert hatten. Wenn überhaupt irgendwo, dann ist es dort berechtigt, nach druidischer Weisheit zu suchen. Und viele der Lehren über Planetengottheiten und Astronomie sowie die hohe Poesie, die daraus entsprang, könnten genau von der Art gewesen sein, wie sie die früheren Druiden in ihren Waldakademien und Hainen der Weisheit auswendig lernten:

Der Rand des Ozeans ist für die Erde
der innere Horizont der Sphäre der Sonne,
geboren, der atmenden Welt einen Himmel zu schenken.
Die wandernden Sterne, aus denen der Ozean entsprang,
die kreisenden Planeten, aus denen die Sonne geboren:

Dies ist die Struktur der Zeit um uns Menschen
in den Läufen der Welt.

*Gododdin Gomynnaf*, Fol. 23 und 20

Wenn wir daher an einem der bedeutendsten Plätze Irlands, am westlichsten Punkt der europäischen Landmasse, auf Dunmore Head, eine Oghaminschrift finden, vermutlich aus dem fünften Jahrhundert, eingeritzt an der westlichen Kante eines fast drei Meter hohen Monolithen:

*Erc makima ki, Ercias modof inias,*

was man übersetzen könnte als:

Ozean, innere Küste des Systems dieser Welt –
Ozean, ferne Küste vor dem Zeitwerk der Nacht,

dann erkennen wir die Philosophie, aus der dies stammt. Eine andere Version könnte lauten:

Der nächtliche Sternenhimmel
berührt das ferne Ufer des Ozeans.
Die nahe Küste umschließt
das Wirken unserer Welt.

Direkt unter dem Oghamstein auf dem felsigen Strand steht aufrecht der große, weiße, ovale Stein, den man *Liour* nennt, wie ein gigantisches Vogelei, der Omphalosstein einer untergegangenen Zivilisation. Welcher verlorenen Welt der Weisheit ist dies ein Zeugnis, ein Geburtsstein?

## II. Weisheiten der *Barddas*

Über die *Barddas* von Iolo Morganwg[99] gab es lange Zeit heftige Kontroversen. Für eine kurze Periode überzeugte er seine Generation von der Solidität seines Wissens und half, die druidischen Formen in Wales und in England neu zu beleben, vor allem die heute allgemein übliche Rolle von Steinkreisen

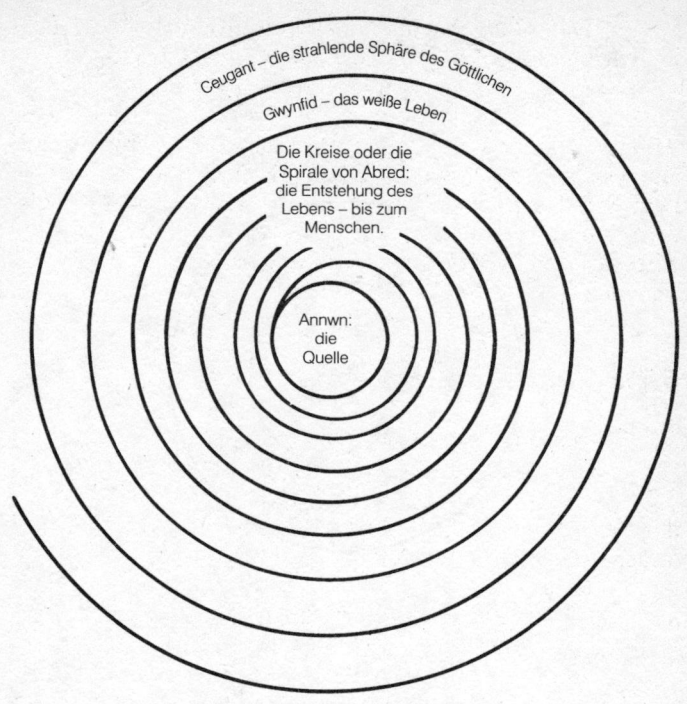

Die Kreise der Schöpfung

bei Gorseddau. Eine spätere Generation fand keine Quellen seiner Werke und betrachtete ihn als einen phantasiebegabten Betrüger. Noch später stellte man fest, daß er in sein ausgedehntes Werk große Abschnitte älteren Materials, wenn auch vielleicht verbessert und redigiert, in einer Weise eingearbeitet hat, daß man nicht mehr weiß, was wozu gehört. Die Abschnitte, die unten zitiert sind, geben etwas von einer anscheinend älteren Weisheit wieder.

Zur Vorbereitung mögen die beiden Schaubilder das allgemeine Schema der *Kreise der Schöpfung* illustrieren, ein System, welches zu spätklassischen philosophischen Modellen in Beziehung steht.

Annwn – das Gottfernste; nicht Abyss,
sondern äußere Finsternis

Abred –

Gwynvid –

Ceugant

der weiße Ort

Kreise der Wiedergeburt

Man fällt, doch kehrt man stets zum
Zentrum zurück, dem göttlichen Ceugant

Die Kreise der Schöpfung, Version der keltischen Kirche

### *Ursprünge*

Als Gott Seinen Namen aussprach, begannen Licht und Leben, denn zuvor gab es kein Leben außer Gott selbst. Und die Art, wie er ausgesprochen wurde, war nach Gottes Gebot. Sein Name wurde ausgesprochen, und als er geäußert war, entsprangen Licht und Lebendigkeit und der Mensch und alles andere, was lebt. Alles entstand zugleich. Und Menw der Alte, Sohn des Menwyd, betrachtete das Erstrahlen des Lichts, seine Form und Erscheinung, nicht anders als so: /|\, in drei Säulen. Und in den Lichtstrahlen war auch der Laut, denn Hören und Sehen waren eins, zu einem vereinigt waren

400

Form und Klang, und mit ihnen vereint war das Leben, und zu einem vereint mit diesen dreien war die Kraft, die Gott war, der Vater. Und da jedes davon mit den anderen vereint war, verstand er, daß jede Stimme und Hören und Leben und Sein und Sicht und Sehen eins war mit Gott.

Aus dem Verständnis, das er so bezüglich seiner Stimme gewann, war er fähig, jede andere Stimme gemäß ihrer Art, Qualität und Vernunft zu übernehmen und einen Buchstaben zu schaffen für jeden Ton und jede Stimme. So entstand das Cymraeg und jede andere Sprache. Und aus den drei ursprünglichen Buchstaben wurden alle anderen Buchstaben konstruiert – welches das oberste Geheimnis der Barden der Insel Britannien ist; aus diesem Geheimnis folgt alles Wissen über Buchstaben, das möglich ist.

So entstehen sie also: Das erste Zeichen ist eine feine Linie, geneigt mit der Sonne der Abenddämmerung, also /; das zweite ist eine weitere Linie, diesmal ein senkrechter Pfosten, |; und das dritte ist eine Linie derselben Neigung wie die erste, doch in der entgegengesetzten Richtung, das heißt, von der Sonne weg, also \; und die drei nebeneinander ergeben / | \. Doch an deren Stelle, als Ersatz für diese Zeichen, stehen die Buchstaben OIW. In folgender Form setzte der Barde diesen Namen in seine Verse ein:

Das Ewige, der Ursprung, das in sich Existierende,
das Verteilende –
geheiligt seien die Lippen,
die sie dem Gesetze nach aussprechen;
ein anderer Name, ein ganzes Wort
ist O, I und W – OIW – wie Ieuan Rudd es gesungen.[100]

Die drei mystischen Buchstaben bezeichnen die drei Attribute Gottes, nämlich Liebe, Wissen und Wahrheit. Aus diesen dreien entspringt Gerechtigkeit. Welches der drei Zeichen sich auch erheben mag, die beiden anderen werden sich stets daran anlehnen; und jedes Paar aus zweien wird dem dritten die Herrschaft überlassen, welches es auch sein mag. Nach dieser Ordnung und nach diesem Prinzip werden die drei Grade der britischen Barden verliehen.

Denn wer war der erste, der in Cymraeg gesungen hat? Huè der Mächtige, der Mann, der die Cymru auf die Insel Britannien gebracht hat; er machte sein Lied zum Denkmal all dessen, was dem Volke der Cymru seit uralten Zeiten widerfahren war. Und er nahm darin auf den Lobpreis Gottes für das, was die Cymru von ihm empfangen hatten, seinen Schutz und seine Rettung und die Wissenschaften und Regeln des Volkes der Cymru.

Die drei Elemente der Buchstaben sind / | \; das heißt, Buchstaben sind aus einer Kombination dieser drei Zeichen aufgebaut. Sie stellen drei Lichtstrahlen dar, aus denen die sechzehn *Gogyrvens* entstehen, also die sechzehn Buchstaben. Nach einem anderen Schema gibt es sieben Gogyrvens, wobei die sieben und siebenmal zwanzig Wörter des Alphabets des Cymraeg ein Zeichen ihres Wertes sind; und von ihnen geht jedes andere Wort aus. Andere sprechen von siebenmal zwanzig und siebenhundert Wörtern.

Der Riese Einigan erblickte drei Lichtsäulen, die alle anschaulichen Wissenschaften enthielten, die es je gegeben hat oder je geben wird. Und er nahm drei Äste der Esche, ritzte die Formen und Zeichen aller Wissenschaften ein und stellte sie auf, auf daß man sich ihrer erinnere.

### Ein Katechismus

Frage: Wer war der erste, der ein Verständnis der Buchstaben gewann?

Antwort: Adam. Er lernte es im Paradies von Gott selbst, und sein Sohn Abel, der Unschuldige, lernte es von seinem Vater. Der Mörder Kain, Abels Bruder, sehnte sich nach Ruhm durch die angenehmen Dinge dieser Welt, doch Abel strebte nur nach Ruhm in Wissenschaften, die zu Gottes Wohlgefallen waren, und im Verstehen und Lernen darüber, was Gott tat oder wünschte. Darum beneidete Kain seinen Bruder Abel und ermordete ihn hinterrücks. So gingen die Wissenschaften, deren Verständnis Abel in die Welt gebracht hatte, verloren. Danach hatte Adam einen weiteren Sohn mit Namen Seth, und den lehrte er die Buchstaben und alle anderen göttlichen Wissenschaften. Und Seth wurde ein Sohn Enos geboren, der von seinem Vater zu einem Gelehrten der

Schrift und der anderen lobenswerten Wissenschaften erzogen wurde. Enos war es, der als erster ein Buch der Aufzeichnungen anlegte, auf daß jeder sich aller schönen, löblichen und guten Dinge erinnern möge.

Frage: Welches waren die ersten Bücher, die das Volk der Cymru kannte, und woraus waren sie gemacht?

Antwort: Aus Holz, das heißt aus Bäumen, und diese Machart nannte man *Coelbren*; daher das Coelbren der Barden, wie es noch heute dem Volke der Cymru bekannt ist. Es gab für die Cymru keine andere Art, mit Buchstaben umzugehen, bevor Jesus unter den Menschen erschien.

### Das Geheimnis der Barden

O, I und W sind die drei Buchstaben, oder in sehr alten Büchern O, I und U, denn U wurde früher an Stelle von W benutzt. Dies ist das Geheimnis der ursprünglichen Barden. Es ist gegen das Gesetz, diese Buchstaben vor irgend jemandem auf dieser Welt auszusprechen oder hörbar zu äußern, es sei denn, vor einem eingeschworenen Barden. Gezeigt werden dürfen die Buchstaben jedem, dem wir sie zeigen möchten, solange sie nicht ausgesprochen werden. Dies steht jedem auf der Welt zu, unter Schutz des Geheimnisses, auch wenn er keinem Eid unterliegt; doch sollte derjenige sie vernehmlich äußern, so verletzt er seinen Schutz und kann kein Barde sein, und es ist gegen das Gesetz, ihm mehr des Geheimnisses zu offenbaren, sei es in dieser vergänglichen Welt oder in der anderen Welt, die nicht vergehen wird in alle Ewigkeit.

### Das Heilige Symbol

/ | \ – Dies ist das Symbol, das man die ›drei Säulen‹ nennt oder die ›drei Säulen der Wahrheit‹, denn die Wahrheit kann nur in dem Licht erkannt werden, das auf sie scheint, und auch die ›drei Säulen der Wissenschaften‹, denn es kann keine Wissenschaften geben außer durch das Licht der Wahrheit.

### Gogyrvens

Die drei primären Gogyrvens sind / | \ .

Vor dem Glauben an Christus gab es sechzehn Gogyrvens, danach achtzehn, dann zwanzig.

Talhaiarn[101] ernannte zwanzig Gogyrvens.

403

### Die drei ersten Worte des Cymraeg

.Dies sind die drei ersten Worte des Cymraeg: der Name Gottes, also OIU; der Name der Sonne, der Wahrnehmung und der Empfindung, SULW; und Bo (andere sagen ›Byw‹).

Der Name Gottes ist ein substantives Verb, die Sonne ist ein substantives Hauptwort, und *Sulw* ist ein substantives Adjektiv – was klar war, bevor das vollkommene Cymraeg verlorenging.

Es gibt drei Gruppen von Symbolen der Schriftwissenschaften: die Symbole des Coelbren, die Symbole der Musik und die Symbole der Zahlen.

Die drei Säulen der Erinnerung und der Geschichte sind das Lied, der Buchstabe und das Symbol. Ein Symbol ist eine Form, die verstanden wird und auf einen Blick zeigt, was wirklich ist und was vieler Buchstaben oder viel Gesang oder Reden bedürfte, bevor es richtig verstanden werden könnte.

### Die Vögel von Rhiannon

Die Vögel von Rhiannon sangen, bis die Engel des Himmels kamen, um ihnen zu lauschen, und von ihren Liedern lernten wir den Gesang und die Musik der Instrumente. Gesang ist, was zu einer Melodie und zu Harfenmusik von den Lippen kommt.

Hier ist das *System der Symbole*. Seit den Anfängen haben die Barden und Weisen des Volkes der Cymru drei Symbole erinnert und aufbewahrt, nämlich:

1. Das Symbol des Wortes und der Sprache, also der Buchstabe. Aus solchen Symbolen formt sich das sichtbare Wort, und aus den Wörtern eine sichtbare Sprache und sichtbare Laute.
2. Das Symbol der Harmonie und des Tons, also die Zeichen des Klanges und der Darbietung vokaler und instrumentaler Lieder.
3. Das Symbol der Zahl und des Gewichts.

Die Symbole der Zahl zeigen sich unter den zehn vokalen Zeichen von Wort und Sprache, also der zehn Zeichen der primitiven Buchstaben, die von den Barden des Volkes der

Cymru geheimgehalten werden und nur an einen Barden, der unter einem Eid auf Leben und Tod steht, weitergegeben werden dürfen. Zur Unterrichtung des gemeinen Volkes werden nicht die zehn geheimen Zeichen benutzt, sondern banale Ziffernsymbole, wie sie jeder zivilisierten Nation bekannt sind.

### Die Coelbren der Barden

Llywelyn Sion erzählt:

Nach der Erhebung des Owain Glyndwr[102] verbot der König[103], Papier und *Plagawd* nach Cymru zu importieren oder dort herzustellen, um den Briefverkehr unter ihnen und zwischen den Cymru und dem Volk eines Nachbarlandes oder fremden Ländern zu unterbinden. Dies war seine Rache für die Unterstützung, die Owain überall in Cymru genossen hatte. Er verbot auch den Barden und Poeten, ihre Runden zu machen und den verschiedenen Familien offizielle Besuche abzustatten.

Zu dieser Zeit erinnerte man sich dann des alten Brauches der Barden Britanniens, Buchstaben, die sie Symbole der Sprache und des Wortes nannten, in Holz oder Stöcke zu schnitzen, die man zu diesem Zweck sammelte, die ›Coelbren der Barden‹ – und so geschah es. Im Winter suchten sie Äste des Nußbaums oder der Bergesche zusammen, ungefähr eine Elle lang, und spalteten sie längs in vier Stäbe, die sie lagerten, bis das Holz ausgetrocknet war. Dann schliffen sie diese auf gleichmäßige Breite und Dicke und schrägten die Kanten ab, so daß die Seiten deutlich getrennt waren. Dann schnitzten sie die Buchstaben oder Symbole ein, geordnet nach denen der Sprache oder Rede, denen der Zahlen und denen der Kunst, zum Beispiel Symbole der Musik, der Stimmen und Saiten.

Und an den Enden von zwei *Pillwydd* formten sie Hälse, an denen sie die mit Symbolen beschrifteten Stöcke fest zusammenbanden. Das Buch, das man auf diese Weise konstruierte, nennt man *Peithynen*, da es gerahmt ist. Die *Pillwydd* hielten alles zusammen, und die *Ebillion* oder beschrifteten Stäbe konnten sich frei darin drehen, so daß sie leicht zu lesen waren.

Jedes *Peithynen* enthält vierzig Seiten, und es werden so viele aneinandergereiht, bis das Gedicht oder die Erzählung zu Ende ist.

Seit Urzeiten, bevor das Volk der Cymru zur Insel Britannien kam, hatte es zehn symbolische Schriftzeichen, welche die Gwyddoniaid – Poeten und Männer des Gesangs und der Wissenschaften, bevor sie zu regelrechten Barden wurden – geheimhielten unter Schwur und Eid. Ordentliche Barden wurden in der Zeit von Prydain, Sohn Aedds des Großen, etwa eintausend und fünfhundert Jahre, bevor Christus im Fleische der heiligen Jungfrau Maria geboren wurde, zum ersten Mal eingesetzt mit Amt und Genehmigung. Danach verbesserten sich die Coelbren der Gwyddoniaid, wie es nötig war, damit sie verstanden und gelesen würden, bis es sechzehn Symbole gab im Alphabet.

Und in der Zeit des Dyvnwal Moelmud, etwa sechshundert Jahre, nach Bericht und Rechnung, bevor Christus im Fleische geboren worden war, wurden die sechzehn Symbole und ihre Ordnung zur Bewahrung der Sprache und jeder Erinnerung des Landes und Volkes verbreitet, weil keine andere Methode gefunden werden konnte, die sich so gut dazu geeignet hätte, die Wissenschaften, Privilegien und Bräuche des Volkes der Cymru zu bewahren. Und die zehn symbolischen Zeichen werden bis heute als Geheimnis gehütet unter Gelöbnis und Eid; und niemand kennt sie, es sei denn, er hätte diesen Eid geschworen.

Als die sechzehn Zeichen der ganzen Nation bekannt waren, wurde das Coelbren weiter verbessert und ausgeweitet, bis es zur Zeit Belis des Großen, Sohn des Manogan, aus achtzehn Zeichen bestand; und dann aus zwanzig und in der Zeit des Blauen Barden aus einundzwanzig oder, wie es in einer anderen Chronik heißt, aus zweiundzwanzig. Und über diese Zahl hinaus gibt es im Cymraeg noch mehr Buchstaben, bis zu achtunddreißig, die als sekundäre bezeichnet werden.

### Triaden als Denkmäler der Weisheit

Bevor Buchstaben bekannt waren, gab es keine andere Überlieferung als das Lied, autorisiert durch die Stimme eines offiziellen Gorsedd. Es gab drei offizielle Gorseddau, welche das

Gedenken bewahrten: der Gorsedd der Barden, der Gorsedd des Gerichts des Herrn und des Gesetzes und einen allgemeinen Gorsedd des Landes und Volkes. Und jede Überlieferung war offiziell, welche die Duldung von drei Gorseddau genoß, das heißt, die dreimalige Gutheißung durch einen offiziell verkündeten Gorsedd.

Die drei Attribute Gottes: vollkommenes Leben, vollkommenes Wissen und vollkommene Macht.

Die drei Existenzzustände aller Lebewesen: der Zustand des Abred in Annwn, der Zustand der Freiheit im Menschen und der Zustand der Liebe, also Gwynvyd im Himmel.

Die drei Notwendigkeiten aller lebenden Wesen: ein Anfang in Annwn, Fortschritt in Abred und Fülle im Himmel, dem Kreis von Gwynvyd. Ohne diese drei Dinge kann nichts existieren außer Gott.

Drei Dinge sind im stetigen Wachstum: Feuer oder Licht, Verstehen oder Wahrheit und die Seele oder das Leben. Diese drei werden über alles obsiegen; und dann wird Abred enden.

Es gibt drei Einheiten, die nichts anderes neben sich haben können: ein Gott, eine Wahrheit und eine Freiheit. In diesen dreien wurzelt alles Gute in bezug auf Macht, Güte und Wissen.

Die drei Zeugnisse Gottes in Seinen Werken: unendliche Macht, unendliches Wissen und unendliche Liebe; denn es gibt nichts, was diese drei Eigenschaften nicht erreichen, suchen und ersehnen können.

Die drei Orte des Seins für alles, was lebt: bei Cythraul in Annwn, im Lichte im Zustand des Menschen und bei Gott in Gwynvyd.

Es gibt drei Ausdrucksformen auf dem Kreis von Ceugant: Stolz, Verrat und Grausamkeit. Durch freien Willen, Streben und Vorbestimmung erzwingen sie die Existenz von Dingen, die nicht sein sollten und die nicht mit den unverzichtbaren Dingen des Kreises von Gwynvyd vereinbar sind. Und durch dieses Vergehen fällt der Mensch in Abred gar Annwn zum Opfer. Die schlimmste dieser Ausdrucksformen ist Stolz, denn aus ihm leiten sich die beiden anderen Vergehen ab; aus Stolz kam es zum ersten Fall ins Abred, nach der ursprünglichen Berufung der Spezies und dem Zustand der Menschheit in Gwynvyd.

Es gibt drei Kreise des Seins: den Kreis von Ceugant, wo es weder Totes noch Lebendiges gibt außer Gott, und nur Gott kann ihn durchqueren; den Kreis von Abred, wo das Tote stärker ist als das Lebende und wo jede Existenz sich aus dem Tod ableitet, und diesen Kreis hat der Mensch durchquert; und den Kreis von Gwynvyd, wo das Leben stärker ist als der Tod und wo jede Existenz sich aus dem Lebendigen und dem Leben ableitet, also von Gott, und diesen Kreis wird der Mensch durchqueren. Er wird kein vollkommenes Wissen erlangen, solange er den Kreis von Gwynvyd nicht ganz durchquert hat, denn absolutes Wissen ist nur durch die Erfahrung der Sinne zu erlangen, durch das Ertragen und Erleiden jeglichen Zustands und Geschehnisses.

Die drei Hauptzustände der lebendigen Schöpfung: Annwn, wo ihr Anfang lag, Abred, das sie durchqueren, um Weisheit zu erlangen, und Gwynvyd, wo sie in der Fülle der Macht, des Wissens und der Güte enden werden, wo solcher Überfluß herrscht, daß man mehr nicht besitzen kann.

Die drei wesentlichen Bedingungen des Kreises von Gwynvyd: Liebe, soweit ihre Notwendigkeit es erfordert, Ordnung, bis sie nicht mehr verbessert werden kann, und Wissen, sofern es begriffen und verstanden werden kann.

Was nicht begreifbar ist, ist das Größte des Ganzen:

Gott ist das Größte des Ganzen und die Unermeßlichkeit der Erkenntnis;
und kein Ding kann existieren außer durch Erkenntnis;
und nichts kann sein, was nicht an seinem Platze ist.

### Der Name Gottes

Manche haben Gott den Vater auch *Hen Ddihenydd* genannt, da es Seine Natur ist, aus der alles entspringt, und Er ist der Anfang aller Dinge, und Er hat keinen Anfang, denn Er existiert ewig, und nichts kann einen Anfang haben, wenn niemand da ist, der anfängt. Und Gott der Sohn hat den Namen *Lau*, also Gott in einer endlichen Form und Körperlichkeit, denn nur so kann ein endliches Wesen Gott kennen und wahrnehmen. Und als Er Mensch wurde in dieser Welt, wurde Er Jesus Christus genannt, denn Er war nicht ewig in seiner endlichen Form und seinem Körper. Und der Mensch, der an ihn glaubt und die sieben Gnadenwerke verrichtet, soll errettet werden von den Qualen des Abred und für immer gesegnet sein. Jesus Christus hat auch den Namen *God the Dovydd*[104]; und er hat noch andere Namen: *Perydd*[105], *God the Ner*[106] und *God the Nav*[107].

Dieser Auszug stammt aus *Damhehion Beirdd Ynys Prydain*.

## Iau: ein Dialog

Schüler und Lehrer.

*Schüler:* Warum wird *Iau* (Joch)[108] als ein Name Gottes angegeben?

*Lehrer:* Weil das Joch der Maßstab für Land und Nation unter der Herrschaft des Gesetzes ist. Es ist im Besitz jedes Familienoberhauptes unter dem Landesherrn, und wer es verletzt, dem droht Strafe. Nun ist aber Gott der Maßstab aller Wahrheit, aller Gerechtigkeit und aller Tugend. So ist Er allen ein Joch, unter dem alle stehen, und wehe dem, der es verletzt.

*Schüler:* Und wer ist dann Hu der Mächtige?

*Lehrer:* Hu der Mächtige ist Jesus, Gottes Sohn – der geringste an weltlicher Größe in seinem Fleische und der größte im Himmel aller sichtbaren Majestäten.

## Die Kreise

Dies sind die Kreise: Der Kreis von Abred, der alle körperlichen und toten Wesen einschließt, der Kreis von Gwynvydd, in dem alle lebendigen und unsterblichen Wesen sind, und der Kreis von Ceugant, wo es nur Gott gibt. So beschreiben es die Weisen, in drei Kreisen.[109]

Und Gott bewirkte, daß jedes lebendige und beseelte Wesen jede Form und Art des lebenden Seins durchlaufen sollte, auf daß jedes lebendige und beseelte Wesen am Ende vollkommenes Wissen, Leben und Gwynvydd haben möge; und all dies aus der vollkommenen Liebe Gottes, die er kraft seiner Göttlichkeit gegenüber dem Menschen und allen Lebewesen zeigt.

Alle Lebewesen unterhalb des Kreises von Gwynvydd sind in den Abred gestürzt und sind nun auf dem Rückweg nach Gwynvydd. Die meisten haben eine lange Wanderung vor sich, da sie so oft gestürzt sind, indem sie sich dem Bösen und Gottlosen hingegeben haben. Und der Grund, weshalb sie gefallen sind, war, daß sie den Kreis von Ceugant durchqueren wollten, den allein Gott ertragen und durchqueren kann. Deshalb stürzten sie gar in den Annwn, und es war aus Stolz, der sich mit Gott gleichsetzen wollte, daß sie fielen, und niemand muß bis nach Annwn stürzen, es sei denn aus Stolz.

*Schüler:* Fielen alle, die nach der notwendigen Wanderung von Annwn den Kreis von Gwynvydd erreichten, aus Stolz in den Abred?

*Lehrer:* Nein. Manche suchten nach Weisheit und sahen deshalb, was Stolz anrichten würde, und sie beschlossen, sich so zu benehmen, wie Gott es sie gelehrt hatte. So wurden sie göttlich oder heilige Engel, und sie zogen Weisheit aus dem, was sie in anderen sahen, und sahen die Natur von Ceugant und der Ewigkeit und daß nur Gott sie ertragen und durchqueren konnte.

*Schüler:* Besteht nicht immer noch die Gefahr, von Gwynvydd in den Abred zu stürzen, so wie früher?

*Lehrer:* Nein, denn aller Stolz und jede andere Sünde wird überwunden sein, bevor man ein zweites Mal den Kreis von Gwynvydd erreicht, und indem man sich des früheren Übels erinnert, wird jeder vor dem zurückschrecken, was zuvor seinen Sturz verursacht hat. Und Haß und Liebe müssen ewig bleiben im Kreis von Gwynvydd, wo Haß, Liebe und Wissen niemals enden werden.

*Schüler:* Werden jene, die nach dem Sturz in den Abred zum Kreis von Gwynvydd zurückkehren, von gleicher Art sein wie die, die nie gefallen sind?

*Lehrer:* Ja, und mit denselben Privilegien, denn die Liebe Gottes kann für den einen nicht geringer sein als für den anderen, und nicht für die eine Form des

410

|          |                                                                                 |
|----------|---------------------------------------------------------------------------------|
| | Seins geringer als für die andere, denn Er ist allen Gott und Vater, und sie werden alle gleich sein und gleichen Rechts im Kreis von Gwynvydd; sie werden für immer göttlich sein und heilige Engel. |
| *Schüler:* | Wird jede Form und Art des Lebens immer so bleiben, wie sie heute ist? Wenn ja, sag mir, warum. |
| *Lehrer:* | Ja, durch die Freiheit der Wahl, und die Gesegneten werden von einer Form in die andere übergehen, wie es ihnen gefällt, um sich von der Erschöpfung und Mühsal des Ceugant zu erholen, welche nur Gott ertragen kann, und um jedes Wissen und jedes Gwynvydd zu erfahren, dessen eine Form und Spezies fähig ist; und jeder von ihnen wird notwendigerweise das Böse hassen, da er es durch und durch kennt, und wird ihm ganz absprechen, da er sich dessen Natur und dessen Übel vollkommen bewußt ist. – So ist Gott ihr Helfer und Führer, der sie stützt und bewahrt in alle Ewigkeit. |
| *Schüler:* | Woher weiß man all diese Dinge? |
| *Lehrer:* | Seit uralten Zeiten, seit der Zeit von Seth, Sohn des Adam, Gottes Sohn, empfingen die Gwyddoniaid Awen von Gott und kannten daher das Geheimnis des Göttlichen. Und die Gwyddoniaid gehörten zum Volke der Cymru seit uralten Zeiten. Später wurden sie nach Privileg und Brauch regiert, auf daß dieses Wissen niemals verlorenginge. |

Danach wurden die Gwyddoniaid Barden genannt, nach Privileg und Brauch der Barden der Insel Britannien, denn es war nach der Ankunft der Cymru auf der Insel Britannien, daß diese Regeln erlassen wurden. Und durch die Erinnerung der Barden und durch Awen von Gott hat uns dieses Wissen erreicht, und nichts Falsches kann erwachsen aus Awen von Gott.

Im Volke Israel fand man die heiligen Propheten, die durch Awen von Gott all die Dinge wußten, die in der Heiligen Schrift dargestellt sind. Und nachdem Christus, Gottes Sohn, aus Gwynvydd im Fleische zu uns gekommen war, erlangte man weiteres

Wissen von Gott und Seinem Willen, wie in der Predigt des heiligen Paulus zu lesen ist. Und als wir, die Cymru, zum Glauben an Christus bekehrt wurden, empfingen unsere Barden ein klareres Awen von Gott, Wissen über alles, was göttlich ist, jenseits dessen, was zuvor erkannt worden war, und sie wurden zu Propheten, die Awen und Wissen verbessern. Daher kommt alles Wissen über das Göttliche und was Gott betrifft.

Die Wanderung des Menschen in Abred soll seinen drei Hauptattributen folgen: aus Trägheit und geistiger Blindheit soll er in den Annwn stürzen; aus zügelloser Lüsternheit soll er den Kreis des Abred durchqueren, wie er es braucht; und aus seiner Liebe für das Göttliche soll er zum Kreis des Gwynvydd aufsteigen.

*Schüler:* Wo ist Annwn?

*Lehrer:* Wo es so wenig Leben gibt wie möglich und so viel Tod wie möglich und keinen anderen Zustand.

*Schüler:* Worin besteht die Natur des Todes und der Sterblichkeit?

*Lehrer:* In dem Umstand, daß das eine die Ursache des anderen ist, so wie Schwermut die Ursache von Finsternis ist und beides die Ursache von Verderbtheit und Verderbtheit beider Ursache.

*Schüler:* Aus welchem Material sind lebende und tote Dinge gemacht, die der Mensch sehen, hören, fühlen, verstehen, erkennen oder sich vorstellen kann?

*Lehrer:* Aus *Manred*, das heißt, aus den Elementen in ihren kleinsten Atomen und Teilchen, wo jedes Teilchen lebendig ist, da Gott in jedem Teilchen ist als vollkommene Einheit, so daß er nicht übertroffen werden kann, selbst nicht im vielförmigen Raum von Ceugant oder im unendlich Ausgedehnten. Gott war in jedem Teilchen des *Manred*, und auf dieselbe Weise war er in allen zugleich in ihren Verbindungen. Daher ist die Stimme Gottes die Stimme jedes Teilchens des *Manred*, soweit man sie zählen oder ihre Eigenschaften verstehen kann, und die

Stimme eines jeden Teilchens ist die Stimme Gottes. Gott ist im Teilchen als dessen Leben, und jedes Teilchen oder Atom ist in Gott als Sein Leben. Nach dieser Anschauung ist Gott als ein aus dem *Manred* Geborener repräsentiert, ohne Anfang und ohne Ende.

### Die ersten Menschen

*Schüler:* Wer war der erste Mensch?

*Lehrer:* Menw der Alte, Sohn der Drei Schreie, so genannt, weil Gott ihm das Wort geschenkt und in den Mund gelegt hat, nämlich die Vokalisierung der drei Buchstaben, die den unaussprechlichen Namen Gottes bilden, unaussprechlich im Sinne von Namen und Wort. Und im gleichen Augenblick, als er Gottes Namen aussprach, sah Menw drei Lichtstrahlen, ihre Figur und Form, und aus diesen Formen und ihren verschiedenen Zusammenstellungen machte Menw zehn Buchstaben, und mit ihnen, verschieden angeordnet, verlieh er dem Cymraeg Figur und Form, und das Verständnis der Kombinationen der zehn Buchstaben macht einen des Lesens kundig.

*Schüler:* Wer hat als erster die Verehrung und Anbetung Gottes eingeführt?

*Lehrer:* Seth, Adams Sohn. Er zog sich zum Gottesdienst in die Wälder des Tales von Hebron zurück, wo er zuerst die Bäume untersuchte, bis er eine große Eiche fand, den König der Bäume, mit vielen Ästen und dichtem, weitem Haupt, in dessen Schatten er einen Chor und einen Ort der Huldigung baute. Dieser wurde Gorsedd genannt, und daher stammt der Name Gorsedd, der nun jedem Ort der Huldigung zu eigen ist. Und in jenem Chor war es, daß Enos, Seths Sohn, eine Hymne an Gott komponierte.

*Schüler:* Wer war der erste, der ein Lied geschaffen hat?

*Lehrer:* Enos, der Sohn des Seth, des Sohnes des Adam, war der erste, der einen Gesang erschuf und Gott pries in feiner Poesie. Und es war in seines Vaters

Gorsedd, daß er zum ersten Mal Awen empfing, welches Awen von Gott war. Von da stammt der Brauch, den Gorsedd des Gesangs am Ort und im Gorsedd der Huldigung abzuhalten.

*Schüler:* Wie hießen die weisen Männer, deren Beschäftigung der Gesang und die würdigen Wissenschaften waren?

*Lehrer:* Einer wurde Gwyddon genannt und viele Gwyddoniaid. Sie wurden so genannt, weil sie ihrer Kunst in den Wäldern nachgingen, unter Bäumen an zurückgezogenen und unzugänglichen Orten, um der Ruhe willen und zur Meditation der awenischen Lehren und Wissenschaften von Gott; und um jene die Wissenschaften zu lehren, die danach strebten, durch ihren Verstand und durch Awen von Gott Weisheit zu erlangen.

### Die Unterweisung der Menschheit

Gott schuf alle Lebewesen im Kreis von Gwynvydd in einem Atemzug, doch sie wollten Götter sein und den Ceugant durchqueren. Dazu waren sie nicht fähig, und so stürzten sie in den Annwn hinab, der mit Tod und Erde vereinigt, wo der Anfang aller lebenden Träger eines irdischen Körpers liegt.

Es gibt drei Arten von Licht: das Licht der Sonne und daher Feuer; das Licht der Wissenschaft, das man durch Lehrer vermittelt bekommt; und das Licht, das man durch das Verständnis von Kopf und Herz, also der Seele, erlangt. Deshalb wird jeder Schwur vor drei Lichtern abgelegt. Im Licht der Sonne sieht man das Licht eines Lehrers oder einer Lehre, und aus beiden speist sich das Licht des Intellekts oder der Seele.

Gott ist eins, und nur er selbst ist Gott. Liebe deinen Gott mit ganzer Seele, mit ganzem Herzen, mit all deiner Stärke, mit all deinem Streben, mit all deinem Verstehen und mit all deiner Liebe. Denn es ist Er und nichts anderes, was lebt oder existiert, das dich erschaffen hat und dich beschützt mit all Seiner Macht und all Seiner Gnade.

Mache dir oder suche kein Bild von Gott, sei es aus Holz oder Stein, aus Gold oder Silber oder aus irgendeinem anderen Material, und sei es als Gemälde oder Statue. Denn du hast Gott nie erblickt, und wer hätte das auch? Setze nicht diese Welt oder irgendeine andere Welt, wie prächtig sie auch sein mag, an Stelle von Gott, denn sie sind nicht Gott, sondern Gottes Werk zu deinem Nutzen und dem anderer, millionenfach jenseits der Grenzen deines Verständnisses und Begreifens. Setze nicht Reichtümer oder Besitz irgendeiner Art an Stelle von Gott, oder die Achtung und Größe der stolzen und sündigen Welt. Setze keinen Verwandten oder Freund, männlich oder weiblich, an Stelle von Gott. Ersetze ihn nicht durch dein Ziel, dein Herz, dein Streben, deine Zuneigung oder dein Vertrauen in das eine oder andere dieser Dinge oder in irgend etwas, das dein Vertrauen in Gott mindern würde.

Wenn du das tust, wird Gott sich von dir abwenden und dich allein lassen auf dem verfaulten Fundament der Dinge, die du anbetest.

Töte nicht und morde nicht, aus welchem Grund auch immer. Nimm kein Leben von Mensch oder Tier, außer um dich selbst davor zu schützen, getötet zu werden, so wie du den Feind töten darfst, der dich töten will, wenn du nicht entkommen kannst, ohne ihm das Leben zu nehmen; oder wie du ein Tier töten darfst, um den Hunger zu bekämpfen, wenn du auf keine andere Weisung Nahrung finden kannst, um dich vor dem Tod zu bewahren. Wer tötet, wird getötet werden, und wenn auch der Körper nicht getötet werden mag, so wird es die Seele. Wer in dieser Welt seiner Strafe entkommt, wird in der nächsten gepeinigt. Blut muß mit Blut vergolten werden. Gott hat es geschworen.

Stehle keinem Lebewesen sein Eigentum, sei es durch Betrug, durch List, durch Zwang oder Erpressung. Stehle ihm nicht seine Güter, sein Wissen, seine Zeit, seine Gelegenheiten, sein Gedächtnis, seine Kunst oder irgend etwas, das dazu gehört.

Und sei es gegen deinen Vater oder deine Mutter, gegen Bruder oder Schwester, Sohn oder Tochter, dein eigenes Weib oder dein eigenes Leben: Sage stets die Wahrheit, denn Lüge und Falschheit, welcher Art auch immer, schadet deiner eigenen Seele – denn sie richtet sich gegen Gott und Seine Wahrheit.

*Die transzendenten Dreifaltigkeiten*

Die drei wesentlichen Beschäftigungen Gottes sind: die Dunkelheit zu erhellen, das Nichts mit einem Etwas zu erfüllen und die Toten zum Leben zu erwecken.

Die drei Mittel Gottes in der Erschaffung der Welten: Wille, Weisheit und Liebe. Und aus diesen dreien ergibt sich Allmacht.

Drei Dinge sind jenseits aller menschlichen Wissenschaften: die Grenzen des Raums, Anfang und Ende der Zeit und die Werke Gottes.

Die drei Dinge im Menschen, die alle anderen Tugenden umfassen: Tapferkeit, Friede und Frömmigkeit.

Drei Dinge im Menschen sind Gott am meisten zuwider: Verschlagenheit, Habgier und Verschlossenheit für löbliche Wissenschaften.

Die drei Urstoffe aller Dinge: Feuer, also Licht, Wasser und Erde. Der erste aller Stoffe war Feuer und mit ihm die Teilchen des Lichts; der zweite war Wasser, in dem die Dinge sich unterschieden; der dritte war Erde, in der sich alle Dinge verkörperten. Diese drei nannte man die primären Elemente, denn alles andere waren Mischungen daraus. Andere sagen: Es gibt drei primäre Elemente. Das erste ist Wasser, welches der Anfang war; danach kam Erde und am Ende Feuer und damit Unvergänglichkeit.

Die drei Katastrophen von Lyn Llion: Die erste, als die Welt und alles Leben auf ihr ertränkt wurde, außer Dwyvan und Dwyvach und ihren Kindern und Kindeskindern, aus denen eine neue Bevölkerung hervorging. In dieser Flut entstanden auch die Meere. Die zweite war, als das Meer das Land überschwemmte, ohne Wind oder Flut. Und die dritte war, als die Erde aufbrach in mächtigen Beben, so daß das Wasser bis zum Himmel stieg und das ganze Volk der Cymru darin umkam, außer siebzig Menschen, und die Insel Britannien wurde von Irland getrennt, vom Land der Gallier und von Armorica.

Die drei Unterweisungen, die das Volk der Cymru empfangen hat: Die erste war die Unterweisung durch Hu den Mächtigen, bevor die Cymru zur Insel Britannien kamen. Hu lehrte sie den Ackerbau und die Kunst der Metallurgie. Die zweite war das System der Barden und das Bardentum, eine Unterweisung durch die Stimme und die Überlieferungen des Gorsedd. Und die dritte war der Glaube an Christus, die beste Unterweisung von allen, die für immer gepriesen sei.

### Das universelle Gebet der Druiden

Gewähre uns, o Gott, Deinen Schutz;
und in diesem Schutz Stärke;
und in der Stärke Verstehen;
und im Verstehen Wissen;
und im Wissen Gerechtigkeit;
und in der Gerechtigkeit die Liebe zu ihr;
und in dieser Liebe die Liebe zu allen Wesen;
und in der Liebe zu allen Wesen die Liebe zu Gott,
zu Gott und allem Göttlichen.[110]

### Die Elemente

Es gibt fünf Elemente: Erde (*Calas*); Flüssigkeit, welche Wasser und Frische ist; Luft und somit alles Atmen, jede Stimme und Sprache; Feuer, das heißt Hitze und Licht; und *Nwyvre*[111], aus dem alles Leben, Intelligenz, Wissen und Kraft des Willens und des Verlangens entspringt.

### Die Körperteile und ihre Funktionen

1. In der Stirn sind Verstand und Intellekt.
2. Im Hinterkopf ist das Gedächtnis.
3. Im oberen Schädel sind Ermessen und Vernunft.
4. In der Brust ist die Lust.
5. Im Herzen ist die Liebe.
6. In der Galle sind Ärger und Zorn.
7. In den Lungen ist der Atem.
8. In der Milz ist der Frohsinn.
9. Im Rumpf ist das Blut.
10. In der Leber ist die Hitze.
11. Im Geist ist die Vernunft.
12. In der Seele ist der Glaube.

### Siebenunddreißig bemerkenswerte Sehenswürdigkeiten

1. Das Rad der Arianrod[112]
2. Der Weiße Thron

3. Arthurs Harfe[113]
4. Der Ring des Gwydion[114]
5. Die Große Pflugschar[115]
6. Die Kleine Pflugschar
7. Das Große Schiff
8. Das Kahle Schiff
9. Der Hof[116]
10. Die Theodosiusgruppe[117]
11. Das Dreieck
12. Der Palast des Dôn[118]
13. Der Blodeuweddhain
14. Der Stuhl des Teyrnon[119]
15. Der Kreis von Eiddionydd
16. Der Kreis von Sidi[120]
17. Die Konjunktion der Hundert Kreise
18. Das Lager des Elmur[121]
19. Der Bogen des Soldaten
20. Der Dinanhügel
21. Der Adlerhorst
22. Bleiddyds Hebel[122]
23. Der Windflügel
24. Das Kleeblatt
25. Der Kessel der Ceridwen[123]
26. Teivis Biegung
27. Der Große Arm
28. Der Kleine Arm
29. Der Langhörnige Ochse[124]
30. Die Große Ebene
31. Die Weiße Gabel
32. Der Waldeber
33. Der Muskel
34. Der Falke
35. Das Pferd des Llyr[125]
36. Elffins Stuhl[126]
37. Olwens Halle.

*Neun Leistungen der Cymru*

Tudain Tad Awens Leistung war die Verewigung des Vergangenen durch eloquente Dichtung.

Rhy Vawns Leistung war die Einführung des Prinzips der Gerechtigkeit in den Gesetzen des Landes für Chroniken, Verse und sicheres Gedenken.

Hu Gadarns Leistung war die Errichtung einer Gesellschaftsordnung für die Übersiedlung der Cymru von Taprobane (Ceylon) zur Insel Britannien.

Prudain, der Sohn des Aedd Mawr, vollbrachte die Leistung, die Mitbewohner des Landes unter dem Bundesführer Dyvnwel gerecht zu befrieden.

Moelmuds Leistung war die Durchsetzung von Recht und Gesetz gegen Aufruhr und Unruhe.

Severus' Leistung war eine Befestigungsanlage quer durch die Insel Britannien zum Schutz gegen Angreifer – die Mauer von Tyne.

Manawydan der Weise leistete Widerstand gegen Betrug und Verrat im tiefen Kerker von Oeth und Aiweth (Anoith).

Die Leistung des Llew war, daß er die Schafshaut zum Lager der Weisheit, zum Lohn des Liedes gemacht hat.

Die Leistung Arthurs, des Kaisers, war, daß er den Mantel der fliehenden Sachsen mit Schwäche bürdete; vor dem Heer war er der beste Kommandant.

## Die Dreizehn Schätze Britanniens
### (aus der Bosanquetsammlung)

Es gibt verschiedene Versionen dieser Liste.

1. Das Schwert Dyrnwyn des Rhydderch Hael, das in Flammen ausbrach, wenn jemand anderes als er selbst es zog.
2. Der Korb des Gwyddno Garenhir, der alle Nahrung, die man in ihn legte, verhundertfachte.
3. Das Horn des Bran Galed, in dem man jeden Trank fand, den man sich wünschte.
4. Der Wagen des Morgan Mwynvawr: Wer sich hineinsetzte, war sofort an dem Ort, zu dem er wollte.
5. Das Halfter des Clydno Eiddyn, das am Fuß seines Bettes befestigt war: In ihm konnte er jedes Pferd finden, das er sich wünschte.
6. Das Messer des Llawfrodded Farchawg, mit dem 24 Männer zugleich essen konnten.

7. Der Kessel des Tyrnog, der dem Feigling kein Fleisch kochte, für den Tapferen jedoch sofort bereit war.[127]
8. Der Schleifstein des Tudwal Tudclud, der das Schwert eines tapferen Mannes schärfte, so daß es tödlich war, doch nicht das eines Feiglings.
9. Der Mantel des Padarn Beisrudd, der einem Manne edler Geburt blendend paßte, doch nicht dem Flegel.
10. und 11. Die Pfanne und die Schüssel des Rhegynydd Ysgolhaig, in denen man jedes Essen fand, das gerade verlangt wurde.
12. Das goldene Schachbrett der Gwenddolen, dessen silberne Figuren selber ein Spiel spielten, sobald man sie auf das Brett stellte.
13. Der Mantel des Arthur. Wer ihn umgelegt bekam, konnte alles sehen und wurde von niemandem gesehen.

## III. Das keltische Baumalphabet

Gezeigt ist eine Version aus einem von Gelehrten abgelehnten Werk des achtzehnten Jahrhunderts[128]. Sie trägt alle

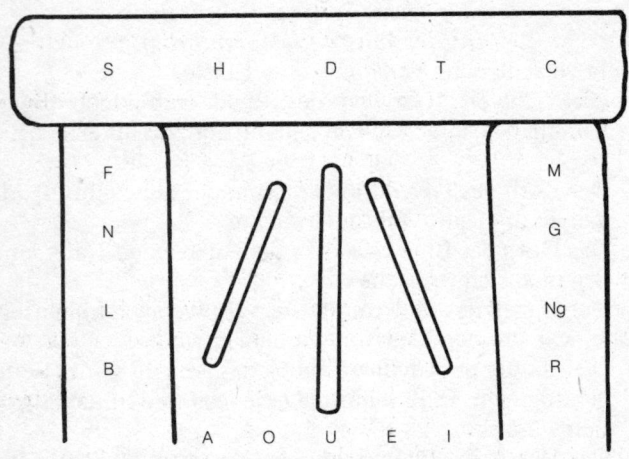

Der unbehauene Dolmen der Buchstaben

Kennzeichen einer recht frühen Form aus der Beth-Luis-Nuin(Non)-Periode. Das Alphabet gehörte zu den Weisheiten, die in den druidischen Waldakademien gelehrt wurden. Robert Graves hat wertvolle Arbeit dazu geleistet, und aus seinem Buch *The White Goddess* ist, mit einigen Änderungen, die folgende Liste übernommen. Die Sprache ist altirisches Gälisch, doch es sind auch Verbindungen mit dem Walisischen zu erkennen.

Das Lied von Amergin I (nach Robert Graves)[129]

| *Daten im dreizehn-monatigen Jahr* | *Die Stimme Gottes spricht:* | *Konsonanten des Baumalphabets* |
|---|---|---|
| 24. Dez.–21. Jan. | Ich bin ein Hirsch von sieben Enden. | Beith, die Birke |
| 22. Jan.–18. Feb. | Ich bin eine Flut auf der weiten Ebene. | Luis, die Eberesche |
| 19. Feb.–18. März | Ich bin ein Wind auf den tiefen Wassern. | Nuinn, die Esche |
| 19. März–15. April | Ich bin ein gleißender Sonnenstrahl. | Fearn, die Erle |
| 16. April–13. Mai | Ich bin ein Falke auf der Klippe. | Saille, die Weide |
| 14. Mai–10. Juni | Ich bin die schönste der Blumen. | Huath, der Weißdorn |
| 11. Juni–8. Juli | Ich bin ein Gott, der den Kopf in rauchende Flammen hüllt. | Duir, die Eiche |
| 9. Juli–5. Aug. | Ich bin ein Speer in der Schlacht. | Teinn, die Stechpalme |
| 6. Aug.–2. Sept. | Ich bin ein Lachs in einem Teich. | Coll, der Nußbaum |
| 3. Sept.–30. Sept. | Ich bin ein Hügel der Poesie. | Muinn, die Weinrebe |
| 1. Okt.–28. Okt. | Ich bin ein wilder Eber. | Gort, der Efeu |

| | | |
|---|---|---|
| 29. Okt.–25. Nov. | Ich bin ein bedroh-liches Geräusch vom Meer. | Ngetal, das Schilfrohr |
| 26. Nov.–22. Dez. | Ich bin eine Welle auf dem Ozean. | Ruis, der Holunderbaum |
| 23. Dezember | Wer außer mir kennt das Geheimnis des unbehauenen Dolmen? | |

### Das Lied von Amergin II

| | |
|---|---|
| Wer außer mir kennt die Dolmenhäuser auf Slieve Mis? | Auf diesem Berg in Kerry gibt es eine Reihe von Dolmen-häusern. |
| Wer außer mir weiß wirklich, wann die Sonne untergehen wird und wie lang der Sonnenmonat ist? | Enoch: Vollständige Angaben im Buch des Enoch. |
| Wer sagt die Phasen des Mondes voraus? | Der Astronom oder Mathema-tiker aus den Aubrey-Holes von Stonehenge. |
| Wer führt die Kühe aus dem Hause der Tethra und stellt sie in richtiger Ordnung auf? | Tethras Vieh sind die Sterne, die über den Himmel wandern, also die fünf Planeten, die nach dem Kalender bekannt sind. |
| Wen werden die Fische des lachenden Ozeans will-kommen heißen? | Den, der die Gezeiten kennt. |
| Wer ordnet das Jahr in seinem Fortschreiten von Hügel zu Hügel? | Die Tage der Heiligen führen von Punkt zu Punkt im Laufe des Jahres. |

Ruft also, Menschen des Meeres, ruft den Poeten,
auf daß er euch einen Zauberspruch entwirft:
Denn ich, der Druide, der die Zeichen des Ogham setzt –
ich, der die Parteien der Schlacht auseinanderbringt –
ich werde dem Rath der Sidhe mich nähern
und mir einen gewitzten Poeten suchen, mit dem ich
zusammen manch gute Beschwörung erdichten kann;
denn ich bin ein Wind des Meeres.

Die letzte Zeile kann man als ›ich bin ein verkörperter Geist aus geheimnisvoller Tiefe‹ verstehen.

Ogham ist das mutmaßliche bardische Alphabet, auf Kanten aus Holz oder Stein geritzt. Ein Rath (sprich ›Rah‹) ist eine meist runde Erdfestung. Die Sidhe sind das irische Volk der Elfen, die, wie schon erwähnt, größer sind als in England. Sie wohnen in den Bergen und stellen vermutlich eine frühere Rasse dar.

Die Vokale (begraben unter der Schwelle) sind:

### Der süße Kessel der fünf Bäume

| | | |
|---|---|---|
| A Ailm, die Silberfichte | Ich bin der Leib in jedem Bau. | Geburt ist überall. |
| O Ohn, der Stechginster – und das Ei (die junge Sonne der Tagundnachtgleiche) | Ich bin das Feuer auf jedem Hügel. | Initiation in Dolmen auf Hügeln. |
| U Ur, das Heidekraut (Leidenschaft – Bienen – Mitte des Jahres) | Ich bin die Königin in jedem Schwarm. | Die Liebesgöttin. |
| E Eadha, die Weißpappel (Herbsttagundnachtgleiche – Alter und Geister) | Ich bin der Schild für jedes Haupt. | Die Ruhe des Kriegers. |
| I Iodha (Iar), die Eibe (Wintersonnenwende, das Rad des Schicksals) | Ich bin das Grab jeder Hoffnung. | Der Tod – und das Tor zur Hoffnung. |

## IV. Weisheit in irisch-gälischer Dichtung

### Geist

Ich bin der Wind über der See,
ich bin die Welle auf dem Ozean;

423

ich bin das Murmeln der Brandung;
ich bin der Ochse der Sieben Gefechte;
ich bin der Geier auf dem Felsen;
ich bin ein Sonnenstrahl;
ich bin die schönste der Blumen;
ich bin ein wilder, wütender Eber;
ich bin ein Lachs im Wasser;
ich bin ein See in der Ebene;
ich bin die Kunst des Handwerkers;
ich bin ein Wort der Wissenschaft;
ich bin die Speerspitze, die in die Schlacht drängt;
ich bin der Gott, der im Menschen das Feuer des Denkens
entfacht.
Wer erleuchtet die Versammlung auf dem Berge,
wenn nicht ich?
Wer sagt die Zeiten des Mondes voraus, wenn nicht ich?
Wer zeigt den Ort, wo die Sonne untergeht, wenn nicht ich?

– Die Worte von Amergin, als er Eire besuchte

### Finn und der Lachs der Weisheit

Nach der Niederlage und dem Tod des Cumhal suchte Murna
Zuflucht in den Wäldern von Slieve Bloom. Dort gebar sie einen
Jungen, dem sie den Namen Demna gab. Aus Furcht, der Klan
der Morna würde ihn finden und töten, überließ sie ihn der Obhut zweier alter Frauen in dem wilden Wald, und sie selbst wurde
die Gattin des Königs von Kerry. Doch Demna wuchs zum Burschen heran und wurde Fionn genannt oder Finn, ›der Helle‹,
weil seine Haut so weiß und sein Haar so golden war, und dies
sollte fortan sein Name sein.

Als erste Tat erschlug er Lia, der den Schatz des Stamms der
Fianna besaß, den er ihm wegnahm. Dann suchte er seinen On-
kel auf, Crimmal, der mit anderen älteren Männern, überleben-
den Häuptlingen des Klans der Bascna, in Castleknock dem
Schwerte entkommen war. Sie hausten in Armut und Not tief im
Walde von Connacht, doch Fionn gab ihnen Gefolge und Schutz
aus den Reihen der jungen Männer, die ihn begleiteten auf seinen
Abenteuern, und er überließ ihnen den Schatz.

Er selbst ließ sich in den Errungenschaften von Poesie und

424

Wissenschaft unterweisen, von einem alten Weisen und Druiden namens Finegas, der am Fluß Boyne wohnte.

Hier an diesem Fluß unter einem Nußbaum, von dem die Nüsse der Weisheit aufs Wasser fielen, lebte Fintan, der Lachs der Weisheit, und wer von ihm aß, würde sich der Weisheiten aller Zeitalter erfreuen. Oft hatte Finegas versucht, diesen Lachs zu fangen, doch er hatte stets versagt, bis Finn zu ihm kam und sein Schüler wurde. So fing er ihn eines Tages und gab ihn Finn, ihn zu kochen, doch nicht davon zu essen, sondern ihn zu rufen, sobald der Fisch gar war.

Als Finn ihm den Lachs brachte, bemerkte Finegas die veränderte Miene im Antlitz des Burschen. »Hast du von diesem Lachs gegessen?« fragte er ihn. »Nein«, sagte Finn, »doch als ich ihn am Spieß drehte, verbrannte ich mir den Daumen und steckte ihn in den Mund.« – »Dann nimm den Lachs der Weisheit und esse ihn«, sagte Finegas darauf, »denn an dir ist die Prophezeiung wahr geworden. Und nun geh', denn ich kann dich nichts mehr lehren.«

– Aus dem Ossianzyklus, *The Coming of Finn MacCumhal*,
T. W. Rollestons Version,
*The High Deeds of Finn*, Harrap & Co, 1910

### Der Haselbaum

Die Hütte am Berge im grasigen Winkel,
Tür, Fenster weit offen dem Sternenblinzel,
dem scheuen Kaninchen, dem lebhaften Wind,
der streicht um den Bergthron, ekstatisch, geschwind.

Und sinkt dann die Sonne am purpurnen Abend,
dann streut dort der Haselbaum Beerengaben
aus funkelnder Frucht über Connias Brunnen;
unsterbliche Wasser, so deucht mir, in allen Winden.

Wenn dann die Nacht steigt auf aus zitterndem Tau,
wird jeder Gedanke, der meinen Geist erbaut,
zur schimmernden Beere im purpurnen Fall
vom Zauberbaum des Lebens überall.

A. E. (George William Russell)

### Fünf Bäume

Verbrennt nicht den süßen Apfelbaum mit seinen schweren
Ästen und weißen Blüten, nach dessen gnädigem Haupt jeder-
mann seinen Arm ausstreckt.

Verbrennt nicht die edle Weide, die so viele Gedichte ziert;
Bienen trinken aus ihren Blüten, reine Verzückung unter ihrem
verschwiegenen Zelt.

Den feinen, zierlichen Baum der Druiden, den Vogelbaum
mit seinen Beeren, den dürft ihr verbrennen; doch nicht den
schwachen, schlanken Haselnußbaum.

Auch verbrennt nicht die Esche mit ihren schwarzen Knospen –
Holz für geschwinde Räder, für die Gerte des Reiters;
der Eschenspeer führt den Angriff in erfolgreicher Schlacht.

– Jubans Rat an den Feuerburschen
des Fergus MacLeda

### Der Viehraub von Cuailgne
### (Tain bo Culgny)

Gegen den braunen Stier von Cuailgne,
der brüllt, daß der Regen fällt,
während die Kühe auf ihre Weiden eilen –
gegen den Stier von Cuailgne zieht das Heer von Connacht heran
in weiter Front aus der Abenddämmerung.

Der Held des Stiers des Ostens ist Cuchulainn von Murthemney,
der von den vielen Gestalten,
Sohn der Sonne, in strahlenden Kriegsfarben,
doch für eine Zeit kann das Heer von Connacht ihn niederhalten.
Rot war der Stier Fennbenach, der Führer des ganzen Fianna Fail,
und Fennbenach der Rote war die Sonne des Ostens.
Vom Westen und seinen Nachtwolken
wurde dann der Braune von Cuailgne gefangen, der große Stier,
zum Ruhme Maeves. Und breit war sein Rücken, so breit,
daß fünfzig Kinder auf ihm spielen konnten.

Und diese Stiere waren die wiedergeborenen,
ehrwürdigen Hüter der weißen Schweine der Sidhe:

426

In Tir-fa-Tonn in Tir-na-nOg
nährt sich das Volk nur vom Fleisch dieser Schweine.


Und Fergus Mac Roy kämpfte für die ruhmreiche Maeve,
und für Finn MacCumhal der schöne Cuchulainn
von den vielen Gestalten, der Feuerborn in der Schlacht,
beim Tain Bo Cuailgne, dem Raube des Viehs.
Für Maeve kämpften ihre sieben Söhne, die Maines,
Söhne des Maga, und Ferdia war ihr Gefährte,
ein Firbolg voller Gebrüll, voller Krieg und Bier:
die fähigen Männer von Leinster, und Cormac, Sohn des Conor,
der Verbannte von Ulster …


Gegen sie war nur einer zu sehen, und der nur ein Knabe,
doch ein Drache im Kampf, und alles ward rot,
denn seht: aus seinem Haupt schießen Ströme von Farben,
wenn er schleudert die wundersame Waffe.
Doch Mutlosigkeit kam über den Sohn des Sualtan.

Als er am Abend brütend und mutlos am Grabhügel von Lerga
lag und die Lagerfeuer der mächtigen Armee betrachtete, die sich
gegen ihn festgesetzt hatte, und den Schimmer der unzähligen
Lanzen, da sah er einen stattlichen Krieger durch die Menge
kommen, und niemand, an dem er vorüberging, drehte sich nach
ihm um oder schien ihn zu sehen. Er trug einen seidenen, goldbe-
stickten Mantel, den eine grüne Klammer mit silberner Nadel zu-
sammenhielt. In einer Hand trug er einen schwarzen Schild mit
silbernem Rand, in der anderen zwei Speere. Der Fremde kam zu
Cuchulainn und tröstete ihn mit sanfter und süßer Stimme über
seine Mühsal, seine Müdigkeit und seine schmerzenden Wunden, und schließlich sagte er: »Schlafe nun, Cuchulainn, an diesem Grabe in Lerga; schlafe und schlummere tief für drei Tage. In
der Zeit werde ich deinen Platz einnehmen und die Furt gegen
das Heer der Maeve verteidigen.«
Sodann fiel Cuchulainn in einen tiefen, tranceartigen Schlaf.
Der Fremde rieb heilende, magische Salben auf seine Wunden, so
daß er gesund und erfrischt war, als er erwachte. Und während
Cuchulainn schlief, hatte der Fremde die Furt gegen den Feind
gehalten. Und Cuchulainn wußte, es war sein Vater, Lugh, der

vom Volke der Dana gekommen war, seinem Sohn durch diese
Stunde der Verzweiflung zu helfen.

So kam Lugh n'Aquilla, der hohe,
nachdem Morrigan gekommen war, die dort hockte wie eine
Krähe,
bereit, sich vom Blut zu nähren, und sie sprach zu Cuchulainn.
Doch der wies sie zurück, und sie verwandelte sich
in einen großen Aal und umschlang seine Füße …

Als der braune Stier von Cuailgne, nach Connacht gebracht,
auf den Stier von Ailell traf, den weiß gehörnten mit weißer Brust,
erschlug der braune Stier der Nacht das Tier mit den weißen
Hörnern.
Maeve und Ailell, für den Westen, und die Fenier von Ulster
schlossen
sodann einen siebenjährigen Frieden, den Frieden der Stierberge.

– Rhythmische Version von R.N.,
nach T. W. Rolleston.

### Kinder zu Schwänen

Grausam zu uns war Aoife,
die ihren Zauber mit uns trieb
und uns aufs Wasser hinaus trieb –
vier schneeweiße Schwäne.

Unser Bad ist das schäumende Meer
in Buchten zwischen rotem Fels;
statt Met an unseres Vaters Tisch
trinken wir das Wasser der blauen See.

Drei Söhne und eine Tochter,
hausen wir in den Spalten des kalten Fels,
harter Stein, grausam zu Sterblichen —
so sind wir heute abend voll Bitternis.

– Die Verwandlung der Kinder des Lir
(Fionualas Lied)

### Tir-fa-Tonn

Entzückend das Land, jenseits aller Träume,
prächtiger als alles, was du je erblickt hast.
Das ganze Jahr sind Früchte auf den Bäumen,
und das ganze Jahr blühen die Blumen.

Die Bäume des Waldes triefen von wildem Honig;
nie mangelt es an Wein und Met.
Wer dort wohnt, kennt weder Schmerz noch Krankheit,
weder Tod noch Verfall, nimmermehr.

Kein Fest wird zuviel, keine Jagd je ermüdend;
die Musik endet nie im festlichen Saal.
Gold und Juwelen des Landes der Jugend
sind strahlender als alles, was der Mensch je erträumt.

Du wirst Pferde der Elfenrasse besitzen,
und deine Hunde werden schneller sein als der Wind.
Hundert Häuptlinge werden dir in die Schlacht folgen,
und hundert Maiden werden dich in den Schlaf singen.
Eine Krone der Macht wird dein Haupt schmücken,
und deine Seite ein magisches Schwert.
Und du wirst Herr sein über das Land der Jugend
und Herr über Niam vom Goldenen Haar.

*– The Fenian Cycle,*
Niam mit dem Goldenen Haar
beschreibt Oisin Tir-fa-Tonn

### Vorschriften für einen König

Du sollst nicht rechtsherum um Tara gehen und nicht
linksherum um Bregia.[130]
Du sollst nicht die bösen Ungeheuer von Cerna jagen.
Alle neun Nächte sollst du Tara nicht verlassen.
Du sollst in keinem Haus schlafen, aus dem nach Sonnenuntergang Feuerschein zu sehen ist.
Nie sollen dir Drei Stäbe zum Hause des Red vorangetragen
werden.

Keine Plünderung soll unter deiner Herrschaft stattfinden.
Nach Sonnenuntergang soll keine Frau oder kein Mann allein
das Haus betreten, in dem du weilst.
Du sollst nicht in einen Streit zwischen zweien deiner Getreuen
eingreifen.

*– Geise* (Zauberbann),
der Conary als König von Erin
von Nemglan auferlegt wurde

# Der Achtfache Jahreskreis

*Vorbemerkung*

So wie Weihnachten oder Neujahr uns als Markierung und Orientierung im Jahreskalender dienen, so benutzen Druiden – früher wie auch heute – einen Zyklus von acht traditionellen Festtagen, um mit der Sonne, dem Mond und der Erde in Verbindung zu treten und sie zu ehren. So folgen sie nicht einem linearen, sondern einem zyklischen Plan, nach dem sie ihr Leben einrichten.

Die Zeremonien haben sich im Laufe der Geschichte des Ordens entwickelt. Manche sind kürzlich hinzugekommen, andere sind unbekannten Alters, manche gehen auf Druidenführer in Großbritannien zurück, andere auf solche in der Bretagne. Doch der wichtigste Aspekt jeden Festes ist die Einstimmung auf den besonderen Ort und die Zeit, die jeweils gewürdigt und gefeiert werden. So geht es in den Mysterien von Eleusis, dem Ritus von Alban Elued und dem christlichen Erntedankfest im Grunde um dasselbe: die Zeit der Reife, der Ernte und des Einsammelns.

Manche Druidenzeremonien sind formelle Versammlungen, besonders solche an öffentlichen Orten wie auf dem Tor von Glastonbury. Doch andere sind eher zwanglos und finden in Waldtälern oder privaten Gärten statt. Die Sprache der Zeremonien reflektiert die verschiedenen Grade der Formalität. Zu den förmlichsten Anlässen hört man nur die überlieferten Worte, während die ungezwungensten Feste gar keine vorbereiteten Reden kennen. Hier folgen der Leiter des Rituals und die Teilnehmer ausschließlich dem Geist und der Inspiration des Ortes und des Augenblicks.

Eine vollständige Beschreibung der acht Zeremonien findet sich im Fernkurs des Ordens, während hier nur die Bedeutung und die Verknüpfung des achtfachen Zyklus skizziert und der vollständige Text der Bealteinnezeremonie in Glastonbury wiedergegeben ist.

[Der Herausgeber]

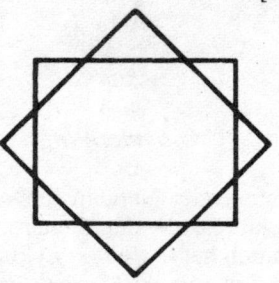

*Die Feste im Jahreskreis*

Zuerst sollen die Symbole und die astrologischen Zuordnungen für das Achterschema des Jahres kurz dargestellt werden:

| | |
|---|---|
| *Lichtmeß*<br>≋ *Luft*<br>*2. Februar* | Imbolc oder Brighid, die Mutter als<br>Schutzherrin der Künste und als Amme.<br>Eine Zeit natürlicher Anfänge.<br>Symbole: Lichter und Wasser.<br>Damit pflegte das schottische Jahr zu beginnen. Es ist auch das Fest des armenischen Feuergotts Mihr (Frazer). In Irland beginnt jetzt das Pflügen. |
| *Alban Eiler oder*<br>*Frühlingstagund-*<br>*nachtgleiche*<br>♈ *Feuer*<br>*21. März* | Fest des Erdreiches, des fruchtbaren<br>Bodens unter unseren Füßen.<br>Hauptsymbol: das Kleeblatt, die ersten<br>Fußabdrücke Niwalens und Olwens.<br>Andere Symbole: Knospen, Blüten,<br>Samenkörner, der weißgrüne Mantel. |
| *Beltane*<br>♉ *Erde*<br>*1. Mai* | Bealteinne, das gute Feuer, Feuer des<br>gesunden Wachstums, das sich in Blüten<br>zeigt.<br>Dies ist der Beginn des Sommers.<br>Symbole: die englische Sommerjungfrau<br>Niwalen und ihr Vater Celi (Cole), sein<br>Rauch und Saft. |

432

| | |
|---|---|
| *Alban Heruin oder Sommersonnenwende*<br>♋ *Wasser*<br>*21. Juni* | Der ewige Kreislauf des Wassers um die Küsten der Erde, Grenze zwischen Land und Meer und zwei Hälften des Jahres. Hauptsymbol: Eisenkraut (Verbena), die Pflanze des Sehens.<br>Andere Symbole: Blumen, Blätter, Met. Das gastfreundliche Fest, die Zurückgabe dessen, was frei empfangen wurde. Gnade, Wahrheit und Liebe kommen von der höchsten Sonne: der goldene Mantel. |
| *Lughnasadh oder Lammas*<br>♌ *Feuer*<br>*1. August* | Die Hochzeit von Lugh oder Lugaidh (Licht) und Eire (Erde); der Herbst und die Ernte beginnen. Eine Zeit der Opfer. Die Beerdigungsspiele für Lughs Pflegemutter werden abgehalten. Das Backen des ersten Brotlaibs (Lammas). |
| *Alban Elued oder Herbsttagundnachtgleiche*<br>♎ *Luft*<br>*23. September* | Der Blick schweift in die Ferne, zum Kreis des Meereshorizonts.<br>Die Zeit der Haupternte.<br>Das Hauptsymbol ist die Weizengarbe – das reife Produkt, das im Kreis vorgestellt wird. Freiheit, durch den Ozean symbolisiert. Andere Symbole: Wein, Obst, der bronzerote Mantel. |
| *Hallowe'en*<br>♏ *Wasser*<br>*31. Oktober* | Samhuinn, die Vereinigung der beiden Welten. Kessel und Kräuter, der Eibenzweig des Todes und des Ewigen, die Einladung an die Geister, an den vier Speisen der Toten teilzuhaben, die verbrannt werden. Symbole: Engelwurz und Knoblauch als Schutzpflanzen. |
| *Alban Arthuan oder Wintersonnenwende*<br>♑ *Erde*<br>*21. Dezember* | Der Blick erhebt sich zum Himmel, zum Polarstern und zum Bären. Hauptsymbol: die Mistel. Tod und Geburt der Sonne, Wendepunkt des Jahres. Löschen der Lichter und Entfachen des neuen Feuers, das große Licht und die geringeren Lichter. Der schwarze Mantel. |

## *Die Paarung der Gegensätze*

Das Wesen des zeremoniellen Jahres erkennt man am besten, wenn man den Kreis der Gegensätze betrachtet, die sich ergänzen.

Alban Arthuan, die Wintersonnenwende, ist die Wiedergeburt der erschöpften Sonne durch die Große Mutter Mabinog. Sie ist daher eindeutig eine Zeremonie der Muttergöttin. Gegenüber liegt Alban Heruin, die Sommersonnenwende, die

Der natürliche Jahreskalender des Lichts

den mächtigsten Zauber ausübt. Sie ist auf dieser Hemisphäre der Höhepunkt der Bahn der Vatersonne; Licht *in excelsis*.

Alban Eiler und Alban Elued, Frühjahrs- und Herbsttagundnachtgleiche, haben ganz ähnliche Zeremonien. Bei beiden bringt eine Frau wichtige Symbole für die Geschenke der Erde: gelagerter Wein und Saatgut für den Frühling und im Herbst den reifen Weizen. Wie der Wein ein Symbol für alte, überlieferte Weisheit ist, so ist die Weizengarbe wertvolle Lebenserfahrung. Die Zeremonien unterscheiden sich durch ihre jahreszeitlichen Attribute, doch bei beiden liegt die Betonung auf den Früchten der Erde.

Die gälisch-kymrischen Feste sind dagegen nicht von dieser Universalität. Imbolc beseitigt den Unrat, wäscht das Gesicht der Erde und sät die erste Saat: ein klares Symbol der Mutterschaft. Sechs Monate später, am 1. August, kommt Lughnasadh, der Triumph, die Hochzeit zwischen Lugh und Eire, für Frazers Anhänger John Barleycorns Tod, das Opferfest des Jahres, bei dem die Muttergöttin ihren Gatten tötet und sich einen neuen nimmt. Beide Zeremonien sind daher im wesentlichen der Muttergöttin geweiht.

Bealteinne und Samhuinn sind der gegensätzlichen Magie der Jahreszeiten geweiht. Zu Bealteinne, am 1. Mai, gehört der erhabene Zauber der Blüte, die schwere Magie der Erde, die Zaubersprüche der *Sidhe* und das Pentagramm. Zu Samhuinn gehört die finstere Magie des Todes, die Rückkehr der Toten und der Blick in die Tiefen der Zeitlosigkeit durch die offenen Tore zwischen den Welten.

### *Wichtige Elemente und Götter der Jahreskreisfeste*

| | |
|---|---|
| *Alban Arthuan* | Tod und Geburt; die Mistel der Erneuerung und Heilung; Ceridwen und Hu-Hesus. |
| *Imbolc* | Reinigung und Pflanzung; die Frau als Erde; Brighid. |
| *Alban Eiler* | Saaten und Wein; Stimulus, Blüte, Magie; der junge, männliche Liebhaber, Aenghus Og; die Frühlingsmaid in verschiedenen Gestalten. |

| | |
|---|---|
| *Bealteinne* | Das gute Feuer und das mystische Pentagramm mit der Maiblume; die Blumenjungfrau, Niwalen oder Olwen. |
| *Alban Heruin* | Der Höhepunkt des Lichts, das Aufklaren der Sicht, das männliche Sonnenfest; Og oder Teutates, Vater oder erwachsener Sohn. |
| *Lughnasadh* | Die Hochzeit von Himmel und Erde; die Göttin Erde auf ihrer Höhe in der Reife des Lichts; Lugh. |
| *Alban Elued* | Die Sammlung der Weisheit des Lebens; der weise alte Mann, der Dagda; oder Ceridwen als Hüterin der Saat. |
| *Samhuinn* | Die Zeitlosen; die Eibe, Baum der Ewigkeit; die weise Alte; Ceridwen als Sibylle. |

Man wird bemerkt haben, daß nur drei dieser Rituale ausdrücklich maskulin sind. Die anderen zeigen Aspekte der Muttergöttin und das Ausmaß, in dem druidische Vorstellungen unter dem Einfluß des Mondes standen.

Der majestätische Gang der Jahreszeiten war für den frühen Menschen Symbol für die Zusammenkunft von Materie und Schöpfung. Daher stammen der Lichtbogen, der Kreis und vielleicht auch die Hörner der Fruchtbarkeit.

### Die Bealteinnezeremonie

*Einführung am Fuße des Glastonbury Tor*
**Herold:** O Freunde, was hat euch hierhergeführt?
**Pendragon:** Wir sind zu dieser uralten Stätte gekommen, wo der Geist einst dem Menschen begegnete, um diesen Geist wieder anzurufen.
**Herold:** Sucht dann nach Art der Alten zwischen den beiden Säulen.
**Schreiber:** Im Heiligen Tal von Avalon sind die Säulen verkörpert als der Tor und die Quelle.
**Herold:** So laßt uns dort unser Ziel verfolgen.
(*Alle gehen zum Turm auf dem Tor.*)
**Oberdruide:** (*indem er zum Turm geht und seine Hand dar-*

*an legt)* In diesem Tor und Turm ehren wir das Symbol der geistigen Vaterschaft. (*Alle gehen zum Turm und berühren ihn.*)

(*Wasserträger reichen eine Schüssel mit Wasser aus dem Chalice Well herum.*)

**Oberdruide:** Im Wasser dieser ewigen Quelle der Gesundheit kosten wir die Süße der Mutterschaft. (*Alle trinken.*)

*Eröffnung des Bealteinnegorsedd auf der Insel Avalon*
(*Der Herold und Hornbläser in der Mitte stößt viermal ins Horn, einmal in jede Himmelsrichtung.*)

**Herold:** Hört den Ruf des Gorsedd.

**Alle laut:** Hört!

**Oberdruide:** Laßt uns beginnen, indem wir den Himmels-richtungen Frieden entbieten, denn ohne Frieden kann kein Werk gelingen.

Friede dem Norden,
Friede dem Süden,
Friede dem Westen,
Friede dem Osten.

**Alle:** Möge Friede herrschen auf der ganzen Welt.

**Oberhaupt:** Da wir nun wissen, daß Friede herrscht, können wir unser Werk beginnen, indem wir auf die Klarsicht vertrau-en, die aus innerer Harmonie kommt, und auf den Gott und die Göttin der Wahrheit. Das reiche Land Wessex reflektiert Wahrheit in vielen Spiegeln.

**Herold:** (*geht zur Maikönigin und zur Erdmutter, beide im Westen, als Schutzherrinnen der Zeremonie.*) Hat die Mai-königin eine Nachricht für die Häupter des Ordens?

**Königin oder Erdmutter:** Die Königin des Mai, Lady Elen von den Blüten, Tochter von Celi, dem Feuer des Wachstums, ist hier mit der Königin-Mutter, Ana von der Erde. Sie entbie-ten den Oberhäuptern des bardischen und druidischen Or-dens ihre Grüße und ihr Willkommen und bitten sie, vor sie zu treten.

(*Der Herold wiederholt die Botschaft vor den Oberhäup-tern im Osten.*)

**Pendragon:** Wir empfangen ergebenst die Botschaft der Mai-königin und der Erdmutter und möchten zu ihnen geführt werden. (*Der Herold führt die Oberhäupter nach Westen.*)

**Maikönigin:** Empfangt von uns diese Geschenke des Monats Mai: unsere eigene Blüte, den blühenden Weißdorn, der die geheiligte Eiche hütet, und die jungen Blumen, welche die Erde schmücken. Mögen sie allen Freude schenken.

**Oberbarde:** O holde Elen, Maikönigin des Tor von Glaston-bury, und holde Ana, Große Mutter der Erde, wir danken euch für eure gnädigen Gaben. Duir, die geheiligte Eiche, ist auf beiden Seiten bewacht durch den Weißdorn Huath und den Stechapfel Teith. Mögen die Eiche, Symbol des ewigen Lebens, die Maiblüte, Symbol der magischen Kraft, und der Weißdorn, Symbol von Reinheit und Schutz, mit uns sein die ganze Zeit über, diese Zeit der knospenden Blumen.

(*Die Oberhäupter kehren nach Osten zurück.*)

**Schreiber:** Laßt uns nun die Worte sprechen, die alle Druiden verbinden (*unterstrichene Wörter werden von allen gesprochen*):

Gewähre uns, o Gottheit, deinen Schutz,
und in diesem Schutz <u>Stärke</u>
und in der Stärke <u>Verstehen,</u>
und im Verstehen <u>Wissen,</u>
und im Wissen das <u>Wissen um Gerechtigkeit,</u>
und im Wissen um Gerechtigkeit <u>die Liebe zu ihr,</u>
und in der Liebe zu ihr <u>die Liebe für alles, was existiert,</u>
und in der Liebe für alles, was existiert,
<u>die Liebe für die Gottheit und alles Göttliche.</u>

**Pendragon:** Willst du, o Herold, nun die Versammlung eröff-nen?

**Herold:** Auf Befehl des verehrten Pendragon verkünde ich, daß der Gorsedd von Avalon nun eröffnet ist.

*Es folgt das Eisteddfod mit Reden, Poesie, Musik und manchmal auch Tanz.*

*Der Abschluß*

**Oberbarde:** Arthur begab sich nach seinen Schlachten um die Einheit ins Land der Sidhe. Er wird wiederkehren, sobald es notwendig ist. Er schläft, stirbt jedoch nicht. Er erscheint uns dunkel, wenn das Licht dieser sterblichen Welt uns blendet.

**Schwertträger:** Seht dieses Schwert (*er zieht es und hält es hoch*) Excalibur, das aus dem See der stillen Meditation gekommen und wieder darin versunken ist. Das Schwert des Geistes, des Lichts und der Wahrheit ist stets scharf und immer mit uns, wenn unser See in Stille ruht. (*Er trägt das Schwert zum Oberdruiden.*)

**Schreiber:** Nicht nur der Tor und die Quelle sind hier. Hier ist auch das dritte, in dem sie eins werden.

**Herold:** Was meinst du damit?

**Schreiber:** Die Höhle enthält sowohl den Drachen als auch den Schatz. Die beiden Säulen sind ihr Eingang.

**Herold:** Als Arthur nach Annwn hinabstieg, kehrten nur wenige mit ihm zurück.

**Schwertträger:** Excalibur ist das Symbol für den Weg der wenigen. (*Er hält das Schwert dem Oberdruiden hin.*)

**Oberdruide:** Während dieses Schwert gezogen ist, versprecht, daß die Erde, unsere Heimat und Mutter, beschützt und erleuchtet werden soll durch die Schwerter unseres Geistes und Willens. (*Das Schwert wird waagerecht vor die drei Führer gehalten, die ihre Hände darauf legen.*)

**Alle:** Wir schwören es. (*Der Schwertträger steckt das Schwert in seine Scheide und geht an seinen Platz zurück.*)

**Oberdruide:** Wir bitten die vier Erzengel und Heiligen unserer Inseln, die die vier Tore regieren, uns zu helfen, dieses Versprechen in Ehren zu halten:

Im Osten Raphael in seinem goldenen Mantel, und in seinem Schatten Georg von England.
Im Süden Michael mit der roten Flamme und dem Schwert, und in seinem Schatten Davydd von Wales.
Im Westen Gabriel mit dem blauen Wasser, und in seinem Schatten Padraic und Dana von Eire.
Im Norden Uriel mit der fruchtbaren, dunklen Erde, und in seinem Schatten Columcille von Iona.
(*Die Gesichter nach Osten gewandt.*)
Möge die Harmonie unserer Erdenkräfte vollkommen sein.

*(Die Amtsträger begeben sich in die vier Himmelsrichtungen und stimmen den Friedensruf an:)*

> Möge Friede im Norden sein,
> möge Friede im Süden sein,
> möge Friede im Westen sein,
> möge Friede im Osten sein.

**Alle:** Möge Friede herrschen auf der ganzen Welt.

**Schreiber:** Laßt uns derer gedenken, die uns verlassen haben und zu einer anderen Ebene des Lebens übergegangen sind, besonders jener, die mit diesem Werke verbunden waren. *(Der Schreiber liest aus der Ordensrolle.)*

**Alle:** *(Alle im Ring fassen sich an den Händen.)*

> Wir schwören, zu Friede und Liebe zu stehen,
> Herz zu Herz und Hand in Hand.
> Höre uns, Geist, o höre uns nun,
> und bestätige unseren heiligen Schwur.

**Oberdruide:** Dieser Gorsedd endet in Frieden, so wie er in Frieden begann. Laßt uns nun auch in Frieden gehen, und möge Friede sein, außen und innen, bis wir uns wieder treffen.

**Alle:** So sei es. *(Alle verlassen die Stätte zur Sonne hin, der Oberdruide zuletzt.)*

## Anmerkungen zur Beltanezeremonie

Die Feste Beltane und Lughnasadh bilden ein magisches Paar: Zu Bealteinne erscheint die magische, fünffältige Blüte des Mai, Weißdorn und Schwarzdorn, und die Blüten anderer Bäume. Am Sommerende, wenn die Ernte eingebracht wird, kommt Lughnasadh, das Ende der Hitze, mit dem kalendarischen Herbstanfang Anfang August. Das Rad des Jahres hat den höchsten Punkt erreicht und rollt nun abwärts, während die Sonne sichtbar tiefer sinkt.

In der Beltanezeremonie fand man sehr früh, daß die benutzten Symbole sich zu einem kaum verkennbaren Muster formten. Ein hoher Stein im Osten hat stets die Luft repräsentiert; folglich hielt man die Zeremonie vor dem Michaelsturm ab. Wasser dient der Reinigung des Kreises und wurde natürlich aus dem heilkräftigen Chalice Well geschöpft. Die Höhle im Tor wurde dann als der natürliche Ort der anderen Elemente aufgefaßt, des Feuerdrachen und des Erdschatzes. Die Worte des Rituals begannen im Laufe der Zeit, diese Szene widerzuspiegeln. Das Erheben des Schwertes Excalibur wurde daher zur Spitze des Pentagramms, *Äther* oder Geist.

Vier Pfade vereinigen sich in der Höhle, dem unteren Zentrum, und drei im Schwert, dem oberen Schnittpunkt.

Die vier Pfade in die Höhle sind Luft und Wasser, die beiden Säulen, und Erde und Feuer, der Schatz und der Drache. Die Säulen hüten den Eingang: intuitives Wissen (Luft) und gereinigte Gefühle (Wasser). Ein klarer Verstand (Erde) und Begeisterung (Feuer) formen die feste Basis.

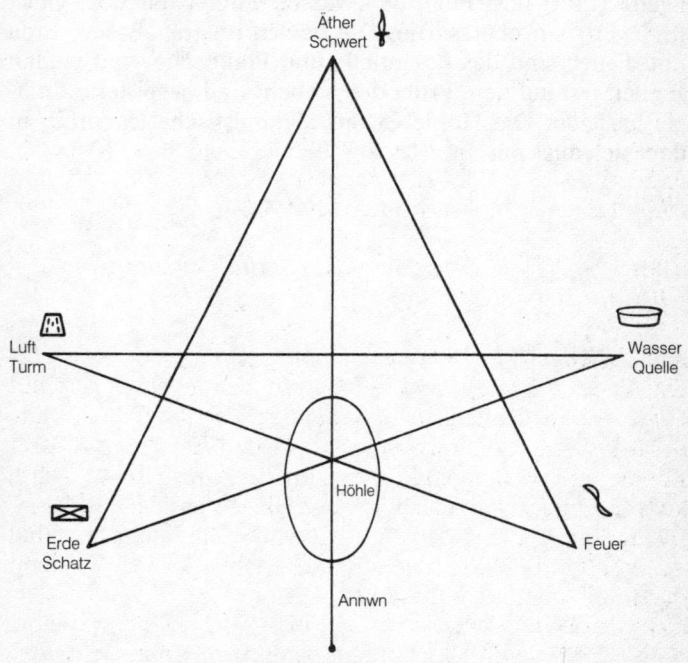

Das Pentagramm von Glastonbury

441

Im Schwert vereinigen sich drei Elemente: Es ist aus Erde (Kohlenstoff) in Form von Eisenerz, aus Wasser (Wasserstoff), womit der Stahl gehärtet wird, und aus Feuer (Sauerstoff), in dem es getempert wird. Bei Arthurs Prüfung wird es symbolisch aus einem *Stein* gezogen, dann erscheint es aus dem *See*, wo Nimuë es herausgibt, und wird schließlich dem *Drachen* entrissen, nachdem Arthur als Sonnengott ihn getötet hat. Das Schwert selbst ist *Äther*, schöpferischer Geist, eine höhere Form des Feuers, und ist erhöht im vierten Element, der Luft oder Intelligenz.

Die vierfache Basis vereinigt sich also in der Höhle, und die Essenz dreier Elemente vereinigt sich im Symbol des hohen Schwertes, wobei dieses im vierten Element erhöht ist.

Die unteren Winkel bilden ein fundamentales Viererschema, ein Viereck, das eine Vesica oder Höhle einschließt. Intelligenz (Luft) und Emotion (Wasser) bilden mit dem Geist (Schwert) ein oberes Trio. Die beiden unteren Basen, Erde und Feuer, sind das Essentielle und Praktische, ›mit beiden Beinen fest auf dem Erdboden stehen‹ und begeisterte Energie besitzen. Die Höhle ist das alchimistische Cucurbit, in dem sich alles mischt.

# Nachwort

Das Druidentum steht nach diesem Blick in seine Ursprünge und Geschichte als eine sehr reale und vitale Mysterienlehre vor uns, deren Grundlagen hier vermittelt werden, wenngleich sie nicht ganz offenbart wird.

Der Begriff Geist steht klar im Mittelpunkt. Er liegt in der Silbe für Luft = Geist = Hé, Heu'c, Hu oder E in ihren verschiedenen Formen. Dieser Samen, dieser Punkt, dieses Senfkorn wächst zu einem Riesen heran: Hu Gadarn, der Herakles der Menschen, der Esusgeist der erwachsenen Rassenfigur im Cymrubaum, der Taranus der vier Abteilungen, in seiner Tierform als Stier, dessen Donnerstimme die des Schöpfers ist.

Der Kreis ist die Anwendung dieses Geistes: Die Mitte ist der Samenpunkt oder Grundklang, der Umfang die Grenze seiner Ausstrahlung oder, als Klang, ein Akkord auf der Grundnote. Das Drehen des Kreises ist die Bewegung des Geistes in seiner Entwicklung von Kraft. Der Kegel ist seine Projektion, das gleichschenklige Dreieck seine Glyphe.

Der *Gorolad* des Himmels ist der Polarkreis des Arthur, und andere himmlische Kreise haben ebenfalls ihre besonderen Eigenschaften. Alle sogenannten Gottheiten sind Bilder für den primitiven und nicht ausgebildeten Geist, wobei sich die druidischste in der Achse Hu-Aesus darstellt, die in Wales als die Gwion-Taliesin-Progression durch die vier Stufen oder Formen erscheint: Der schnelle Hase gehört noch zur Erde, der gefühlvolle Fisch zum Wasser, der intelligente Zaunkönig zur Luft – doch das Feuer, die wesentliche Transformation, liegt im Samenkorn (wiederum Hu), welches die Große Mutter zu Taliesin, dem Strahlenden Antlitz, heranwachsen läßt.

Die Kreise der Schöpfung winden sich aus der Tiefe von Annwn durch die vielförmige Schöpfung – zwischen deren Formen keine echten Barrieren bestehen, sondern nur Bruderschaft im Kreis – und schließlich ins Weiße Leben, so weit, wie menschlicher Geist gelangen kann, denn jenseits davon gibt es nur noch das gleißende Licht von Ceugant.

Die vier Qualitäten und notwendigen Entwicklungen des Menschen strahlen aus den vier Himmelsrichtungen auf ihn ein. Zugleich sind die Himmelsrichtungen und ihre Verkörperungen als Ritter, Heilige, verschiedene Geschöpfe, die vier Elemente oder die gegensätzlichen Farben ein Ausdruck dieser Qualitäten und Entwicklungen. Der Kreis und die vier Kreuzungspunkte sind ein Schema, das für viele Anwendungen gilt.

Die anderen vier Punkte, die Zwischenrichtungen oder das ›Andreaskreuz‹, sind in geringerem Maße ebenfalls wichtig. Sie gehören zu lokaleren (doch ebenso tiefen) Formen.

Im Tanzkreis begegnen einem anfangs die ekstatischen Schreie und wilden Sprünge, die man mit den Derwischen in Verbindung bringt, und später die ruhigeren, aber möglicherweise wirkungsvolleren Kreistänze. Der Kreis verursacht, intensiviert und drückt die Kraft aus, die so beschworen wird, und wenn er aus Holz oder Stein ist, dann speichert und überträgt er Energie über viele Jahrhunderte.

Betrachtet man die vielen Hinweise auf Winkel- und Linienorientierungen der Kreise, lange wie kurze, so bemerken wir ein immenses Verständnis für den Umgang mit Richtungen, wie wir es nach alten Vorurteilen kaum erwarten dürften – außer wir gehen davon aus, daß es tatsächlich die Himmelsschlange ist, die hier inspiriert. Der Geist des frühen Menschen scheint sich auf abstrakten und weitreichenden Ebenen bewegt zu haben. Kraftlinien und Orientierungen müssen erst vollständiger protokolliert und begriffen werden, bevor eine Auswertung möglich ist. Doch Berechnungen wie die, welche vom Großen Menhir nach England führen, und Dreiecke wie die beiden, welche die Glastonbury-Iona-Achse als Basis haben, wobei die Spitze in einem Fall Lindisfarne trifft und im anderen den Punkt vor der irischen Westküste, wo das visionäre Hy Brazil/Tir-na-n'Og/Atlantis wiederholt gesichtet – und kartographiert – worden ist, geben einen Begriff von dem Blickwinkel der Konstrukteure: fast wie aus einer anderen Dimension.

Über die ganze Manifestation hinweg drücken sich die dreifachen Kräfte im Unendlichen aus: Licht, universale Luft und unerschöpfliches, reines Wasser. Dies sind die wahrhaft übernatürlichen Elemente, in denen die menschliche Seele sich hauptsächlich ausdrückt. Weit dahinter kommt die Begrenzung der festen Erde. So sind die Quelle, der Baum und der Stein die heiligen Dinge. Zusammen mit Luft/Feuer ist die Quelle das Prinzip der Reinheit in der Materie, und der Baum ist die Erde mit dem Attribut dieser Reinheit; daher der Kult der vielen heiligen Bäume. Der hohe Stein reckt sich in die Luft und ist mit ihr verbunden: Das unendlich Weiche und Unsichtbare und das unendlich Harte bilden zusammen ein Instrument, auf dem der Geist spielt. Feuer ist der heilige Wandler, ständig am Werk mit stofflichen Dingen, eine intensive Form der heiligen Luft, eine spezialisierte Form des heiligen Lichts, das Medium der göttlichen Kraft, die vom Himmel fährt: die Essenz des Lebens selbst.

Klang beginnt am Kreis und im Zentrum der Schöpfung vielleicht als ›Hé-hai‹, der Klang des Atems. Awen – ›Ah-uh-en‹ – oder das mystische hebräische ›E-háy-yeh‹ (›Ich bin, der ich bin‹) ist der Dreiklang, aus dem die Schöpfung entspringt, der die Drei Welten oder Ordnungen des Seins begründet: Licht, Luft und Wasser. Die Erde ist ›*Tellus*‹, die Höhe ›ah‹, die Tiefe ›uh‹ und die Manifestation der Oberfläche dazwischen ›en‹. Licht oder Feuer ist der Lebensgeist, der mit diesen Positionen spielt.

Was war zuerst, das Wort oder das Licht? Vielleicht sind sie ein und dasselbe … jenseits unseres Begreifens. Sie sind nur das, als was sie uns erscheinen.

Sonne und Mond, höhere Formen von Feuer und Wasser, sind die beiden Säulen oder Hörner, die beiden großen Diener des Geistes: die Kraft bewegt sich zwischen ihnen. Dies ist das Trio der Alchimisten. Das folgende Zeichen ist typisch druidisch:

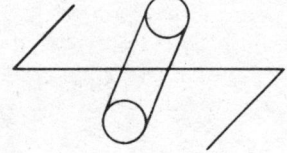

Nach der Evolution durch alle Phasen des Lebens, von der Pflanze über den Fisch und das Tier zum niederen Menschen und schließlich in die Sicherheit von Gwynfid, von wo es kein Abrutschen mehr gibt, steigt der menschliche Geist durch die Wolken zum Mond auf, um zu ruhen, zur Sonne, um sich zu reinigen, und aus diesem System, um sich auf anderen Welten zu entwickeln: eine hohe Vision, vergleichbar mit der Vision der Hinduphilosophie, die allerdings durch ihre Zahlen und Datierungen etwas limitiert ist.

Das Druidentum erweist sich also als vollkommen philosophisch. Es ist ein Schema universaler Anwendbarkeit und nicht in irgendeine humanisierte Gestalt aufgelöst, wie es bei den meisten Religionen der Fall ist. Es benutzt allerdings ein lokales, flexibles Pantheon, um die Aspekte der Gottheit für jene darzustellen, die nur in solchen Formen zu denken vermögen. Hu-Esus ist ein gutes Beispiel für diese Mischung aus Prinzip und Gestalt, und im Druidentum ist er die Hauptfigur: der Punkt, das Prinzip des Wachstums, der Held, der Atem Hu oder Hé. Esus am Eichenbaum läßt sich natürlich leicht mit Jesus am Kreuze assoziieren, und die anfängliche Verbindung zwischen dem Druidentum und diesem religiösen System schien daher vorherbestimmt.

# Anmerkungen

1  J. Toland, *History of the Druids*, 1719.
2  Im astronomischen Sinne begann es 1881.
3  Siehe Colin Renfrew, *Before Civilization*, 1972.
4  Breasted datiert die Periode der Großen Pyramide auf etwa 2900 v. Chr. Glyn Daniel gibt 2500 v. Chr. an, bzw. 2680 v. Chr. für die *Djoger*-Pyramide.
5  Siehe Caroline Malone, *Avebury*, B. T. Batsford, 1989. Malone verlegt die Datierung des Komplexes nach 3710 v. Chr. Bezüglich Silbury Hill siehe *The Silbury Treasure* von Michael Dames, Thames & Hudson, 1976.
6  Man kann annehmen, daß der frühe Mensch die Fruchtbarkeitseinflüsse und allgemein ›magischen‹ Ströme kannte, die der Mond ausstrahlt und die durch eine Mondfinsternis unterbrochen werden. Die älteren Druiden hatten ein ausgeprägtes Gespür für den Mond, in Verbindung mit der dem Mond geweihten Mistel.
7  Gerald Gardner, *Witchcraft Today*, Rider, 1954.
8  A. B. Deacon, *Malekula: a Vanished People*, 1934, und John Layard, *Stone Men of Malekula*, 1942.
9  Für eine ausführlichere Behandlung der Eiche siehe S. 218 ff.
10  Plinius, Naturgeschichte, XVI.
11  John Toland, der erste erwählte Führer der Moderne, in Briefen an Lord Molesworth. Siehe S. 144.
12  John Toland, *History of the Druids*, 1719; zweiter Brief an Lord Molesworth.
13  Lobeck, *Aglaophanus*, setzt Abaris etwa 570 v. Chr. an, was ihn zum Zeitgenossen des Pythagoras macht.
14  Godfrey Higgins, *The Celtic Druids*, und Springett, *Secret Sects*, sind hierzu lesenswert.
15  Myles Dillon, *The Cycles of the Kings*, Oxford University Press, 1946.
16  Stokes (Hg.), *Tripartite Life of St. Patrick*, London, 1887.

17 Siehe H. D. McGraw, *Piezo-Electricity in Crystals* (Methuen), oder Alan Crawfords Artikel ›Piezo-Elektrizität‹ in *Discovery*, November 1964.

18 Bei der modernen Computertechnologie hat man festgestellt, daß Kristalle bessere Informationsspeicher sind als Magnetplatten und Licht (durch Glasfaser geleitet) ein besseres Medium für den Transport elektrischer Impulse ist als Kabel. (Hg.)

19 Es wurde behauptet, Pelagius sei ein Druide gewesen.

20 Siehe M. MacNeill, *The Feast of Lughnasa*, Oxford University Press, 1962.

21 W. Owen, *Bardic Remains*, 1835.

22 Nach Nashs Übersetzung, etwas gekürzt. [Hg./Üb.]

23 Siehe R. J. Stewart, *The Mystic Life of Merlin*, Arkana, 1987, und N. Tolstoy, *The Quest For Merlin*, Hamish Hamilton, 1987.

24 Bardsley Island, traditionelle Begräbnisstätte Tausender von Mönch-Märtyrern und angeblich auch der Zufluchtsort Merlins.

25 *Sir Gawayne and the Green Knight*, Early English Text Society, 1864.

26 Siehe R. Bromwich, *Poems of Davydd ap Gwyllym*.

27 Eine schwarze Schminke, die damals gebräuchlich war.

28 Siehe ›Y Brython‹ aus dem Jahre 1860, S. 222.

29 Siehe Camdens *Britannia*.

30 In diesem Zusammenhang siehe *Gallia*, 22, 1961, Faszikel 1, erschienen im *Centre National de la Recherche Scientifique*, Paris, und auch Paul-Marie Duval, *Paris Antique*, Hermann, Paris, 1972.

31 Die meisten der hier erwähnten Statuen, Tafeln und Basreliefs sind im *Musée de Cluny* in Paris zu finden.

32 Nach einem Artikel von Venetia Newall, in *Folklore*, 85, Sommer 1974.

33 Siehe den *Official Guide to Peebles* und *Peebles Beltane Festival Jubilee Book*, Kerr, Peebles, 1949, mit Listen der Amtsinhaber.

34 … »fort geht der ganze Hof, vom Höchsten zum Geringsten, die frischen Blumen pflücken.«

35 Viele faszinierende, wenn auch oft nicht schlüssige etymolo-

gische Überlegungen finden sich in Rendel Harris' *Caravan and Sunset*, 1931.

36  S. Maire MacNeill, *The Festival of Lugnasa*, 1962.

37  Aus den *Lays*.

38  Vergleiche auch den jugendlichen Gott Mabon, Sohn der Madron, in *Mabron and the Mysteries of Britain* von Caitlín Matthews, Arkana, 1987 [Hg.].

39  1975 [Hg.].

40  Genauer gesagt, *liberal arts* (die freien Künste), was eine allgemeine klassische Ausbildung umfaßte [d.Ü.].

41  Gesellschaft für Altertumsforschung [d.Ü.]

42  Dieser Orden war in Logen mit jeweils einem Erzdruiden an der Spitze gegliedert und ursprünglich zu sozialen Zwecken eingerichtet. Heute hat er in ganz Britannien über 3000 Mitglieder, die Geldsammlungen für diverse Wohlfahrtsorganisationen unternehmen, besonders für Behinderte und Kinder. Angegliederte Orden existieren weltweit. 1833 spaltete sich eine Anzahl von Logen ab, die es zu einer ihrer Regeln machten, Mitgliedern, die durch Krankheit oder Unfall arbeitsunfähig wurden, Geldsummen auszuzahlen. Diese Bewegung nannte sich *United Ancient Order of Druids* und ist seit 1878 als *Friendly Society* registriert. Sie hat heute Logen in Europa, Asien, Australien, Amerika und Guyana. Obwohl auf den Versammlungen noch einige Zeremonien abgehalten werden, operiert diese Gruppe heute hauptsächlich als Versicherungsunternehmen mit ungewöhnlicher Geschichte. [Hg.]

43  Dr. Thomas Maughan, ein Homöopath, der zusammen mit einem Kollegen eine Ausbildung für Laienhomöopathen in England einführte. [Hg.]

44  Unter Ross Nichols' Führung.

45  Hier bezieht sich der Autor auf seine Wohnung in Baron's Court. [Hg.]

46  Zur weiteren Geschichte des Ordens siehe das Vorwort des gegenwärtigen erwählten Oberhaupts, Philip Carr-Gomm. [Hg.]

47  Siehe Seite 86, besonders die dritte Strophe.

48  Seelenwanderung [d.Ü.]

49  Auf einem Basrelief, das man in der Nähe von Notre Dame gefunden hat; heute im Musée de Cluny, Paris.

50  Steine der ›Seemannssäule‹, im Musée de Cluny, Paris.

51  Die Zeilen in Klammern erscheinen nicht im Originalmanuskript. [Hg.]

52  Rhys, John, *Studies in the Arthurian Legend*, Oxford University Press, 1891.

53  Im Mittelalter verstand man unter einer solchen Pyramide einen kleinen, angespitzten Pfeiler.

54  Eine vollständige Darstellung dieses und anderer Punkte der Arthur-Forschung ist in Geoffrey Ashes *Quest for Arthurs Britain* (Paladin, 1971) zu finden.

55  Siehe die ›Dreizehn Schätze Britanniens‹, Seite 419 f., von denen zwei ihren Zauber dem Feigling verweigern.

56  Siehe Seite 111, wo der magische Kessel in Gallien ebenso eine Knopfreihe zeigt.

57  *Selaginella*, ein Bärlappgewächs. [d.Ü.]

58  Neben dem *Stuhl des Taliesin* in der *Myvyrian Archaeology* siehe auch Davies, *Mythology of the British Druids*, J. Booth, 1809.
Ceridwens Kessel erscheint in Ortsnamen in vielen Teilen Schottlands, zum Beispiel *Maidsemnaighe* = ›Hügel des großen Kessels‹ (*aghann* = Kessel, fem. *Aighe*) in Slains; *Kettle Hill* (*cadhal* = Kessel) bei Aberdeen; der *Maiden Stone* (*mha-adhann-lia* = ›sehr großer Kesselstein‹), auf den eine Form gezeichnet ist, möglicherweise ein Kessel, mit einem ›Z‹, dem traditionellen Blitzsymbol; und am bedeutendsten *Maiden Casay* (*mha-adhann-casach* = ›großer Kessel des Aufstiegs‹), ein klarer Hinweis auf eine Ceridwen-Initiation. Die beiden letzteren Beispiele sind in Bennachie zu finden. Siehe J. Rust, *Druidism Exhumed*, 1871.

59  *The Ancient Secret*, Rolko/Thorsons, 1988.

60  *The High Book of the Grail*, nach einer Übersetzung von J. Bryant, Boydell & Brewer, Cambridge, 1978.

61  Kleines, leichtes, lederbespanntes Boot; irisch: Curach. [d.Ü.]

62  Siehe auch sein *Pair Dardeni*, in dem es um den Kessel selbst geht, in *Obstinate Cymric*, Village Press, 1968.

63  *Parzival* von Wolfram von Eschenbach.

64 Kendrick, T. D., *History of the Druids*, Cass, 1927.

65 Routledge & Kegan Paul, 1969.

66 Siehe Seite 86 f.

67 Neunmonatszyklen spielen auch in den Schulungen des modernen Ordens eine bedeutende Rolle. [Hg.]

68 Taliesins Lied: siehe Seite 86 f.

69 Thom, A., *Megalithic Sites in Britain*, Oxford University Press, 1967.

70 Kürzlich hat man in Avebury Spuren einer zweiten Allee entdeckt. [Hg.]

71 Holiday, F. W., *The Dragon and the Disc*, Sidgewick & Jackson, 1973.

72 Die vier Elemente in den Begräbnisarten entsprechen der Luft, wobei riesige Drachen die Knochen forttragen, die auf dem Turm des Schweigens ausgelegt werden, dem Wasser, wobei man Leichen heiligen Flüssen überläßt, der Erde im normalen Begräbnis und dem Feuer in Form der Leichenverbrennung.

73 In jüngerer Zeit sind Pläne für einen ›Tudor-Freizeitpark‹ in Avebury ins Auge gefaßt worden, ein ziemlicher Gegensatz geschichtlicher Perioden, der der Atmosphäre des Heiligtums kaum zum Wohle gereichen würde. [Hg.]

74 Kendrick, T. D., *The Druids: a study in Keltic Prehistory*, Cass, 1927.

75 1 Fuß (ft) = 30,48 cm; 1 Yard (yd) = 3 ft = 91,44 cm. [d.Ü.]

76 1 Elle (1 Cubit) = 1,5 ft (45,72 cm) oder auch 1,75 ft (53,34 cm). [d.Ü.]

77 Michell, J., *New View over Atlantis* (überarbeitete Neuauflage), Thomas & Hudson, 1987.

78 Daß es keine exakte Übereinstimmung mit dem Winkel der Sonnenwenddämmerung gibt und wahrscheinlich nie gegeben hat, ist einer dieser unerklärlichen Umstände, über die sich kleinliche Geister streiten, die jedoch nichts am zentralen Muster ändern. Zu Einzelheiten siehe Atkinsons *Stonehenge* (Hamish Hamilton, 1956).

79 Zwei weitere Kreise, die der Y- und Z-Löcher, die ausgegraben und wieder aufgefüllt worden sind, können dabei ignoriert werden.

80 *New View Over Atlantis*.

81  Oder als achtes, wenn man die Y- und Z-Löcher hinzu-
    nimmt.
82  Es fällt auf, daß die Spaltensummen im Marsquadrat die
    Zahl 65 ergeben und im Venusquadrat 165, während die
    Randsummen 208 bzw. 580 betragen. Solche Zahlen hätten
    unsere Vorfahren als sicheres Zeichen für eine Beziehung
    verstanden.
83  Die Spaltensumme des Mondes ist wiederum durch 9 teil-
    bar, was von besonderer Bedeutung sein muß.
84  Sechs Monate nach dem heute gebräuchlichen römischen
    Kalender sind zweieinhalb Jahreszeiten oder 7,5 Monate
    oder 180,5 Tage und einige Resttage, wenn die Rechnung
    nach dem vorgeschlagenen Stonehenge/ägyptischen Mu-
    ster stimmt.
85  Hier bezieht sich der Autor auf die Zeit seiner Führerschaft.
    [Hg.]
86  Für eine ausführlichere Darstellung der Ursachen des Kon-
    flikts siehe Seite 64 f.
87  Weitere Informationen über das antike London, einschließ-
    lich eines Aufsatzes von Ross Nichols, finden sich im *Anti-
    quarian Guide to Legendary London,* herausgegeben von
    John Matthews und Chesca Potter, The Aquarian Press,
    1990.
88  Es gibt auch eine Verbindung zur Eibe; siehe Seite 318.
89  Pelagius könnte, wie man glaubt, auch ein Druide oder zu-
    mindest vom Druidentum beeinflußt gewesen sein.
90  Der Reisende war Wellesley Tudor Pole, der in Glaston-
    bury lebte und die *Lamplighter*-Bewegung begründete. An-
    scheinend versteckte er die Schale im Chalice Well, wo sie
    kürzlich von seiner Nichte, Kitty Tudor Pole, wiederent-
    deckt wurde, nachdem sie in einem Traum die Anweisung
    erhalten hatte, unter dem Rand des Brunnens nachzu-
    schauen. Die Schale wurde den strengsten Tests unterzo-
    gen, die damals (1930) verfügbar waren, und von Kardinal
    Gasquet untersucht. In der Bibliothek des Kardinals soll
    sie sich dann selbständig gemacht haben und auf einem
    lange verloren geglaubten mittelalterlichen Meßbuch ge-
    landet sein. In jüngerer Zeit wurde die ›Glastonburyschale‹
    im oberen Raum von *Little St. Michael's House* aufbe-

wahrt, doch heute befindet sie sich in einem sicheren Banktresor. [Hg.]

91 Eine Hufe Land, die traditionelle Besteuerungseinheit in England, entspricht 120 Morgen oder 50 Hektar. [d.Ü.]

92 Wir erinnern uns, daß 8 die Zahl von Merkur und Jesus ist, die Zahl des spirituellen Lehrers oder Wegweisers.

93 Ein Ort, wo er die untergehende Sonne und den Tod repräsentiert, ist Exmoor, wo die Namen von Steinen und Steingruppen von Dunkery Beycon eine klare Sprache zu sprechen scheinen.

94 *Geisa*: ein magischer Auftrag, der es einem als Pflicht auferlegt, etwas Bestimmtes zu tun oder zu lassen.

95 MacNeill, Maire, *The Festival of Lughnasa*, Oxford University Press, 1962.

96 Nach älterer gälischer Darstellung ist der Stein von Tara mit Jeremia und einer Prinzessin aus Palästina gekommen. Im vierten vorchristlichen Jahrhundert, nach dem Tode des letzten regierenden Prinzen von Juda, kam der Prophet Jeremia als Ollamh (Ollave oder Hochpoet) Fodla mit dessen Tochter, der Erbin, und einem Schreiber nach Eire und brachte den Krönungsstein der judäischen Prinzen mit. Die Prinzessin soll dann Eochaid, den damaligen Hochkönig von Tara, geheiratet haben, und der Stein soll fortan der Krönungsstein Irlands gewesen sein. Der Block besteht aus blauem, rot geäderten Sandstein und mißt 22 × 13 × 11 Zoll.

97 Fougou: alte steingesäumte Gruben unbekannter Herkunft, wie man sie in Cornwall entdeckt hat.

98 John Scotus Erigena (810–877) und Johannes Duns Scotus (1265–1308) werden immer noch oft verwechselt, nachdem William von Malmesbury sie im zwölften Jahrhundert vermischt hat. Hier ist von dem früheren Scotus die Rede. [Hg.]

99 Herausgegeben von D. J. Roderick (Llandovery), Longman & Co (London), 1862.

100 ›W‹ ist immer das dünne walisische ›u‹ oder das französische ›eu‹.

101 Nicht zu verwechseln mit Taliesin. [Hg.]

102 Owain Glyndwr, geboren 1349, zog um 1400 in einen Krieg gegen den König von England. Dieser Krieg zog sich hin, bis Owain starb (zirka 1415).

103 Der kymrische Häuptling hatte es nacheinander mit zwei englischen Königen zu tun, Heinrich IV. und Heinrich V., der 1413 den Thron bestieg.

104 *Dovydd = domitor* = Bändiger.

105 *Perydd* = der Verursacher, die erste Ursache, der Schöpfer.

106 *Ner* = Energie, der Mächtige.

107 *Nav* = die Vorangegangenen, der Schöpfer. Sion Cent hat ein Gedicht verfaßt, in dem er all diese Namen nennt, mit Ausnahme von *Hen Ddihenydd* und *Perydd*:

> *Duw, Dafydd mawr, Ionawr, Iau.*
> *Ener, Muner, Ner, Naf ydyw.*

Sie werden auch heute noch neben vielen anderen, die zweifellos druidischen Ursprungs sind, von den Cymru als Beinamen der Gottheit benutzt.

108 Man kann annehmen, das ›Joch‹ als Zeichen der Macht dessen, der es auferlegt, ergab sich als Name Gottes aus einer Verbindung bardischer Symbole für Bewahrung, Schöpfung und Zerstörung und war eine der frühesten Formen des Gottesnamens. Iolo Morganwg interpretiert *Iau* als »die kürzliche oder letzte Manifestation der Gottheit – Mithras, Mithra«, von dem Adjektiv, das wörtlich ›jünger‹ bedeutet.

109 Die drei Kreise des Seins sind wahrscheinlich in alten Anlagen wie Avebury und in den Rädern auf alten britischen Münzen repräsentiert.

110 Aus *Carmina Gaedelica* von A. Carmichael, *Scottish Academy Press*, 1972.

111 Gleichbedeutend mit *Äther*.

112 Die Tochter des Dôn, in den *Triads* (Myv. Arch. ii.73) als eine der »drei schönen Damen der Insel Britannien« bezeichnet; das Sternbild Corona Borealis.

113 Das Sternbild Leier.

114 Der Sohn des Dôn, einer der »drei sublimen Astronomen der Insel Britannien«. (Tr. 89, dritte Serie: Die Galaxis)

115 Der Große Bär.

116 Orion

117 Die Plejaden; erwähnt in *Hanes Taliesin*, Ap. Myv. Arch. I. 19.

118 Cassiopeia.

119 Eines der Gedichte des Taliesin.

120 Der Tierkreis, die Ekliptik, erwähnt in *Hanes Taliesin*.

121 In den Triaden als einer der ›drei Stiermonarchen‹ darge-stellt, Tr. 73, dritte Serie.

122 Es gab einen britischen König dieses Namens, dessen Blüte-zeit zwischen 859 und 839 v. Chr. war; der Gründer von Bath.

123 Erwähnt in *Hanes Taliesin*.

124 Die Zwillinge.

125 Bleiddyds Sohn – Shakespeares Lear.

126 Elffin (Elphin) soll Taliesin in einem Lederbeutel an den Pfosten eines Wehres entdeckt haben. Der Barde erwähnt ihn oft.

127 Siehe das Gedicht auf Seite 210 .

128 Roderick O'Flaherty, *Ogygia*, Mackenzie, Dublin, 1793.

129 *The White Goddess*, Faber & Faber, 1961

130 Bregia ist die Ebene östlich von Tara.

# Bibliographie

## Druidentum allgemein

Carr-Gomm, Philip: *The Elements of the Druid Tradition*. Element Books, 1991

Carr-Gomm, Philip: *Der Weg des Druiden*. Hugendubel, München 1998

Elder, Isobel: *Celt, Druid & Culdee*. Covenant Publishing Co., 1962

Kendrick, T. D.: *The Druids*. Cass, 1927

Owen, A. L.: *The Famous Druids*. Greenwood Press, 1962

Piggott, Stuart: *The Druids*. Thames & Hudson, 1985

Rutherford, Ward: *The Druids*. The Aquarian Press, 1983

Spence, Lewis: *The History & Origins of Druidism*. The Aquarian Press, 1971

## Riten und Feste

Bord, Janet und Colin: *Earth Rites*. Paladin, 1982

Farrar, Janet und Stewart: *Eight Sabbats for Witches*. Hale, 1981

Kightly, Charles: *The Customs and Ceremonies of Britain*. Thames & Hudson, 1986

MacNeill, Marie: *The Festival of Lughnasa*. Oxford University Press, 1962

Touslon, Shirley: *The Winter Solstice*. Jill Norman & Hobhouse, 1981

## Arthur und die Gralslegenden

Ashe, Geoffrey: *Avalonian Quest*. Methuen, 1982

Ashe, Geoffrey: *König Arthur. Die Entdeckung Avalons*. Econ, Düsseldorf 1986

Jung, Emma; Franz, Marie-Louise von: *Die Gralslegende in psychologischer Sicht*. Walter, Freiburg 1987

Knight, Gareth: *The Secret Tradition in Arthurian Legend*. The Aquarian Press, 1983

Matthews, John: *The Grail. Quest for Eternal Life*. Thames & Hudson, 1981 (dt.: *Der Gralsweg*. Droemer Knaur, München 1989)

Matthews, John: *The Elements of the Arthurian Tradition*. Element Books, 1989 (deutsche Ausgabe in Vorbereitung: *Der Artus-Weg*. Heyne, München 1999)

Matthews, John; Green, Marian: *The Grail-Seeker's Companion*. The Aquarian Press, 1986

Stewart, R. J.: *The Mystic Life of Merlin*. Arkana, 1987 (dt.: *Merlin: Das Leben eines sagenumwobenen Magiers*. Droemer Knaur, München 1988)

Tolstoy, Nikolai: *The Quest for Merlin*. 1987 (dt.: *Auf der Suche nach Merlin*. Heyne, München 1989)

Weston, J. L.: *From Ritual to Romance*. Doubleday/Anchor, 1957

## Heidentum, Keltentum, westliche Traditionen

Adler, Margaret: *Drawing Down the Moon*. Beacon Press, 1979

Bancroft, Ann: *Origins of the Sacred*. Arkana, 1987

Carmichael, A. (Hrsg.): *Carmina Gadelica*. Scottish Academic Press, 1972

Collis, J. S.: *Triumph of the Tree*. Cape, 1950

Graves, Robert: *The White Goddess*. Faber & Faber, 1961 (dt.: *Die weiße Göttin*. Rowohlt, Reinbek 1992)

Gray, L. H.: *Mythology of All Races*. 1918

Hartley, Christine: *The Western Mystery Tradition*. The Aquarian Press, 1968

Hazlitt, W. C.: *Dictionary of Faiths and Folklore*. 1905

Markale, Jean: *Women of the Celts*. Inner Traditions, 1986 (dt.: *Die keltische Frau*. Goldmann, München 1986)

Matthews, Caitlín: *Mabon and the Mysteries of Britain*. Arkana, 1985

Matthews, Caitlín: *Arthur and the Sovereignty of Britain*: *King and Goddess in The Mabinogion*. Arkana, 1989

Matthews, Caitlín: *The Elements of the Celtic Tradition*. Element Books, 1989

Matthews, Caitlín und John: *The Western Way*. Arkana, 1985 (dt.: *Der westliche Weg*. Rowohlt, Reinbek 1988)

Matthews, Caitlín und John: *British and Irish Mythology*. The Aquarian Press, 1988 (dt.: *Lexikon der keltischen Mythologie*. Heyne, München 1994)

Matthews, Caitlín; Jones, Prudence (Hrsg.): *Voices from the Circle*. The Aquarian Press, 1989

Merry, Eleanor C.: *The Flaming Door: The Mission of the Celtic Folk-Soul*. Floris Books, 1983

Murray, Liz und Colin: *The Celtic Tree-Oracle*. Rider, 1988 (dt.: *Das keltische Baum-Orakel*. Hugendubel, München 1989)

Porteous, A.: *Forces and Folklore*. 1918

Powell, T. G. E.: *The Celts*. Thames & Hudson, 1983

Ramsey, Jay (Hrsg.): *Prophet, Priest and King: A Selection of Ross Nichols' Poetry*. Element Books, 1991

Rees, Alwyn und Brinley: *Celtic Heritage*. Thames & Hudson, 1989

Ross, Anne: *Pagan Celtic Britain*. Routledge & Kegan Paul, 1967

Ross, Anne; Robins, Don: *The Life and Death of a Druid Prince*. Rider, 1989 (dt.: *Der Tod des Druidenfürsten*. Vgs, Köln 1990)

Rutherford, Ward: *Celtic Mythology*. The Aquarian Press, 1987

Toulson, Shirley: *The Celtic Alternative: A reminder of the Christianity we lost*. Century, 1987

## Druidische Stätten

Atkins, G. S.: *Stonehenge Decoded*. Souvenir Press, 1966

Atkinson, R. J. C.: *Stonehenge*. Hamish Hamilton, 1956

Bord, Janet und Colin: *Mysterious Britain*. Paladin, 1974

Bord, Janet und Colin: *The Secret Country*. Paladin, 1978

Borlase, W. C.: *Antiquities of the County of Cornwall*. 1756 und 1769

Borlase, W. C.: *The Dolmens of Ireland*.

Brennan, Martin: *The Stars and the Stones*. Thames & Hudson, 1982

Burl, Aubrey: *Megalithic Brittany*. Thames & Hudson, 1985

Critchlow, Keith: *Time Stands Still*. Gordon Fraser, 1979

Dames, Michael: *The Silbury Treasure*. Thames & Hudson, 1976

Dames, Michael: *Avebury and Silbury*. Thames & Hudson, 1988

Devereux, Paul; Thomson, Ian: *The Ley Hunter's Companion*. Thames & Hudson, 1979

Evans, Sir Arthur: Vortrag vor der Folklore Society, 1895

Graves, Tom: *Needles of Stone Revisited*. Gothic Image, 1986

Hickey, Elizabeth: *The Legend of Tara*. Dundalgan Press, Dundalk

Holiday, F. W.: *The Dragon and the Disc*. Sidgwick & Jackson, 1973

Lethbridge, T. C.: *The Legend of the Sons of God*. Routledge & Kegan Paul, 1972

Levy, Rachel: *The Gate of Horn*. Faber & Faber, 1948

Lockyer, Norman: *Stonehenge*. London, 1906

Malone, Caroline: *Avebury*. B. T. Batsford, 1989

Matthews, John; Potter, Chesca: *The Aquarian Guide to Legendary London*. The Aquarian Press, 1990

Michell, John: *The Stones of Land's End*. Thames & Hudson, 1974

Michell, John: *The Earth Spirit*. Thames & Hudson, 1975 (dt.: *Die vergessene Kraft der Erde*. Waltraud Wagner, Warburg 1981)

Michell, John: *The New View of Atlantis*. Thames & Hudson, 1983 (dt.: *Die Geomantie von Atlantis*. Goldmann, München 1986)

Michell, John: *A Little History of Astro-Archaeology*. Thames & Hudson, 1989 (dt.: *Sonne, Mond und Steine. Ein kleiner geschichtlicher Abriß der Astro-Archäologie*. Pieper's Medienexperimente, Löhrbach 1992)

O'Kelly, Claire: *Bruagh-na-Boyne and its Monuments*.

O'Riordan, Sean: *Tara*.

Pennick, Nigel; Devereux, Paul: *Lines on the Landscape*. Hale, 1989 (dt.: *Leys und lineare Rätsel in der Geomantie*. M + T Verlag, St. Gallen 1991)

Pennick, Nigel: *Einst war uns die Erde heilig. Die Lehre von den Erdkräften und Erdstrahlen*. Goldmann, München 1990

Renfrew, Colin (Hrsg.): *The Megalithic Monuments of Western Europe*. Thames & Hudson, 1983

Revenshill, T. H.: *The Rollright Stones and the Men who Erected Them*.

Roberts, Anthony: *Glastonbury: Ancient Avalon, New Jerusalem*. Rider, 1978

Russell, Vivien: *West Penwith Survey*.

Screeton, Paul: *Quicksilver Heritage*. Thorsons, 1974

Stewart, R. J.: *The Waters of the Gap*. Ashgrove/Arcania, 1989

Stewart, R. J.; Matthews, John: *Legendary Britain: In Illustrated Journey*. Blandford Press, 1989

Thom, A.: *Megalithic Sites in Britain*. Oxford University Press, 1967

Watkins, Alfred: *The Ley Hunter's Manual*. The Aquarian Press, 1989

# Register

463

464